史懷

〔明〕鍾惺 著

寇甲 寇宗權 點校

上海古籍出版社

蘭州大學人文社會科學類高水平著作
出版經費資助

前　言

　　鍾惺(1574—1624),字伯敬,號退谷,又號止公居士、晚知居士,臨終受戒,法號斷殘,湖廣竟陵(今湖北天門)人。萬曆三十八年(1610)進士,官至福建提學僉事。"惺貌寢,羸不勝衣,爲人嚴冷,不喜接俗客。"[①]"性寡交,於賢士夫鮮所識,亦不爲人作文。"[②]辭官歸鄉後,更一度入住寺院。與同里譚元春都是"竟陵派"代表人物,共選《詩歸》,世稱"鍾譚"。鍾惺對於歷史有較爲强烈的興趣,留下大量史學著作,其中《史懷》用力最大、成就最高。"'史懷'者,取謝康樂'懷抱觀古今'之意。"[③]自二十世紀八十年代以來,學術界對於鍾惺研究關注頗多,尤其是陳廣宏、李先耕、陳豔玲諸先生,搜羅剖析,較爲詳盡。今筆者爲《史懷》作點校整理工作,此書即將面世。另外有若干問題,在此專門做一些考述。

一

　　鍾惺得中進士後,授行人司行人,居此閑官八年之久。萬曆四

---

　　①　《明史》卷二八八《鍾惺傳》,中華書局,1974 年,第 7399 頁。
　　②　鍾惺:《隱秀軒集》卷三三《司城程公墓誌銘》,李先耕、崔重慶標校,上海古籍出版社,2017 年,第 617 頁。
　　③　《隱秀軒集》卷二八《與熊極峰》,第 560—561 頁。

十五年(1617)，又因黨爭而無辜遭排擠，汰考選，未得擢升，僅授工部主事。鍾惺上疏請改官南都，也未獲准。至泰昌元年(1620)才被朝廷調任南京禮部儀制司主事，旋轉祠堂祭司郎中。長期的閑官生涯，朝內無休止的黨爭，鍾惺對仕途心生沮喪，著述的志向逐漸堅定。

南京是鍾惺居住較久的地方，萬曆三十六年(1608)其首次來南京之後，多次來往此地。萬曆四十四年(1616)冬，開始僦居南京，至泰昌元年(1620)官南京，再至天啓二年(1622)年升任福建提學僉事，更是前後達六年之久。

萬曆四十四年前，鍾惺已在謀劃《史懷》。來到南京後的一年多的時間裏，鍾惺開始專心著述《史懷》。時暫住友人程仲秩家的秦淮閣，常伏案讀史至深夜，每有所得輒記之，撰成《史懷》一書。他在《司城程公墓誌銘》中云："予未官南儀部之前數年，皆讀書客隱于白門，在游與居之間。中間寓新安友人程仲秩秦淮別舍者，凡一年所。"[1]鍾惺于《史懷》注入巨大的精力與情感，秦淮河畔深夜著述的情景也成爲文壇佳話。譚元春《退谷先生墓誌銘》載曰："退谷改南，時僦秦淮一水閣閉門讀史，筆其所見，題曰《史懷》。孤衷靜影，常借歌管往來，陶寫文心。每遊人午夜棹回，曲倦酒盡，兩岸寂不聞聲，而猶有一燈熒熒，守筆墨不收者，窺窗視之，則嗒然退谷也。東南人士以爲真好學者，退谷一人耳。"[2]譚元春《喪友詩三十首有引》其九："似官似客水邊齋，香笑船過養靜懷。深夜史書書細字，破窗燈火壓秦淮(君讀史白門，著《史懷》二十卷)。"[3]據陳廣宏的《鍾惺年譜》，萬曆四十七年(1619)，所著《史懷》刻成九卷，以爲

①　《隱秀軒集》卷三三《司城程公墓誌銘》，第617頁。
②　譚元春：《新刻譚友夏合集》卷一二《退谷先生墓誌銘》，明崇禎六年刻本，葉三。
③　譚元春：《新刻譚友夏合集》卷五《喪友詩三十首有引·其九》，葉八一九。

“經世之書”（語出陶珽《刻史懷序》）。

關於《史懷》一書具體創作時間，一度爭論紛紜，主要是譚元春《退谷先生墓誌銘》所謂“退谷改南，時僦秦淮一水閣，閉門讀史，筆其所見，題曰史懷”①，産生了很大誤導。

譚元春《退谷先生墓誌銘》所謂“退谷改南”，影響很大，清張岱《石匱書》卷第二〇三下、《明史·文苑傳》、《四庫全書總目提要》皆承其説。

《石匱書》卷二〇三下《鍾惺譚元春列傳》載：

> 八年，改授工部主事，上疏請改南。遂改南京儀部，轉祠祭郎，升福建提學僉事。惺羸寢，力不能勝布褐。②

《明史·文苑傳·鍾惺傳》稱：

> （惺）官南都，僦秦淮木閣讀史，恒至丙夜，有所見即筆之，名曰《史懷》。③

再如《四庫全書總目提要·史部·史評類存目》云：

> 《史懷》十七卷，内府藏本，明鍾惺撰。惺有《詩經圖史合考》，已著録。是書上自《左傳》《國語》，下及《三國志》，隨事摘録，斷以己見。《明史·文苑傳》稱惺“官南都，僦秦淮木閣讀史，恒至丙夜，有所見即筆之，名曰《史懷》”。即是編也。其説

---

①　譚元春：《新刻譚友夏合集》卷一二《退谷先生墓誌銘》，葉三。
②　張岱：《石匱書》卷二〇三下《鍾惺譚元春列傳》，上海古籍出版社，2008年，第3册，第154頁。
③　《明史》卷二八八《鍾惺傳》，第7399頁。

雖間有創獲而偏駁者多，蓋評史者精核義理之事，非掉弄聰明
之事也。[1]

　　但上述幾處記載並不準確。實際上，鍾惺在秦淮河畔孤燈獨
守，長夜著述《史懷》的時候，仍然是在候選狀態。

二

　　鍾惺文化視野寬闊，終生致力於著述，試圖建立有助於改變當
時文化風氣的學術體系。在文學領域，他推崇"真詩"（《詩歸序》）；
在史學領域，他努力發掘"古人經世之旨"（《與林少嚴座主》）；在佛
學領域，"以文士之筆，代僧家之舌"（《楞嚴經如説原序》），推動佛
學理論發展。他的思想歷程雖然有鮮明的階段性，但是基本宗旨
一貫，那就是"發古人之真精神"[2]，發掘古今一貫的文化本質。

　　鍾惺深受陽明心學影響，又特具文學家的情懷，所以他的史論
文章，富有深情，文采斐然。《隱秀軒集》之《與譚友夏》云："又將
《二十一史》肆力一遍，取其事以經世，取其文以傳世、以怡情。"[3]
書中大部分內容，在摘取原書的時候，都能做到精粹自然，評論文
辭也能做到通達與醇雅兼備，而且隱隱透著豪壯之氣。義理高度、
經世致用與文學性，是鍾惺在《史懷》中所追求的。《史懷》中的經
世特點，使其具有較爲豐富的史學思想和史學知識，較爲務實而闊
大的見識格局。鍾惺的文人本色，又使《史懷》論證精彩，文采
斐然。

　　不過，他偏於心學的史學思想，以及過於文學性、藝術性的考

---

① 《四庫全書總目提要》，河北人民出版社，2000 年，第 2314—2315 頁。
② 鍾惺著，李先耕、崔重慶標校《隱秀軒集》卷一七《隱秀軒集自序》："而内自廢其
中拒之私，務求古人精神所在。"第 314 頁。
③ 鍾惺著，李先耕、崔重慶標校《隱秀軒集》卷二八《與譚友夏》，第 549 頁。

察角度，也引起了晚明及清初更強調經世致用的史學家的不滿，故而《四庫全書總目》貶之曰："其説雖間有創獲而偏駁者多，蓋評史者精核義理之事，非掉弄聰明之事也。"

需要指出的是，《史懷》之所以在當時頗受歡迎，一個重要原因是其在科舉中的實用性，《史懷》極大地適應了當時社會科舉應試的需求。

八股取士的明朝科舉，弊端在明末尤其顯得突出。讀書人的創造性、批判性被束縛，千姿百態的個人興趣和特長被摧毀，有利於治國安邦的實用技能被弱化，這是晚明很多有識之士都注意到的："余比多暇，嘗歎士大夫處君臣朋友之間，多不得其道者，半由不讀書。又睹古之小人，無不讀書；而今之所號爲君子，有不識正史時代者。"①"士大夫君臣朋友之間，處之未盡善，大半生於不讀書。"②由於忽視讀書，學風輕浮，不能夠從豐富的歷史中尋找貫通古今的道理，失去格局和具體能力。精讀《史懷》這樣的著作，可以引導青年學子成爲真才實學的人，也爲他們參加科舉考試提供了有價值的考試範本。這裏面主要有兩點，其一是史家卓越見識。鍾惺的朋友們對《史懷》表現出史家卓識都讚譽有加。鄒之麟在《史懷序》中説："數千百年之扮演，心靈之變相也；數千百年之批駁，造物之銷算也。寥寥古今，解人絶少。昔吾友鍾伯敬，可稱解人。"陶珽《刻史懷序》説："蓋伯敬一官閑散，不操經世之權，而生平之慧心明眼，高才大識，無所用之，恥以文人自了，特向瘴寐中，借古人之天下而發其藴。"陸鳴煒《陸鳴煒作許玉史先生評點〈晉史懷〉序》説："劉子玄謂史有三長，在才學識。彼抽金匱石室，善序事理，博貫載籍，文贍事詳，俱稱良史，固也，乃其識尤難之。"科舉制

①　《隱秀軒集》卷一六《二十一史撮奇序》，第 298 頁。
②　《隱秀軒集》卷二八《與熊極峰》，第 560—561 頁。

度,限制了人們的眼光。見識狹隘,又成了在科舉中難以取勝的一大要因。鍾惺對見識的推重,正是抓住了癥結。

科舉的狹隘,也束縛了才華的多樣性,務實的經濟之才,在國家爲難之際尤其難得,也有利於在科舉中獲勝。鍾惺通過史實案例指出,在有了史學根本思想之後,就會有格局與見識,有了見識之後,就會有具體才幹。《史懷》中豐富多樣的案例,治國安邦、修身齊家的具體才幹,都有利於快速提升考生水準,從而在科舉考試中取得佳績。

其餘如大量的軍事思想、軍事技能、戰略戰術,有助於提高應試者的軍事素養,在明代後期武備鬆弛又動盪不安的特殊背景下,尤其迫切;《史懷》中的大量行政刑獄案例,可以快速提高應試者的相關素養,在平庸的應試者中拔得頭籌,在以後的官場生涯中得心應手處理各類事務。對獄情、民情,對廉潔的獨特理解,既深刻又鮮活,在具體執法與行政中,都非常有效。

三

萬曆四十七年,最初的九卷本《史懷》刻成于南京。後分別又有十卷本、鄒之麟序十七卷本、陶珽評十七卷本、許豸評《晉史懷》三卷本,而陶珽、許豸評二十卷刻本的情況則更複雜些。

據《隱秀軒集》卷二八《與熊極峰》,九卷本《史懷》所述內容至《史記》而止。此年,友人蔡復一《遯庵文集·遯庵詩集》載其作《寄鍾伯敬》(明刻本),題下自注:"時先人傳至,並示《史懷》。"當時鍾惺爲蔡復一父親作傳,撰成之後,將傳記及《史懷》一併寄給蔡復一,即是此九卷本。九卷本散佚已久。

明陳第《世善堂藏書目錄》卷上(清《知不足齋叢書》本):"《史懷》十卷,鍾伯敬。"十卷本僅見於此處提及。

十七卷有兩種,一種是鍾惺門人蔣志勵、蔣志修輯本,卷前有署"年弟鄒之麟漫識"的《史懷序》，每卷卷首署"明景陵鍾惺述、廣陵門人蔣勵志、蔣勵修輯"。蔣輯本清華大學圖書館、國家圖書館等地都有收藏，《續修四庫全書·史部》所收《史懷》，即依據清華藏本影印。

華東師範大學藏明刻十七卷本，與蔣輯本基本相同。有牌記云"藏畏人庵藏板本"，有序，序之主要部分與鄒序同，唯"真足益人志意。作是觀者，可第曰文人之書乎哉？年弟鄒之麟漫書"數字，作"真千古文人也哉。友人譚元春題"。此刻本正是鄒之麟序十七卷刻本，只是書商偽改鄒序爲譚元春序，博取書價，以利市賣。由此可見明末刊刻書籍混亂局面。

另一種是鍾惺友人陶珽評本。陶珽評本，有陶序、鄒之麟序，卷首署名"竟陵鍾惺伯敬父述，滇南陶珽稚圭父評，仁和宋鉽聖錫父、漢陽李國木喬伯父、虎林江之淮道行父全較"。有陶珽的眉批評點。陶評本刊刻精工，評點妥當，最爲盛行。蔣輯本和陶評本在明末都多次刊刻，並且在刊刻時都略有變化。

崇禎七年，鍾惺自己廢棄的《晉史懷》，也被其門生許豸重新整理刊刻，並增入了許豸的評點，共三卷。牌記云："許玉史先生評點，鍾伯敬先生晉史懷。"有陸鳴煃序。許評基本遵循了陶評的體例，但更繁瑣，並出現了夾批和尾批。許評本行款與陶評本一致，大概最初就力圖與陶評本並列流播。

陶評十七卷本與許評三卷本原是分別刊行，後來並置成陶許合評二十卷本《史懷》。其主要内容是：卷一卷二《春秋左傳》（附公羊、穀梁傳），卷三《國語》，卷四《戰國策》，卷五至卷九《史記》，卷十、十一、十二《漢書》，卷十三、十四、十五《後漢書》，卷十六《三國志一·魏》（注附），卷十七《三國志二·蜀》（注附）、《三國志二·吳》（注附），卷十八、十九、二十《晉書》。

鍾惺的《隱秀軒集》最早刊刻於 1614 年，沈春澤 1623 年所編刊《隱秀軒集》，收録已經基本完備，後來的明刻本，内容變化不大。
沈刻《隱秀軒集》卷二十三《論二・史一》，收有摘自《左傳》《國語》
至於《晉書》的史論四十則，全部來自《史懷》，少數篇目的内容與蔣
輯十七卷本、陶許評本都有較大的出入。但是考察蔣輯十七卷本
與陶許評卷本，二者之間的文字細節没有太大差别。《隱秀軒集》
中文字有較多差異的部分，很可能在早期的九卷本、十卷本中曾經
存在過。

　　不過相對來説，《隱秀軒集》所選《史懷》材料，有些細節明顯更
接近蔣輯十七卷本。比如在《史懷・春秋左傳一（附公羊、穀梁
傳）》"隱公"條，有個重要的細節錯誤，即文中有三處，應該作"穀
梁"，《隱秀軒集》與蔣輯十七卷本都誤作"公羊"，而陶評本作了改
正。還有，該卷中的"鄭莊公"，依據《春秋》禮法，應該作"鄭伯"，
《隱秀軒集》與蔣輯十七卷本作"莊公"，而陶評本作了改正。這種
情況還有一些，從中可以窺見版本流傳先後情況。

　　鍾惺對於《史懷》的修改完善補充，甚至在晚年時期依然在持
續。他在給福建弟子韓晉的信中説："僕年力已衰……《史懷》一
書，至《三國志》而止。今《晉》《宋》二書已九十葉矣。此書雖不工，
而差不同文人之見。董見老曾許爲僕作序，能從臾之否？向不知
曾相寄未？今致一部。《三國》以後史，無識無體，真不堪讀。正是
一種《世説》，口角入史可廢耳。"①止於《三國志》者，後來刊成十七
卷。晉代部分，許爹收集評點，刊成三卷。《宋書》的資料，没有再
彙集刊刻。

　　清張岱《石匱書》（稿本補配清鈔本）卷三七《史》載："《古今史
懷》二十卷，鍾惺。"清徐乾學《傳是樓書目》（清道光八年味經書屋
鈔本）載："《史懷》二十卷，鍾惺，六本；又一部十七卷，三本。"清萬

────────

① 《隱秀軒集》卷二八《答韓晉之秀才》，第 567—568 頁。

斯同《明史》卷一三四《志》(清鈔本)曰:"鍾惺,《史懷》二十卷。"可見清初廣爲流行的主要就是二十卷刻本了。

《中國古籍善本書目》記載了明刻本二十卷,天頭有批語。但是,這種明末二十卷刻本,究竟什麼時間、什麼人刊刻,很難説清。該刻本雖然存世不多,但是國内圖書館還是有一些收藏,比如西北師範大學、南開大學、湖北省圖書館等。比較之後,我們會發現一些問題。

范邦瑾編《美國國會圖書館藏中文善本書續録·史部》之"370　入藏號 1600J"條下載:

《史懷》十七卷

(明)鍾惺撰。明萬曆間刻擁萬堂發行本,七册一函。半葉九行二十字,匡上眉評雙行四字。四周單邊,白口,白單魚尾。匡高 20.6、寬 13.4 釐米。書名葉中左題"鍾伯敬先生史懷",右上題"陶稚圭先生評點"。另有朱印,右下鎸"續晉史懷",左下鎸"本衙藏板,翻刻者必究,擁萬堂發行"。正文卷端題"史懷卷一",下署"竟陵鍾惺伯敬父述,滇南陶珽稚圭父評,仁和宋鋮聖錫父、漢陽李國木喬伯父、虎林江之淮道行父仝較"。鍾惺字伯敬,竟陵人。萬曆三十八年(1610)進士,官至福建提學僉事。《明史·文苑傳》附載《袁宏道傳》中。正文前有陶珽《刻史懷序》,鄒之麟《史懷序》,凡例,目録。

陶序云:"《史懷》者,吾友鍾伯敬經世之書也。隱括正史而論斷之。自云取謝康樂'懷抱觀古今'之意……三年中,將正史自《左》《國》起,至宋元,流覽泛觀,勒成一書,名曰《史懷》。于古人經世之旨,頗有所窺。又答韓晉之書云,《史懷》一書,至三國而止。此書雖不工,而差不同文人之見……去歲備兵武昌,適嗣君持以爲質,予閲而不勝年誼死生之感,因取而細評之。"

　　臺灣"央圖"藏相同版本。《四庫全書總目》入史部四十六史評類存目二。

　　1950 年 7 月 10 日入藏。①

　　這裏没有指出陶評本部分和許評本部分,究竟各自在全書中是如何設置的。究竟有没有出現過把陶評本、許評本各類序放在二十卷卷首的規範的合刻本? 首先,從國内藏陶評本來看,署"擁萬堂"的有十七卷本,也有二十卷本,有未收"李國木序"的。也有未署"擁萬堂"的十七卷或二十卷本。但是,僅憑所謂"擁萬堂發行",不能斷定爲萬曆刻本。實際上,萬曆四十七年剛剛刻成九卷本,《史懷》十七卷本萬曆年間應該没有刊刻成書。因此可以説,"擁萬堂發行"本不僅晚于蔣輯本,也應該晚于陶評本和許評本,也就是晚於崇禎七年。

　　其次,這些出版者不同的所謂二十卷刻本,實際上就是把兩本書先後簡單並置,然後把陶評部分的序言略微調整,或者對評語稍加删削,或者封面牌記略微增添,甚至批語略加改動,但是都没有什麼實質的變化。比如還有這樣一種二十卷刻本:遼寧大學圖書館藏有"明天啓書林汪復初本",湖北省圖書館一種藏本,牌記也有"汪復初梓行"字樣。以上混亂都是明末書商牽强牟利所致。

　　筆者推斷,《美國國會圖書館藏中文善本書續録·史部》之"370　入藏號 1600J"條關於《史懷》的載録有錯誤,後人大多不察,因此長期産生誤導。結合國内藏本,實際上《史懷》十七卷本和三卷本從來没有嚴格的合刻,而簡單合併在一起的所謂的"二十卷

---

① 范邦瑾編:《美國國會圖書館藏中文善本書續録》,上海古籍出版社,2011 年,第 154 頁。

本"倒是有很多。

　　因此,從内容的完整程度來説,明末分别刊刻的十七卷和三卷本,最爲完善,分别選擇作爲今天整理研究《史懷》的底本最爲合適。

　　清趙尚輔輯《湖北叢書》(光緒十七年三餘草堂刊本),收録鍾惺《史懷》二十卷。底本分别取自陶評本和許評本。這是比較慎重、比較恰富的。後來商務印書館《叢書集成初編》所收、近年《四庫全書存目叢書》所收録,都是來源於《湖北叢書》本。《湖北叢書》本、商務印書館在勘誤方面各有優劣,但是,總的來説,都比較草率,比如《晉史懷》很多尾批,被商務本誤作正文。

　　《史懷》在當時和後世,都有較大的影響。明湯賓尹《睡庵稿·文集》卷二三《鍾伯敬像贊》(明萬曆刻本):"其貌甚癯,博味先王之道乃甚腴。其情甚子,憤發天下之事乃甚熱。其氣體甚弱甚柔,擘古今之得失、決豪傑之雌雄乃甚壯甚遒。我儀其人,朝莫見之。舍於松下,拂彼清飔。以諷以誦,《史懷》《詩歸》。"明周聖楷是鍾惺友人,其《楚寶·列女》(明崇禎十四年刻本),採録有鍾惺《史懷》十二則。明江用世曾經參與過陶評本《史懷》的整理,他的《史評小品》(明末刻本)採摘明代主要史論著述,評論上古至於元代的歷史人物。其中《史評小品》卷十四"六朝上"採用《史懷》約八十條。即便是對於竟陵文風不滿者,對《史懷》也給予較爲正面的評價。明盧世㴶《尊水園集略》卷四《題辭墓誌銘》(清順治刻十七年刻本):"乾辣尖酸鍾伯敬,依稀出土鳳凰釵。其人既往書行世,我所耽兮在《史懷》。"

　　進入清代,明末文化風氣被極大遏制,《史懷》的流傳與影響也受限制。至於《史懷》逐漸再被關注,已經是清代後期的事情了。清李慈銘《越縵堂詩話》卷上:"竟陵鍾退谷《史懷》多獨得之見,其評左氏亦多可喜。"

　　在明代後期衆多的史論著述中，鍾惺的《史懷》有其不可忽略的學術地位，對於今人理解當時學術風氣及建立歷史視野、理解歷史內涵，依然有著啓發意義。

凡　例

　　一、本書整理以國家圖書館藏明陶珽評《史懷》十七卷本與明許豸評《晉史懷》三卷本爲底本，參校以鄒之麟序、蔣勵志與蔣勵修輯十七卷本和《湖北叢書》本、明刻《隱秀軒集》及其他相關資料。末附明末李國木序①、《四庫全書總目‧〈史懷〉十七卷提要》、趙尚輔《〈史懷〉後跋》（《湖北叢書》本）。底本一些細節瑕疵，已經被《湖北叢書》本、《叢書集成初編》本改正的，儘量予以吸取。

　　二、以校勘符號標註改動，凡屬誤文、衍文當删改者，以圓括弧（）標明；凡已改正之正文和應補入之脫文，以方括弧［］標明；缺字、漫漶不能辨認又未能經他書補出者，以□替代。注出史文出處及通行本頁碼，間作考證，置脚注中。鄒之麟序十七卷本中少量校語、陶珽評語、許豸評語，盡數録入，置於校記。

　　三、《史懷》摘引各史著中的文字，與通行本有差異的，雖偶有齟齬不合與割裂破碎之處，但並非嚴重影響文意，一般不作處理。

　　四、整理時使用規範繁體字，底本中的古今字、通假字、異體字一仍其舊。

　　五、新編目録。

---

　　①　録自《湖北文徵》，原注“鍾氏史懷”。李國木參與陶評本的校勘，曾爲之作序，但未見各本收録。《湖北文徵》編委會編，2000 年湖北人民出版社，第五卷，頁 1346。

目　　録

---

① 目録有"江充、息夫躬"二人,正文無。
② 目録有"枚乘",正文無。
③ 目録有此二人,正文無。

---

① 按，陶珽、許豸評二十卷合刻本目録無"瑗、寔"，正文有。據正文增補。

---

　　① 陶珽、許豸評二十卷合刻本《史懷》卷十六爲三國魏國史,卷十七爲三國蜀國、吳國史,正文作"三國志一(魏附注)""三國志二(蜀附注)""三國志三(吳附注)",目錄無"一""二""三"等字,據正文補。
　　② 按,《三國志》卷二十一爲《王衞二劉傳傳》,屬合傳,其最末之"傳"乃"傅嘏"。據《史懷》本書標題命名規律,陶珽、許豸評二十卷合刻本目錄以及正文,皆少一"傳"字,補充之。

刻史懷序

　　《史懷》者，吾友鍾伯敬經世之書也，騋括正史而論斷之，自云取謝康樂"懷抱觀古今"之意。蓋伯敬一官閑散，不操經世之權，而生平之慧心明眼，高才大識，無所用之，恥以文人自了，特向寤寐中借古人之天下而發其蘊。上下數百年，掃理障、決群疑、洗沉冤、誅既死，是是非非，唯唯否否，一裁之道義經權，而各成其是。此豈口耳坐譚者所可辨哉！觀其《寄林少嚴座主書》云："三年中，將正史自《左》《國》起至宋元，流覽泛觀，勒成一書，名曰《史懷》。於古人經世之旨，頗有所窺。"又《答韓晉之書》云："《史懷》一書，至三國而止，此書雖不工，而差不同文人之見。"夫曰"經世之旨有所窺"，又曰"差不同文人之見"，則伯敬所自負者，不待予之誦其美也。第恨絕筆於季漢，不令天下覿其全，爲可惜耳。然其答韓書末又云："三國以後史，無識無體，真不堪讀，止是一種世說口角入史，可厭！"觀此則一言蔽之，欲求其全，亦可不必，猶夫《詩歸》之不及宋元也。世之服膺伯敬者，大都在《詩歸》一書，不知《詩歸》吟風雅，而《史懷》吐經濟，經濟之於風雅，何啻過之？譬之經，《詩歸》刺美惡得之《詩》，而《史懷》則道政事得之《書》。公好惡，寓褒貶，又取之《春秋》矣，於義《史懷》二而《詩歸》一，二何遜於一？所以然者，今世盜詩人者多，譚經濟者少。《詩歸》行世久，而人饜飫者深；《史懷》傳

1

天下寡，而人誦讀者猶未遍，故就一時之心目而淺窺之也。每欲告
天下而因循不果。去歲備兵武昌，適嗣君持以爲質，予閱而不勝年
誼死生之感，因取而細評之，不敢没其善，亦不敢阿其好。其中是
是非非、唯唯否否，悉如伯敬之論史，雖未必盡謂同心，而要見伯敬
心之慧、眼之明、才之高、識之大，别自有在，非僅僅詩人已也。茲
刻成，將見世之服膺伯敬者，不獨《詩歸》《詩歸》云爾，有由風雅而
進求之經世者矣。故序其略如此。

黄巖年弟陶珽粺圭甫題

史　懷　序

　　間嘗論人代無史，則混沌無眉目，虛空無輪序，倫類無流品，墳典無蒂繫。故曰：史者，文人之書，非文人之書也。聚數千百年之登場者編貫之，更聚數千百年之觀場者同異之，作者述者，互在存亡疑信之中。即有語言狀貌，誰屬之？即有神情意度，誰紀之？而況深謀秘計、曖事昧情、跳人耳目之表者乎？大抵鉤描繢藻，古人借之以不死者居半；感憤發舒，借古人以自寫者居半。忠孝廉節，佞猾奸邪，直榜樣耳；善敗得失，理亂興亡，直梗概耳。《傳》曰："知其人，論其世。"又曰："盡信書，不如無書。"雖然，具心眼者，存精神於糟粕之中，即無事一一磨勘，而古今之成算，固已燎然矣。比之（奕）[弈]有譜，熟譜者不必同局；醫有案，據案者不必並方。國工妙手，有前人抉之，今日始參其微者，亦有今日所開，較前人手法又似勝之者。數千百年之扮演，心靈之變相也；數千百年之批駁，造物之銷算也。寥寥古今，解人絕少。昔吾友鍾伯敬，可稱解人，其人風貌清嚴，神秘閑逸；與人居，落落穆穆。間佐片語，微甚冷甚，令人旨亦令人畏；他人之論著，以才以學，彼獨以慧以悟。方其辟人秦淮之上，尋書玩古，意有所會，朱墨圍中，輒加箋駁，纔積紙數番，輒又成帙殺青而飛遞知者。于時，魏士爲者，扁舟裹糧，不遠數千里，來觀伯敬所讀之書，上下其議，凡月餘。兩人者，居然有古人風概。士類翕以文人宗之，然雅不欲以文人自命，欲有所用其未足也。先年士爲死，伯敬隨之，各齎志以没。嗟乎！惠開有言，人生不得行胸懷，雖壽百歲猶爲夭。況挾倜儻之資，曾無百歲壽，其爲痛悼，可言哉？可言哉？伯敬之胸懷，欲筆之書者百未竟一；即筆之書而所謂《史懷》者，又十未竟一，大略可想見也。標一字于紛雜之中，彌見精詳；豎一義于語言之外，彌見淵洽。比人綴事，各具端委，真足益人志意。作是觀者，可第曰"文人之書"乎哉？

年弟鄒之麟漫識

史懷卷一

春秋左傳一（附公羊、穀梁傳）

隱　　公

元年春正月。不書即位，攝也。攝者何？將致之桓而成先君之志也。將致之桓而成先君之志者，不欲成其爲君也。沒而謚"隱公"，是國人君之矣。國人君之，兩盡之謂也。《穀梁傳》曰："隱十年無正，隱不自正也。"①此不書即位之意也，自處之道也。元年有正，所以正隱也，此沒而謚"隱公"之意也。人處隱公之道也，《春秋》之義也。

鄭伯克段于鄢，《穀梁傳》曰："克者何？能也；何能也？能殺也。"②能殺者，難殺而卒殺之之辭也。然則鄭伯難殺段乎？曰：非也。段不足殺者也。曷言乎不足殺也？段非有大志如晉曲沃武公，一馳馬試劍公子耳。[1]其徒作詩稱道其射獵飲食之事，亦狎客媚子，從臾爲歡，非如武公之徒，深謀隱衷，所謂"我聞有命，不敢以

---

① 見《穀梁傳》卷二"十春有一年，滕侯薛侯來朝"條。
② 按：此語出自《公羊傳》。《春秋公羊傳注疏》卷一"夏五月，鄭伯克段於鄢"條云："克之者何，殺之也。殺之，則曷爲謂之克，大鄭伯之惡也。"《穀梁傳》卷一"夏五月，鄭伯克段於鄢"條云："克者何，能也。何能也，能殺也。何以不言殺，見段之有徒衆也。"頁2365。《左傳注》云："段不弟，故不言弟；如二君，故曰克；稱鄭伯，譏失教也：謂之鄭志。不言出奔，難之也。"頁15。

告人"者也。即鄭伯處心積慮，日以殺段爲事，非必以其能爲曲沃武公而殺之也；不過追恨于姜氏之愛段而惡己，欲一有所出之耳。請制、請京時，目中無段久矣，殺段如籠鳥釜魚耳。故曰：段不足殺者也。不足殺而殺之，又若快其能殺者，此《穀梁》之所以甚鄭伯也。居京，都城過百雉，公欲過之也；命西鄙、北鄙貳于己，公欲貳之也；收貳以爲己邑，至于廪延，公欲收之也。不然，何以曰"多行不義，必自斃"，曰"無庸，將自及"，曰"不義，不暱。厚將崩"。及聞其期，曰"可矣"！是公自明其欲過之、欲貳之、欲收之之案也，亦知段之無能爲也。[2]如以曲沃武公待段，又肯予之京之西鄙、北鄙，之廪延，以爲圖己之資哉？祭仲與公子吕，切切然以爲憂而諫之，蓋猶以曲沃武公待段也。公豈不内笑其腐哉？左氏，腐人也，譏"失教"；《穀梁》，又腐人也，曰"緩追逸賊"，若夢然不知公之謀者。"姜氏欲之""焉辟害"二語，怨極。"姜氏"，豈稱母之辭？母子義絶，不待黄泉之誓矣！氣雪意滿，惡有絶母之名，以"悔"之一字愚潁考叔。考叔亦不深求，而以"闕地及泉"一語愚之。[3]掩耳偷鈴，爲草草結局之計，益足明鄭伯之凶而狡矣。

痞生何足惡也，姜氏惡之，又愛共叔段，以公之痞生益愛之也，婦人哉！然"愛惡"二字，遂基國家無窮之禍，慎之！慎之！

叔段之亂，其子公孫滑出奔衛。衛人爲之伐鄭，取廪延，亦深惡莊公也。公義在人，其可泯哉？

周鄭交質，自宜有後來射王中肩一事。此何等世界，而左氏猶以君子曰"信不由中，質無益也"一段迁語評之。[4]又曰"君子結二國之信"。"二國"兩字，其忍出諸口哉！桓四年，王伐鄭，鄭伯禦之。左氏序兵事如均敵然，當時不知有天子久矣。且曰"王亦能軍"，天子同于一將，王亦不以天子自處也，悲哉！

人臣告君自有體，然亦視其所事之君，以爲進言之法。衛州吁有寵好兵，公嬖之，石碏諫之是也，而曰將立州吁，乃定之矣。此憤而爲此反語也,然豈可以告癡人乎? 若不補一段正論于後,老成一語,將爲口實。楚鬭伯比料莫敖必敗,見楚子曰"必濟師",此亦反語也。[5]楚子不解,入告夫人鄧曼。鄧曼曰:"大夫其非衆之謂,莫敖狃于蒲騷之役,將自用也,必小羅,君若不鎮撫,其不設備乎? 不然,夫豈不知楚師之盡行也?"非此聰明婦人,捷悟深思,發此極婉極透之論,"濟師"二字,作何歸着乎? 告君,諷可也,晦不可也;晦可也,反不可也。人臣進言,以君之入不入爲程耳;我爲反語,以聽君之悟于不可必之天,又待一人從傍分疏焉,危矣! 豈告君之道乎?[6]

北戎侵鄭,鄭伯禦之,患戎師,曰:"彼徒我車,懼其侵軼我也。"公子突曰:"使勇而無剛者,嘗寇而速去之。君爲三覆以待之。戎輕而不整,貪而無親,勝不相讓,敗不相救。先者見獲,必務進;進而遇覆,必速奔。後者不救,則無繼矣。乃可以逞。"從之。戎人之前遇覆者奔,祝聃逐之,衷戎師前後擊之,盡殪。"勇而無剛"四字,事深、情深、理深。"戎輕而不整"一段,千古夷情,不能出此,所謂知己知彼也。"彼徒我車",亦可悟古禦戎車戰之法。[7]

春秋小國之君,如鄭莊公儘有智數,能牢籠顛倒人。與齊人伐許,入之,齊以許與鄭。鄭伯使許大夫百里奉許叔,以居許東偏,曰:"寡人有弟,不能和協,而使餬其口于四方,其況能久有許乎?"又曰:"寡人之使吾子處此,不唯許國之爲,亦聊以固吾圉也。"自取威德而以怨予人,既用之弟,又用之鄰國,亦小人之雄矣![8]已射王中肩,猶曰"君子不欲多上人,況敢陵天子乎?"作此瞞心之語。使祭足勞王,且問左右。與司馬懿誅曹爽,車駕宿伊水,促送帳幔大官食具詣行在,及司馬昭哭高貴鄉公之死,千古亂賊面目可想,不甚相遠也。

羽父請殺桓公,以求太宰,公曰:"爲其少故也,吾將授之矣。使營菟裘,吾將老焉。"羽父懼,反,譖于桓公而請弑之。羽父以求一太宰，手弒一君，而心所弒者，二君也。苟患失之，無所不至，可畏哉！《公羊傳》曰："公子翬謅乎隱公。"自古亂賊篡弒，多從謅入。隱公無術以殺其身，亦可哀矣。然勿近謅人，止亂之道也。[9]

評點：

［1］眉批：原叔段當年情境，如鏡照面，明甚快甚。

［2］眉批："公"欲二字，誅心之論。

［3］眉批：千古鄉愿之評，敢于兩語駁回，只是眼高膽大。

［4］眉批：説得名分凜然，《春秋》之筆也。

［5］眉批：癡人而可告以反語，則不癡矣。

［6］眉批：確論。

［7］眉批：料敵制勝，盡此數語。

［8］眉批：千古肺肝如見。

［9］眉批：由此觀之，則好阿諛之君，危矣。

桓　公

鄭公以璧假許田，爲周公祊故也。君子曰："事不近情，自宜怪而拒之。"鄭爲周公祊，豈情哉？

如棠觀魚，小失也，然而不典也。故臧僖伯之諫，妙在核而詳。取郜大鼎于宋，庇亂人，私亂器，當鳴鼓攻之，披髮救之。核即迂，詳即累也，此何等事，而暇爲此迂累之説哉？哀伯不足論，甚矣，左氏之闇于裁也！[1]

芮伯萬之母芮姜，惡芮伯之多內寵人也，故逐之。婦人之妬如此！隋獨孤后見群臣有媵妾者，輒言于上黜之。惡其子勇多內寵，廢之至死。代人行妬，真造化戾氣也。

鄭之與王戰也，曰："陳亂，民莫有鬪心。若先犯之，必奔。

王卒顧之，必亂。蔡、衛不枝，固將先奔。既而萃于王卒，可以集事。"①隨之禦楚也，季梁曰："楚人上左，君必左，無與王遇。且攻其右，右無良焉，必敗。偏敗，衆乃攜矣。"蓋將有亂整，兵有堅瑕，鄭計在避整趨亂，以分整者之神。非惟整失其爲整，整且化而爲亂，妙于攻整者也；隨計在避堅趨瑕，以分堅者之力。非惟堅失其爲堅，堅且化而爲瑕，妙于攻堅者也。[2]鄖人軍于蒲騷，將與隨絞州蓼伐楚師，鬬廉曰："鄖人軍其郊，必不誡，且日虞四邑之至也。君次于郊郢，以禦四邑。我以鋭師宵加于鄖，鄖有虞心而恃其城，莫有鬬志。若敗鄖師，四邑必離。"使敵情在我而不在敵，只在看破一"虞"字。三代而後，善用兵者，莫多于春秋；善言兵者，莫妙于左氏，只講得"離合"兩字透明耳！

兵者，不習用，不習見，又不習言之物也。棼者，貴顯言之；危者，貴快言之；繁者，貴要言之；恒者，貴幻言之；定者，貴錯言之；闊者，貴細言之；生者，貴熟言之，其左氏一書乎？[3]

評點：

[1]眉批：品評嚴處，不以古人而寬之，直筆更在董狐上矣。

[2]眉批：明于攻整攻堅，則用兵無難事矣。

[3]眉批：雖非言兵之要，文字却好。

莊　　公

楚武王荆尸，授師孑焉以伐隨。將齊，入告夫人鄧曼曰："余心蕩。"鄧曼歎曰："王禄盡矣！盈而蕩，天之道也，故臨武事，將發大命而蕩王心焉。"曼何等婦人也，天人理數出其口中。"蕩王心"三字，靈光剡剡，説出鬼神體物之理。又曰："若師徒無虧，王薨于行，

---

① 《左傳注・桓公五年》，頁113。

國之福也。"此"社稷爲重,君爲輕"之説,已先孟子看出,何其高識也![1]

齊襄公通乎桓公夫人,又殺桓公,人道所絶,而莊公父讎也。莊四年,春二月,書紀侯大去其國。紀侯,賢者也,而齊滅之。《公羊傳》大其復九世之讎,而以"《春秋》爲賢者諱"之禮處之。冬,公及齊人狩于郜,《公羊傳》曰:"諱與讎狩也。"齊侯能爲其祖復讎于九世,不愛于紀侯之賢;魯莊不能爲其父復讎于今日,何愛于齊侯之亂乎?復讎一事,公不如齊侯遠矣![2]元年夏,單伯逆王姬,王嫁女于齊,命魯主之也。《穀梁傳》以爲"其義不可受",曰:"弑君弑于齊,使之主婚姻,與齊爲禮,其義固不可受也。""秋,築王姬之館于外。"《穀梁傳》以爲"築之外,變之正"也,曰"仇讎之人,非所以接婚姻也"。"其不言齊侯之來逆,何也?不使齊侯得與吾爲禮也。"夫魯爲王姬主婚于齊,及築王姬之館,何嘗有讎齊之意哉?無其事不可無其心,無其心不可無其理也。乃郜之狩,又在逆王姬、築館之後,若曰:"豈惟爲之主婚,且與之狩矣!"主婚,王命也;築館,王事也;與之狩,不亦可以已乎?[3]然所謂無其事不可無其心,無其心不可無其理,是《穀梁》于逆姬、築館二事中,區區然,切切然,猶存一復讎之義也。

魯桓公無故弑其兄,生一齊姜爲之妻,通于齊侯,而死彭生之手。齊襄公無故殺人之父,亦死無知之手。先期彭生見結前齊姜一段公案,冤對相覿,巧矣哉!無知之亂,鮑叔牙奉公子小白出奔莒,管夷吾、召忽奉公子糾奔魯,數人一時行止,便開古今兩條大路。一段大公案。[4]

宋萬弑其君,猛獲奔衛,宋人請之,衛人欲勿與。石祈子曰:"不可。天下之惡一也,惡于宋而保于我,保之何補?得一夫而失一國,與惡而棄好,非謀也。"此段議論,不獨明于利害,極平之言,從極恕之心出之。石勒何物,亦能以此意對祖士雅,可爲千古邊吏之法。

公如齊觀社，曹劌諫曰："君舉必書。"四字悚然，使人主不敢妄動，見史之有權。

楚子滅息，以息嬀歸，生堵敖及成王焉。未言，令尹子元欲蠱之而泣，情辭俱屬。可謂有至性、有高識矣。但歎息侯一死，死之難也。李陵之降虜也，（楊）[揚]雄之爲莽大夫也，息嬀哉！

評點：

[1] 眉批：從婦人口中看出聖賢言語，不獨鄧曼不可及，鍾子又何可及也？

[2] 眉批：復讎根心也，何論賢亂？

[3] 眉批：舍事而論心，舍心而論理，亦有感于孝之薄也，可勝歎息。

[4] 眉批：須知兩條路，總是一條。

閔　公

晉侯使大子申生伐東山皋落氏，里克諫，及見大子，又教之以共命。與人父則言慈，與人子則言孝，可爲事君之法。及大子帥師，公衣之偏衣，佩之金玦，先友之言，則曰"親以無災"。狐突歎焉，曰"狄可盡乎"。梁餘子養罕夷曰"逃"，羊舌大夫曰"死"。人申其說，正言危言，各自有心，各自有理，如聚哭一堂。千載之下，聲有餘慟。況哀怨之氣在于一時，不足招眚而致災乎？獻公滅耿、滅霍、滅魏、滅虞虢，何其得志于外？女戎潰内，父子兄弟間釀亂無已，此可爲不脩内治之戒也。[1]

評點：

[1] 眉批：一幅苦忠圖。

僖　公

　　慶父通乎哀姜，閔公之弒，姜與焉，齊人殺之，千古快事，此齊桓公舉動也。《春秋》書夫人氏之喪至自齊，《公羊傳》曰："夫人何以不稱姜氏？"貶，曷爲貶，與弒公也。所貶在姜，則所予在齊矣！左氏謂齊人之殺哀姜也，爲已甚矣！女子從人者也，若曰魯則宜討之也，魯不能討而罪齊之討乎？

　　晉侯使士蒍，爲二公子築蒲與屈，不愼置薪焉。此言外指點也。夷吾訴之，呆矣。公使讓之，士蒍稽首而對曰："臣聞之，無喪而慼，憂必讎焉；無戎而城，讎必保焉。"四語志氣感應之理，既非淺人所知，而立言之意別有在也。蓋深憂晉之內亂，若曰所急有甚於此者，深識遠心，欲聽者作一轉想，不當直以其言求之。不然，不幾爲忘備者作口實乎？[1]

　　晉申生之難，郤芮使夷吾重賂秦以求入，曰："人實有國，我何愛焉？"二語所謂借衣者被之，借馬者馳之也。操放棄取，已具戰國策士之氣，起着有想，惜夷吾庸人，不能終局耳。

　　晉饑，乞糴于秦，子桑請許之，丕鄭之子豹在秦，請伐晉。秦伯曰："其君是惡，其民何罪？"大哉言乎，自處即高，又陰攜其民，使歸心于我，霸主作用妙矣哉！[2]及秦饑乞糴于晉，晉弗與，慶鄭諫虢射曰："不如勿與。"夫丕豹之請伐晉，爲父讎也。虢射何爲者？無故而陷其君以不義，而怒一與國乎？秦、晉兩國，非惟君不能當其君，臣亦不能當其臣矣！[3]

　　晉侯及秦伯戰于韓，獲晉侯。《左氏傳》曰：秦許晉平，晉侯使郤乞告瑕呂飴甥，且召之。子金教之言曰："朝國人而以君命賞。"且告之曰："孤雖歸，辱社稷矣，其卜貳圉也。"衆皆哭，晉于是乎作爰田。呂甥曰："君亡之不恤，而群臣是憂。惠之至也，將若君何？"

衆曰："何爲而可?"對曰："征繕以撫孺子,諸侯聞之,喪君有君,群
臣輯睦,甲兵益多。好我者勸,惡我者懼,庶有益乎?"衆皆説。晉
于是乎作州兵。十月,晉餼孫會秦伯盟于王城,秦伯曰："晉國和
乎?"對曰："不和。小人恥失其君而悼喪其親,不憚征繕以立圉也,
曰必報讎,寧事戎狄;君子愛其君而知其罪,不憚征繕以待秦命,曰
必報德,有死無二,以此不和。"秦伯曰："國謂君何?"對曰："小人
慼,謂之不免;君子恕,以爲必歸。小人曰:'我毒秦,秦豈歸君?'君
子曰:'我知罪矣,秦必歸君。'貳而執之,服而舍之,德莫厚焉,刑莫
威焉。服者懷德,貳者畏刑。此一役也,秦可以霸。納而不定,廢
而不立,以德爲怨,秦不其然。"秦伯曰："是吾心也。"改館晉侯,饋
七牢焉。國破君亡,千古時勢之難,莫有過此者。臣子處此,不徒
以"主憂臣辱,主辱臣死"二語塞責。看其苦心幹濟,從何處入手,
何地結局。[4]然大要以民心爲始終,首教君告其民,則主于引咎,
而衆皆哭。次代君以問其民,則主于歸美,且教以自强待敵之道,
而衆乃説。衆皆哭,乃作爰田;衆説,乃作州兵。實實有一段處分,
不獨恃其言善而已也。又皆順民心爲之,施爲步驟,何其妙也!後
段所謂小人恥失其君而悼喪其親者,蓋亦有本而非空言矣!秦伯
曰："晉國和乎?"對曰"不和"。"不和"二字,初覺駭人,解來卻實實
至理,使人心平氣奪。[5]身處危辱,兩路擒縱,能使我所待命之人,
反在我駕馭之中。前段之和百姓,此段之對强鄰,着數節次,毫不
可紊。了此,覺臣子于國家,無不可處之事矣!呂郤之才,何減狐
趙,而惠公下愚也。事非其主,竟以殺身,惜哉![6]

　　夏大旱,公欲焚巫尪。臧文仲曰："天欲殺之,則如勿生。"此語
帶謔而省力,其得不焚,以此諷諫之妙,人不知之。

　　晉太子圉爲質于秦,將逃歸,謂嬴氏曰："與子歸乎?"對曰:
"子,晉太子,而辱于秦,子之欲歸,不亦宜乎?寡君之使婢子執侍
巾櫛,以固子也,從子而歸,棄君命也,不敢從,亦不敢言。"事君事

夫之道，雖聖賢處之，不過如此。季隗之待趙衰二十五年，不爲不貞；齊姜殺桑下之女，不爲不俠。然其從容詳妥，似皆遜之。[7]

重耳乞食于野人，野人與之塊，怒欲鞭之。子犯曰："天賜也。"稽首，受而載之。受而載之，人所能也；稽首，人所不能也。英雄轉念至捷，而深出人意外。然世上一切無禮人，惟此可以折之。[8]

及楚，楚子饗之，曰："公子若反晉國，則何以報不穀？"對曰："子女玉帛，則君有之；羽毛齒革，則君地生焉，其何以報君？"若不解問意者，譎甚，妙甚。正以"遇于中原，辟君三舍"，一片雄心，此時已定，難以告人，故爲此權辭耳，不得已而後明言之。然此亦危語，豈亡人對大國之言？未可以其倖免而稱之。楚子曰："晉公子廣而儉，文而有禮，其從者肅而寬，忠而能力。"[9]數語學問蘊籍如此，豈肯于困阨之中殺一賢者乎？且霸主自多其知人之心，有百倍于除其所忌者，公子一見而知之矣。[10]

重耳入晉，及河，子犯以璧授公子曰："臣負羈紲，從君巡于天下，臣之罪多矣。臣猶知之，而況君乎？"臣子處成功只宜如此。越滅吳，范蠡爲書辭勾踐曰："臣聞主憂臣辱，主辱臣死。昔者君王辱于會稽，所以不死，爲此事也。今既以雪恥，臣請從會稽之誅。"亦是此意。[11]其立言甚妙，然其心危而辭迫，所以待其君者，薄矣。公子曰："所不與舅氏同心者，有如白水。"猶有情理。勾踐之言曰："孤將與子分國而處，不然，將加誅于子。"一種夷盜禽獸之氣逼人。

齊孝公伐我北鄙，公使展喜犒師，使受命于展禽，魯人推重柳下惠至矣。賢者之于人國，豈必其身之用而後有益于國哉？[12]

晉侯始入而教其民，三年，欲用之，子犯曰："民未知義，未安其居。"于是乎出定襄王，入務利民，民懷生矣。將用之，子犯曰："民未知信，未宣其用。"于是乎伐原以示之信。民易資者，不求豐焉，明徵其辭。公曰："可矣乎？"子犯曰："民未知禮，未生其共。"于是乎大蒐以示之禮，作執秩以正其官，民聽不惑而後用之。三段本皆好事，被左氏三用"于是乎"字標之，説得事事有心。霸者行徑，和盤託出。"可矣乎"三字，安頓尤妙，忍不能待，競心露于一問矣！[13]

晉文公城濮之戰，其謀舅犯始之，先軫中之，又終之，總以善用曹、衛爲主。曹、衛，楚之與國。楚之有曹、衛，猶晉之有宋也。楚伐宋，晉不救宋而執曹伯，分曹、衛之田畀宋，以累楚人之心，而宋之圍自解。及楚人請復衛侯而封曹，乃私許復曹、衛以攜之。曹、衛告絶于楚。曹、衛告絶于楚，而晉又有曹、衛，曹、衛之形反化爲宋。曹、衛之形化爲宋而楚孤，楚孤而晉之勝楚，不待戰而決矣。其顛倒不測之妙，能使我之伐曹、衛者收曹、衛，而楚之庇曹、衛者反以失曹、衛。用與國，用敵國，又用敵國之與國，還以困敵國。其繩索收放，皆在我而不在人。譎則譎矣，然而不可謂不妙也①。[14]

衛元咺訟其君于晉，晉執衛侯。孔子以爲甯武子之愚不可及者，蓋其難在于咺直而衛侯曲也。咺，臣也，何直之有？《公羊傳》曰：文公逐衛侯而立叔武，叔武辭立，而他人立，則恐衛侯之不得反也，故于是己立，然後爲踐土之會。衛侯得反，曰："叔武篡我。"元咺爭之曰："叔武無罪。"終殺叔武，元咺走而出。叔武守國以待衛侯，若宋目夷之于宋公，可謂賢矣，而衛侯以魯桓公之待隱公者報之。《公羊》罪衛侯者，賢叔武也。賢叔武，則其曲自不得在咺。咺雖不敢以其直加于衛侯，而衛侯不得辭不直之名于天下。與其國，武子非與咺爭也，挾一不直之君，以與其國及天下之人心爭，而欲保身全君，泯曲直之迹，而獨存君臣之分，可不謂難乎？《公羊》歸惡于元咺，以存君臣之義，豈謂曲在咺而直在衛侯哉！然文公逐衛侯而立叔武，使人兄弟相疑，《公羊傳》曰："衛之禍，文公爲之

---

① 《隱秀軒集》卷二十三"城濮之戰"條，前多出"善制勝者，審機執權，中有主而外不測，操縱在我而於天下無所不用，無所不用而後天敵失其所以勝，此制勝之道也"。後多"吁，此制勝之道也"等字。頁465。

也。"獄情所歸，明而決矣！

　　晉侯使醫衍酖衛侯，甯俞貨醫，使薄其酖，得不死。晉侯有疾，曹伯之豎侯獳貨筮史曰："以曹爲解。"晉侯説，乃歸曹伯。同一行貨也，俞貨醫以全君之身則稱之，獳貨筮史以全君之國則置之，何以勸社稷之臣哉？

　　介葛盧來，聞牛鳴，曰："是生三犧，皆用之矣，其音云。"問之而信。慧人一語，使人怵然不敢言殺，不待慈氏下生説法勸解也。[15]

　　秦、晉圍鄭，燭之武見秦伯曰："焉用亡鄭以陪鄰？鄰之厚，君之薄也。"利害了然。楚黄歇上秦昭王書，止其伐楚，全用此意。戰國人多持此説以解圍者。[16]

　　杞子自鄭始告于秦曰："鄭人使我掌其北門之管，若潛師以來，國可得也。"穆公訪諸蹇叔，蹇叔曰："勞師以襲遠，非所聞也。師勞力竭，遠主備之，無乃不可乎？師之所爲，鄭必知之，勤而無所，必有悖心。且行千里，其誰不知？""勞逸賓主"四字，分別極明，"遠主備之"一語，簡至，老成人自不費辭。却妙在鄭實不知，而弦高以犒師誑秦，示鄭之有備。天生妙人，天定妙着，天造妙文。蹇叔之言，若先設爲弦高誑秦之地，無心湊合，妙不可言。此一役也，蹇叔以一老人知之，王孫滿以一稚子知之，而秦穆、孟明不知。甚矣，利之没人也！[17]

評點：

　　［1］眉批：一片隱忠，代爲拈出。

　　［2］眉批：拈出民字，可以挽伯歸王。

　　［3］眉批：眼中毫不放過。

　　［4］眉批：得要領。

　　［5］眉批：古人委曲苦心，非伯敬細細拈出，幾爲説辭掩之矣。

　　［6］眉批：忠固爲臣之本，然處此等時勢，非才足濟之，則忠亦何用？

　　［7］眉批：惜乎，節不全耳。

〔8〕眉批：子犯此語，誕甚，妄甚，豈真謂一塊土天賜不可失？蓋恐其壯心冷而伯氣短，故爲是言，以鼓舞之耳。英雄之妙用也。

〔9〕眉批：既到此時，若庸庸泛泛，不獨自處之卑，送者亦覺無興。中原三舍，雖危語，實英雄作用處。

〔10〕眉批：深透。

〔11〕眉批：處成功固無如此，然較五湖之遊，未免有要挾富貴之意。

〔12〕眉批：用而後益，則賢淺矣。

〔13〕眉批：左氏文章，頓錯處俱細細道破，有功後學多矣。

〔14〕眉批：此等作用在乎才，正與譎又當別論。

〔15〕眉批：慈氏元不離一慧字。

〔16〕眉批：此所以爲戰國也。

〔17〕眉批：天開妙聰。

文 公

楚商臣弑成王，謐之曰“靈”，不瞑；曰成，乃瞑。王生而以亂取弑，死以瞑争謐，異哉，名根之于人如此。楚共王將死，自請謐靈與厲，群臣以其知過而謐之曰“共”。成王以争得之，孰若共王以讓得之之妙也？然則古今工于請謐爲身後名者，孰有如共王者乎？[1]

戰于殽，狼瞫以斬囚爲右，箕之役，先軫黜之。瞫怒，其友曰：“盍死之。”瞫曰：“吾未獲死所。”此大學問人語也。其友曰：“吾與汝爲難。”瞫曰：“吾以勇求右，無勇而黜，亦其所也。謂上不我知，黜而宜，乃知我矣！”數語從容，識到，養到，生死功名之際洒然矣！斯之謂勇，彭衙之役，以其屬馳秦師死焉，死所哉！

敗于殽而用孟明，人所能也；敗于彭衙又用之，人所不能也。不以成敗論英雄，古今惟秦穆一人。[2]

秦伯伐晉，濟河焚舟，秦計固必勝晉，而晉亦不當復勝秦矣。晉人不出，處之亦自高，封殽尸而還，使秦勝而晉不見其敗，持功守威,人知秦之勝晉,而不知晉之妙于待秦也。[3]

趙宣子之復隨會,不以謀臣資敵國,自是大臣謀國之心。李斯《逐客書》,似從此反看得之。秦人明知晉計而縱會之還,晉自譎,秦自正。秦穆心事器量,過桓文遠矣!臨行,繞朝贈之以策曰:"子無謂秦無人,吾謀適不用也。"秦穆明知故縱之意不自言,而其臣代言之。無數體面,無數精神,在此一段。

邾文公卜遷于繹,史曰:"利于民而不利于君。"邾子曰:"利在養民,死之短長,時也;苟利于民,遷也,吉莫如之。"遂遷于繹。五月,邾文公卒。君子曰:"知命。""知命"二字,必如此看乃妙。

評點:

[1] 眉批:爭不如讓,久矣,然誰肯讓而不爭?

[2] 眉批:曹沫于魯亦然。

[3] 眉批:勝敗,名耳,當觀其得喪。妙論快人!

宣　公

晉靈公侈,趙宣子驟諫而不入。"驟諫"二字,豈所以待庸暴之主乎?[1]無術甚矣!"三進,及溜而後視之",畏正人、惡正言光景,模寫如見。曰"吾知所過矣,將改之",正是文過拒諫口用,殺機萌于此矣!陳靈公淫于夏姬,泄冶諫,公曰:"吾能改矣!"遂殺泄冶。諫暴主不得其道,豈正言之不入哉?

《公羊傳》載晉侯使勇士殺趙盾,入其大門,則無人門焉者;入其閨,則無人閨焉者;上其堂,則無人焉。勇士曰:"嘻,是子之易也!"遂刎頸而死。由此一事反觀之,則專諸爲公子光刺王僚,僚使兵陳自宮至光之家,聶政刺俠累,持兵戟而侍衛者甚衆,皆先自處一死地也。謝安石有言,明王有道,守在四夷,何有屋間着阿堵輩。

其意豈迂哉?[2]

宋城,華元爲植,巡功。城者謳曰:"睅其目,皤其腹,棄甲而復。于思于思,棄甲復來。"蓋譏其獲于宋而歸也。華元使其驂乘謂之曰:"牛則有皮,犀兕尚多,棄甲則那。"若不解其"棄甲"二字之意者,滑稽得妙,頑鈍得妙。使其驂乘謂之,尤爲有體。役人曰:"從其有皮,丹漆若何?"華元曰:"去之。夫其口衆我寡。"①止得尤妙。"口衆我寡"四字,可悟應變止謗之法。

楚人獻黿于鄭靈公,子公之食指動。此禍機也,神告之矣。一黿之味,染指不得,君臣死焉,豈偶哉?[3]

晉荀林父帥師及楚子戰于邲,晉師敗績。晉之師爲救鄭也,及河,聞鄭既及楚平。桓子欲還,曰:"無及于鄭而勦民,焉用之?"何其見之早而處之當乎! 桓子者,荀林父也,時方爲元帥。言出其口,患不當耳,何患不聽? 而以先縠貪躁,違制欲戰。林父既舍士會之言,以屈聽先縠,韓厥曰:"子爲元帥,師不用命,誰之罪也? 不如進也。事之不捷,惡有所分。"②六人分過,以狗一先縠,自解其喪師之罪,而不顧國事之成敗,此豈臣子之言乎? 故伍參以楚之一嬖人,能觀晉之敗形。曰:"聽而無上,衆誰適從?"此亦林父罪案也。及晉討邲之敗,殺其大夫先縠。《左氏傳》曰:"赤狄伐晉,及清,先縠召之也。"坐先縠以召狄之罪,乃可以掩林父喪師之誅。若專論邲之一役,舍林父而殺縠,晉不幾失刑乎?

楚伐宋,宋使華元夜入楚師,登子反之牀,曰:"敝邑易子而食,析骸以爨。"子反亦以楚之情告,曰:"楚軍亦有七日之糧爾。"兩者不幾于輸國情乎? 然楚君臣實墮華元彀中,華元告子反之言,曰:

---

① 《左傳注·宣公二年》,頁714—715。

② 按,《隱秀軒集》卷二十三"荀林父"條,"六人分過"前有"戰,國之大事也。閫以外,君命且有所不受。自主帥以下"等數字。頁466。

“吾見子之君子也，是以告情于子也。”子反歸，告楚莊王，則曰：“以區區之宋，猶有不欺人之臣，可以楚而無乎？”子反心動于君子之名，以聽華元；莊王又心動于不欺人之名，以聽子反。[4]名之于人如此，故曰“楚君臣皆墮華元彀中者”，宋以名制楚也。越滅吳，吳請成，范蠡提枹鼓應之，曰：“余雖靦然人面哉？余猶禽獸也。”頑鈍如此，安得以名制之？

初，魏武子有嬖妾無子，武子疾，命顆曰：“必嫁是。”疾病，則曰“必以爲殉”。及卒，顆嫁之，曰：“疾病則亂，吾從其治也。”曰“必嫁是”，曰“必以爲殉”，總是一“情”字，往來于彌留之際，無可奈何，顛倒至此。魏顆用“治亂”二字替之，分解甚妙，破盡千古臣子拘滯。所謂發乎情，斷以義也。[5]

初稅畝，傷井田之壞也，三代之法，豈必皆行于後世乎哉？雖然，既壞而復之則難，未壞而守之猶易，不責壞者而責守者，不責守者而責復者，可乎？君子之責人也，責其易者也。

評點：

［１］眉批：看得細。

［２］眉批：“自處死地”四字，令叢怨者寒心。

［３］眉批：皆自取也。

［４］眉批：名非不美，狥虛名而爲人制則不美矣。雖然，勉強而君子是亦君子也，又當論事之可否，若茲役亦可以已矣。范子之靦然人面，乃辱極恨極之言，豈不愛名者哉？似難並論。

［５］眉批：非鍾情人不解作此語。

成　公

鞌之戰，齊高固曰：“欲勇者，賈余餘勇。”齊侯曰：“余姑剪滅此，而後朝食。”晉郤克傷于矢，流血及屨，未絕鼓音；張侯矢貫手及肘,折以禦,左輪朱殷;鄭丘緩自始合,苟有險,必下推車,齊何其驕而晉何其懼也。晉强齊弱,晉直齊曲,而以驕敵懼,安得不敗?

齊敗于鞌,齊侯賂晉紀甗、玉磬與地,不可,則聽客之所爲。所謂善敗者不亂也。晉欲以蕭同叔子爲質,使齊東畝。則拒之以理,而以背城借一要之,晉亦氣奪而許之平。可見處敗亦自有道,敵盛我竭,中亂而無以自處,即欲求平,不可得也。[1] 八年春,晉侯使韓穿來言汶陽之田,歸之于齊。《公羊傳》曰:"鞌之戰,齊師大敗,齊侯歸,吊死視疾,七年不飲酒、不食肉。"晉侯聞之曰:"嘻!奈何使人之君七年不飲酒、不食肉,請皆反其所取侵地。"蓋悔之也,悔者何?鞌之戰,晉爲郤克也。爲郤克而使人之君至是,惡得無悔?晉侯悔而郤克危矣!

楚莊王欲納夏姬,申公巫臣諫而止,巫臣納之而奔晉,子反請以重幣錮之。王曰:"止,其自爲謀也則過,其爲吾先君謀也則忠。"大哉言乎,可爲萬世用人聽言之法。今小人代其君以愎諫,于人之有言者,不察其言之有利于國與否,一切以有爲而言坐之。棄其言而錮其身,豈不爲楚王之罪人哉?[2]

晉趙嬰夢天使謂己"祭余,余福女"。問士貞伯,貞伯告人曰:"神福仁而禍淫。淫而無罰,福也。祭,其得亡乎?"祭之,之明日而亡。看禍福分量甚精,斷人過分之想。

韓獻子論遷都,曰:"近寶,公室乃貧。"老成人經國名言,深遠特達,豈一切心計之臣所知?劉敬論周都洛邑,曰:"欲令以德致人,不欲依險阻,令後世驕奢以虐吾民也。"其識議俱高一層。

欒武子曰:"善鈞從衆。夫善,國之主也。三卿爲主,可謂衆矣!"看"衆"字高識,可定千古國是。孔子謂五臣盛于十亂,豈數其人哉?

楚鍾儀南冠因于晉,晉侯見而使稅之,召而吊之。此時已知儀矣,豈待其對而後稱爲君子哉?重爲之禮,使歸求成,非獨妙于觀人,亦巧于用人矣。

范文子曰:"唯聖人能内外無患,自非聖人,外寧必有内憂。"盍釋楚以爲外懼乎? 深厚久遠之言,覺"知勇"二字,膚而近矣。反自鄢陵,使其祝宗祈死,正孟子所謂"無敵國外患者,國恒亡也"。[①]老成憂國,淺躁人以爲不情矣。

鄢陵之戰,晉侯陷于淖,欒書將載晉侯,鍼曰:"書退,國有大任,焉得專之? 且侵官,冒也;失官,慢也;離局,姦也。"乃掀公以出于淖。數語法家之言,與韓非罪典衣、典冠,同一學問。春秋時,治國治兵,同法如此。

欒鍼見子重之旌,請曰:"楚人謂夫旌,子重之麾也,彼其子重也。日臣之使于楚也,子重問晉國之勇,臣對曰:'好以衆整。'曰:'又何如?'臣對曰:'好以暇。'今兩國治戎,行人不使,不可謂整;臨事而食言,不可謂暇。請攝飲焉。"公許之,使行人執榼承飲造于子重,曰:"寡君乏使,使鍼禦持矛,是以不得犒從者,使某攝飲。"子重曰:"夫子嘗與吾言于楚,必是故也。"不亦識乎? 受而飲之,免使者而復鼓[②]。"整暇"二字,非惟用兵,身世之道,無出于此。因思春秋時每有交戰,其君臣在戎馬間,往往從容詞令,有禮有情,如尊俎相對。若欒鍼執榼承飲于子重者,正示整示暇以威敵耳。受而飲之,免使者而復鼓,子重于此,亦復以整暇應之。[3]

晉厲公被弑,晉大夫逆周子于京師,而立之。周子者,悼公也,生十四年矣。大夫逆于清原,周子曰:"孤始願不及此,雖及此,豈非天乎? 抑人之求君,使出命也。立而不從,將安用君? 二三子用我今日,否亦今日。"庚午,盟而入,館于伯子同氏。辛巳,朝于武宫,逐不臣者七人。廢立之際,巨室爲政,新君處此,辭氣動止,一

---

① 《孟子·告子下》。
② 《左傳注·成公十六年》"欒鍼見子重之旌"條,頁972—973。

毫軟媚不得，一毫躁率不得。[4]要在理直氣强，而辭不妨婉。周子初見群臣，數語悚然，不臣者喪志，不待其逐之矣。然如此乃可爲逐不臣者張本。盟而館，館而朝，節次甚妙。漢文帝從代來，頗有此風，真千古應變定難之法。而逐不臣者七人之後，用人行政，又有一番絕妙舉動，所以服人。

評點：

［1］眉批：敗不亂勝不驕，敵雖强，非所患矣。

［2］眉批：按，共王纔十三耳，遂能爲是言，其聽言之聰，又在漢昭上矣。

［3］眉批：精神定方得整暇，豈可强而能哉？

［4］眉批：惟明聖則然。

史懷卷二

春秋左傳二(附公羊、穀梁傳)

襄　公

祁奚舉其讎，又舉其子，吾不難其臣而難其君，又難其友。惟其舉讎而後舉子，此其所以信于君與友也。

晉侯之弟揚干亂行于曲梁，魏絳戮其僕。晉侯怒，欲殺之。絳授書僕人，將伏劍，士魴、張老止之。絳之授書，知明主可爲忠言也，豈待士魴、張老之止哉？晉侯讀其書，跣而出，何其遽也！曰：“寡人之言，親愛也；吾子之討，軍禮也。”①兩語並説，又寬重有體。

魏絳論和戎，而云《夏訓》有之，曰：‘有窮后羿⋯⋯’”作一未了之語，以待其君之問。公曰：“后羿何如？”君臣間光景妙絕，乃詳言后羿遊畋事，而終之以《虞箴》。是時晉侯好田，故魏絳及之，然此段與和戎之旨何關？深厚婉至，告雄主之法宜如此。語不及和戎，晉侯思而自得之，曰：“然則莫如和戎乎？”自是大悟頭人，深思領會，一語寫出。絳言和戎之利，曰：“戎狄荐居，貴貨易土，土可買焉。”“貴貨易土”，説盡古今夷情。大王制狄人，漢制匈奴，止用此四字。又曰：“民狎其野，穡人成功。”此李牧守代，無所失亡，民得民牧，趙充國屯田備羌意也。既盟諸戎，脩民事，田以時，蓋用和爲

---

① 《左傳注・襄公三年》，頁 1018—1019。

戰守也。魏絳真是經國實際人。和戎原非草草偷安，言言有主張，事事有顛末，其引后羿、《虞箴》告其君者，將欲和戎，恐君之好田而忘備，故先爲此杜其萌也。可謂知本矣！[1]

宋災，樂喜爲司城以爲政：使伯氏司里，火所未至，徹小屋，塗大屋，陳畚、挶，具綆、缶，備水器，量輕重，蓄水潦，積土塗，巡丈城，繕守備、表火道；使華臣具正徒，令隧正納郊保，奔火所；使華閱討右官，官庀其司，向戌討左，亦如之；使樂遄庀刑器，亦如之；使皇鄖命校（出正）〔正出〕馬，工正出軍，備甲兵，庀武守；使西鉏吾庀府守，令司宮、巷伯儆宮，二師令四鄉正敬享，祝宗用馬于四墉，祝盤庚于西門之外。世間最倉遽之事，孰有過于救火者？樂喜始終處分，妙在極細極詳極迂。蓋倉遽之事，有卒而應之，反亂而無益，閒而應之，反整而有緒者，此類是也。

鄭子孔當國，爲載書，將誅弗順者。子産止之，請爲之焚書，子孔不可。曰：“爲書以定國，衆怒而焚之，是衆爲政也，國不亦難乎？”子産曰：“衆怒難犯。”焚書于倉門之外，衆乃定。凡作法者，必度民情之所可從者，而後爲之。法已立，而後誅弗順者，誅不可行而復自廢其法，上下俱失之矣。[2]子孔之失，失在爲載書，但亦無自作而自焚者。焚之之議，發于子産而子孔聽之，此國體也。

士鞅論欒氏之亡，曰：“欒黶汰虐已甚，猶可以免，其在盈乎！”“黶死，盈之善未能及人，武子所施没矣。而黶之怨實章，將于是乎在。”①父之報，身受之，能庀汰者；身之報，子受之，不能庀善者。其論報施其奇，實是不易之理。其後曲沃人見欒盈，皆歎，有泣者，武子之報也；而卒無救于欒氏之亡者，黶之報也。[3]

師慧過宋朝，將私焉。其相曰：“朝也。”慧曰：“無人焉。”相曰：“朝也，何故無人？”慧曰：“必無人焉。若猶有人，豈以其千乘之相

① 《左傳注・襄公十四年》，頁1110—1111。

易淫樂之矇？必無人焉故也。”①師慧，師曠之流亞也。鄭人以爲人玩而充賂遺，宋人受之而不知用，惜哉！觀其舉止言笑，蓋以滑稽寄其不平者也。“無人焉”三字，笑盡叔世君臣，偏是無目人，目中無人。[4]

廉者貴有情，又貴有才。[5]宋人或得玉，獻諸子罕，子罕勿受。稽首而告曰：“小人懷璧，不可以越鄉，納此以請死也。”此人亦自高識。子罕寘諸其里，使玉人爲之攻之，富而後使復其所。弗受，可能也，弗受後一段處分，非情與才合不可能也。可見作好人好事，不是一“廉”字便足自了而已。

宋皇國父爲太宰，爲平公築臺，妨于農收。子罕請俟農功之畢，公弗許。築者謳曰：“澤門之晳，實興我役。邑中之黔，實慰我心。”子罕聞之，親執扑以行築者，而抶其不勉者，謳者乃止。或問其故，子罕曰：“宋國區區，而有詛有祝，禍之本也。”高識之人，以國體爲重，匡救于事前而彌縫于事後，意各有在。所全者大，所防者微，豈暇置人我德怨于其間哉？[6]若鞌之戰，郤獻子聞韓獻子將斬人，止之不及，命速以徇。曰：“吾以分謗也。”非惟有心，且覺不情矣！乃知人臣不任德于己，而專務掩人之失，固是佳事。然在真心爲國之人，猶作第二義也。

欒盈之亂，晉囚叔向，樂王鮒見叔向，曰：“吾爲子請。”叔向弗應，出，不拜。曰：“樂王鮒從君者也，何能行？（祈）[祁]大夫外舉不棄讎，內舉不失親，其獨遺我乎？”②（祈）[祁]奚果乘驛見范宣子而免之。蓋君所愛者，其人與言輕；君所敬者，其人與言重，自然之理也。士君子交遊，人品所係，固不妄依人以求免。即以身家利害論之，比匪人者，何必遂免于禍？託正士者，何必不爲福哉？苟非有識有骨，未有不兩失者也。[7]

---

① 《左傳注·襄公十五年》，頁1125。
② 《左傳注·襄公二十一年》，頁1167。

叔向之母妒叔虎之母美而不使，其子皆諫其母。母曰："深山大澤，必生龍蛇。彼美，余懼其生龍蛇以禍女。"①若此母者，所謂自爲謀則過，其爲羊舌氏謀則忠矣。固當取其識而置其妒。[8]

鄭公孫黑肱有疾，歸邑于公，曰："吾聞之，生于亂世，貴而能貧，民無求焉，可以後亡。"②何也？財者，必用之物也。聚則宜在國，散則宜在民。在國，則君以養天下；在民，則民以自養，而又以養其君。財所在不同，而同歸于用，斯他故不生焉。[9]若承平日久，紀綱漸弛，吏恣取諸民，有權力者又恣取諸吏。上不在國，下不在民，而積于仕者之家。無論誨盜斂怨，計一家衣食所餘，積而無用，理數必散。所以散之之道，必出于亂。予嘗謂治久必亂，見仕者之家，積而無用，思其所以散之之道而不可得，知其必出于此也。富而自取亡，猶可言也；富而生亂，以禍天下，尚忍言哉？尚忍言哉！今人見廉吏，則以爲迂、爲拙。思及治亂之故，貪廉之所係大矣。[10]

觀樂王鮒權取魏氏，及羊舌鮒爲晉歸季孫始末，雄詐過人，真小人之才也。其後二鮒皆以墨敗，或其欲之未厭，有以致之。此亦其上之過也。大抵使貪之道，必先使之不貧，而後其才能爲國用。宋太宗有言："措大眼孔小，予十萬錢，塞破屋子矣。"③漢陳湯才略勳名蓋一時，而以貧故，至代人草奏，卒以不振。君若相使之至此，亦可謂不爲國愛才者矣。若既富而又不悛，則權其功罪情法以爲賞罰，乃馭下之道也。[11]

二十五年春，齊崔杼帥師伐我北鄙。孟（孔）[公]綽曰："崔子將有大志，不在病我，必速歸。"觀此語，杼弒逆之謀已見于天下，雖公綽廉謹之人，亦能知之。不爲棠姜明矣，特借姜爲釁耳！崔子稱疾不視事，公問崔子，遂從姜氏。姜入于室，與崔子自側户出，公拊楹而歌。觀此情事，杼蓋用其妻啗公以行弒也。杼之謀，其妻共之矣！

楚聲子之復伍舉，君臣朋友之間，蓋兩得之。然伍舉不歸楚，楚無鞭尸事矣！禍福所倚，豈可前知哉？聲子與子木論晉，故以“楚有才，晉實用之”一語作主，歷數析公、雍子、子靈、苗賁皇奔晉之故，立談間一部掌故，“棄賢資敵”，不待其言之終而聽者悚然矣。[12]

衛甯殖與孫林父出衛獻公，立公孫剽。殖子喜奉父遺命，與公子鱄謀復衛侯而弒剽。衛侯入而殺之。總其始末，出衛侯者，殖也；已出復入，入而負喜及公子鱄者，衛侯也。喜之處此亦苦矣。衛殺其大夫甯喜，《穀梁傳》曰：“喜出君弒君，而不以弒君之罪罪之者，惡獻公也。”然則喜無罪乎？曰：惡得無罪？喜之罪在衛侯既入之後，喜不知所以自處也。何言乎不知所以自處也？衛侯庸戾，事事出情理之外。自立而出，出而復入，無一强人意者。其母定姜知之，臧武仲知之，師曠知之，右宰穀知之，蘧瑗知之，其弟鱄知之。故衛侯之出，法不可復入者也。甯殖與孫林父，小人之交也。始而同利同惡，相與共出其君。久之，合者易離，欲自異于孫氏以解其出君之罪，而獨爲善後之地。[13]死而屬其子以復其君，豈真悔心之萌哉？然而在喜，則父命也，以極不易復之君，值必欲復其君之父，喜處此甚難。幸而得復，以有辭于君父，喜即勞謙畏慎，求免于里克、（甫）[傅]瑕之禍，恐不可得。乃衛侯求復之言曰：“苟反，政由甯氏，祭則寡人。”喜利其言而必欲踐之，以專取殺，不亦宜乎？[14]故曰：喜之罪不在弒一君復一君，在其君既入之後，不知所以自處也①。

──────────

①　《隅秀軒集》卷二十三“甯喜”條，“衛甯殖與孫林父出衛獻公……不知所以自處也”此前多出“臣子不幸處君父之際，事有所不可爲而又不得不爲，在有以自處而已”一句。頁468。

　　二十九年,公在楚,還,及方城。季武子取卞,公欲無入。榮成伯賦《式微》,乃歸。此乾侯之形也,得寬之以至易世,幸哉!

　　吳季子,賢者也,其讓國非難事也。《公羊傳》曰:"謁也,餘祭也,夷昧也,兄弟迭爲君,而致國乎季子。飲食必祝曰'天苟有吳國,尚速有悔于余身'。"諸君之義如此。夫人而可使爲讓也,若夷昧之後,季子儼然遂有吳國,亦何以爲季子乎? 故曰:"季子賢者也,其讓國非難事也。"[15]

　　吳公子札來聘,見叔孫穆子,説之。謂穆子曰:"子其不得死乎! 好善而不能擇人。"①好善,美名也;一不能擇人,其效至于不得死者,何也? 所不好者與爲怨,而所好者不以爲德。無德有怨,其誰能堪之? 甚矣,人不可以無識也!

　　季札請觀周樂,歌《周南》《召南》以下,字字是反覆想像光景;舞《象》《箾》以下,語便着實。歌屬聞,舞屬見,聞虛而見實;虛則疑,實則信,慧不必言,其慎如此![16]

　　子産爲政,輿人誦之曰:"取我衣冠而褚之,取我田疇而伍之。"二事動衆招謗。凡民心口,固不足撓任事者之氣;然須本之以極寬極誠,而又以極平極静出之,非一切躁刻人可借以行其臆也。然觀子皮授子産政,子産辭以族大寵多,則此言亦多起于巨家豪猾。子皮曰:"虎帥以聽,誰敢犯子?"子産之得布其手足而需之歲月,以有子皮在也。不然,"孰殺子産? 吾其與之"。如此情形,又安能待之三年以誦其成哉?[17]

　　褌謀能謀,謀于野則獲。是作文絶妙行徑,非有至性有奇趣人,不能知之。

評點:

[1] 眉批:用和爲戰守,非草草偷安,"恐君好田而忘備"數語,拈出老臣

---

①　《左傳注·襄公二十九年》,頁1283。

經國苦心，似爲當事者標一榜樣。

　　[2]眉批：作法而不度民情所從，法必不行。

　　[3]眉批：惡人倖免而善人受禍，往往有之者，皆此類也。

　　[4]眉批：目中有人者，却又無目。

　　[5]眉批：廉有適爲民害者，皆無才與情之故耳！

　　[6]眉批：真心爲國，則此等識見自生。

　　[7]眉批：有骨有識，則自不比匪人，禍福有所不論。

　　[8]眉批：妬婦何嘗無識。

　　[9]眉批：以必用論財，貪吝者號天無計。

　　[10]眉批：曰必用，曰必散，曰必出于亂，曰生亂以禍天下，一語悲于一語。從來爲貪夫寒心、爲世道痛心者，不能苦口至此。

　　[11]眉批：此一着最要緊，不然，富而尤貪者，又將奈何？

　　[12]眉批：論事必先立一言爲主，然後縱横其説，而皆聳聽矣。

　　[13]眉批：議論刺骨，令小人無可逋之情。

　　[14]眉批：觀此，見天下無不可全之身，而小人有自取之死。

　　[15]眉批：與其賢而不難其讓國，着眼自深。

　　[16]眉批：足窺季札之心，足發左氏之妙。

　　[17]眉批：任事賴同心如此，則天下事豈一薛居州所能爲也？

昭　　公

　　晉侯使韓宣子來聘，觀書于太史氏，見《易象》與《魯春秋》，曰："周禮盡在魯矣！"三代人學問淹貫如此，拘儒不知。

　　子產之誅公孫黑也，黑稽首曰："死在朝夕，無助天爲虐。"子產曰："作凶事，爲凶人。不助天，助凶人乎！"①説得心死，狠甚快甚。不狠不快，可爲除惡人之法？

――――――――

　　① 《左傳注・昭公二年》，頁 1360―1361。

叔向與晏嬰語,曰:"齊其何如?"晏子曰:"此季世也,吾弗知齊其爲陳氏矣。"①叔向亦曰:"雖吾公室,今亦季世也。"公室將卑,其宗族枝葉先落,則公室從之。夫齊之由姜而田也,晉之由姬而韓、魏、趙也,此戰國之形也。春秋時兩國之君不知,而其臣皆知之;其臣知之,不能使其君爲之所,而私相言之,哀哉![1]

鄭鑄刑書,叔向以異國之臣,詒書子產規其失。此一段交情忠告,後世行不去矣。"亂獄滋豐,賄賂並行"二語,人未説及,却是至理。

韓宣子之適楚也,楚人弗逆。公子棄疾及晉竟,晉侯亦將弗逆。叔向曰:"'楚辟,我衷',若何效辟?"②可見凡有禮于人者,皆其高于自處者也,彼侮人者,自處何地? 自視爲何人乎?

鄭伯有爲厲,子產立公孫洩、良止以撫之,乃止。子大叔問其故,子產曰:"鬼有所歸,乃不爲厲,吾爲之歸也。"大叔曰:"公孫洩何爲?"子產曰:"説也。爲身無義而圖説,從政有所反之,以取媚也。不媚,不信。"即此一事,大道理、大機權皆在其内。"不媚,不信"四字,至圓至捷至深,故君子之應一事也,不自一事起也,不自一事止也,常使之寬然有餘地焉。[2]

周甘人與晉閻嘉爭閻田,王使詹桓伯辭于晉,叔向謂范宣子曰:"王辭直,子其圖之。"宣子説,致閻田。天王與列國,止以辭之曲直爲勝負得失,"紀綱"二字,不復言矣。謂周之弱,不弱于封建,吾不信也。

宋平公卒。初,元公惡寺人柳,欲殺之。及喪,柳熾炭于位,將至,則去之,比葬,又有寵。古小人未有不工于中其君而能爲所欲爲者,此何等小術,而能使元公以寵易殺。又非柳之工,而元公之

① 《左傳注·昭公三年》,頁1366。
② 《左傳注·昭公六年》,頁1417。

太易與也。[3]

楚子次于乾谿，令尹子革與之語，所謂"摩厲以須，王出，吾刀將斬"者，人以爲在後引《祈招》詩一段，不知與君王哉，畏君王哉？數段冷冷，王之氣柔而心開矣。至云齊，王舅也；晉及魯衛，王母弟也。楚是以無分而彼皆有，語有分曉，隱然見周之初，楚不得與四國爭，非一味順從而已，對鷙主一味順從不得。[4]然王見左史倚相趨過曰："是良史也，子善視之！是能讀《三墳》《五典》《八索》《九丘》。"①靈王暴侈，猶能重好學之臣，亦非後世所及。

晉成虒祁，諸侯朝而歸者皆有貳心。内治不脩，此晉霸之始衰也。叔向曰："諸侯不可以不示威。"乃爲平丘之會，非其本心也。内有不足，不得已而以虛聲服人，去力服者遠矣，況桓文而上乎？[5]當其時，衛人怨、齊人驕、魯人怠，晉無禮而欲字字以禮責人，叔向于此多少苦心，即彌縫支吾，猶懼不及，而叔鮒以貪間之，求貨于衛。小人不顧國之利害如此，謀國者至此益苦矣。

平丘之會，晉執季孫意如。子服惠伯私于中行穆子而歸之，惠伯復不欲私去。欲得盟會而後見遣，蓋反挾之也。宣子患之，謂叔向曰："子能歸季孫乎？"對曰："不能。鮒也能。"乃使叔魚。小人偏有用處。器使之妙，妙在用詐，腐人不知也。叔魚見季孫曰："昔鮒也得罪于晉君，自歸于魯君，微武子之賜，不至于今。雖獲歸骨于晉，猶子則肉之，敢不盡情？歸子而不歸，鮒也聞諸史，將爲子除館于西河，其若之何？"且泣。平子懼，先歸②。感恩知己，小人不情，面目如生，自非叔向所能。然此時正少一叔魚不得。[6]及叔向三數叔魚之惡，而以歸魯季孫爲惡之一焉，所謂賞其功而惡其心也，蓋兩得之矣。

---

① 《左傳注·昭公十二年》，頁 1486—1487。
② 《左傳注·昭公十三年》，頁 1511。

　　讀古今讒人之言，未有不使人憒者。豎牛、費無極之言，吞吐操縱，讀之反使人笑，況當時聽者乎？此所以爲讒人之雄也。

　　晉荀吳伐鮮虞，圍鼓。鼓人叛而降者至再，不許，力盡而後克之，非獨示威示信而已。易服亦易叛，數服數叛數討，幾如是而國不敝。孔明服孟獲，七擒七縱，南人不復反，而後舍之，故得一意中原，正用此法。蓋老成謀國一勞永逸之計，細人不知也。

　　韓宣子有環，其一在鄭商。宣子謁諸鄭伯，子產弗與。可謂能折大國以禮者也。韓子買諸賈人，既成賈矣，商人曰："必告君大夫。"可謂能治其國以法者也。小國居大國之間，不如此無以自立。

　　有星孛于大辰，鄭神竈言于子產曰："宋、衛、陳、鄭，將同日火。若我用瓘斝玉瓚，鄭必不火。"①子產弗與。次年夏五月壬午，宋、衛、陳、鄭皆火，神竈曰："不用吾言，鄭又將火。"②術士幸災以自神其言，口角如生。鄭人請用之，子產不可。前此之弗與，人猶能之，此處之不可，人不能也。然實有一段識力，足以鎮物定紛，非一味憒憒倔強者。觀其言曰："天道遠，人道邇，竈焉知天道？是亦多言矣，豈不或信？"③何其簡確而定也！遂不與，鄭亦不火。非子產之倖免，正天道之不測耳。[7]及觀其救火一番處分，又極有條理，所謂盡人道以聽天，使冥悍人借口不得。鄭大水，龍鬭于時門之外洧淵，國人請禜焉，子產弗許。曰："我鬭，龍不我覿也，龍鬭，我獨何覿焉？禳之，則彼其室也，吾無求于龍，龍亦無求于我。"乃止也。無一字不是遊戲，人知其談言解紛，滑稽妙境，不知全以骨力出之。愚嘗謂子產內治亂國，外禦強鄰，其舉動議論，庶幾于託孤寄命，臨大節而不可奪者，即以此數端定之。

---

①　《左傳注·昭公十七年》，頁 1545。
②　《左傳注·昭公十八年》，頁 1548。
③　《左傳注·昭公十八年》，頁 1549。

子産之救火也，出舊宮人，真諸火所不及，司馬、司寇列居火道。行火所焮，此禹治水法也，非大悟人不能參之。

楚子爲舟師以伐濮，費無極言于楚子曰：“晉之霸也，邇于諸夏，而楚辟陋，故弗能與爭，若大城城父而寘太子焉，以通北方，王收南方，是得天下也。”王説，從之，故太子建居于城父。無極一言，楚數世之禍，然其説即晉處申生故智也。覆轍在前而不能識，何哉？無極之言，較二五蒲屈之説，局勢更廣，局勢廣，則其藏姦愈微而不覺矣。[8]

初，莒有婦人，莒子殺其夫，已爲嫠婦。及老，託于紀（障）〔鄣〕，紡焉以度而去之。及師至則投諸外，或獻諸子占，子占使師夜縋而登，登者六十人。縋絶，師鼓噪，城上之人亦噪，莒共公懼，啓西門而出。七月丙子，齊師入莒。苦心奇想，千古女俠，志一而氣從，誠至而才從，人定而天從，異哉！後世如龐娥親輩，非不手刃讎者，然所敵一人耳。何如以一老女子，與國爲讎，而其事卒濟乎？以一老女子與國爲讎，而其事卒濟，國亦何所不當備哉？

楚執伍奢，使城父司馬奮揚殺太子。未至而使遣之，奮揚使人執已以至，王直其辭而免之①。可見處暴主讒臣之間，亦有以持正而全者，人亦何必不免爲正哉？

鄭子産有疾，謂子大叔曰：“我死，子必爲政，惟有德者能以寬服民，其次莫如猛。夫火烈，民望而畏之，故鮮死焉；水懦弱，民狎而翫之，則多死焉，故寬難。”子産之猛，意在使民鮮死，豈非古之遺愛哉？水弱多死，然則寬者民之死地也，且末世樂寬之易，而子産曰寬難，其旨深矣。寬而能使民無死地，惟有德者能之，此寬之所以難也。[9]

齊烏枝鳴曰：“用少莫如齊致死，齊致死莫如去備。”此韓信出

---

① 《左傳注·昭公二十年》，頁1563。

背水陣意也，然非重恩誘于前，嚴法驅于後，則亦未可輕言。[10]

臨難不避而有時乎獲免者，其氣超乎生死之外故也。魯取邾師，邾人愬于晉，晉執我行人叔孫婼，韓宣子使邾人聚其衆，將以叔孫與之。叔孫聞之，去衆與兵而朝，其氣固奪人矣。人之脅人以死者，爲死之足畏也。世有真不畏死之人，豈復有以死脅之者哉？在晉，吏人請其吠狗，弗與，及將歸，殺而與之食之。此澹臺斬蛟投璧之意，所館雖一日，必葺其墻屋，去之如始至，識度如此，可將可相。可將可相，所以不可死不可辱也。[11]

九月己亥，公孫于齊，次于陽州①。季氏得政得民久矣，昭公非惟無去之之力與去之之才，亦本無去之之心，代爲其臣報怨，而以其身狥焉。子家羈所謂讒人以君徼倖，事若不克，君受其名者是也。[12]自始至末，季氏節節皆姦，公節節皆庸，臣益密而君益疎，臣益黠而君益騃。乾侯之辱，非不幸也。國有大蠧能去之，上也，不能去而置之，彼猶惴惴焉負一可去之罪，而有待去之意，不能去而欲去之。事一不濟而成一終不可去之形，乃始肆然無忌，而爲所欲爲，庸君舉動，可勝歎哉！

冬，梗陽人有獄，魏戊不能斷，以獄上。其大宗賂以女樂，魏子將受之。魏戊謂閻沒、女寬曰："主以不賄聞于諸侯，若受梗陽人，賄（若）[莫]甚焉，吾子必諫。"皆許諾。退朝，待于庭。饋入，召之。比置，（二）[三]歎。既食，使坐。魏子曰："吾聞諸伯叔，諺曰：'唯食忘憂。'吾子置食之間三歎，何也？"同辭而對曰："或賜二小人酒，不夕食，饋之始至，恐其不足，是以歎。中置，自咎曰：'豈將軍食之而有不足？'是以再歎。及饋之畢，願以小人之腹爲君子之心，屬厭而已。"獻子辭梗陽人②。魏子，賢者也，賢者自愛其名。梗陽之

---

① 《左傳注·昭公二十五年》，頁 1629。
② 《左傳注·昭公二十八年》，頁 1665—1666。

賄,過未成而諫者先頌言之,可乎? 二子以食諫,醉飽之外不加一語,若不知有梗陽之事者,婉轉入人,使魏子自止,亦若初無是事焉。滅其所醜而失其愧,代爲之全其名焉,此諫賢者之道也。[13]

評點:

[1]眉批:滔滔者天下之勢,縱知之,亦不能挽矣。

[2]眉批:立良止,人所能也。立公孫洩,人所不知也。賢者作事有餘,只是識見高耳!

[3]眉批:小人何能中君,君自爲之中耳!

[4]眉批:善論事者,必先令人氣柔心開,然後其言方有人處。

[5]眉批:不脩內治,雖苦心彌縫,亦何益哉?

[6]眉批:對曰"不能,鮒也能",是明知季孫歸在用詐一着。不欲出之,已而假手于鮒,則鮒之惡,叔向之成其惡也。既成其惡,又數其惡而罪之,何不情之甚也。

[7]眉批:曰竈焉知天道,非天道不足信。竈小人,不知耳。

[8]眉批:"以伯天下"開口,苟非明君,孰知其讒?

[9]眉批:寬猛俱恐死民,得此意,于爲政何有?

[10]眉批:觀此,則背水陣豈僥倖而能?

[11]眉批:氣配道義,則真不畏死。

[12]眉批:刻畫庸君,鬚眉皆動。

[13]眉批:諫有不同,標出"諫賢"二字最妙。若向呆人作此語,不幾説夢乎?

定　公

陽虎取寶玉大弓以出,舍于五父之衢,寢而爲食,其徒曰:"追其將至。"虎曰:"魯人聞余出,喜于徵死,何暇追余?"自古亂國弱主,往往爲叛人窺破,出入無忌,豈朝夕之故哉?

陽虎奔齊,請師伐魯。鮑文子曰:"陽虎欲勤齊師也,齊師罷,大臣必多死亡,己于是乎奮其詐謀。"①虎之請伐魯,人知其讎魯而不知其敝齊。亂人一言而禍兩國,文子一言而破之,使其投足無地,快哉! 真謀國之人也。觀孔子墮成、誅少[正]卯,不可[謂]非英雄手辣,三月而治功成,必先有此一番迅利舉動乃可。[1]

評點:

[1] 眉批:觀此則迂儒自知其腐矣。

哀 公

吳赦越未爲大失,但"爾忘越王之殺而父乎"一語,覺此時無歸着耳。且其意不出于哀矜而出于驕盈,其致敗在此,不係于赦越也。若赦越之後,脩備治國,桓文之業也。越其如吳何?[1]楚子西曰:"夫差,次有臺榭陂池焉,宿有妃嬙、嬪御焉;一日之行,所欲必成,玩好必從;珍異是聚,觀樂是務,視民如讎,而用之日新。"②此夫差致敗定案也,于赦越何與?

晉圍柏人,荀寅士吉射奔齊。初,范氏之臣王生惡張柳朔,言諸昭子,使爲柏人。昭子曰:"夫非而讎乎?"對曰:"私讎不及公,好不廢過,惡不去善,義之經也,臣敢違之?"及范氏出,張柳朔謂其子:"爾從主,勉之! 我將止死,王生授我矣,吾不可以僭之。"遂死于柏人③。王生舉一讎,而爲其君得一死事之臣,然張柳朔于君臣朋友之間,亦可謂較然不欺其志者矣![2]

吳將伐魯,問于叔孫輒,輒告公山不狃,公山不狃曰:"非禮也。君子違,不適讎國。未臣而有伐之,奔命焉,死之可也。所託也則

---

① 《左傳注·定公九年》,頁 1754。
② 《左傳注·哀公元年》,頁 1796。
③ 《左傳注·哀公五年》,頁 1819。

隱,且夫人之行也,不以所惡廢鄉。"不狃,魯之叛人,亡于吳者也。亡不忘君,視陽虎奔齊而請伐魯者何如哉? 或言不狃之叛,叛季氏,非叛魯也。孔子不見陽貨,而欲往公山之召,未必無意。[3]

吳師克魯東陽,獲公甲叔子與析朱鉏,獻于王。王曰:"此同車,必使能,國未可望也。"蓋謂其能俱死耳。于敗之中看出一勝局,固聰明之主也。國能用人,人能同心,雖敗猶足以威敵,可不念哉?

夏,陳轅頗出奔鄭。初,轅頗爲司徒,賦封田以嫁公女,有餘,以爲己大器,國人逐之,故出。道渴,其族轅咺進稻醴、粱糗、腶脯焉,喜曰:"何其給也?"對曰:"器成而具。"曰:"何不諫?"對曰:"懼先行。"①"懼先行"三字説得可畏,即杜甫詩所謂"受諫無今日"也。千古亡國喪家之人,不得先聞其過者,皆爲此三字。

吳將伐齊,越子率其衆以朝焉,吳人皆喜,惟子胥懼,諫曰:"越在我,心腹之疾也,壤地同,而有欲於我。"②蓋敵强而近,與我同欲,敵雖未至,先有折而入于敵之形矣! 漢中行説曰:"匈奴所以强者,以衣食異,無仰于漢也。"③然夷狄與中國同欲,弱則爲中國所制,强則因以窺中國。五(湖)[胡]之于晉、金元之于宋,所欲同故也。然進得所欲,退而易失其故;進得所欲,退而不失其故者,越之于吳是也。遠近之勢異也,此子胥之所以懼也。小邾射以句繹來奔,曰:"使季路要我,吾無盟矣。"使子路,子路辭。子路之辭,乃其所以取信于小邾之本也,小邾亦知子路之不可而故請之,傲之以其所難,大國多欲,豈不爲小國所弄哉?

齊陳恒弑其君,孔子三日齋,而請伐齊三,曰:"陳恒弑其君,民之不與者半。以魯之衆加齊之半,可克也。"聖人舉動有其理,貴有

---

①　《左傳注·哀公十一年》,頁 1854—1855。

②　《左傳注·哀公十一年》,頁 1858。

③　《史記》卷一百十《匈奴列傳》,頁 2899。

其事。請討，理也；以魯之衆加齊之半，所以討之之事也。宋儒乃駁之，夫討則用兵，豈有用兵而惡其衆者乎？且公曰："魯爲齊弱久矣，子之伐之，將若之何？"①不爲此言，何以堅其志、壯其氣，而塞其口也。[4]

葉公之論白公勝也，曰："勝也好復言。……復言，非信也。"②看信字甚深。有子曰："信近於義，言可復也。"似爲此信字補一注脚。

衛太子疾，請殺渾良夫。公曰："其盟免三死。"曰："請三之後有罪殺之。"公曰："諾哉！"③十七年春，衛侯爲虎幄于藉圃成，求令名者而與之始食焉。太子請使良夫，良夫乘衷甸兩牡，紫衣狐裘。至，袒裘不釋劍而食，太子使人牽以退，數之以三罪而殺之。三罪者，紫衣、袒裘、帶劍也。機鋒圓捷，此千古除惡妙手。

公患三桓之侈也，欲以諸侯去之，此昭公所不得之季氏者，而哀公欲用之三家乎。昭公自爲之，哀公藉于人以爲之，一解不如一解矣！漢末用其法，召諸侯兵以除宦官，而漢隨以亡，庸手作法，流禍可勝道哉！左氏傳《春秋》末，詳吳越及智伯事，便是《戰國策》過文。[5]

評點：

［1］眉批：必不赦越，亦非仁人，得此妙論，快不可言。

［2］眉批：有王生之舉，則柳朔不容不死。甚矣，公忠之能勸人也。

［3］眉批：不以終身之惡，而泯其一念之善。

［4］眉批：宋儒駁此乃若崩稽首，與仁人無敵之詞，誤之也。

［5］眉批：此等時勢，雖明君處之，亦費（幹）[斡]旋，況庸主乎？所以亡日促也。

---

① 《左傳注·哀公十四年》，頁1885—1886。

② 《左傳注·哀公十六年》，頁1899。

③ 《左傳注·哀公十六年》，頁1905。

史懷卷三

國語

周　　語

國有語，紀一國之事也。一國之中，以一人一事爲始終，變編年爲傳紀之萌也。[1]

《國語》列周，蓋以列國待周也；《三頌》列魯，蓋以天子待魯也，此周之所以爲春秋也。素王、素臣，其微可覩矣。

祭公謀父之諫征犬戎也，曰："夫兵戢而時動，動則威，觀則玩，玩則無震。"①兵家最簡確之言，在此數語，孫、吳説不出。

恭王遊于涇上，密康公從。有三女奔之，其母曰："必致之于王。"康公弗獻，一年王滅密②。密母此言，蓋預知王之忮而虐也。從古下之不順乎上，由上之苛求于下。上苛求于下，而下不能應則怨，怨則畔，畔而上無以制之，此陵替之所以不可反也。[2]

厲王虐，國人謗王，召公告王曰："民不堪命矣。"王怒，得衛巫，使監謗者，以告則殺之，國人莫敢言，道路以目③。夫召公告王，本欲因民情以止王之虐，反博得監謗一事，又益一虐焉，不仁者可與言哉！[3]

---

① 《國語·周語上第一》"穆王將征犬戎"條，頁 2。
② 《國語·周語上第一》"恭王遊於涇上"條，頁 10。
③ 《國語·周語上第一》"厲王虐，國人謗王"條，頁 10—11。按，本段兩處"召公"《國語》皆作"邵公"。

宣王，周中興之主也。《國語》載其四事，而譏者三焉：曰不籍
千畝；曰爲魯武公立戲；曰料民。皆三大事也，其意曰以宣王而猶
如此也。又曰："宣王之世，已如此矣！"此周衰之所以益不可爲
也。[4]《春秋》始隱公，左氏傳之，又作《國語》曰："外傳，其事辭自
隱公而上之。"探本之言，其感深矣！

惠王三年，三大夫出王而立王子穨，子穨飲三大夫酒，樂及徧
舞。鄭伯見虢叔，謂子穨樂禍，禍必及之，而曰盍納王乎？妙在此
段議論作納王機緣，見子穨之不足戴，而使人一意于王，無生疑懼，
此王之所以得入也，乃是定難應變妙手，若專料子穨之敗而無益于
王，則其言亦有何關係？

周之衰也，猶能舉先王舊章，以折有功之强國。如請隧一事，
晉伏不敢動，此爲國以禮之效也。然亦知晉文公創霸，本以"尊王"
二字招號天下，請隧無王，一經點破，遂失其所以創霸之具，而奪其
招號天下之名，晉不得爲晉矣，宜其心折氣餒，而帖然退聽也。[5]

單子謂齊國子立于淫亂之國，而好盡言以招人過，怨之本也。
愚謂盡言不必言人過也，凡窮極事理，闡透幽思，使物無遁情，亦人
鬼所忌。古今文人著述，往往有之，可不慎哉！[6]

單襄公謂晉悼公其行也文，歷數其敬、忠、信、仁、義、智、勇、
教、孝、惠、讓，而曰此十一者，夫子皆有焉。天六地五，數之常也，
經之以天，緯之以地，經緯不爽，文之象也。以十一善而祇足了文之
一字，文豈易言哉？經天緯地曰文，從來訓故，未有若此明盡者。[7]

王將鑄無射，而爲之大林。單穆公曰："無射有林，耳不及也。"
又曰："其察清濁也，不過一人之所勝。"又曰："細抑大陵，不容于
耳，非龢也。"①龢者，形與物相安之謂也。器小受大，物過于形，滿

---

① 《國語·周語下第三》"二十三年，王將鑄無射，而爲之大林"條，頁107—112。
按，"龢"《國語》作"和"。

則溢,傾則危,凡事皆然。孔子所以致感于欹器也,大哉言乎! 天人消息之理,不出此一事一言得之。

評點:

　　[1] 眉批:筆下有心有眼,有膽,故落處錚錚有聲。

　　[2] 眉批:智者論理,大都從人事上看出。"預知王忮虐"一語,不作渺茫解,何等識見。

　　[3] 眉批:忠臣常蹈此轍。

　　[4] 眉批:得言外意。

　　[5] 眉批:爲國以禮,恐不如是之[卑]。尊王招號,寫出伯者本心。

　　[6] 眉批:文次之,言語爲甚。

　　[7] 眉批:以文士驕人者,觀此可以自斂。

魯　語

　　魯饑,臧孫辰請糴于齊,公曰:"誰使?"對曰:"辰也備卿,辰請如齊。"①議事之人,即以身任事,毫無趨避,可爲人臣事君之法。[1]

　　莒太子僕弑紀公,以其寶來奔。宣公使僕人以書命季文子,予之邑,里革遇之而更其書。公執之,曰:"違君命者,女亦聞之乎?"對曰:"臣以死奮筆,奚啻其聞之也?"乃舍之②。人臣于君,拼得一死,何事不可爲? 況未必死乎。[2]《內傳》載宣公與莒僕邑,季文子使司寇出諸竟曰:"今日必達。"③不知里革此舉,所助實多。宣公夏濫于泗淵,里革斷其罟而棄之,蓋由前更書一事,爲之君者有以養其气也。公使有司藏罟,師存侍,曰:"藏罟不如寘里革于側之不

---

　　① 《國語·魯語上第四》"魯饑,臧文公言於莊公"條,頁 147—148。

　　② 《國語·魯語上第四》"莒太子僕弑紀公"條,頁 166—167。

　　③ 《左傳注·文公十八年》"莒紀公生太子僕",頁 692。

忘也。"①尤事君居要之語。[3]

里革論泗淵一事，虞衡月令，本末犖然。乃知春秋士大夫進諫于君，雖極小事，皆有一部掌故，詳確有據，非自騁其辨博，正尊其所聞，以明不敢欺也實，臣子恪慎之義。爰居止魯東門，展禽以爲海將有災，海之鳥獸，知而避之，臧文仲命國人祭焉，執政者有此舉動，豈不乖張可笑？此不博之故也。事君者安可以不學？嘗誦子產之論實沈駘臺，剡子之論官，史墨之論龍，見舉遠抉幽，如探囊得物，愧文士虛過一生。

公父文伯飲南宮敬叔酒，以露睹父爲客，羞鼈焉小，睹父怒，相延食鼈，辭曰："將使鼈長而後食之。"遂出。公父文伯之母聞之，怒曰："吾聞之先子曰：'祭養尸，饗養上賓。'鼈于何有？而使夫人怒也！"遂逐之。五日，魯大夫辭而復之②。"將使鼈長而後食之"，憤中諢語，口角如生。"鼈于何有，而使夫人怒也。"雖怒責其子，然小人哉睹父，亦隱然見于言外矣！孟嘗飯客，有一人背燭光，客疑飯不均，不食而去，孟嘗自起持其飯比之。客聞，慚而自殺。以一鼈之故，使母逐其子，國去一大夫，舉朝紛紛請復，不知睹父此時何以爲人？吾以爲善愧人者，未有狠于文伯之母者也。唐武后有言："招客亦須擇人。"③又何其省也，高識哉！

公父文伯卒，其母戒其妾曰："吾聞之：'好内，女死之；好外，男死之。'今吾子死，吾惡其以好内聞也。二三婦之辱共先祀者，請無瘠色，無洵涕，無搯膺，無憂容，有降服，無加服。從禮而静，是昭吾子也。"④此母之爲其子愛名，有甚于哀其死者。人生最不可禁之情，惟名心足以禁之，名之于人何如哉？然愛其子之名，乃深于愛

---

① 《國語·魯語上第四》"宣公夏濫於泗淵"條，頁170—171。
② 《國語·魯語下第五》"公父文伯飲南宮敬叔酒"條，頁192。
③ 《資治通鑑》卷二百五《唐紀二十一》"則天后長壽元年"條，頁6597。
④ 《國語·魯語下第五》"公父文伯卒，其母戒其曰"條，頁201。

其子者也。崩摧中一部《禮經》出其齒頰,是何等識見? 是何等學問?"慎終"二字,足以當之。

吳伐越,墮會稽,獲骨焉,節專車。吳子使來好聘且問之,仲尼曰:"無以吾命。"博物固聖人餘事,春秋之吳,以夷待之,其君好問,一至于此。以至陳則肅慎之矢,楚則商羊萍實,遣使遠問,夫子至于是邦也,必聞其政,其故可思而得之。"[4]

齊閭丘來盟,子服景伯戒宰人曰:"陷而入于恭。"閔馬父笑,景伯問之,對曰:"笑吾子之大滿也。"①恭之義主于虛,馬父從恭字看出滿字,甚深! 蓋由景伯看恭字太淺耳。

評點:

[1] 眉批:古人何可及也。

[2] 眉批:人臣之死,不可不拼。

[3] 眉批:臣下之氣,不可不養。

[4] 眉批:聞政之故,未必盡此。

齊　　語

桓公自莒反于齊,使鮑叔爲宰。辭曰:"若必治國家者,則非臣之所能也;若必治國家者,則管夷吾乎。"②"若必治國家者",一語兩言之,情辭篤至,感動人主,全在于此。人臣告君,其文有必不可省者,此類是也。[1]

齊請管仲于魯而殺之,嚴公以問施伯。施伯對曰:"此非欲戮之也,欲用其政也。夫管子,天下之才也,所在之國,則必得志。"③

---

① 《國語·魯語下第五》"齊閭丘來盟"條,頁 205。
② 《國語·齊語第六》"桓公自莒反於齊"條,頁 216。
③ 《國語·齊語第六》"桓公自莒反於齊"條,頁 217。

"天下才"三字，遂爲古今確評，其爲管子知己，又何減于鮑叔也？孔子仁管子之功而小其器，其意含吐于三字之中。然則魯何以不用之也？曰："無論魯不能用管子，管子亦不肯用于魯。"[2]惟管子不肯用于魯，故施伯曰："殺而以其尸授之。"此狠于爲主之人，不暇復爲憐才計也。然桓公已先知之，曰："施伯，魯之謀臣也。夫知吾將用之，不必予我矣。"兩國君臣當機靈警，相對如此。

治國家不失其柄，此鮑叔之知管子者也。式權以相應，比綴以度，薄本肇末，勸之以賞賜，糾之以刑罰，此管子之自知者也。千古名法家富强作用，總不出此數語。漆雕開有言，"吾斯之未能信"。若鮑叔之薦管子，管子之用齊，皆可謂信者也。

管仲霸齊，始終作用以作內政而寄軍令爲主，要使一國之人，化爲一人；一國之人之心，化爲一人之心。[3]然其妙在分之以爲合，散之以爲專。何以明之？"制國：五家爲軌，軌爲之長；十軌爲里，里有司；四里爲連，連爲之長；十連爲鄉，鄉有良人焉。以爲軍令：五家爲軌，故五人爲伍，軌長帥之；十軌爲里，故五十人爲小戎，里有司帥之；四里爲連，故二百人爲卒，連長帥之；十連爲鄉，故二千人爲旅，鄉良人帥之；五鄉一帥，故萬人爲一軍，五鄉之帥帥之。三軍，故有中軍之鼓，有國子之鼓，有高子之鼓。"①其寓兵于民，寓將于兵，相生相藏，猶倣井田車徒之意爲之。愚嘗謂三代以前，有兵事而無兵家，凡以兵者不可忘，而要不可爲訓者也。不可訓，故不必有其家；不可忘，故不敢無其事。有其家者，世有不必習兵之人；有其事者，兵無不可用之日。治兵之道，不出于治國之中。惟管子不失三代遺法。[4]其所云"夜戰聲相聞，足以不乖；晝戰目相視，足以相識。其歡欣足以相死"②，即井田百姓親睦之意。三

---

① 《國語·齊語第六》"桓公自莒反於齊"條，頁224。
② 《國語·齊語第六》"桓公自莒反於齊"條，頁224—225。

代人可爲兵，而意不必爲用兵，齊意在用兵，而後使人可爲兵。有圖霸之實，而又惡有背王制之名。[5]令曰隱，政曰寄，陰陽其民，使其爲我用而不知，此霸之所以異于王也。然其要在參其國而伍其鄙，使四民勿雜處者，又先爲作内政寄軍令之地也。少而習焉，其心安焉，不見異物而遷焉。然後下令出政，肅如山而順如水，此所謂分之以爲合，散之以爲專者也。

善制人者，不與人同其所恃。[6]管子謂桓公曰："君若正卒伍，脩甲兵，則大國亦將正卒伍，脩甲兵，則難以速得志矣。君有攻伐之器，小國諸侯有守禦之備，則難以速得志矣。君若欲速得志于天下諸侯，則事可以隱令，可以寄政。"①故作内政而寄軍令，齊所獨恃也。齊有所獨恃，而後天下失其所恃。天下失其所恃，而齊始勝天下矣。三代之兵，主于不可敗，而齊主于不可不勝，遂開商、韓一切功利之教。"速得志"三字，霸者君臣熱中精神，一一寫出，無遁情矣。[7]

相地而衰，征則民不移，衰差也。即後世方田之意，立五屬大夫于其屬，有慈孝拳勇之類及反是者，必以告。有而不以告，其罪五，即商君爲什伍相司收連坐之意。至五屬大夫退而脩屬，屬退而脩縣，縣退而脩鄉，鄉退而脩卒，卒退而脩邑，邑退而脩家。是故匹夫有善可得而舉也，匹夫有不善可得而誅也，則幾于刑措矣，又何必設爲降敵之罰哉？蓋齊，中國也，去古法近，故可以管子之法治之。秦，戎翟也，古法壞盡矣，故必以商君之法治之。[8]

評點：

［1］眉批：文章懇款處，拈出示人。

［2］眉批：魯則曰"不能用"，管則曰"不肯用"，下字何等斟酌。

［3］眉批：得其大主腦。

---

① 《國語·齊語第六》"桓公自莒反於齊"條，頁223—224。

〔4〕眉批：兵民合一之理，莫詳于此。

〔5〕眉批：同一法也，而伯王之所異，看得了了，何等眼力。

〔6〕眉批：文章之道，亦如此。

〔7〕眉批：點破三字，覺孔門羞道桓文不虛矣。

〔8〕眉批：有教無類，恐易地皆然，非所以論管、商也。

晉　　語

欒共子曰："'民生于三，事之如一。'父生之，師教之，君食之。生之族也，故壹事之。唯其所在，則致死焉。"①觀此言，則死節乃極尋常事也，古忠孝之人，視死節爲尋常，故慷慨從容生焉。若作奇事視之，世豈復有能死者哉？

獻公卜伐驪戎，史蘇占之，曰："勝而不吉。兆曰：'戎、夏交捽。'交捽，是交勝也。"公不聽，遂伐驪戎，克之，獲驪姬以歸。有寵，立以爲夫人。史蘇告大夫曰："夫有男戎，必有女戎。若晉以男戎勝戎，而戎亦必以女戎勝晉。"②又曰："滅其父而畜其子，子思報父之恥而信其欲。"③姌弟之禍，幾于亡國，人以爲嬖寵之由。乃從恩怨報施之道斷之，出尋常理數之外。然幻而確、微而著矣。[1]

史蘇之言曰："妹喜有寵，與伊尹比而亡夏；妲己有寵，與膠鬲比而亡殷。"④一聖一賢，與嬖寵並論。忠臣苦口爲國之言，"知亡我者之爲吾敵，不知其爲聖爲賢也"，似從逢于⑤、夷齊口中出之。

郭偃論驪姬曰："吾觀君夫人也，若爲亂，其猶隸農也。雖獲沃

---

①　《國語·晉語一第七》"武公伐翼，殺哀侯"條，頁248。

②　《國語·晉語一第七》"獻公卜伐驪戎"條，頁249—250。

③　《國語·晉語一第七》"獻公伐驪戎，克之"條，頁256。

④　《國語·晉語一第七》"獻公卜伐驪戎"條，頁250。

⑤　參《左傳注》，頁1457—1458。

田而勤易之，將弗克饗，爲人而已。"①蓋言其事之不成也。自古亂賊奰倖、寇盜夷狄、乘釁而起者，不必其有成，而皆足以爲亂。有國者備其足以爲亂者而已，豈必計彼之成不成哉？

申生始終只一迁，而不知變耳。驪姬謂優施曰："吾欲爲難，安始而可？"優施曰："必于申生。其爲人也，小心精潔，而大志重，又不忍人。精潔易辱，重償可疾，不忍人，必自忍也。"又曰："甚精必愚，情而易辱，愚不知避難。"②申生作人之實，與其所以可殺之道，被此一輩亂人看破久矣！自來小人之敢于害君子，其故多坐此，此伍胥之剛戾忍詢所以不可死也。[2]

優施教驪姬譽申生之能，與晉國之利，語語爲獻公伏一死地。人之畏死，有甚于愛其國愛其子者？微哉！千古讒鋒如此。

叔向見司馬侯之子，撫而泣之曰："自此其父之死也，吾蔑與比而事君矣！昔者，此其父始之，我終之，我始之，夫子終之，無不可。"③此千古篤友人也，不知自一念憂國之心出之。

趙文子與叔向遊于九京，曰："死者若可作也，吾誰與歸？"④每誦此語，悠然言外之感，覺耳目之前俱若無人。

范獻子聘于魯，問具山、敖山，魯人以其鄉對。獻子曰："不爲具、敖乎？"對曰："先君獻、武之諱也。"獻子歸，徧戒其所知曰："人不可以不學，吾適魯而名其二諱。爲笑焉，唯不學也。"⑤引咎一語，大臣哉！使人忘其不學而服其識。[3]

趙簡子欷曰："吾願得范、中行之良臣。"史黯侍，曰："將焉用

---

①　《國語·晉語一第七》"獻公卜伐驪戎"條，頁 253—254。

②　《國語·晉語一第七》"公之優曰施，通於驪姬"條，頁 260—261。

③　《國語·晉語八第十四》"叔向見司馬侯之子"條，頁 427—428。

④　《國語·晉語八第十四》"趙文子與叔向遊於九原"條，頁 433。按，"九原"，晉墓地，亦作"九京"。

⑤　《國語·晉語九第十五》"范獻子聘於魯"條，頁 445—446。

之?"简子曰:"良臣,人之所願也,又何問焉?"對曰:"臣以爲不良故也。今范、中行之臣不能匡相其君,使至于難。又不能定而棄之,則何良之爲?"①漢吳王濞反,上曰:"吳王誘天下豪傑,白頭舉事。"袁盎對曰:"吳有銅鹽,利則有之,安得豪傑而用之? 誠令吳得豪傑,亦且輔王爲義,不反矣!"②其言皆有至理,使千古亡國之臣,死有餘愧。然黯之言正,而盎之言諂,言有正而實諂者,意各有在,不可不察。

趙簡子歎曰:"雀入于海爲蛤,雉入于淮爲蜃。黿鼉魚鼈,莫不能化,惟人不能,哀夫!"③奇想奇論,無聊之情,自當求之言外,實犖借之,成一段極正之言。所謂發乎情,止乎理,英雄憂生之感,臣子告君之道,各不相悖也。

(知)[智]果之論(知)[智]伯瑤也,曰:"以其五賢陵人,而以不仁行之,(知)[智]宗必滅。不仁之能滅宗,人知之,五賢之能滅宗,人不知也。"④古滅亡之人,豈皆庸愚乎哉?

戰守以人和爲本,人和在于擇吏。趙簡子使尹鐸爲晉陽,屬以保郵,誡襄子曰:"晉國有難,必以爲歸。"⑤其後知氏之難,舍長子、邯鄲而走晉陽曰:"先主之所屬也,尹鐸之所寬也,民必和矣。"⑥可見臨事而求將,不若無事而擇吏也。自古邊患之生,十九起于苛政,漢世守令即爲將帥,使治民安邊合爲一事,而出于一手,誠良法也![4]

評點:

[1]眉批:嬖寵亡國,人多忽略,説出恩怨報施,便覺扣人。

---

① 《國語·晉語九第十五》"趙簡子歎曰,吾願得范、中行之良臣"條,頁452。
② 《史記》卷一百六《吳王濞列傳》,頁2830。
③ 《國語·晉語九第十五》"趙簡子歎曰,雀入於海爲蛤"條,頁452—453。
④ 《國語·晉語九第十五》"智宣子將以瑤爲後"條,頁454。
⑤ 《國語·晉語九第十五》"趙簡子使尹鐸爲晉陽"條,頁448。
⑥ 《國語·晉語九第十五》"晉陽之圍"條,頁457。

［2］眉批：亂人何嘗無才，但心術不端耳！

［3］眉批：聽其言而觀所由，察所安，吾伯敬有焉。

［4］眉批：能擇吏，又何難擇將？

鄭　語

史伯之論周幽王也，曰："王去和而取同，夫和實生物，同則不繼。以它平它謂之和，故能豐長而物生之，以同裨同，盡乃棄矣！"①從來論和同者有之，未有以天地生物之理明之者，一言而氣運之汙隆，人事之始終備焉。視晏子之論，旨廣而意危矣！

楚　語

昭王問于觀射父，曰："《周書》所謂重、黎實使天地不通者何也？若無然，民將能登天乎？"對曰："非此之謂也。古者民神不雜，民之精爽不攜貳者，而見能齊肅衷正，其知能上下比義，其聖能光遠宣朗，其明能光照之，其聰能聽徹之。如是則明神降之，在男曰覡，在女曰巫。是使制神之處位次主，而爲之牲器時服，而後使先聖之後之有光烈，而能知山川之號、高祖之主、宗廟之事、昭穆之世、齊敬之勤、禮節之宜、威儀之則、容貌之崇、忠信之質、禋潔之服，而敬恭明神者，以爲之祝。使名姓之後，能知四時之生、犧牲之物、玉帛之類、采服之儀、彝器之量、次主之度、屏攝之位、壇場之所、上下之神、氏姓之出，而心率舊典者爲之宗。于是乎有天地神明類物之官，謂之五官，各司其序，不相亂也。民是以能有一信，神是以能有明德，民神異業，敬而不瀆，故神降之嘉生，民以物享，禍

---

① 《國語・鄭語第十六》"桓公爲司徒"條，頁470。

災不至,求用不匱。及少皞之衰也,九黎亂德,民神雜糅,不可方物。夫人作享,家爲巫史,無有要質,民匱于祀,而不知其福,烝享無度,民神同位。民瀆齊盟,無有嚴威。神狎民則,不蠲其爲。嘉生不降,無物以享。禍災荐臻,莫盡其氣。顓頊受之,乃命南正重司天以屬神,命火正黎司地以屬民,使復舊常,無相(使)〔侵〕瀆,是謂絕地(人)〔天〕通。其後三苗復九黎之德,堯復育重黎之後不忘舊者,使復典之,以至于夏、商。故重、黎氏世叙天地,而別其分主者也。其在周,程伯休父其後也,當宣王時,失其官守而爲司馬氏。寵神其祖,以取威于民,曰:‘重實上天,黎實下地’,遭世之亂,而莫之能禦也。不然,夫天地成而不變,何比之有?"①寫鬼神之情與祭祀之理,未有如此精核者。説覡、巫、祝、宗,歷歷有據,事所必有,皆非理所本無。其大旨盡于"神人不雜"四字,即孔子"敬鬼神而遠之"之意,然不讀此,不知孔子之言,用廣而義深。[1]

　　楚白公之亂,葉公能料于事前,而定于事後,知難而進,成功而退。其于爲人爲己爲國,始終之義盡之矣!其言曰:"夫造勝之怨者,皆不在矣。思舊怨以脩其心,非子職之,其誰乎?"②蓋謂費無極輩已死,白公積怨無所雪,而一發之于子西,此情所不宜有而勢所必至,何其言之透也。

評點:
〔1〕眉批:精透之極。

吳　語

　　吳晉會于黃池,越襲吳,入其郊,焚其姑蘇,徙其大舟,區區

① 《國語・楚語下第十八》"昭王問於觀射父"條,頁512—516。
② 《國語・楚語下第十八》"子西使人召王孫勝"條,頁529。

猶欲與晉爭一歃之先，其驗極矣。然夫差此時外對强敵，內有大亂，猶能整兵以待，意氣不亂，辭令如故，不露危敗之形。其膽量亦自過人，其失在忘越患而含其國都，以從齊、晉于艾陵、黃池之間。所謂魚脱于淵，不在戰之勝與不勝、盟之先與不先也。[1]

越王大戒師，將伐吳，楚申包胥使于越。此吳、楚夙世冤對、頭頭相值也。越王勾踐"請問戰奚以而可"①？包胥對以"知仁勇"。人知包胥之借秦以救楚，不知其借越以滅吳，乃可以終其復楚之局，而快其讎吳之志也。古人不欺其君與友如此！

越王勾踐召五大夫，問"戰奚以而可"？大夫舌庸乃進，對曰："審賞則可以戰乎？"王曰："聖。"大夫苦成進曰："審罰則可以戰乎？"王曰："猛。"大夫種進曰："審物則可以戰乎？"王曰："辨。"大夫蠡進曰："審備則可以戰乎？"王曰："巧。"大夫皋如進曰："審聲則可以戰乎？"王曰："可矣！"②此所謂越王能下其群臣以集其謀者也，不知謀者群臣而斷者王也。[2]

王乃入命夫人，上背屏而立，夫人向屏。王曰："自今日以後，內政無出，外政無入。內有辱，是子也；外有辱，是我也。吾見子于此止矣。"王遂出，夫人送王不出屏，乃闔左闔，填之以土，去笄側席而坐，不埽。王背檐而立，大夫向檐。王命大夫曰："食土不均，地之不修，內有辱于國，是子也；軍士不死，外有辱，是我也。自今日以後，內政無出，外政無入，吾見子于此止矣。"王遂出，大夫送王不出檐，乃闔左闔，填之以土，側席而坐，不埽③。越卧薪嘗膽二十年，生聚教訓，又當吳艾陵黃池之後，吳驕而越怒，吳惰而越奮，吳

① 《國語·吳語第十九》"吳王夫差還自黃池"條，頁556。
② 《國語·吳語第十九》"吳王夫差還自黃池"條，頁557—558。
③ 《國語·吳語第十九》"吳王夫差還自黃池"條，頁558—559。

卒而越暇,吳亂而越整,不待兩君相當而勝負決矣![3] 然填土左
闔,側席不掃,使人之夫妻君臣,困苦至是,揆之天道人情,亦安有
物極而不反者,古之善處勝者,能使人不吾復。晉敗齊于鞌,齊侯
歸,七年不飲酒,不食肉。晉侯聞之曰:"嘻! 安有使人之君七年不
飲酒不食肉者?"①盡歸齊之侵地,此齊之所以終不能復晉也,晉之
處勝有道也。[4]

　　王乃命有司大狥于軍曰:"有父母耆老而無昆弟者,以告。"王
親命之曰:"我有大事,子有父母耆老,而子爲我死,子之父母將轉
于溝壑,子爲我禮已重矣。子歸,没而父母之世。若有事,吾與子
圖之。"明日狥于軍曰:"有兄弟四五人皆在此者,以告。"王親命之
曰:"我有大事,子有昆弟四五人皆在此,事若不捷,則是盡也。擇
子之所欲歸者一人。"明日狥于軍曰:"有眩瞀之疾者,告。"王親命
之曰:"我有大事,子有眩瞀之疾,其歸若已。若有事,吾與子圖
之。"②春秋時,中國君臣輕民命極矣,越以夷裔之主,能用民心而
不盡其力,信陵君遂用之以救趙而勝秦,亦以自示其賢。精不貴
多,在和不在衆也。無越之生聚教训,君臣同心,不精不和而欲效
其所爲,不幾于宋襄之仁乎?[5]

評點:

　[1] 眉批:如富人乍貧,猶作驕傲態,非膽量也。

　[2] 眉批:非明君在上,則是非曉曉,何以辨之?

　[3] 眉批:越可謂善處敗矣。

　[4] 眉批:"善處勝"三字最妙,乃知吳之亡,非越亡之,實不"善處勝"亡
之也。

　[5] 眉批:知臥薪嘗膽,而不知生聚教養,亦無益也。

---

　①　參《公羊傳》"成公八年"。
　②　《國語·吳語第十九》"吳王夫差還自黃池"條,頁559—560。

越　語

　　越王勾踐即位三年，而欲伐吳，范蠡進曰："國家之事，有持盈，有定傾，有節事。"王曰："爲三者奈何？"范蠡對曰："持盈者與天，定傾者與人，節事者與地。"①一戰而天地人之理備焉。古人不輕言兵如此。王不聽，伐吳，不勝，棲于會稽，使蠡不能早見于事前，而徒與庸種諸謀臣補救于會稽之後，亦何以爲范蠡也？

　　越滅吳，置酒文臺，群臣爲樂。文種祝越王之詞曰："王不忘臣，臣敢盡力。"②二語可憐，兔死鳥盡之悲，隱然言外，庶幾其保全以有終耳。然以此望鳥喙之主③，自是癡心。此范蠡五湖之去，超然出種輩之上也。

---

　　①　《國語·越語下第二十一》"越王勾踐即位三年而欲伐吳"條，頁 575。
　　②　《吳越春秋》作"君不忘臣，臣盡其力"。見（漢）趙曄撰，（元）徐天祐音注：《吳越春秋》卷十《勾踐伐吳外傳》，江蘇古籍出版社，1999 年，頁 170。
　　③　趙曄《吳越春秋·勾踐伐吳外傳》："夫越王爲人長頸鳥喙、鷹視狼步，可以共患難而不可共處樂。"後世遂以鳥喙指代勾踐。一作"鳥喙"。

史懷卷四

戰國策

西　　周

　　周至春秋與列國匹，戰國之周，不可爲國矣，然而不亡以至于戰國者，何也？天下欲起而亡周與存周者，皆不必有其實，而皆足以爲名，則天下何利于亡周？周最之言曰：攻周，不足以爲利，而聲畏天下①。周之弱，周之所以不亡也。[1]

　　"善息"一語，蘇厲教白起勿攻梁者，以爲周也。然千古智人所以全身全名者，其道不出于此。戰國策士之説人也，説行，而所説者之利害不計焉，説行而其言利于所説者，此類是也。蘇代、蘇厲，周人也，其存周處甚多，周亦賴之，君子猶有取焉。

評點：
[1] 眉批：周之不亡，亦可憐矣。

東　　周

　　"君將施于大人，大人輕君；施于小人，小人無可以求，又費財

---

　　① 《戰國策》卷二《西周》"秦欲攻周"條，頁124。

焉。君施于今之窮士，不必且爲大人者，故能得欲矣。"①杜赫此語，蓋千古勢利到家之言，"不必且爲大人"一語，揣摩極工，心目極捷。戰國人習尚伎倆，盡于此矣！

秦

　　戰國時智謀之士，用秦易而用六國難，非惟六國弱而秦强，抑亦六國之情勢分，而秦之情勢一也。觀蘇秦始將連橫説秦惠王，可見後之合從，非其得已矣。[1]秦王曰："毛羽不豐滿者，不可以高飛；文章不成者，不可以誅罰；道德不厚者，不可以使民；政教不順者，不可以煩大臣。"②亦自是大志略人，審勢待時，不肯輕用其國，以狥遊士之功名者。[2]蘇秦苦心苦口，至書十上而説不行，金盡裘敝而不絶望于秦者，以爲如是而吾之説得用于秦，猶愈于刺股流血、揣摩期年以説六國也云爾。説六國必刺股流血、揣摩朞年而後成，則六國之難于秦，可見矣。

　　張儀于陳軫，不兩立之勢也。一則曰"軫以國情輸楚"，一則曰"軫必之楚"，其意不殺軫不休。儀所以不能與軫兩立，而必欲殺之者，何也？儀之所自託者莫如秦，秦之所以賴于儀者，莫如以商于欺楚而絶齊、楚之交。今儀以商于之地欺楚，令楚絶齊；軫言，絶齊之後，地不可得，而齊、秦之兵必至；及絶齊之後，地果不可得，齊、秦之交陰合，而兵果至。軫又教楚賂秦一名都，與之伐齊，失之于秦，而取償于齊。使楚懷王有中主之資，于軫之策用其一，何至見欺于儀？楚不見欺于儀，則儀之託于秦與秦之所賴于儀者，窮矣。儀着着謀之，軫着着敗之，即此一事，儀安能與軫兩立乎？然人臣

①　《戰國策》卷一《東周》"杜赫欲重景翠於周"條，頁67。
②　《戰國策》卷三《秦一》"蘇秦始將連橫説秦惠王"條，頁141。

事君,智者之見用,不如忠者之見信。軫,秦人也,而事楚也,其爲楚謀則忠也。故秦王問軫曰:"吾聞子欲去秦而之楚,信乎?"軫曰:"然。"王曰:"儀之言果信也。"曰:"非獨儀知之也,行道之人皆知之。吾不忠于君,楚亦何以軫爲忠? 忠且見棄,軫不之楚何之乎?"①軫之事楚也忠,而對秦王也又信,其義皆足以感人。秦王雖知軫之爲楚不爲秦,而儀之言,卒不能有加于軫,此軫與儀之所以兩立于秦也。曰:秦何以不疑儀也? 重軫之忠而惜儀之智也。秦王,英主也,秦所以兩得,而楚所以重失也。[3]

甘茂爲秦攻宜陽,恐樗里(習)[疾]、公孫衍間之,至要王爲息壤之盟。所謂未有讒臣在内,而大將能立功于外者也。及攻之,三鼓而卒不上。甘茂曰:"我羈旅而得相秦者,我以宜陽餌王,今攻宜陽不拔,公孫衍、樗里疾挫我于内,是無伐之日已。請明日鼓之,而不下,因以宜陽之郭爲墓。"則内有讒間,又安知非以堅大將之志而成其功乎? 然息壤一盟,所賴實多,設一必信者主于上,而又置一相間者伺于傍,間不勝信,而足以相仗,則人主用能臣之資也。

天下之士,合從相聚于趙而欲攻秦,秦相應侯曰:"秦于天下之士,非有怨也。相聚而攻秦者,以己有富貴耳。王見大王之狗,卧者卧,起者起,行者行,止者止,毋相與鬪者。投之一骨,輕起相牙者,何則? 有争意也。"②[4]于是使唐雎載音樂,(余)[予]之五千金,居武安,散不能三千金,天下之士大相與鬪矣。夫合從,大事也。天下之士,至衆也,而三千金足以鬪之,士賤如狗,秦已看破。即從不散,何損于秦? 然六國君臣,亦何使士之窮而饕至此乎? 秦,一國耳,能以三千金鬪天下士,天下之爲國者六,獨不能先其未鬪而收之乎? 秦非惟料士之賤而易于取,亦已料六國之慳而難于

---

① 《戰國策》卷三《秦一》"張儀又惡陳軫於秦王"條,頁218。
② 《戰國策》卷五《秦三》"天下之士合從"條,頁343。

予矣。[5]

兵家只“情形”兩字，參得入微，當機自不犯手。[6]武安君之自
道其伐楚也，曰：“楚人自戰其地，咸顧其家，各有散心。”①此主反
爲客之勢也。自道其伐韓，則曰：“伊闕之戰，韓孤顧魏，不欲先用
其衆。魏恃韓之銳，欲推以爲鋒。二軍爭便之形不同，是以臣得設
疑兵以持韓陣，專軍并魏，觸魏之不意。魏軍既敗，韓軍自潰。”②
此合反爲分之形也。

長平之後，秦失亡趙之機，趙懼而秦驕，自無勝趙之理。秦王
自請白起伐趙，起不肯行，曰：“大王覽臣愚計，釋趙養民，此所謂
‘爲一臣屈而勝天下’也。大王若不察臣愚計，必欲快心于趙，以致
臣罪，此亦所謂‘勝一臣而爲天下屈’者也。”③謀國之忠，料敵之
明，盡此數語。應侯必欲誅起而無名，“快心于趙、以致臣罪”，暗刺
應侯之心，尤爲微中。又曰：“忠臣愛其名，臣寧受重誅而死，不忍
爲辱君之將。”不覺説出本心。杜郵之劍，起明知之而甘受之矣！
伐趙不行，與行而無功，皆足以成應侯殺起之計，而國事不問
焉。[7]吁，千古而下，爲應侯者何患無人哉?[8]

韓非斥秦之謀臣不盡其忠，遺恨于謀臣不爲，引軍而退者三。
而于長平之役、秦之釋趙，使趙得退而修備自立，尤深致意焉，不知
白起已先言之矣！其言曰：“秦破趙軍于長平，不遂以時乘其振懼
而滅之；畏而釋之，使得耕稼以益蓄積，養孤長幼以益其衆，繕治甲

---

①　《戰國策》卷三十三《中山》“昭王既息民繕兵”條，頁 1879。
②　《戰國策》卷三十三《中山》“昭王既息民繕兵”條，頁 1879—1880。按，《史懷》
引文多於今日所見有字句不同，如本條筆者所參《戰國策》文如下：“伊闕之戰，韓孤顧
魏，不欲先用其衆。魏恃韓之銳，欲推以爲鋒。二軍爭便之力不同，是以臣得設疑兵以
待韓陣，專軍併銳，觸魏之不意。魏軍既敗，韓軍自潰。”形作力，持作待，并魏作併銳。
當不爲誤。
③　《戰國策》卷三十三《中山》“昭王既息民繕兵”條，頁 1880—1881。

兵以益其强，增城浚池以益其固，主折節以下其臣，臣推體以下死士。"①言言皆韓非之指也。使起不先言之，論秦事者不追咎起之疎哉！

　　邊吏浚民膏，損軍實，以餽遺權倖，非惟爲邊患不細，亦足傷忠臣清疆任事之心，而爲庸人養交欺蔽之地。然其來久矣。秦攻邯鄲十七月不下，或謂王稽曰："君胡不賜軍吏乎?"稽不聽，軍吏窮，果誣以反。杜預伐吴，數餉遺洛中貴要，人問其故，曰："吾但恐爲害，不求益也。"②以預名德元勳猶如此，況其他哉，亦可憐矣。

評點：

［1］眉批：難易分合，看得了然，使伯敬生是時，儀、秦不足數也。

［2］眉批：秦王知己。

［3］眉批：軫、儀不相上下，而楚不如秦。秦所以得儀，而楚所以不得軫也③。

［4］眉批：説得此輩可憐。

［5］眉批：見大者用大，六國非慳，器局使之然也。

［6］眉批："情形"兩字，政不易參。

［7］眉批：觀此則起何可輕貶也。

［8］眉批：言之有感。

————————

①　《戰國策》卷三十三《中山》"昭王既息民繕兵"條，頁1880—1881。

②　《晉書》卷三十四《杜預傳》，頁1032。

③　《隱秀軒集》卷二十三"蘇秦"條："戰國時智謀之士……則六國之難於秦可見矣。"此段前後，分别有"遊士欲用人國以爲所欲爲，必擇其所易用者而先往焉，時爲之也。……六國時天下所惡莫如秦，而勢在秦；三國時天下所惡莫如魏，而勢在魏。勢之所在，雖天下所惡者而必往焉，以其易用而可爲所欲爲也。孟子曰：'天下無道，小從大，弱役强，天也。'無道之天下亦有天焉，得無道之天者亦可以王，可以霸，而不可以久。六國之秦，三國之魏是也。斯固遊士之所必往也，時爲之也。"頁470。

齊

章子以不欺死父之故，能使齊王必其不欺生君，士固有忠而見信者。諸葛瑾仕吳，不強其弟亮背蜀，吳大帝以此信瑾之不背吳，皆可爲忠信之勸。[1]

鄒忌衣冠窺鏡，問其妻曰：“我孰與城北徐公美？”不知其妻之私己也，問于妾則疑之矣；其妾美之，不知其妾之畏己也；問于客則疑之矣，其客又美之，不知其客之有求于己也。明日徐公來，孰視之，非惟疑之，且信之矣。暮寢而思之，大有悟頭，入朝而見王，言其蔽大有作用。王曰：“善。”①下令求言，曰受上賞，曰受中賞，曰受下賞，與私我、畏我、求我三段，暗暗反應，轉境甚妙。千古臣諂君驕，興亡關頭，從閨房小語破之，快哉！令初下，群臣進諫，數月之後，欲言無可進者，是受諫者絕妙結局。[2]

楚軍之法，覆軍殺將者，賞極于令尹。昭陽已爲楚令尹，伐魏得八城，移兵而攻齊，陳軫得以蛇足之説止之。可見國家有事，人臣勳名已極，封賞已盡，其人多不可復用，何也？功不成則喪其所有，功成則不能加其所無，有生之樂，無死之憂，此田單攻狄之形也，況賢不如單者乎？[3]

齊將封田嬰于薛，楚王聞之，大怒，將伐齊。公孫閈爲嬰謂楚王曰：“魯、宋事楚，而齊不事者，齊大而魯、宋小，夫齊之裂地而封田嬰，是其所以弱也，願勿止。”②此言有至理，即尾大不掉、枝大披根之説。齊田氏、魯三家、晉六卿，其驗也。使齊王聞此，當不敢封嬰于薛矣！

---

① 《戰國策》卷八《齊一》“鄒忌脩八尺有餘”條，頁521。
② 《戰國策》卷八《齊一》“齊將封田嬰於薛”條，頁489。

　　田文嘗諫其父靖郭君嬰，曰："君用事相齊，至今三世矣。門下不見一賢者。"蓋進之以好客也。然孟嘗君客三千人，止得一馮煖，始似不甚知煖，使有彈鋏之歌。煖之報孟嘗君也，爲之營三窟，使齊、梁交重之，齎黃金相印而己同其利焉，如是而己矣。嬰之客齊貌辯也，忘其人之多疵，門人證之勿聽，其子文沮之勿聽，曰："剗而類，破吾家，苟可慊齊貌辯者，吾無辭爲之。"①[4]知之何其確而任之何其專也！及宣王薨，閔王立，靖郭之交，大不善于閔王，貌辯辭而行，請見閔王。靖郭君曰："公往，必得死焉。"貌辯曰："固不求生也。"至其見閔王也，其一言王爲太子時，辯勸嬰廢之不聽，其二言楚昭陽以數倍之地易薛，嬰不肯。凡所以爲靖郭君者，無一步不自處死地。由此觀之，則靖郭之客貌辯，置其心于毁譽之外，固非孟嘗所及，而貌辯之所以報之者，投其身于生死之中，去馮煖遠矣！戰國之士稱孟嘗好客者，孟嘗之客三千人，而其父不三千人也。蘇秦説齊閔王曰："臣聞用兵而喜先天下者憂，約結而喜主怨者孤。"②教之以後起之藉、遠怨之時，其大指在勞天下而自逸，亂天下而自安，諸侯無成謀，則其國無宿憂。全是老氏退一步之法，蓋其學于鬼谷者如此。由此觀之，則《道德》之意，不惟通于申、韓，且通于孫、吳矣！蘇秦之説秦惠王也，言戰之利，其説齊閔王也，言戰之害，蓋惠王主賢而國實，正當後起遠怨之會。閔王主驕而國敝，適犯先天下而主怨之形，戰不戰各有所宜耳。[5]且秦不生戰國，親見戰之苦，其言不能痛悉如此。

　　王孫賈年十五，事閔王，王出走，失王之處。其母曰："女朝出而晚來，則吾倚門而望；女暮出而不還，則吾倚閭而望。女今事王，王出走，女不知其處，女尚何歸？"王孫賈乃入市中曰："淖齒亂齊

---

①　《戰國策》卷八《齊一》"靖郭君善齊貌辨"條，頁 497。
②　《戰國策》卷十二《齊五》"蘇秦説齊閔王曰"條，頁 670。

國,殺閔王,欲與我誅者袒右。"①市人從者四百人,與之誅淖齒,刺而殺之。王孫賈之誅淖齒,立齊王,其母倚門、倚閭之言激之也,其意在不得齊王則不歸耳。令人以此爲母望子歸之言,作兒女子私情視之,失之遠矣![6]

　　襄王立,田單相之。過(菑)[淄]水,有老人涉(菑)[淄]而寒,出不能行,坐于沙中。田單見其寒,欲使後車分衣,無可以分者,單解裘而衣之。襄王惡之,曰:"田單之施,將欲以取我國乎? 不早圖之,恐後之。"左右顧無人,巖下有貫珠者,襄王呼而問之曰:"女聞吾言乎?"對曰:"聞之。"王曰:"女以爲何若?"對曰:"王不如因以爲己善。王嘉單之善,下令曰:'寡人憂民之饑也,單收而食之;寡人憂民之寒也,單解裘而衣之;寡人憂勞百姓,而單亦憂之,稱寡人之意。'單有是善,而王嘉之,雖單之善,亦王之善也。"王曰:"善。"乃賜單牛酒,嘉其行。後數日,貫珠者復見王,曰:"王至朝日,宜召田單,而揖之于庭,口勞之,乃布令求百姓之饑寒者收穀之。"乃使人聽于閭里,聞丈夫之相與語曰:"田單之愛人,嗟乃王之教澤也。"②齊王忌田單而欲圖之,此密事也,他人不聞而貫珠聞之,爲珠者危矣。珠既自全又全單,既全單,又廣王之意,而爲之收譽于民。"單有是善而王嘉之,單之善亦王之善已",大哉言乎! 所以處王者體面、地步甚高,非惟爲君,爲大臣者尤當知之。爲君而妬其臣之善者,自同于臣者也;爲大臣而妬小臣之善者,自同于小臣者也,非高于自處之道也。[7]

　　齊王使使者問趙威后。書未發,威后問使者曰:"歲亦無恙耶? 民亦無恙耶? 王亦無恙耶?"使者不説。威后曰:"苟無歲,何有民? 苟無民,何有君?"知本哉! 又進而問之曰:"齊有處士曰鍾離子,無

恙耶？是助王養其民者也，何以至今不業也？葉陽子無恙乎？是助王息其民者也，何以至今不業也？北宮之女嬰兒子無恙耶？撤其環瑱，至老不嫁，以養父母。是皆率民而出于孝情者也，胡爲至今不朝也？”三問發端（其）[甚]奇，而心亦甚熱。又問：“於陵子仲尚存乎？是其爲人，上不臣于王，下不治其家，中不索交諸侯。此率民而出于無用者，何爲至今不殺乎？”此一問，膽識尤自過人，即韓非所云“太公誅華士”者也，名法家學問，從何處得之？君王后事秦四十年不被兵，人以爲齊亡于此，不知君王后内治視趙威后何如也？

評點：

［1］眉批：言忠信可行蠻貊，況君父乎？忠信而見疑，遭時之不幸也？非所論也。

［2］眉批：善諫者必平心和氣，先就自身受蔽處緩緩刺入，使人不怒不疑，快思而樂從之，方見妙手。

［3］眉批：名言。

［4］眉批：孟嘗君稱好客，“好”之一字，原屬氾濫；得一馮驩足矣，何敢望多？

［5］眉批：季子數年揣摩，不意等閑道破。

［6］眉批：人之忽略處，必不忽略，只是眼明識到耳！

［7］眉批：讀此兩語，而妬心不消者，其人大可知矣。

楚

　　江乙謂楚王曰：“下比周則上危，下分争則上安。”①上語易見，下語難知，深思而善用之，馭下之道不出此矣！[1]

---

① 《戰國策》卷十四《楚一》“江乙欲惡昭奚恤於楚”條，頁765。

蘇子謂楚王曰："人臣莫難于無妬而進賢。爲主死易，（沙丘）〔垂沙〕之事，死者以千數。爲主辱易，自令尹以下事王者以千數，至于無妬而進賢，未見一人也。"①進賢之難，人知之，進賢之難，難于爲主死、爲主辱。洞見至隱之言，人未道及。由此觀之，人臣妬而不進賢，雖爲主死、爲主辱，不足以贖其悮國之罪也，況庸庸者乎？[2]

評點：
[1] 眉批：分争雖愈于比周，然終非國家之福。
[2] 眉批：爲主死，爲主辱，忠勇者所能，故易；進賢，非君子不能，故難。

趙

智伯請地于韓，韓與之；請地于魏，魏又與之。韓、魏滅智伯之志，定于效〔與〕地之日矣。韓、魏志在滅智氏，而不欲爲禍始，知智伯之欲必不能得于趙。而趙襄子君臣之不足以辦智伯，待趙之起而韓、魏應焉。趙亦恃韓、魏之陽合于智伯，而陰欲亡之也。故果于拒智伯之請地而無所忌。張孟談之約韓、魏，其線索呼應久矣。用趙以滅智氏者，韓、魏也，蘇秦所謂後起之藉②，韓、魏得之。

國家戰守之具，有事用之，而無事備焉。然"備"之一字，自不易言。厚其資費，重其事權，寬其文法，三者皆無事之時所不可必得者也，而怨勞不與焉。然則備遂可已乎？晉陽之圍，無矢，張孟談曰："臣聞董子之治晉陽也，公宫之垣，皆以荻蒿苫楚廧之，其高至丈餘。"發而試之，箭籲之堅，不能過也。"矢足矣，銅少奈何？"張孟談曰："臣聞董子之治晉陽也，公宫之室，皆以鍊銅爲柱質，請發

---

① 《戰國策》卷十六《楚三》"蘇子謂楚王曰"條，頁 842。
② 即所謂"後發制人"。《戰國策》卷十二《齊五》"蘇秦説齊閔王曰"條，頁 672。

而用之,則有餘銅矣。"①寓矢于廬,寓兵于柱,深心在無心之中,實用在不用之内。既無勞怨可避,而又不藉資費,不假事權,不畏文法。[1]如此脩備,居無事之時,引伸觸類,人人可爲,處處可爲,而一切委之不可爲,可歎也!陶侃竹頭木屑,猶師其意而爲之。

　　從古將興之國,與將亡之國,皆各有一種奇人生其間。張孟談既約韓、魏之君,因朝智伯而出,遇智過轅門之外。智過入見智伯,曰:"二主殆將有變,臣遇張孟談轅門之外。其志矜,其行高。"孟談亦入見襄子曰:"臣遇智過轅門之外,其視有疑臣之心。"智氏有過,趙有孟談,其心目靈警,真是犯對。孟談之言用則爲襄子,過之言不用則爲智伯,臣能當其臣,君不能當其君,故成敗異耳!今謂興國之必有人,而亡國之必無人,豈不誤哉?[2]當智伯從韓、魏圍晉陽,城且下,郄疵謂智伯曰:"韓、魏之君必反矣。"智伯曰:"何以知之。"曰:"城降有日,韓、魏之君無喜志而有憂色,是非反如何?"智伯以告二君。其庸淺已可笑矣。二君趨而出,郄疵謂智伯曰:"君又何以疵言告韓、魏之君爲?"智伯曰:"子安知之?"對曰:"韓、魏之君,視疵端而趨疾。"神識徵驗,一至于此,而猶不能悟,豈非亡國之主,禍來神昧乎?

　　武靈王胡服之令,行于公子成,又行于周紹。成,叔父也,而紹,太子之傅也,猶以體貌諭之。趙燕,臣隸也,則曰:"寡人胡服,子弗服也,逆主,罪莫大焉,寡人恐親犯刑戮之罪。"②直劫之以刑矣。

　　蘇代説奉陽君,"天下事秦有六害,皆不利于趙,而皆以君不得陰"一語收之。事秦之利害,不在天下,不在趙,而決于奉陽君之得陰與不得陰。可見戰國之士,不探得權貴人身家之便而微中之,雖

① 《戰國策》卷十八《趙一》"知伯帥趙韓魏而伐範中行氏"條,頁936。
② 《戰國策》卷十九《趙二》"趙燕後胡服"條,頁1077。

有一片爲國真心，安能行其説哉？探得權貴人身家之便，而微中之，以行其説，而後己之身家利焉，又不獨戰國之士也。然則人臣事君，探人主喜怒者，固落第二義矣。[3][4]

評點：

[1]眉批：將四方之兵，糜天下之餉，動曰時事不可爲，覩此寧不羞死？

[2]眉批：賢臣無補于國者有之，從未聞明君在上，而至于喪亡者。可見興亡之機，大要在君，而不在臣。

[3]眉批：此枉尺直尋之説所由來也。

[4]眉批：利焉，下當續一語曰"而後己之，身被戮焉"。不然，則人將喜而奉爲妙訣矣。

魏

樂羊爲魏將，而攻中山。其子在中山，中山之君烹其子而遺之羹。樂羊坐于幕下而啜之，盡一杯。文侯謂覩斯贊曰："樂羊以我之故，食其子之肉。"贊曰："其子之肉而食之，其誰不食？"樂羊既罷中山，文侯賞其功而疑其心。以樂羊之才之功，事魏文侯有餘，何必食其子而後爲忠且信，效易牙之所爲哉？"覩斯贊"一語，勝滿篋謗書矣，且質其生子而置之不顧，可也。子已死而啜其羹，何爲者哉？此可爲人臣殘忍求信而取疑者之戒也。

秦敗魏于華，魏王且入朝于秦，周訴止之，不可，支期止之，不可。王謂支期曰："吾姑已諾于應侯矣。"支期曰："王勿憂也，臣使長信侯請無内王。"支期恐長信侯曰："君無爲魏計，君其自爲計，且安死乎？安生乎？安窮乎？安貴乎？君其先自爲計，後爲魏計。"長信侯入見王曰："王毋行矣，臣能得之于應侯矣。"[1]—①魏王也，

① 此半個破折號，古籍之標識另一段之符號，非"一"。

長信侯欲使之入秦則入秦,欲止則止之,權貴人市其主之身,試于不測之淵,以媚于强國之臣,則亦何所不至哉?魏王行止,外聽于應侯,内聽于長信侯,然能使魏王不入秦者,長信侯也;能恐長信侯,使自首其使魏王入秦之情、而又能止之者,支期也。線索機關,已被支期點破,而千古庸君不悟,猶以其身供權貴人一擲。悲夫!

六國割地賂秦之害,人能言之,莫透于"欲璽者制地,欲地者制璽"①二語。從古亡國之禍,皆臣市其君,豈可獨歸怨于强鄰哉?[2]

評點:

[1] 眉批:戰國時以説聳動權臣,大約不出生死富貴四字。

[2] 眉批:讀之寒心。

韓

申子請仕其從兄官,昭侯不許也,申子有怒色。昭侯曰:"非所謂學于子者也?從子之請而廢子之道乎?又將專行子之術而廢子之請乎?子嘗教寡人循功勞,視次第。今有所求,此我將奚從乎?"申子乃避舍請罪,曰:"君真其人也。"②循功勞,視次第,此名、法家學問得力處,申、韓治國本領也。申子請官其從兄,昭侯不許而申子有怒色,是昭侯之于名、法深,而申子之于名、法淺也。成午從趙來,謂申子曰:"子以韓重我于趙,請以趙重子于韓,是子有兩韓,而我有兩趙也。"由此觀之,戰國之士,誰非用其君以自便其私者哉?昭侯不爲申子用,所以能用申子,惟其名、法之學深于申子故也。[1]

評點:

[1] 眉批:君不能用臣,則爲臣用,豈不危哉?

---

① 《戰國策》卷二十四《魏三》"華軍之戰"條,頁1379。

② 《戰國策》卷二十六《韓一》"申子請仕其從兄官"條,頁1478。

燕

　　蘇秦説齊宣王之言曰："人之饑所以不食烏喙者,以爲雖偷充腹,而與死同患也。"①此爲齊伐燕言之也。然戰國之士,没于富貴而殺其身者,正坐此病。魯連輩所以不食戰國之食者,非不饑也,不敢食烏喙耳![1]

　　蘇代爲燕謀齊,請以寶珠玉帛事其左右,曰："夫驕主不好計,而亡國之臣貪于財。"②痛入骨髓之言。每感承平君臣,誦此爲之心悸。國既亡矣,貪者持其財,安往無事? 語之則不信,事至又無及,千古一轍,神或蔽之。悲哉![2]

　　郭隗論致士,請先從隗始,其主不以爲嫌,而隗亦不自爲嫌。真心謀國人,自無形迹可避。

　　蘇子始爲燕説齊伐宋,非讎宋也;齊伐宋,宋急遺書昭王,使之取秦,窮齊以釋宋,非德宋也。齊力未敝,則使之伐宋以敝之;齊力既敝,則與秦共承齊之敝。[3]承齊之敝,乃説齊伐宋之本謀也,次第先後,自是如此,其意原不在伐宋與釋宋,在爲燕謀齊耳。戰國策士中,忠于爲一國者,如蘇氏兄弟之于燕是也。

評點:

[1]眉批:儀、秦能言不能行,所以但名爲説客。仲連稱高士,良有以夫。

[2]眉批:二語更痛人骨髓。

[3]眉批:燃犀之識。

---

① 《戰國策》卷二十九《燕一》"燕文公時"條,頁 1652。
② 《戰國策》卷二十九《燕一》"蘇秦死"條,頁 1669—1670。

史懷卷五

史記一

五 帝 本 紀

太史公《五帝本紀贊》,不作一了語。其一段傳疑,不敢自信之意,往往于運筆虛活承轉處見之,字字是若存若亡光景,使人讀未終而先得之。[1]其引證原委,又似歷歷有據,正其不敢自信處,蓋多聞而後能闕疑,多見而後能闕殆也。好學深思,心知其意,是作史之本;擇其言尤雅者,是作史之法,一部《史記》,要領盡此矣!

評點:
[1]眉批:讀書有會心處。

周 本 紀

古公是古今第一知取舍人。和戎之説,實自古公啓之。土地重于財物,則棄財物;人民重于土地,則棄土地。然狄人能舍財物而欲土地,其取舍又自不凡,蓋亦漢世冒頓之流矣。遷岐後,貶戎狄之俗,營築城郭宮室而邑居之。作五官有司,民皆歌樂之。用夏變夷,千古特識特力。周有天下,定于此矣!古公立季歷以傳昌,積德累仁,使子孫得待時乘勢以有天下,此亦開國立家至情。初無損于古公,[1]故剪商之説,周人自道之,初不爲其祖父諱也。而後人乃屑屑焉代爲之諱,不亦多事乎?是欲使前而古公,後而武王,與文王同一行徑而後可,此古聖賢必無之勢也。孔子論周之至德,自太伯文王外,不强及其他,嗚呼,盡之矣!

　羑里之囚,閎夭之徒患之。用美女文馬,因嬖臣獻紂以贖文王,處昏暴之君,不得不如此。是亦臣子至情,所謂巽以濟蹇也,且救君父,而又爲百姓去一炮烙之刑,豈可以其出于美女文馬而不爲功哉?《齊世家》謂其本謀出太公,尤爲得之。

評點:

[1]眉批:千秋快論,足破世儒之腐。

秦　本　紀

　秦之先,蜚廉、惡來父子以材力事紂,武王伐紂誅惡來,是時蜚廉爲紂石[召]北方,還無所報,爲壇霍太由而報,此千古義人也。嬖倖之臣,豈可易言?晏子曰:"國君爲社稷死則死之,爲社稷亡則亡之,若爲己死,而爲己亡,非其私暱,誰敢任之?"①若蜚廉者,可謂無負于私暱矣!欒布反命,祠彭越頭下,差有此意。嗚呼!後之以忠義自命者,其于故主存亡之際,視蜚廉何如哉?[1]

　寧公卒,大庶長弗忌、威壘、三父廢太子而立出子爲君。出子六年,三父等復共令人賊殺出子。出子五歲立,六年卒,三父等乃復立故太子武公。三年,誅三父等,而夷三族,以其殺出子也。魯豎牛爲叔孫氏廢二子而立昭子,然討豎牛者即昭子也。三父爲秦殺出子而立武公,然討三父者即武公也。假手藏機,天人之間妙有

---

① 《左傳注·襄公二十五年》,頁1207—1211。

微意,使二人枉作賊臣,巧哉!若討賊出于他人,則尋常矣。凡報施之尋常者,皆不足以警頑悍之人也。

百里傒亡秦走宛,楚鄙人執之。繆公聞其賢,欲重贖之,恐楚人不與。乃使人謂楚曰:"吾媵臣百里傒在焉,請以五羖羊皮贖之。"楚人遂許與之。其妙在于用譎。譎則譎矣,然從一片求賢苦心出之。其取由余于戎,亦略祖此意。及得傒,授之國政,號曰"五羖大夫"。傒讓曰:"臣不及臣友蹇叔。臣常困于齊而乞食銍人,蹇叔收臣。臣因欲事齊君無知,蹇叔止臣,臣得脫齊難,遂之周。周王子頹好牛,臣以養牛干之。及頹欲用臣,蹇叔止臣,臣去,得不誅。事虞君,蹇叔止臣。臣知虞君不用臣,臣誠私爵祿,且留。再用其言,得脫;一不用,及虞君難:是以知其賢。"[1]傒之于蹇叔,一一從識上看出,可謂觀其大者。繆賢于藺相如。亦以此得之,秦君臣如此所以霸也。

舉大事以人心爲本,雖作不順,亦恒藉民心爲之。晉殺丕鄭,鄭子豹奔秦。說繆公曰:"晉君無道,百姓不親,可伐也。"繆公曰:"百姓苟不便,何故能誅其大臣?此其調也。"[2]誅大臣是動衆事,而反以此察其民之調,看得甚妙。司馬懿誅曹爽、何鄧而民安之?只是得民耳。田恒亦用此取齊國,有民而使人得之,藉吾民以爲所欲爲,而國亦從之,可不畏哉?

由余入秦,秦繆公問以中國詩書禮樂法度。由余笑曰:"此乃中國所以亂也。夫戎狄不然,一國之政猶一身之治,不知所以治,此真聖人之治也。"[3]此種議論,全是一部《莊子》學問,大旨在簡易以便民,而勿强之,其用意自妙。而商君遂醜詆先王之法而破滅

① 《史記》卷五《秦本紀》,頁186。
② 《史記》卷五《秦本紀》,頁187。
③ 《史記》卷五《秦本紀》,頁193。

之,以爲其所爲。秦以富强兼天下爲皇帝,不知秦之所以帝,正秦之所以亡也。蘇軾謂先王制禮,莫不近于迂闊,所以使民自尊而不輕爲姦。秦所以治天下者,一切出于便利,而不恥于無禮。又云:"秦變篆書爲隸,簡策爲紙,簿書繁多,吏不能究,姦人有以厝其手足。如今世而尚用古之篆書簡策,則雖欲繁多,其道無由。"①簡易之流蔽一至此,思深哉其言之也。[2]由余之論,一變爲商君、申、韓,原于道德,豈不信哉? 太史公推言之,蓋有深感矣!

評點:

[1] 眉批:有激之談。

[2] 眉批:祖龍焚書何如?

秦　始　皇　本　紀

秦以名法繩臣下,臣下所以禦其上者,由恐懼生蒙蔽,由蒙蔽轉入遊戲。名法之效,以遊戲終,而國隨之,乃知先王德禮之所以久也。太史公之傳酷吏也,曰:"上下相匿,以文辭避法,近于戲矣。"蓋以此爲漢用酷吏效驗結局也。吁,得之矣!

始皇用衡石量書,太史公曰:"貪于權勢至如此。"②用"貪"字易卻"勤"字,用"權勢"[二]字易卻"政事"[二]字。[1]洞見深文,後之史官,無此眼,無此手。

博浪之椎,誤中副車,大索十日不得,此自子房高手。二十六年,墜星至地爲石,民或刻其石曰:"始皇死而地分。"③秦法如此而猶有不到處,智力其可專邪? 至平陰道,有人持璧遮使者曰:"明

---

① 《蘇軾文集》卷三《論》之《秦始皇帝論》,孔凡禮點校,中華書局,1986 年,頁 80。

② 《史記》卷六《秦始皇本紀》,頁 258。

③ 《史記》卷六《秦始皇本紀》,頁 259。

年，祖龍死。"則法之所加，人不敢開口，鬼弄之耳。

以秦末土崩，而猶能誅陳勝、項梁、魏咎，固強兵之餘效也。然秦隨以亡，民動盜起，徒恃力足以勝之，勝之而無補于亡，況後世承平之後？兵無可恃，勝之亦不易乎？[2]

評點：

［1］眉批：看得細。

［2］眉批：言殊有感。

項 羽 本 紀

司馬遷以項羽置《本紀》，爲《史記》入漢第一篇文字，儼然列諸帝之前而無所忌，蓋深惜羽之不成也。不以成敗論英雄，是其一生立言主意，所以掩其救李陵之失也。然觀羽舉動局量，自無作帝王之理。蓋帝王有帝王之分，英雄有英雄之分。項梁之分，止于破秦濮陽；項羽之分，止于西入關。梁濮陽以後，羽入關以後，着着皆錯，分止于此而不能過也。使其過之，梁可羽，而羽可沛公矣。[1]

梁教籍兵法，籍大喜，略知其意，又不肯竟學。非有兩段大喜略知其意，自然不肯竟學矣！妙解難與人言，陶元亮讀書，正用此法。

戮會稽守通一事，與陳涉、田榮起手略同，庸人不能爲，帝王不屑爲，真群雄局面也。[2]

陳嬰之母，止其子勿王，以讓項梁。然其識力，殊不在此，在"事成猶得封侯，事敗易以亡，非世所指名也"①。數語說得有權術，是世上第一占便宜人。沛公之起，蕭、曹恐事不就後，秦種族其家，盡讓劉季。二人安身立命，全是此一段立意。

---

① 《史記》卷七《項羽本紀》，頁298。

　　楚懷王用宋義爲卿子冠軍，直以"戰勝而將驕卒惰者敗"一語破的耳。義謂項羽曰："披堅執銳，義不如公；坐而運策，公不如義。"①飲酒高會，驕惰甚矣，何以責項梁也？留安陽四十六日不進，胸中原不能辨耳。承秦之敝，語似可聽，然實無所見，不過戰國鷸蚌舊話而已。承平日久，人不習兵，倉卒求一將，無從摩娑，聞一言之近似，即以爲能，不考實慮遠，漫然授之重任。古今用人，往往如此。

　　信陵竊符，救趙破秦，已竊符矣，雖欲不破秦而不可得也。項羽殺宋義，救趙破秦，已殺宋義矣，雖欲不破秦而不可得也，何也？無退步也，善爲必勝者不留退步。

　　沛公謝羽鴻門一事，其間機緣所湊合，有少一人不得，省一步不得者；節次所布置，有多一語不得，錯一着不得者。項伯夜告張良，天送一項氏人與沛公及良用也。良入告沛公，沛公曰："孰與君少長？"良曰："長于臣。"沛公曰："君爲我呼入，吾得兄事之。"何其見事之捷，而入想之細乎！從張良、樊噲見項王，至鴻門謝，曰："臣與將軍戮力而攻秦，將軍戰河北，臣戰河南，然不自意先入關，得見將軍于此。"②謝羽詞氣，只合如是。卻妙在"入關秋毫無所犯"，"遣將守關者，備他盜出入與非常"③等語，先向項伯講明，傳意於羽，後又留與樊噲代爲説脱。此處全然不露，蓋謝羽只在平其氣耳。一説事理，便落第二義矣。此是古今應變解紛一大關目，太史公寫一榜樣示人，當細看之，益人智意。[3]

　　人主不與臣下爭智力，而氣局自勝之。良謂沛公曰："料大王士卒足以當項王乎？"沛公默然，曰："固不如也，且爲之奈何？"④此倉皇中倔强也。樊噲擁盾入坐，項王曰："壯士，賜之卮酒。"及噲折項王，項王未有以應，曰："坐。"此驚怖中安詳也。地步體面，毫不自失，一時應機鎮物發付之妙，更不能別尋一語替之。二主如此，在楚欲勿爲項王，在漢欲勿爲高祖，其可得乎？

鴻門一役，張良之智、樊噲之勇，天護真主，缺一不可。不知二人膽智，皆從忠孝天性中出，方是真正膽智，所以卒能濟事。項伯要良俱去，良曰："臣爲韓王送沛公，沛公今事有急，亡去不義。"此時良非沛公臣也，尚不忍負，其念頭本領，與漢興諸將相已自不同。[4]至讀樊噲所云，"臣請入與之同命"一語，感動幽明，鬼神爲泣，豈尋常武人可到？其擁盾帶劍，裂眦怒髮，氣固足以制人矣！飲酒啗肉之後徐折項王，節次尤妙。莽莽中有左師公緩步迂語氣象。其一段正議，妙從樊噲吐之，若出自張良，則漢輕而語亦疑矣！尤妙在"勞苦而功高如此，未有封侯之賞"二語。[5]蓋"封侯之賞"四字，明明以盟主推尊項王，項王得此，意滿而心解矣，其立言之妙如此。觀噲諫漢王入關及枕宦者數事，有大臣風節。噲不死，其肯黨諸呂以危劉氏乎？留侯不必言，詩曰："糾糾武夫，公侯腹心"①，噲足以當之矣！

太史公叙項羽封賞諸王侯將相，其用意之公私輕重，一一從虛字過接處模寫，肺肝如見，真是老吏舞文手。先用"項王欲自王，先王諸將相"二語，説透項王心事。[6]本領眼力已高，而以"項王乃自立爲西楚霸王"終之，筆下如破竹。

評點：

[1] 眉批：二語□□，項王自應心服，何也？蓋項王願爲英雄而不願爲帝王者也。

[2] 眉批：痛快！

---

① 《詩經·國風·周南》。

　　〔3〕眉批：事理原不難解，但項負其强，所不憤者沛公先入關耳。"平其
氣"一語，深得之。

　　〔4〕眉批：留侯報韓雖切，卻未曾負漢。

　　〔5〕眉批：揭樊噲之才能、忠勇，出人意外，真千秋知己。

　　〔6〕眉批：文章之妙，剖析盡矣。

高 祖 本 紀

　　沛公入關，西略地至南陽郡，南陽守走保城守宛，沛公引兵過
而西。張良諫曰："沛公雖欲急入關，秦兵尚衆，距險。今不下，宛
從後擊，强秦在前，此危道也。"①于是沛公乃夜引兵從他道還，圍
宛城三匝。此留侯佐漢初着，絕妙起手也。南陽守欲自剄，其舍人
陳恢止之，踰城見沛公曰："臣聞足下約，先入咸陽者王之。今留守
宛。宛，大郡也，吏人自以爲降必死，故皆堅守。今足下盡日止攻，
士死傷者必多；引兵去宛，宛必隨足下後；足下前則失咸陽之約，後
又有强宛之患。莫若約降，（封）其守，因使止守，引其兵與之西，諸
城未下者，聞聲爭開門而待，足下通行無所累。"沛公曰："善。"乃以
宛守爲殷侯，封陳恢千户，引兵西，無不下者②。陳恢此策，與蒯通
説武信君封范陽令下趙三十餘城同意。恢雖爲南陽守及自爲，其
實與子房計先後相成，缺一不可，此沛公入關緊要着數也。

　　漢王之出滎陽，入關，收兵欲復東。袁生説漢王曰："漢與楚相
拒滎陽數歲，漢常困。願君王（出）武關，項羽必引兵南走，王深壁，
令滎陽成皋間且得休。使韓信等輯河北趙地，連燕、齊，君王乃復
走滎陽，未晚也。如此，則楚所備者多，力分，漢得休，復與之戰，破

---

　　①　《史記》卷八《高祖本紀》，頁359。
　　②　《史記》卷八《高祖本紀》，頁359—360。

楚必矣！"漢王從其計①。袁生此策，亦漢得天下要着。楚雖勝漢，力疲而神亂矣。"所備者多"一語，尤爲居要，可悟兵家分合勞逸之故。

取天下者在得其大勢，不在戰守之勝敗得失也，如(奕)[弈]者然，妙處不過數着，全局在我，而小小利鈍不計焉。[1]項羽殺義帝，漢擊之，雖使楚破漢于睢水，可也。項王怨黥布，漢得使隨(河)[何]説降之，雖使楚擊破布，可也。此楚讓漢妙着也。漢王不得王關中，封于蜀，燒所過棧道，以齊王田(榮)[榮]反書遺項王，項王以此無西憂漢心，雖使楚奪漢關中，可也。彭越反梁地，往來苦楚兵，絶其糧食，雖使楚擊破越，可也。此漢自得妙着也。楚方自賀戰勝，而不知漢有天下之局，已定于此數着矣。[2]妙着有數端焉：我與敵之所共，敵失之而我得之者，曰"先着"。我發之于此，而敵不得備之于彼者，曰"警着"；敵備之于此，而我引之于彼，使不得至此者，曰"鬆着"；我與敵俱不得與，傍出而中起之，敵所不利即爲我所利者，曰"應着"；我不求勝而不可敗，而卒以此取勝者，曰"穩着"。取天下之勢，不越此數端而已。[3]

帝王初興，其智勇盡取之臣下，又皆其故等夷，必有一種意外舉措。先制其命，奪其魄，使不敢動，而後能爲吾用。高祖至脩武，自稱漢使者，入張耳、韓信壁而奪之軍。至定陶，馳入韓信壁奪其軍。此時已弄信于掌股之上矣，駕馭籠蓋，寓于玩戲之中，足以逆折其邪萌，而消之于未然。韓信不入蒯通之説而不反，非不欲反也，知其反之無能爲也。知反之無能爲，而又負反名，信豈肯爲之乎？善乎信之言曰："陛下不善將兵而善將將。"[4]此心服之言也。高祖自謂不如留侯、蕭何、韓信，而又曰："此三人，皆人傑也，吾能

① 《史記》卷八《高祖本紀》，頁 373。

用之,此吾所以取天下。"①二語殊占地步,非謙遜歸功臣下之言,正自明其能驅策,智勇出三人上耳。封王子弟,至吳王濞,撫之曰:"漢後五十年,東南有反者,豈若耶?"②屬呂后後事曰:"安劉氏者,必勃也。"③此從何處看出?悍王驕后,當亦骨驚。文帝勞軍至灞上曰:"如兒戲耳!"則二將伎倆,已落其胸中眼中久矣!帝王識量與臣下不同,屈策屈力,豈待其反而後制之哉?

　　漢五年,諸侯群臣請尊漢王爲皇帝。漢王曰:"吾聞帝賢者事也,空言虛語,非所守也。"真英雄,真帝王之言,敗盡後世勸進者之興。至蕭何營未央宮,則曰:"天下匈匈,苦戰數歲,成敗未可知,此何時也?"而猶云云,達識遠慮,其異于群雄以此。光武有言,日復一日,安敢遠期十年,亦是此意。然其微時,始皇謂東南有天子氣,高祖即自疑,此何等事而以自疑!出關,令除秦社稷,立漢社稷,乃二年二月事也,則其意向局面久定矣。蓋所可自許者,有天下之才,故未爲天子之時,自視常若有餘。所不敢自信者,有天下之心,故將爲天子及既爲天子之時,自視反若不足。[5]

　　高帝終不以戚姬故廢嫡立愛,明知有人彘之虐、諸呂之禍,而聽後人爲之。所不肯作法于涼,不獨開國遠慮,亦自是丈夫氣。然呂雉老狐,不得用武帝處鉤弋夫人法處之,爲千古恨耳。高帝病,呂后問:"百歲後蕭相國死,誰可代之?"次曹參,次王陵,次陳平,次周勃。[6]此數人者,呂后瞑目屈指中數之熟矣。窮究到底,正觀其用人次第分數何如。其意不在劉氏,而觀其何以備呂氏也。不待其詞之畢,而帝已見其肺肝矣。問至周勃,漢之人數已窮,而復問其次,尤爲狠毒。上亦寒心,而曰:"此後亦非而所知也。"一語恨

---

①　《史記》卷八《高祖本紀》,頁381。
②　《史記》卷一百六《吳王濞列傳》,頁2821。
③　《史記》卷八《高祖本紀》,頁392。

甚。此時發付，只得如此。然上亦知呂后之老、諸呂之庸，而平、勃諸人辦之有餘。知平、勃諸人之足以辦諸呂，又何必除一呂后，以爲開國綱常之累哉？上之言曰："王陵可，然陵少戇，陳平可以助之。陳平智有餘，然難以獨任。周勃重厚少文，然安劉氏者必勃也。"其一片苦心，如醫之量藥，剛柔佐使，毫釐不差。而低徊顧步，長慮深思，尤于"然安劉氏者必勃也"，一"然"字中見之。處分如此，則帝亦何有丁諸呂也？蘇軾謂："不去呂后爲惠帝計，如家有主母，而豪奴悍僕不敢與弱子抗。"①當時韓、彭已死，其將以蕭、曹、平、勃爲豪奴悍僕乎？似亦不倫之甚矣。且自蕭、曹、平、勃輩而下，其能爲豪且悍者誰也？漢之不必除呂后，正以有平、勃輩在耳。他日呂后欲王諸呂，問于平、勃，平、勃順旨，蓋諸呂伎倆業已看定算定，知他日之必能制其命。時不可爭，不得不爲此養晦行巽之道，以爲所欲爲耳，然其際亦危矣！

評點：

〔1〕眉批：所謂大勢者，義聲與人心耳！

〔2〕眉批：項王雖勝，却處處留破綻，沛公雖敗，却處處能收拾，所以勝則項，而得天下則漢也。

〔3〕眉批：指揮如意。

〔4〕眉批：語若刻，而實得其情。

〔5〕眉批：橫襟闊視，足空千古。

〔6〕眉批：問代亦簡賢之常。高后何等人，縱使有心，安得露相？高帝又何等人，縱使有情，豈肯養癰？即平、勃之安劉，亦幸呂后早死耳。倘天永其祚，則太尉之左右袒何所用之？高帝百戰有天下，若一旦付之，岌岌殆哉！之人恐死亦不瞑。蓋諸呂之禍，從人彘爲屬，而漸入漸深者也，高帝病時，尚未有萌。不獨高帝難逆料，即呂后亦不自知。後之滅劉安劉，實社稷之幸。

① 此鍾氏誤，當爲蘇洵所言。參蘇洵《嘉祐集》卷第三《權書下·高祖論》。

不幸時爲之耳！君臣間，豈預有成心哉？

吕后本紀①

項羽入《本紀》，在《高祖本紀》前，惜羽之奪于漢也；吕后入《本紀》，在《高祖本紀》後，惠帝遂無紀，危諸吕之奪漢也。

周昌當高祖時，不阿高祖意，廢太子，立趙王。所以當吕后時，能不阿吕后意，保持趙王。此高祖托趙王于周昌意也，在期期不奉詔時已定矣！

留侯有逆子辟强，使吕氏得握大權以危漢。千古遺恨，自是漢家殺運未休，天生一酈商子寄救之，妙甚！吕后謂“酈兄不欺己”，“酈兄”二字，口角面貌酷像，或作“酈況”，便失之矣！

吕后病甚，部署後事，令趙王吕禄爲上將軍，軍北軍，吕王産居南軍。仍誡曰：“我即崩，帝年少，大臣恐爲變。必據兵衛宫，慎勿送葬，毋爲人所制。”主意如此，雖百酈寄何爲哉？及寄紿統吕祀［禄］歸將印，以兵屬太尉，吕嬃聞之大怒，曰：“若爲將而棄軍，吕氏無處矣。”迺悉出珠玉寶器散堂下，曰：“毋爲他人守也。”②以此觀之，吕氏獨有兩女子，禄、産輩奴耳！吕嬃死後，諸吕中有一人如嬃者，漢危矣哉！愚嘗謂嬃封臨光侯，自是爵賞之妖，然嬃之雄略，消得一侯，勝吕氏數王耳。[1]

齊王舉兵誅吕氏，吕産等遣潁陰侯灌嬰將兵擊之，嬰屯留（榮）［滎］陽。使使諭齊王及諸侯，與連和，以待吕氏變，共誅之。此最是誅吕安劉先着，其得力在平、勃、朱虚之前。吕産欲發關中，内憚絳侯、朱虚等，外畏齊、楚兵，又恐灌嬰畔之。吕氏之敗，敗于灌嬰

---

① 按《史記》卷九作“吕太后”，《史懷》奪“太”字。不改。
② 《史記》卷九《吕太后本紀》，頁408。

牽制耳。文帝即位行賞，先論灌嬰合謀功，而後及平、勃朱虛等，得之矣。

評點：

［１］眉批：到此時尚幸諸呂無如嬰者，誰謂平勃安劉，非倖哉？

文帝本紀

趙王友幽死後，大后使使告代王，欲〔徒〕［徙］王趙，代王謝，願守代邊。有識有體，藏身甚妙，此老氏退一步法也，文帝善用之。

即位之三年，遣諸侯之國，故自有深意。然其言曰：“列侯多居長安，邑遠，吏卒給輸費苦，而列侯亦無由教訓其民。”出題甚正，立言甚妙，一毫形迹不露，此大作用大權術也。三年十一月，又曰：“前日詔遣列侯之國，或辭未行。丞相，朕之所重，其爲朕率列侯之國。”①駕馭責成，何其雄警而詳妥也？

緹縈上書救父，自是豪傑，立言婉篤，情理感人。肉刑法其來久矣，以一女子除之，其功又豈止救父哉？然文帝博大長者，而學道人也，胎骨中原有此慈慧凤根。

文帝謙遜愛養，事事以静爲主。至欲自將擊匈奴，大臣諫不聽，何其勇也！愚嘗謂文帝用兵，遠過武帝，武帝擊匈奴，在行一己之志，故常生事。文帝在圖天下之安，故常歸于無事，大小公私，其本末不同耳。

文帝遺詔，薄葬短喪。其旨本出老莊，而以一片虚懷謙志發之，不露奇言異迹。帝王舉動，自應如此，不爾，便是一楊王孫矣！

---

① 《史記》卷十《孝文本紀》，頁 424—425。

天　官　書

此書以理數爲主，文之工拙不必論，然文不能妙，將使人苦其艱而棄之。故凡文章叙事理幽(頤)[賾]者，必使讀者雖不甚悉其故，而其文一一有針路可尋，誦之了然，乃爲妙筆，如《天官書》等作是也。蓋由作者能了然于心口手之間，寫幽(頤)[賾]處，與尋常顯明者無異，而其古而靈、奧而動、整而變、奇而則，亦不出此而有之。一部天官掌故，得存于後世，固文筆之妙留之也。

封　禪　書

封禪依古郊祀紫望之義，後世人主用以誇其受命之符，從驕心出，去之已遠矣。漢武附之求仙長生，則又益一癡心，支離紐造，愈遠愈訛。此書妙在將黄、虞歷代祀典與封禪牽合爲一，將封禪與求仙牽合爲一，又將河決、匈奴諸事與求仙牽合爲一。似涉傅會，而其中格格不相蒙處，讀之自見。纍纍萬餘言，無一着實語，每用虚字誕語翻弄，其褒貶即在其中。蓋武帝雄主，甘心求仙，必有一段微言妙理，足以深入而先奪之。太史公舍其微妙者不言，而娓娓談方術，皆不出虚穢之語，如夢，如噆，如讔，如兒戲，如街談，寫人主迂607惑溺，全在事理明白易曉處見之。[1]所謂欣然庶幾遇之。"羈縻不絕，冀遇其真"數語，是其胎骨中貪癡種子，疑城(柔)[慾]海，累結難斷。怪迂阿諛苟合之徒，接踵而中之，往無不獲，其原在此。篇末一語曰："然其效可覩矣！"意興颯然，斷案悚然，此一篇長文字最恰好結語，卻妙在含蓄泠泠，無極力收括之迹。

高祖曰："吾聞天有五帝，而有四，何也？"莫知其説。于是高祖曰："吾知之矣,乃待我而五也。"①真主之言,無所因緣,斬斷葛藤,自是特識。乃立黑帝祠,命曰北時,有司進祠,上不親往,明明以黑帝自處也。雄斷如是,方士烏得而惑之哉!

褚先生以《封禪書》補《武帝本紀》,此用《考工記》補《冬官法》,不知司馬遷仕武帝朝,武帝紀自當待後人爲之,不必有紀也。其一切可喜可愕之事,散見于諸傳紀之中,而使人自得之。微獨武帝,即諸帝有紀者,亦不過編年梗概耳,其詳自散見于他處。作史之法,原是如此。

評點:

〔1〕眉批:武帝設心處,司馬下筆處,無不洞見其微。

河 渠 書

三代至漢,言水利者,以漕而兼溉,鄧艾屯田,又以溉兼漕。後世營一漕而力不暇給,文法繩其後,事變亂其中,不敢復言溉矣。[1]

鄭國爲韓間秦,令鑿涇水,開渠溉田,此商君強本之謀也。苟免韓一時之患,而永開秦數世之利,使秦暫寬一韓,而兼收六國,安在其爲韓間秦乎? 蓋戰國策士之習,本爲身謀,術用身利,初無分於在韓與在秦也,秦幸而韓不幸耳!

鄭當時爲大農,言曰:"異時關東漕粟從渭中上,度六月而罷,而漕水道九百餘里,時有難處。引渭穿渠起長安,並南山下,至河三百餘里,徑,易漕,度可令三月罷;而渠下民田萬餘頃,又可得以溉田:此損漕省卒,而益肥關中之地,得穀。"②天子以爲然,令齊人

---

① 《史記》卷二十八《封禪書》,頁 1378。
② 《史記》卷二十九《河渠書》,頁 1409—1410。

水工徐伯表,悉發卒數萬人穿漕渠,三歲而通,通,以漕,大便利。其後漕稍多,而渠下之民頗得以溉田矣! 其後河東守番係言:"漕從山東西,歲百餘萬石,更砥柱之限,敗亡甚多,而亦煩費。穿渠引汾,溉皮氏、汾陰下,引河溉(分)[汾]陰、蒲坂下,度可得五千頃。五千頃故盡河壖棄地,民茭牧其中耳,今溉田之,度可得穀二百萬石以上。穀從渭上,與關中無異,而砥柱之東可無復漕。"①天子以爲然,發卒數萬人作渠田,數歲,河移徙,渠不利,則田者不能償種。久之,河東渠田廢,予越人,令少府以爲稍入。其後人有上書欲通褒斜道,及漕事,下御史大夫張湯。湯問其事,因言:"抵蜀從故道,故道多阪,回遠。今穿褒斜道,少阪,近四百里;而褒水通沔,斜水通(胃)[渭],皆可以行船漕。漕從南陽上沔入褒,褒之絕水至斜,間百餘里,以車轉,從斜下下渭。如此,漢中之穀可致,山東從沔無限,便于砥柱之漕。且褒斜材木竹箭之饒,擬于巴蜀。"②天子以爲然,拜湯子卬爲漢中守,發數萬人作褒斜道五百餘里。道果便近,而水湍石,不可漕。漢言治河者三,鄭當時漕與溉全利通褒斜者,見其利不見其害,番係之言利害半,此其大較也。然河之爲物,天時地理人事,相馭成變,全利之説,未可長守。而通行之要,當擇其利害中之輕重耳!

　　武帝塞宣房,實有一段畏天憫人之意,所謂以秦皇之力,行堯湯之心,功成而利亦普,未可概以"好大"二字抹殺之。所以武帝紛紛制作,太史公皆有貶詞,而此書獨無譏刺也。[2]

　　評點:

　　[1]眉批:有營漕之方,則自能及溉。

　　[2]眉批:公評。

---

① 《史記》卷二十九《河渠書》,頁1410。
② 《史記》卷二十九《河渠書》,頁1411。

平 準 書

　《平準書》言財賦，而一代世變人情，紀綱風俗，反復之故，有順而相因者，有逆而相反者，"物盛而衰，固其變也"。又曰："一質一文，始終之變也。"二"變"字是一篇眼目血脉，節節相生，不出變字，蓋胸中別有本木，而借一事發之。

　平準之法，是武帝理財盡頭之想，最後之着。所以代一切興利之事，而救告緡之禍。所謂窮而變，變而通，其道不得不出于此者也。何也？文、景殷富，而武帝以喜功生事，化而爲虛耗之世。[1]鬻爵鬻罪，而鬻爵鬻罪不效也；鹽鐵，而鹽鐵不效也；鑄錢制皮幣，而錢幣不效也；酎金，而酎金不效也；風示百姓分財助縣官，而分財不效也；募徙民，而徙民不效也。非惟不效而已矣，而又曰"選舉陵遲，廉恥相冒"；曰"吏道雜而多端，官職耗廢"；曰"見知之法生""窮治之獄用"；曰"縣官大空""而富商大賈或蹛財役貧"；曰"公卿大夫諂諛取容"。一篇之中，三致意焉，則形已見而勢已窮矣。至于告緡之令下，以天子而同于盜與兵，天下囂然，喪其樂生之心。不思以解之，且求爲秦之季世而不可得矣。桑弘羊晚出，乃始爲平準之法，籠天下財物歸于縣官，而相灌輸。貴即賣之，賤即買之，富商大賈無所牟大利則反本，而萬物不得騰踴。雖所謂不加賦而天下用饒，是利臣籠絡人主之語；而賞賜帛百餘萬匹，金錢巨萬計，皆取足大農，不復告緡。不復告緡，此即平準之效也。或曰：是又以天子而同于負販矣。以天子而同于負販，不猶愈于以天子而同于盜與兵乎？且告緡之禍可以亡，平準非救窮，以救亡也。[2]故曰：平準者，所以代一切興利之事，而救告緡之禍，其道不得不出于此者也。其道不得不出于此，然則史遂無譏乎？曰：惡得無譏！漢文、景之天下，何以遂化爲武帝之天下也？覷時觀變，史蓋有深悲焉。非悲平準也,悲其所以不得不出于平準之故也。

　　卜式,以奇取人者也。奇之爲用,在乘其急而捷得之。一不得,則興盡而意改,故其道難于持久。今式輸家之半助邊,不願官職,不願報冤,奇矣!數歲不報而田牧如故也,持錢二千萬給徙民如故也,外繇四百人盡復予縣官如故也,爲郎而牧羊如故也。卿史大夫之爵,使人主自予之而已,若無所取焉。故古今善出錢買官者,未有如式者也。不難于奇,難于其奇而能持久。公孫弘,鐵人也,駁之曰:"此非人情。不軌之臣,不可以爲化而亂法,願陛下勿許。"然卒不能出式彀中。式之强忍,出弘上遠矣。至已得御史大夫,而持論駁鹽鐵船算,欲亨弘羊,置身于諸利臣之外而出其上。[3]一生狡狙,以持正終,何其工也!觀其操放進退,蓋得老氏之術而用之者也。

　　"十餘鍾致一石",只七字,寫盡千古漕解之苦。

　　募豪民田南夷,入粟縣官,而内受錢于都内。後世鹽法,倣此意爲之。

　　言利之流,至選舉陵遲,吏道雜而多端,猶可言也;至廉恥相冒,諂諛取容,不可言也。非洞見本末,說不到此。

　　太史公詳著卜式始末,與平準意義原不相蒙。蓋天子尊顯卜式,其意在風示天下,使百姓分財助縣官,較之鬻官,鹽鐵規模稍寬,較之船算,告緡情理稍順。而天下猶然莫應,則其勢益窮。而其道益不得不出于平準,平準行而弘羊用,弘羊用而式黜,輸財助邊之效,益無所發明。所謂不(如)[加]賦而用饒,名與實,弘羊徐收之,而式袖手觀焉。弘羊賜爵左庶長,黄金再百(金)[斤],上令官求雨,式突然曰:"亨弘羊,天乃雨。"①其中熱而目出久矣!

---

　　①　《史記》卷三十《平準書》,頁1442。

評點：

［１］眉批：殷富化爲虛耗，只在一轉，可不慎歟？

［２］眉批：只反覆論好利之恥，而生財無道，與耗財太過，隱然言外矣。

［３］眉批：卜式一生行徑不出"强忍"二字。

史懷卷六

史記二

吳太伯世家

太伯心同夷、齊而才過之，故讓國而能不失國。[1]

季札，古之篤於友者也，所至以人才爲念，不識其賢者不已。與人處，吐出心肝，忠告動人，蓋有心用世人也。獨愛身一念太重耳，故凡事皆不肯犯手。當闔閭弑立之際，趨避圓捷，與晏子處崔杼之亂，同一機權，是古今一大鄉愿也。

伍員奔吳，不歸王僚而客公子光，員欲有光而用之也；伐楚之利，光不使員之説得行於王僚，光欲有員而用之也。英雄心計，各不相讓，而相爲用如此。員知光有他志，乃求勇士專諸進之光，轉想甚捷。解人相遇，點頭即知，千載在目。光喜，乃客員，員退而耕於野，以待專諸之事。[2]藏身觀世，節次地步，何其妙也。然殺人之君，以自快其父兄之仇，能無天道屬鏤之報？有由然耳。[3]

夫差之報父仇，自是千古孝義男子。"爾忘越王之殺而父乎？"對曰："不敢！"二語可泣幽明。子胥抱父兄之恨，機緣本末，尋對正爾相值。赦越王一段，若不以驕心出之，豈不是英雄收放？觀劉項吳越成敗之際，可見古今伯王，其君若臣，無朴心而慈性者。[4]

評點：

［１］眉批：夷、齊之才未必不如太伯，因欲死商，故不暇用之得國耳！

［２］眉批：員之報仇，光之奪位，雖未知當義與否，然英雄圖事，必眼明手快心狠志堅，方能有濟。豈懵懵者所能知？

［３］眉批：快論。

［４］眉批：此五伯所以爲三王之罪人也。

齊 太 公 世 家

古聖賢如黃帝、太公，皆是狠人。司馬遷謂：呂尚多奇計，後世言兵及周之陰權，皆宗太公爲本謀。“奇計陰權”四字，乃後世腐儒所首爲太公諱者。不知太公事周，其本領不出此四字，但用之妙耳。古聖賢何事廢權謀，況兵乎？治齊因其俗，簡其禮，通商工之業，便魚鹽之利，已豫作一富强之規，爲管子霸齊張本。周公見太公報政速而伯禽遲，嘆曰：“嗚呼！魯後世其北面事齊矣。”①夫周公豈不能爲太公所爲哉？能爲太公所爲而不爲，寧聽後世北面事齊，此其所以爲周公也。然田和篡齊之後，魯之血食者數世，弱者後亡，孰謂齊得而魯失哉？

晁錯有言：“五伯不及其臣。”②此語説桓公與管仲尤確。然射鈎之時，小白佯死以悞管仲，管仲不知，畢竟桓公先管仲一着，此其所以能臣管仲也。

春秋諸伯佐皆不及管仲，而齊桓本質，較之晉文、楚莊、秦穆爲最劣，獨以能用管仲勝之耳。是以用管仲則伯，一不用而其敝幾可以亡。管仲病而問相，此何等大事，乃及於易牙、開方、豎刁，庸妄之極，已盡於此一問矣。志氣如此，即幸而聽管仲言不用三子，又

---

① 《史記》卷三十三《魯周公世家》，頁 1524。

② 《漢書》卷四十九《袁盎晁錯傳》，頁 2294。

豈能更求賢者而用之？況卒用三子乎。然殺子以適君、忘親以適君、自宮以適君，三子所以中桓公而致其閒者，正在於此。管仲即以此迎而斬之，可謂妙手。"非人情難近"五字，是千古觀人用人始終定案，告昏庸之主語甚簡捷，而猶不能入。甚矣，桓之易惑而難悟也。[1]

評點：

[1] 眉批：桓公能用管仲，可謂知人，乃復問三子，何其不倫。蓋用管仲在未伯之先，問三子在既伯之後，志驕氣盈，而三子有以中之，欲安焉，故耳！

燕召公世家

成王既幼，周公攝政，當國踐祚，召公疑之，作《君奭》。《君奭》不說周公。周公乃稱："湯時有伊尹，假於皇天；在太戊時，則有若伊陟、臣扈，假於上帝，巫咸治王家；在祖乙時，則有若巫賢；在武丁時，則有若甘盤：率惟茲有陳，保乂有殷。"①於是召公乃說。始而曰召公疑之，曰《君奭》不說，直道也。既而曰召公乃說，虛心也。疑而後信，乃爲真信。不說而後說，乃爲真說。古君臣朋友之間，相知相得，正在於此，所謂和而不同也，豈必一一不疑？一一皆說，而後爲周召乎哉。[1]

評點：

[1] 眉批：拈出聖賢光明正大心事，省得迂腐回護。

管蔡世家

周公誅管叔後，分殷遺民爲二，離其黨，弱其力也。其一封微

---

① 《史記》卷三十四《燕召公世家》，頁 1549。"甘盤"當作"甘般"。

子啓,其一封康叔,仍是監殷故智,而其迹不露。歷變而心計彌精,孰謂聖人無術哉。

楚文王虜蔡哀侯以歸,留九歲,死於楚,虐甚矣。其後懷王客死於秦,報施之間微矣哉!

陳杞世家

國君宣淫而殺其諍臣,亡道也。乃陳又甚焉,靈公與其大夫孔寧、儀行父皆通於夏姬,泄冶諫,公告二子。二子請殺泄冶,公弗禁,遂殺泄冶,其失又甚於自殺之也。惡乎!

衛康(侯)[叔]世家

伯夷、叔齊,利所在則讓之;伋與壽,死所在則爭之。[1]讓,仁也;爭,勇也。天倫之間,吾願爲仁而不忍言勇。雖然,爭死不難於讓國乎?孔子曰:"可以爲難矣,仁則吾不知也。"

評點:

[1] 眉批:所遇然耳,安可概論。

晉世家

成王與叔虞削桐葉爲珪,曰:"以此封若。"史佚請擇日,成王曰:"吾與之戲耳!"史佚曰:"天子無戲言。"遂封叔虞於唐。後人紛紛是非,竟無定論。不知天子之弟出封於外,自是周家常典,特地定於唐,故史佚因而成之。即無削桐之戲,此舉故終不可廢也。若典禮所無,及一切私暱恩倖,史將諫之,其肯遂君之過乎?[1]

曲沃武公誘召晉小子，殺之，周桓王使虢叔伐曲沃武公，此舉在衰周自不可少。武公入於曲沃，立晉侯弟緡爲晉侯，立二十八年而後武公始滅之。此二十八年中，一日皆桓王之賜也。至釐王受賂，命武公爲晉，如祖父擊盜而其子與之市，因以爲利焉，敗興極矣。

晉獻公私謂驪姬曰：“吾欲廢太子，以奚齊代之。”驪姬泣曰：“太子之立，諸侯皆已知之。”①其妖黠動人，全在一段廢立正論，似不從姬妾口中出，而機鋒險毒，在“數將兵，百姓附之”二語。陵逼之形，隱然言外，爲後來弑代暗伏一案。及置藥胙中之計得行，驪姬又泣曰：“太子何忍也。”史遷兩“泣”字寫出情形，千載如生。若只如戚夫人日夜涕泣，欲立其子，則庸且淺矣。又賂二五，使出太子申生於曲沃，出重耳、夷吾於蒲與屈。則曰：“宗邑無主，則民不威；疆場無主，則啓戎心；戎之生心，民慢其政，國之患也。”②女子小人，偏有此標本遠謨，足以聳動雄主。而“民慢其政”四字，此管商經國語。二五從何處拾來？美女破舌，利口覆邦，豈漫無所操而嘗試之乎？[2]

獻公謂荀息曰：“吾欲以奚齊爲後，恐亂起，子能立之乎？”荀息曰：“能。”息此處不及周昌遠矣。息之死自不錯，錯在以立奚齊自任耳。有子曰：“信近乎義。”言可復也。息死于信，不死于義，不學之過也。爲大臣者，其可以不學乎？

重耳以亡人留齊五歲，此時處約，非處樂也。其愛齊女，（母）〔毋〕去心。當羈旅疑畏之際，藏身觀勢，其道似不得不出於此。從者謀行，桑上人知之，以告其主。其主殺之，勸重耳行。重耳猶辭

---

① 《史記》卷三十九《晉世家》，頁 1645。
② 《左傳注·莊公二十八年》，頁 261。

之曰："人生安樂,孰知其他！ 必死於此,不能去。"①數語蓋從戒心出,正以堅齊女之意,而防其洩破其忌耳。及齊女謀醉而載之以行,始得坦然脫於樊籠。[3]英雄一片深機苦志,其可以告人乎？襄公卒,趙盾執政。太子夷皋少,國人以亂故,欲立長君。盾乃迎公子雍於秦,欲立之,秦衛而送焉。將入矣,太子母日夜抱太子泣於朝,盾與諸大夫患之,且畏誅,乃背所迎而立太子夷皋,發兵距秦送公子雍者。廢成謀而挑强鄰之怒,無故而欺公子雍,此國家何等事,而盾舉動始終輕戾,一至於此。[4]夷皋立,是爲靈公,推而論之,則靈公蓋盾所本欲廢不立,立公子雍,雍立不成,而復立之者也。雖立之,德不勝怨矣。鉏麑伏甲之謀,蓋自迎立公子雍時已定之,此亦人情所必至也,豈患其數諫乎？ 若是乎,盾之闇而鈍也。

評點:

[1]眉批：以常情道破,覺原無可議處。

[2]眉批：確論。

[3]眉批：千古隱情,一眼覷破。

[4]眉批：史書趙盾弒君,非惟不討賊,亦見及此也。

楚　世　家

共工氏作亂,帝嚳使重黎誅之,而不盡,帝乃以庚寅日誅重黎。夫重黎之誅共工氏,特不盡耳,帝嚳誅之不疑,古軍法之嚴如此。然不盡云者,可以誅而不誅之詞也。縱寇養亂,其意可疑,而其情不可赦,甚於力不能誅之者矣。

楚莊王負大志,善藏其用人也。即位三年,淫樂不聽政,用以自晦,而大有爲耳。被伍舉看破,微言挑逗,只得說出,非因舉之言

---

① 《史記》卷三十九《晉世家》,頁 1658。

而後悟也。雄謀隱衷，一時君臣，相視莫逆，千古讀書人容易
瞞過。[1]

　　春秋時伍氏之釁，子胥入吳，楚始終爲吳所困。至昭王二十一
年，吳王闔閭伐越，越王勾踐射殺吳王。吳乃怨越而不西伐楚，此
吳、越之所以敝，而楚之得由春秋而戰國稱七雄者，其機緣關節，全
在於此。

　　儀，秦縱橫之士，其意以遊説取富貴止耳。然以商於之約欺
楚，楚方甘心於儀。儀請自往謝楚，雖恃有靳尚在内，然膽智亦已
過人矣，豈後世謀國者所及？然則遊説以取富貴，又豈一切身家趨
避之人所能倖而致乎？[2]

評點：

[1] 眉批：容易瞞過者，恐還是不讀書人。

[2] 眉批：另開眼孔，觀人自明。

越　世　家

　　勾踐滅吳，後以淮上地與楚，歸吳所侵宋地於宋，與魯泗東地
方百里。夫勾踐起小國，窮而滅一強吳。此數處者，其勢非越之所
得獨有。其勢非越之所得獨有，而因以與人，不待人請之，自作恩
威，占一先着。蓋同一與地也，自人請之，則我畏人；我先與之，則
人德我。其取舍因應之妙，固范蠡輩作用也。

　　能用錢財者，少子也；能用用財之人者，朱公也。朱公之妙，不
在用莊生，而在用少子。用少子則中子生，而千金固在；用長子則
虛費私齎之千金，而無益中子之死。故古今事無大小，其成敗只在
明取舍。[1]明取舍，只在知人。越滅吳，伯諸侯，得力在一范蠡。
而史遷以活中子一事，爲越世家終局，舉此以見蠡之用財用人。所

以事越之道,不出於此。不然,是陶之一富人而已。重於棄財,此今世俗富人所謂保家主也。而其害至於殺其弟,蘇子瞻嘗謂子弟不才,亦有用處,從此看出。

朱公不得已遣長男,已知中子之必死矣。屬之曰:"聽其所爲,慎無與爭事。"①二語正庸鄙富人所難。朱公不遣長男,意正在此,若少子去則不須爲此言矣。莊生謂長男,亦曰;"可疾去矣,慎毋留! 即弟出,勿問其所以然。"②數語正是無與爭事之意。智謀所見,自然暗合。長男蠢物不知,亦何足怪? 使莊生長者,以通家年少見遇,正當憐之,終始周全。[2]其解紛之仁,不取之義,不必見諒於賈豎之長男,亦何患不見信於知己之朱公? 乃硜硜一念,必殺一朋友之子,以自明其不取金。小人哉莊生,何其忍而狹也!

評點:

[1] 眉批:"取舍"二字,正人所難。

[2] 眉批: 使莊生長者,則朱公不遣少子矣。

鄭 世 家

幽王以褒后故,王室治多邪。桓公問太史伯曰:"王室多故,予安逃死乎?"③夫以桓公之賢,大不言伯,小不言强,而急急乎逃死之不得,何其言之太甚而不祥邪? 及犬戎殺幽王,並殺桓公,秦非子亦與焉,逃死之難如此。人不生亂世,安知此語之真? 士大夫願天下太平,不獨爲國,正以爲身。彼小人安危樂禍,不顧國家之亂者,不知逃死之難故也。太史伯教桓公居虢、鄶之間而勿近楚,桓

---

① 《史記》卷四十一《越王勾踐世家》,頁 1753。
② 《史記》卷四十一《越王勾踐世家》,頁 1754。
③ 《史記》卷四十二《鄭世家》,頁 1757。

公雖死,鄭亦能國。周衰,料齊、秦、晉、楚之必興,一部春秋戰國全局,從數百年前掌上畫定,如數一二,理乎? 數乎? 時與勢乎? 何其不失尺寸也! 生亂世有此識鑒,何患趨避無門、藏身無所?[1]

甫瑕殺鄭子而內屬公,屬公入,遂殺甫瑕。去一君以立一君,雖有德于人,人即以此疑之矣,此魯豎牛、晉里克之所以死也。其本謀在樹德于人以自爲利,而先處一死地。然則欲勿處此地者,在勿爲德我者所疑而已。以周昌之戇,而廢立之際得免于死者,不爲人所疑也。[2]

晉平公有疾,卜,實沈、臺駘爲祟,子産詳二神所出,至辨至核,令其胸中豁然,而後乃曰:“然是二者不在君身。若君疾,飲食哀樂女色所生也。”①前段之意,其歸重全在此,正欲公之聽于人而不聽于神。[3]其立言節次甚妙。平公及叔向曰:“善,博物君子也。”似全不達子産之旨者,何其喜于徵事而略于觀理也。以叔向之賢而從君諾諾,聽言之難如此。

評點:
[1] 眉批:理數時勢,兼而有之。
[2] 眉批:小人所爲,大都如此。
[3] 眉批:可謂知言。

趙　世　家

事有可筆諸書而不可見諸事者,如太史于趙盾書“弑其君”,可也,直以弑君之刑刑之,不可也。屠岸賈滅趙宗,畢竟用董狐一語作口實,可不慎哉![1]

全趙祀始終自是韓厥爲主。厥告趙朔:“趣亡。”朔曰:“子必不

---

① 《史記》卷四十二《鄭世家》,頁 1772。

絕趙祀，朔死不恨。"①朔亦自知人。韓厥許諾。厥從何處許諾之？
此時朔未一言，及程嬰、公孫杵臼也。無程嬰、公孫杵臼，厥將不全
趙祀而立其孤乎。稱疾不出，妙用深心，其際甚微，難以告
人也。[2]

扁鵲，醫也。視簡子病，其言又近於巫，怪甚。引秦穆公事，通
博辨悟，似子產一流人，醫豈易言？

烈侯好音，謂相國公仲連曰："寡人有愛，可以貴之乎？"公仲
曰："富之可，貴之則否。"②"富之可"三字，原非實語，其意在緩之
耳。然此語一出，烈侯欲賜歌者田，公仲自不能變其初說，應曰：
"諾。"居一月，問歌者田。公仲曰："求未有可者。"愈欲緩之而別爲
計，然未有所出也。若只就此事尋討，有何出路？奪門轉關，必於
此一事之外，別開妙想。番吾君謂公仲曰："君實好善，而未知所
持。今相趙四年，亦有進士乎？"公仲心開而途啓矣。乃進牛畜、荀
欣、徐悅。復問歌者田，公仲曰："方擇其善者。"③同一緩語，"求未
有可者"，胸中無主而緩之也，此語有主而緩之也。有主則詞益緩，
而意益定矣。三人進而君漸說，至烈侯使使謂相國曰："歌者之田
且止。"使人主自作自止，而人臣若不與焉。此三代以上大臣事君
之道也。然其要在君實好善而未知所持，一語中竅，臣不知其君，
納牗遇巷，從何處入手？[3]

武靈王胡服，主意只爲教騎射耳。教騎射可也，何必胡服？人
主以騎射之故，率一國而胡服，則騎射重矣。騎射重而後能教民騎
射，是胡服之意也。[4]

"世有順我者，胡服之功亦可知也。雖驅世以笑我，胡地中山，

① 《史記》卷四十三《趙世家》，頁 1783。
② 《史記》卷四十三《趙世家》，頁 1797。
③ 《史記》卷四十三《趙世家》，頁 1797。

我必有之。"①橫態傲語,目無一世,寫出英雄在目。其妙在於頑鈍,惟其頑鈍,所以能勇決。告公子成曰:"寡人胡服,將以朝也。"亦欲叔服之。家聽於親而國聽於君,又將大道理壓此一輩庸人。事有所止而功有所出,其言何其沈而透也。然作此一段極奇舉止,又須看他此後用人行事部署收放之妙。

武靈王始末規畫,止於強國,探鷇餓死,與齊桓公尸蟲出戶,同一結局。若武靈王者,人臣之才略有餘,帝王之識量不足。

左師公諫趙太后,出長安君為質,不當在言語上看之,全在舉止進退有關目,有節奏,一段迂態頓語,字字閑話,步步閑情,與本事全不相沾,而一字一步不可省。得力處即在於此,又妙在一字一步,俱從婦人性情體貼探討出來,未及正說而氣已奪矣。太后曰:"老婦不能。"太后不和之色稍解。轉關之難在此,其工夫卻在前段。[5]"老臣賤息舒祺最少,不肖,而臣衰,竊憐愛之",漸漸入題,一毫無迹。至太后曰:"丈夫公憐愛少子乎。"②則題目在我,收放如意,千言萬想,只欲討此一句,以後便如破竹矣。蓋老臣一片為國苦心,誠則生巧,正可與公仲事參看。而烈侯丈夫也,故用正,太后婦人也,故用譎。[6]

評點:

[1]眉批:即孟子所謂"充類至義之盡"③也。

[2]眉批:此一諾,當于成敗之外勘之。

[3]眉批:觀此則激戇壞事者,有所不取。

[4]眉批:仁義道德,何莫不然,精透之極。

[5]眉批:此等舉動,只為消其怒氣,蓋怒氣不消。則胸中偏執,雖言言

---

① 《戰國策》卷十九《趙策二》"武靈王平晝間居"條,頁 1046—1047。《史記》卷四十三《趙世家》,頁 1807。

② 《史記》卷四十三《趙世家》,頁 1823。

③ 《孟子·萬章下》。

入骨,亦不暇思之矣。

[6]眉批:太后不出長安君,只是一愛字。左師從愛字打下,自是頂門
一針,何患不入?

魏 世 家

　　李克與魏文侯定相,曰:"居視其所親,富視其所與,達視其所
舉,窮視其所不爲,貧視其所不取。"①至云魏成子所舉三人,君皆
事之,翟璜所進五人,君皆臣之,以此定二子相不相之故。詳其始
末文義,原只重"達視其所舉"一句,蓋達之所舉,即居之所親、富之
所與也,猶得古大臣以人事君之義。卻以五者竝說,立言甚妙,論
其理而不必指其人,此對解人言也。文侯已得之,曰:"先生就舍,
寡人之相定矣。"②慧而捷至此,讀之快人。李克趨而出,過翟璜,
璜問卜相爲誰。克曰:"魏成子爲相矣。"一時君臣默會、莫逆光景,
千載如生。然謂食禄千鍾,十九在外,十一在内,則不爲不取二義,
亦備其中。又以此爲魏成子得士之本,尤有原委。

　　信陵君上書魏王,止其親秦而伐韓,以求故地。所謂其兄關弓
垂涕泣而道之者也。主意在"韓亡之後,兵出之日,非魏無攻"三
句,又恐魏謂秦之將攻楚、趙而寬於魏也,卻將秦所以不攻楚、趙之
故,盡情說透。而所云"非魏無攻"之說,其意自明,其言自省,此先
秦文字有閒力處。魯連之說燕將、春申之說秦昭王,皆用此法。其
旨與蘇秦合從無大異,而立言之意不同。蘇秦規其利,羈旅之人,
事成與分其利,故其言夸;信陵規其害,[1]同姓之臣,國亡與共其
戚,故其言苦。信陵此論,不入本傳,而載魏世家中,見魏之存亡係

---

　　① 《史記》卷四十四《魏世家》,頁1840。
　　② 《史記》卷四十四《魏世家》,頁1840。

於此也。可謂觀其大矣。

評點：

［1］眉批：參同異處，何等會心。

田敬仲完世家

田常厚施於民，民歌舞之。既弑簡公之後，懼諸侯共誅己，乃盡歸魯、衛侵地，西約晉韓、魏、趙氏，南通吳、越之使。由此觀之，孔子請討之舉得行，未爲無成也。然其收拾人心，布置規局，其節次亦自不同。恩威在我，欲盡誅鮑、晏監止。乃言於平公曰："德施人之所欲，君其行之，刑罰人之所惡，臣請行之。"①四語奸甚，千古篡弑人盜人國家，同此一種學問。

孔　子　世　家

孔子而王也，不幾於臣魯乎哉。愚所不敢言也。史遷世家之，是用漢法侯之矣。用漢法侯之，其亦可也。曰："猶愈於王也云爾。"

陳　涉　世　家

勝稱涉，書字也。字之者，賢之也，世家者貴之也。曰："勝雖已死，所遣置侯王將相竟亡秦，由涉首事者。"②明涉所以得爲"世家"，處秦諸將相之後，在漢功臣之前。詐稱公子扶蘇、項燕以從民

① 《史記》卷四十六《田敬仲完世家》，頁 1884。
② 《史記》卷四十八《陳涉世家》，頁 1961。

望,艸艸中起手,亦自有想頭,有本領。至其論衆之言曰:"公等遇雨,皆已失期,失期當斬。藉第令勿斬,而戍死者固十七八。但壯士不死即已,死即舉大名耳,王侯將相寧有種乎!"①非惟雄略可想,情辭明決,實有一片誠心感人,驅策智勇,良非苟然。歿諡"隱王",賞其功而惜其志之不成也。死之後兩言,復以陳爲楚,徘徊感慨,有不盡之意焉。

勝爲人傭耕,輟耕之壟上,悵恨久之。全盛時,草澤中有此一種悵恨之人,爲憂不細,由秦滅六國,士無所歸耳。魏武帝詩曰:"士隱者貧,勇俠輕非。心常歎怨,戚戚多悲。"②正指此一流人。人之愛死,生於身家一念。先王設爵禄,與天下智勇共之,不必盡得其用,正使之身家念重,不肯輕死爲非耳。[1]

評點:
[1] 眉批:窺見先王設爵微意。

外 戚 世 家

總叙中突出一"命"字,遂用作全篇主意。逐節叙事,不必直言"命"字,而起伏顛倒,隱然各有一"命"字散於一篇之中,而使人自得之。非獨文情章法之妙,使宮闈恩倖之間,各有所以自安而無所覬,奪無限妄想,消無限隱憂,固作史者之苦心也。

始薄姬少時,與管夫人、趙子兒相愛,約曰:"先貴無相忘。"已而管夫人、趙子兒先幸漢王,漢王坐河南成皋臺,此兩美人相與笑薄姬初時約,漢王問故,兩人以實告。是日召而幸之。兩美人妙於薦薄姬,全在一笑之中,可謂不負約矣。古今丈夫處友者,其於得

---

① 《史記》卷四十八《陳涉世家》,頁 1952。
② 曹操《步出夏門行》之四。

失先後之際若此者幾人？況入宮相妬之女子乎。

齊悼惠王世家

　　文帝自將擊胡，意自有所爲。本非輕舉，齊王興居之變，乘此而起。天子出入，其可易言乎。

蕭相國世家

　　蕭相國，朴忠人也，明於國家大計，而智不暇及身。守關中，上使使勞苦丞相，賴鮑生言遣子弟之軍而悟；使使益封，置衛衛之，賴召平言出家財佐軍而悟；上擊黥布，使使問“相國何爲？”益逼矣，賴客教以買田地自汙而悟；至上且喜，令其自謝民，乃爲民請苑，自媚於民，益犯上所忌，又若與其買田自汙之計相反者，所以上一旦繫之不疑。王衛尉之説，猶未能使上釋然。雖使使出相國，帝猶不懌。相國徒跣謝。上曰：“我不許，我不過爲桀、紂主，而相國爲賢相。”①明其德歸己，而過歸君，其忌尚在也。而相國猶若不知。稍知自爲者若是乎？其得免者，倖矣。故曰蕭相國朴忠人也。若曹參，則藏身甚妙，然術彌工而心彌苦（心）矣。[1]

　　智勇之士生亂世，欲以將相自奮。群雄並起，人人皆君。全在審擇所事，不輕從人。秦御史欲入言徵何，何固請母[毋]行。眼中已看定一沛公矣。從來開國中興佐命之臣，未有不從此看明者。不然，不爲豕蝕巢卵者幾希矣。高祖爲布衣時，何數以吏事護高祖。英雄草莽中一段結識，君臣之緣已定。入關，先入收丞相御史律令圖書藏之，漢所以具知天下阨塞、户口多少、强弱之處、民所疾

---

　　①　《史記》卷五十三《蕭相國世家》，頁 2019。

苦者,以何具得秦圖書故也。功第一便定於此。刀筆吏此種識力,從何處得來？真天授也。

上已撓功臣,多封何至位次,未有以復難之。然心欲何第一,關內侯鄂君進議,盛言何守關中,補軍給食,將漢王與何患難相須情勢,及何事漢一片赤心苦志,寫出見血,漢王心酸而疑解矣。非惟明何之功,所以解何之禍,不出於此。明何之功,何知之,解何之禍,何或未之知也。[2]

何守關中時,聽客計買民田自污。及爲相,置田宅必居窮處,居家不治垣屋。此一清謹者能之。至云後世賢,師吾儉;不賢,(母)[毋]爲勢家所奪。達識名言,從學問世故中出。何最後作此舉動,出此議論？正以自解其強買民田之嘲,而明其始之爲自污也。人之愛名如此。

評點:

［1］眉批:觀何之淺,漢王未免太深;觀何之厚,漢王未免太薄。

［2］眉批:君臣心志,待旁人言之,已落第二義矣。

曹相國世家

曹參,大學問人,深於黃老言者也。相齊,問所以安集百姓,如齊故俗。其主意何嘗不定？禮蓋公以定群疑,即田單拜卒爲神師故智耳。蓋"如齊故俗",參一生作用始終,只此四字。故去齊以獄市爲寄,曰:"獄市者,所以並容也,今君擾之,姦人安所容?"①大哉言乎,千古不易。王導云:"若不容置此輩,何以爲京師?"②其論本

---

① 《史記》卷五十四《曹相國世家》,頁2029。

② 參《世說新語·政事第三》:謝公時,兵厮逋亡,多近竄南塘,下諸舫中。或欲求一時搜索,謝公不許,云:"若不容置此輩,何以爲京都?"

此。爲漢相一遵蕭何約束，只是如齊故俗之意。吏之言文刻深、務聲名者，輒去之。知千古吏治，無如"務（名聲）[聲名]"三字，正惡其擾耳，何其識之遠也？飲醇一段，似頑鈍復似滑稽，其藏身之妙，即寓於治國之中。善用黄老者，留侯外參一人而已。[1]

蕭何與參不相能，及病，舉參自代，識量如此，雖欲不以大臣許之不可也。參聞何卒，告舍人趣治行："吾將入相。"何蓋棺後？一腔公忠被參托出，以告千古。古人真相知處，即在不相能之中如此。[2]

評點：

[1] 眉批：論參者從不能親切至此。

[2] 眉批：大臣識量與小臣機巧自異。

留　侯　世　家

留侯一生作用，着着在事外，步步在人先。其學問操放，全在用人。立韓後，則用項梁；謝羽鴻門，則用項伯，用樊噲；欲楚之勿西憂漢，則用田榮反書；捐關東以破楚，則用黥布，用彭越，用韓信；定太子則用四皓；而其大者，在全用沛公。故子房用漢，非爲漢用者也。爲韓報仇，是其用漢主意。博浪之椎，非輕於一試也，以爲如是而可以報韓讐，則亦不必用漢。[1]用漢非得已也，不得已而用漢，又肯使漢得以功臣待之乎？故爲韓報讐，子房自道出，非漢君臣能知之也。曷爲欲使漢知其爲韓報讐也？恐漢得以功臣待之也。漢不得以功臣待之，而後可免於何之囚、參之醉、平之污，信、越之族。子房於此，不無戒心矣！故曰：非得已也。使"爲韓報讐"一語，子房不自道出，豈惟漢君臣不知，即司馬遷亦不得而知之也。

　　子房是何等英雄，一圯上老人，素不相識，直墮其履圯下，呼
曰："孺子，下取履。"奇着驚人，子房已心折矣。點化機鋒，全在於
此，禪家所謂棒喝也，豈待授書之後哉。長跪進履，父以足受履，笑
而去，光景絶異。良隨目之，自是有心人。父去里所復還，是何等
度人心腸？畢竟是子房報韓一念所感。言外授受，莫逆於心。惟
子房與老人知之。史遷乃云："良愕然，欲歐之，爲其老，强忍取
履。"①如此，了房一淮陰少年耳，豈不是説夢？予過圯上，曾有詩
駁之曰："警蹕秦皇帝，溪橋老禿翁。奮錐群力外，進履衆人中。智
勇皆何往，天人有所通。英雄關運數，授受不相同。"②[2]

　　沛公欲以兵二萬人擊秦嶢下軍。良説曰："秦兵尚强，未可輕。
吾聞其將屠者子，賈豎易動以利。"乃張疑兵，使人持重寶啗之，秦
將果畔，欲連和，俱西襲咸陽，良之計成矣。沛公方欲聽之。良之
妙用卻不在此。乃曰："此獨其將畔耳，士卒不從必危。不如因其
解擊之。"③警着在此，狠手亦在此。始不戰而啗之降，不受其降而
又戰，其意原主戰，用其解以戰，用其降以解之，節次吞吐，不可亂
亦不可測也。

　　漢敗而還至下邑，漢王下馬踞鞍而問曰："吾欲捐關以東等棄
之，誰可與共功者？"良進曰："九江王黥布，楚梟將，與項王有郄；彭
越與齊王田榮反梁地：此兩人可急使。而漢王之將獨韓信可屬大

---

　　①　《史記》卷五十五《留侯世家》，頁2034。
　　②　參《隱秀軒集》卷第七，原詩題《經下邳圯上受書處（有序）》。其序文云："未託
素交，先呼孺子。以僕役而加國士，若子弟之應父兄。亦倨亦親，非真非戲。蓋語盡於
投書之後者淺，意藏於受履之先者深。行徑頓殊，機鋒相逗。業已道於目擊，豈惟氣
折而心開。乃云强忍相從，初尚愕然欲歐。夫乃以市中年少之腹，而窺圯上英雄之心
乎？淺哉太史之言，未免文人之見。經途感事，懷人賦詩，用抒斯衷，兼訂昔惑云耳。"
頁123。
　　③　《史記》卷五十五《留侯世家》，頁2037。

事,當一面。即捐之,捐之此三人,則楚可破也。"①觀子房以田榮反書遺項王及此段,漢有天下之局定矣。合《高祖本紀》讀之,始末自明,三人中取其二於敵,奇絶險絶。布方在楚,越方在梁,而不知自頂及踵,已爲漢所有矣。然緊要在"吾欲捐關以東等棄之"一語,自漢王先吐之,何人出如此手段,具如此眼孔。先開一大門户,以待留侯之放步而入,真大度人也。使如項王印刓不予,此策亦安施乎?

立六國後樹秦敵,此入關以前事,非入關以後事也。項羽業破秦爲西楚霸王矣,復封諸侯王將相,此正與酈生立六國後之策暗合,後着用前着,所以敗也。子房借前(箸)[着]而發八難,八難中其文儘有可省可合者,然妙在截然分作八段。歷歷數來,其指畫光景,乃能千古如生。其主意在末段,天下游士各歸事其主,陛下與誰取天下乎,卻先用前七段發之,節次甚妙。石勒胡人,目不知書,使人誦此而聽之,聞食其請立六國後,曰:"此法當失,何以有天下。"及聞留侯諫,乃曰:"賴有此耳。"古今善讀史人,孰於過於勒者。[3]

沛公入關,欲留居之,樊噲諫沛公出舍,沛公不聽。留侯言之,乃還軍灞上。劉敬説都關中,上疑之,亦以留侯言即日駕西都關中。同一諫出舍也,同一勸都關中也,豈其出於樊噲、劉敬則非,而出於留侯則是乎?蓋重留侯之爲人耳。人臣事英主,不能自以其人重,而一一取必於言,不亦難乎?[4]

天下已定,上欲廢太子,吕后劫留侯,此第一難題也。子房之妙,卻妙在用鬆,到底不露一毫手脚。然召四皓後,上猶欲易太子。留侯諫不聽。此一諫猶不可少,諫不聽而後聽四皓爲之,以見大臣悟主回天,不得已而後出於奇也。[5]

────────────

① 《史記》卷五十五《留侯世家》,頁2039。

留侯之言曰:“上有不能致者,天下有四人。”①“天下”二字,重四皓之爲人也。四皓自是有心人,非一意忘世者,特擇事審時,不輕用其身耳。事有大於定太子者乎? 此四皓出山之時也。然非以子房之意召之,決不能使之出。氣類呼應,自不可强,其出爲子房,非爲漢也。説者謂四皓本不可致,蓋子房飾之,而其説子房教之也。高帝何如主,而可以傀儡偶人弄之哉? 非惟不知子房四皓,並不知高帝矣。

前有黃石,後有四皓,皆天生此輩奇人,爲子房用。[6] 觀其血脉線索,自是一路人。使子房不出爲韓報讎,世亦安知有黃石,有四皓,且並子房而爲黃石、四皓矣。子房出而後此輩助之,黃石,助子房報韓(信)[讎]者也,四皓助子房報漢德者也。黃石不約而來,四皓呼之即至,如此行蹤,不謂之一路人可乎。

子房只爲恩怨分明,與伍子胥俱從忠孝至性中出,惟其布局寬,當機緊藏,意圓而微,故勝之耳。

評點:

〔1〕眉批:如此用漢,漢王亦樂爲之用矣。

〔2〕眉批:老人突出奇着,子房驚悟未定,則愕然强忍,自是莫逆,實景若機鋒相觸,語下便了。何不竟取書授之? 乃笑而去,去里所復還,往返三次,猶責其後,期何哉? 子房雖英雄,領略會悟,夫豈無漸? 史曰“欲歐之”,則過矣。

〔3〕眉批:子房自欲報韓,故言之更切。

〔4〕眉批:言以人重,豈獨事英主,到處皆然。

〔5〕眉批:任他難題,一到解人,便自了了,只見胸中多識見耳!

〔6〕眉批:最後尚有一赤松。

---

① 《史記》卷五十五《留侯世家》,頁 2045。

陳丞相世家

　　平少時家貧，好讀書，見伯常耕，縱平使游學。此古孝友人所爲。張負亦甚有品。不難在予平女孫爲婦，資之以財，難在誠其孫，曰："毋以貧故，事人不謹。事伯如父，事嫂如母。"①數語典則廣大，人不能道。人生三黨，此一流人最不易（佳）[得]，而平兼之，真異數也。二人可標出，作"獨行傳"，而反以平掩，才能不知何如，其行誼恐出平上。

　　對雄主，其氣貴強，而情貴真。平初見漢王，賜食，王曰："罷，就舍矣。"平曰："臣爲事來，所言不可以過今日。"強之極也。諸將譖平受金，平辭去曰："臣躶身來，不受金無以爲資。"真之極也。氣不強，則以爲庸人而自取其輕，情不真，則以爲僞人而自取其疑。彼雄主者，何藉於庸人、僞人而留之哉。[1]

　　盜嫂、受金之謗入，漢王疑平，召讓魏無知，無知曰："臣所言者，能也，陛下所問者，行也。"②不辨事之有無，而直論用人救時之理。特達斬截，真高識濟變人也。其說從"蘇秦忠信者，所以自爲也；進取者，所以爲人也"二語得來，但無知以此爲陳平分解則有體，蘇秦自爲言，則無賴矣。

　　開國佐命，明於取天下者常多，而長於治天下者常少。故事創業之主，常覺有餘。而事守成之君，反若不足。陳平不對決獄錢穀，非真識宰相之體，其中原不辨耳。文帝曰："苟各有主者，而君所主者何事也。"[2]問得精明逼人。縱平一段議論足以飾之，而英主強察，不被臣下瞞過。以守成之君駁開國之臣，群情觀望，正不

　　① 《史記》卷五十六《陳丞相世家》，頁 2052。
　　② 《史記》卷五十六《陳丞相世家》，頁 2054。

可少此一問耳。

評點：

［1］眉批：明主可以理奪，即此意。

［2］眉批：何等眼孔。

絳侯周勃世家

勃木强敦厚，高帝以爲可屬大事，曰："安劉氏者，必勃也。"終西漢之世，看託孤之臣，專用此四字爲主。此武帝所以識汲黯、霍光也。光武之於彭寵，又以此失之。不觀文帝勞軍細柳一段，不見帝王之大。然文帝留心邊事，正以匈奴故，爲亞夫輩屈耳，全是一片雄心所出。

魏武賜荀彧食，發之乃空器也，彧即自殺①。文帝召條侯賜食，獨置大胾，無切肉，又不設箸，即空器意也。條侯戇人，兵在其頸而不識，哀哉。猶顧取箸，帝視而笑曰："此非不足君所乎。"出，帝目送曰："此怏怏者非少主臣也！"②眉宇間殺機怕人。

漢功臣世家者五，稱相者三焉，曰何，曰參，曰平，在漢猶可以相也。絳侯周勃，爵之名之，將而不相矣。雖安劉，以將安之也。留侯良所自處，漢幾不得而侯之矣。不得而侯之，又得而將相之乎哉？

① 《三國志·魏書·荀彧荀攸賈詡傳》"十七年"條，頁 317 注引《魏氏春秋》。

② 《史記》卷五十七《絳侯周勃世家》，頁 2078。

史懷卷七

史記三

伯 夷 列 傳

世家首吳太伯，列傳首伯夷，存君臣也，湯武又當別論矣。[1]

武王已平殷亂，伯夷采薇，餓死作歌，真有不滿於周之意，非獨不忘殷而已。[2]古人胸中是非，天且不能奪，而況人乎？"以暴易暴兮，不知其非矣"①二語，是餓死作歌主意。"神農、虞、夏，忽焉没兮"，放下"殷"字，立言甚妙。夷齊，殷人也，放伐之事，自殷始有，天下之局，爲之一變。非惟爲殷諱，蓋亦有不忍言者矣。

武王克商，天下宗周，前不生夷齊，後不生管蔡，亦覺宇宙雷同，索然無色，不見造化與君相之大。[3]

《伯夷傳》之妙，妙在誕。古忠臣孝子精神，使人於若不可尋處得之。已得之而若不能指其所在，讀者必欲强令辭意相屬，便失之矣。[4]

評點：

[1] 眉批：着眼有關係。

[2] 眉批：義士豈博虚名。

[3] 眉批：妙語若諧。

---

① 《史記》卷六十一《伯夷列傳》，頁 2123。

106

［４］眉批：曰精神，曰得之，可見文章妙處在有感悟。

管晏列傳

鮑叔薦管仲，不獨忠於君，信其友。自是春秋王霸一大關頭，夷夏一大公案。"生我者父母，知我者鮑子"①二語，有淚，豈是一人私感。[1]

晏子解左驂以贖越石父，載歸，弗謝。久之越石父請絕，不情甚矣。然詘於不知己，而信於知己，卻是千古交情盡頭之言。處晏子地步甚高，而分誼甚深，所以報晏子者至矣。"知己而無禮，不如在縲絏之中"，語極感憤，又極真至。交友之道，不盡於一，"解驂相贖"，使淺者自失。而人己之間，補一"禮"字，爲交道全局。平仲善交，久而敬之，便是此種學問。語語爲晏子，非自爲也。管晏一傳，朋友三致意焉。越石父一段議論，又似爲"知我者鮑子也"下一注脚。

評點：

［１］眉批：觀此二語，則知管仲者，又不獨一鮑子矣。

老莊申韓列傳

古來勳業富貴中，皆有一等極超曠之人，往往先置成敗禍福於度外。孟子所謂"不動心有道"②者是也。韓非《説難》，涉世太深，居心太苦，置身太窄，言未脱於口，横胸中盡是一"難"字，神亂而氣餒矣。李斯、姚賈，殺之不忌，虎之食人也待其懼，信哉。[1]

---

① 《史記》卷六十二《管晏列傳》，頁 2132。

② 《孟子・公孫丑上》。

太史公極推尊老子，乃與申、韓同傳，曰申、韓"原於道德"，見老子之大也。讀書得力，看出古人學問通融處。

評點：

[1] 眉批：數語寫得慘淡，可見一切苦惱皆人自取，于天地何尤？

司馬穰苴列傳

穰苴誅莊賈之意，在請賈爲監軍時已定矣。使者持節赦賈，馳入軍中，斬其僕、車之左駙、馬之左驂，以狥三軍。然後行士卒次舍，井竈飲食，問疾醫藥，身自拊循之，悉取將軍之資糧享士卒。誅賈後，自然少不得此一番舉動，非惟屬衆服人。以穰苴人微權輕，一旦誅君之寵臣，辱其使者，不如此無以自信於君，然使穰苴胸中本無人微權輕之疑，則亦不必請賈而誅之矣。

孫子吳起列傳

孫武用吳王寵姬二人爲隊長，令之曰："汝知而心與左右手乎？"曰："知之。"孫子曰："前，則視心；左，視左手；右，視右手；後，即視背。"婦人曰："諾。"①可見古人用法，嚴明不貸，皆從極簡極近極易知易從處示之。易知而後可責以不知，易從而後可責以不從。不獨行兵，凡立法皆然。若以煩苛不可從之令示之前，而以誅死不復貸之刑隨其後，此自禍之道也。

讀《孫子》，形禁勢格，則自爲解耳，及善戰者因其勢而利道之數語，只是行所無事而已。從道術世故中透熟出來，乃有此言。兵，危道也。世間危險事，須以熟勝之。

---

① 《史記》卷六十五《孫子吳起列傳》，頁 2161。

伍子胥列傳

以伍子胥報父仇爲主,而鄖公於平王,一父仇也。夫差於越王勾踐,一父仇也。白公於鄭於子西,又一父仇也。不期而會,不謀而合,穿插湊泊若相應,若不相應。覺一篇中冤對債主,殺機鬼氣,頭頭相值,讀之毛豎。人生真不願見此境也。

楚使伍奢爲太傅,費無忌爲少傅,輔太子。二人同事,已是禍本。奢知無忌讒太子於平王,因曰:"王獨奈何以讒賊小臣疏骨肉之親乎?"處人所難言之地,不知當有許多快心妙論,而以一戇語塞之,安得不危身以及太子? 甚矣,忠之不可以無術也。[1]

評點:
[1] 眉批:孔子論六言六蔽,今當增一言一蔽,曰"忠而無術則戇"。

仲尼弟子列傳

顏回死,孔子哭之慟,曰:"自吾有回,門人益親。"分明以洙、泗①中宰相與之。孔子爲素王,素臣一坐,不應在丘,明而在回也。[1]

子路冠雄雞、佩猳豚,陵暴孔子。愚謂聖門無子路不見孔子手段。孔子設禮稍誘子路,子路儒服委質,因門人請爲弟子,是何等悟性? 真大勇人也。聖人不得中行,最喜此一種人,佛家所謂"廣額屠兒,放下屠刀,立地成佛"②,正取其剛耳。

---

① 《禮記·檀弓上》:"曾子怒曰:'商,汝何無罪也? 吾與女事夫子于洙、泗之間……'"鄭玄注:"洙、泗,魯水名。"後世以"洙泗"代儒家和儒學。

② 釋普濟《五燈會元》卷十九"東山覺禪師"載:(東山覺禪師)舉:"昔廣額屠兒,一日至佛所,颺下屠刀,曰:'我是千佛一數。'世尊曰:'如是如是。'今時叢林,將謂廣額過去是一佛,權現屠兒。如此見廣額,且喜沒交涉。又曰:'廣額正是個殺人不眨眼底漢,颺下屠刀,立地成佛。且喜沒交涉。'"頁 1296—1297。

子貢説田常曰："其君愚而不仁,大臣僞而無用。""僞"之一字説透古今承平時臣子一種養亂悮國情形,況以僞臣而事愚主乎?韓非、吴起、商君輩,治國學問只欲救一"僞"字,其見解從此看出。

評點:

[1]眉批:君一而臣二,請以回爲宰臣,左爲史臣,何如?

商 君 列 傳

衛鞅以帝王之道説孝公,公已不説矣。後五日,復求見鞅,真是有心之主。想五日内已默計鞅之意,别有所在,而言必有所不盡。所謂挾持浮説,非其質矣,早被英主看破,曰"孝公時時睡"。曰"不自知䣛之前於席也"①。一段强國精神,全在此寫出。

家給人足,勇於公戰,怯於私鬭②,此商君變法絶頂功效也,即管子治齊收功結局主意,亦不出此數句。今按商君之法,什伍禁姦,强本急公,與管子作用不甚相懸。獨其以意外賞罰必行於目前,功罪操之稍急耳。然管子與民同好惡,下令如流水之原,一切變更,能順民情爲之。商君必拂民情而後能爲之,商君之使民説也,在法效之後,與凡民樂其成。管子之使民無驚也,在法立之初,能與凡民慮其始。此商君之才不及管仲,非其法之罪也。然齊僅以霸强者數世,秦得天下,不旋踵而亡。辟之取非其有,得少者其禍小,得多者其禍大也。[1]

評點:

[1]眉批:參管、商處如燃犀,如觀火,豈經生淺識所能到?

---

① 《史記》卷六十八《商君列傳》,頁2228。
② 《資治通鑑》卷二《周紀二》"顯王十年"條:"行之十年,秦國道不拾遺,山無盜賊,民勇於公戰,怯於私鬭,鄉邑大治。"頁47。

蘇 秦 列 傳

蘇秦得周書《陰符》，伏而讀之，期年以出，揣摩曰：“此可以説當世之君矣。”①彼雖富貴之士，閉門造軌，皆有成算，何曾一毫嘗試。然其言曰：“夫士業已屈首受書，而不能取尊榮。”②可惜此段苦願力，但以“取尊榮”三字作起念結局，此秦之所以死於富貴也。不然，其才辨豈出魯連輩下乎。[1]

奉陽君妬君而不任事，不曰“妬士”而曰“妬君”，辯士舌鋒可畏。然千古權奸，壅蔽欺橫，寫出刻骨。

合從，兵事也。開口便用“安民無事”四字作起，發端甚奇，説來卻甚切，至有着落。

“秦之所害於天下莫如趙”一語，何等激切，然其故卻不在伐趙，而在攻韓、魏。有節次，有原委，極其紆回。乃以“秦無韓、魏之規，則禍必中於趙矣”一句收之。大凡激切之言，必説得紆回，真有一段情理，乃使人不得不聽。

臨淄之中（三）[七]萬户，不下户三男子，三七二十一萬。嗟乎！豈有一家三男子盡爲兵者。輕民命甚矣。民生斯時，真是劫運。此信陵君選軍八萬之令，猶有古法，戰國不再見也。

秦之力非必能勝六國也，其氣能伏之，而其權足以使之。蘇秦所謂“恫疑、虚喝、驕矜”③，六字連用，方得秦人數世精神。

蘇代約燕王一書，比之蘇秦，其説更密、更鍊，七國情形，胸中、目中、掌中，井井然，其筆頭、口頭落落然；正告天下數段，言秦之

① 《史記》卷六十九《蘇秦列傳》，頁 2242。
② 《史記》卷六十九《蘇秦列傳》，頁 2241。
③ 《史記》卷六十九《蘇秦列傳》，頁 2258。

横；適燕者數段，言其譎。雖模寫暴秦罪狀，然秦所以制六國之道，要領作用不出於此。其文縱橫出没，奇變莫測，而絲理易尋，覺出之絶不費力。古人規一事，固非逐節而慮之，出而爲一文，又豈逐句而成之者哉。

蘇氏兄弟起結皆在燕，雖中間成敗離合稍異，終以燕爲着脚。

評點：

［１］眉批：小宋曰當時喫黄虀，爲甚麽其言亦如此陋？

張　儀　列　傳

蘇秦自以爲不及張儀，人未之許。愚觀兩人皆富貴熱中之人，然儀有功於人國，而身享其利。秦苟能享其利，不必有功人國。秦意自六國相印而止，故儀爲秦連衡之前，取蜀、伐魏、伐韓、欺楚、得黔中地。秦爲六國約從之後，實事實效，尺寸無聞焉。秦見疑於燕，乞身之齊，以車裂終。儀見惡於秦，乞身之梁，竟得良死。儀、秦才局優劣見矣。然七國時，天下所惡莫如秦，而勢在秦，故士樂歸秦。猶之三國時，天下所惡莫如魏，而勢在魏，故士樂歸魏。蘇秦初着亦在於秦，不得於秦，而後以六國爲退步，非得已也。儀、秦成敗，亦其所託幸不幸耳。

司馬錯與儀争伐蜀之利，在臣願先從事於易，一“易”字甚醒，此儀之所以伏也。伐蜀一事，史不爲錯立傳，於《張儀傳》見之，嘉儀之能爲國以從錯。且伐蜀後，秦以富强輕天下，爲儀連衡地耳。

教六國攻秦者難，於弱，蘇秦之於韓是也；教六國事秦者難，於强，張儀之於趙武靈王是也。了此，思過半矣。觀儀之説趙，又與他國不同，抑揚吞吐，線索機鋒，甚妙甚苦。所謂“恫疑、虛喝、驕矜”六字，俱於此見之。[1]

評點：

［1］眉批：識力何等透徹。

穰侯列傳

穰侯有功於秦，在舉白起、范雎，逐穰侯，豈能聽白起之留於秦哉？《史記·穰侯傳》云：“秦置南郡。乃封白起爲武安君。白起者，穰侯之所任舉也，相善。”①插此一段，明起之死，死於此也。禍福機緣，看得甚透。

白起王翦列傳

上黨之役，爲上將攻韓伐趙者，王齕也。及秦聞趙括代廉頗將，乃陰使武安君爲上將，而齕爲尉裨將，齕亦安焉，與起共事，兩無嫌怨，卒以成功。此亦後世人臣所難。其用兵布置節次，着着皆妙。

王翦始終請用六十萬人伐楚，非怯也，用衆正自不易，老將自（買）［賣］本領耳。

孟子荀卿列傳

《孟荀傳》自爲起止，落落忽忽，伸縮藏露，尋之無端。首略叙孟子，即及三騶、淳于髡諸子，全不及孟子一字。若忘卻本題者，而於三騶、淳于髡諸子處，煩簡長短，任其所止，不必如一。蓋以孟、荀爲主，而錯用諸子佐使之，諸子雖非孟、荀之倫，亦以見士生戰

---

① 《史記》卷七十二《穰侯列傳》，頁 2325。

國,從横游説之外,又有此一流人也。[1]

　　淳于髡見梁惠王,壹語連三日三夜,欲以卿相待之,遂謝去終
身不仕。觀其覷於事先,游於事外,玩世藏身,自是魯仲連流亞。
其數譏刺孟子。生戰國時,冷眼熱心,見能救世者,惟孟子一人,故
望之深而責之備耳。史遷謂其博聞强記,學無所主,看髡甚高。又
曰:"其諫説,慕晏嬰之爲人也,然而承意觀色爲務。"①其於梁惠
王,一見知其志在驅逐,再見知其志在音樂,默然無言。王聞之大
駭,曰:"前先生之來,人有獻善馬者,寡人未及視。後人有獻謳者,
寡人未及試。會先生來,寡人雖屏人,然私心在彼有之。"②髡無他
神術,只是"承意觀色"四字,用之入微耳。"未及視""未及試"六字
妙甚。[2]"私心在彼有之"一語,從此生出。"承意觀色"正於此着
精神。若已視且試之,則已了然,不待髡而知之矣。然承意觀色學
問,戰國策士用以取容希世,孟子比之妾婦。而髡用之以重其言,
重其身,則其品較然矣。[3]

評點:
　[1]眉批:子長文章,縱放處寫出如畫。
　[2]眉批:承意觀色,雖非君子哉? 然而實不易也。
　[3]眉批:輕重分明。

孟嘗君列傳

　　田嬰,騶人也。五月五日生子,而强其母勿舉,曰:"長與户齊,
將不利於父母。"此與市兒村媪口語何異? 既舉而怒責其母,豈人
情乎? 田文代母答父,便自奇矣。曰:"人生受命於天乎? 將受命

---

①　《史記》卷七十四《孟子荀卿列傳》,頁2347。
②　《史記》卷七十四《孟子荀卿列傳》,頁2347。

於戶邪。""受命於戶,則高其戶耳。"①語語帶譴,即(潁)〔穎〕封人闕地,及泉隧相見之意。對駭人只宜如此。用事相齊,門下不見一賢者,責其父以好士,是孟嘗主意。卻問子之子,又及孫之孫,以至玄孫之孫,忽生一散財結客之想,發端奇甚。欲以遺所不知何人,透悟之言,喚醒一世貪癡。此達生學問,不獨通於好客而已。

戰國四君好客之説,春申牽入者也,其他則信陵尚矣,平原好客而眼不及孟嘗,然其意猶在爲國。孟嘗則一意工於自爲者也。中立爲諸侯,是其主意歸宿處。然孟嘗絶後,而平原猶得與趙俱亡,有天道焉。[1]

孟嘗貸錢求息,其意原在奉客。馮驩收責,舉券燒之,告其民曰:"孟嘗君所以貸錢者,爲民之無者,以爲本業也;所以求息者,爲無以奉客也。"②改換本題,若所重在民,而反以奉客爲第二義者,對民言正宜如此。當機轉境,可悟處事立言之法。

評點:
[1] 眉批:四君至當之評。

平原君虞卿列傳

平原合從於楚,約客同往,以二十人爲限,固已失之矣。有士而使之自贊,何名好士? 此毛、薛二公所以生於趙,而竟爲信陵有也。毛遂之言曰:"臣乃今日請處囊中耳。"此明笑平原君語也。至楚,按劍歷階謂平原君曰:"從之利害,兩言而決耳。今日言從,中日不決,何也。"此語不向楚王道之,而先責其主,節次甚妙。合從者爲楚,非爲趙也。語甚破的,説得理勢鑿鑿,方能服人。所謂"兩

---

① 《史記》卷七十五《孟嘗君列傳》,頁 2352。
② 《史記》卷七十五《孟嘗君列傳》,頁 2360。

言而決”，正是此語。樊噲鴻門一篇議論，便祖此出之，不然一按劍擁盾，遽足以怵强主乎？

古人所謂窮愁者，意有所欲爲而不得爲，非貧賤之謂也。捐封侯卿相之位，而不能救魏齊之死，此即是虞卿窮愁。莫將此“窮愁”二字，看得太淺太酸。史稱魏齊已死，不得意，乃著書，[1] 世傳之曰《虞氏春秋》，蓋自傷不能救魏齊之死。及信陵之賢，不免殺齊以狥秦怒，此窮愁著書之故也。平原好士，於信陵無能爲役，處魏齊一事，固爲過之。

評點：

[１] 眉批：戚戚憂貧，而妄加以窮愁之美名，豈不可笑，豈不可羞？

信陵君列傳

古之好士者，其於士皆一過而得之。公子無忌居魏得侯嬴，去魏入趙得毛公、薛公，皆一過而得之者也。一過而得之者，識也。無識不可以好士，然則好士者，好其所一過而得之者而已。曷爲乎士無賢不肖，皆尊而禮下之也？曰：此好士者之招，不恃此以得士也。方公子虛左迎侯生，生之倨，公子之恭，正公子與生之相視莫逆者也。[1] 惟公子與生知之，諸客不知也。諸客者，正所謂無賢不肖皆尊而禮下之者也。如探得趙王陰事，及所遣説魏王救趙而不得者，皆其人也。當其時，非惟公子知侯生，生亦能知公子。侯生知公子之必能救趙，而後教之竊符。何以知生之知公子之必能救趙，而後教之竊符也？曰：於侯生之死知之。侯生曰：“合符而晉鄙不聽，必擊之。”於是公子泣。公子泣而生益不得不死。侯生死，以償晉鄙，且以謝其教公子竊符之罪耳。然侯生所以報公子者，獨救趙一事，[2] 是救趙之事，重於一身之死也，明矣。等死耳，曷不待公子事成而後死之爲快乎？曰：待公子事成而後死者，必有所不能信於公子者也。救趙，公子所易也；得臥內符，與合符而晉鄙之授軍，公子所難也。代其所難者，揭一符及一朱亥以付公子，而生可以死矣。且死而可以固勉公子，豈必待事成而後死哉！侯生以死送公子，而返魏之路絕。返魏之路絕，而毛公、薛公開之。微二公，非惟魏不魏，而公子且不得爲公子矣。其責公子數語鑿鑿，綱常名教，非戰國人之言也。[3] 毛、薛之前，侯生之後，得一客焉，諫公子於驕矜自功之時者是也。公子歸魏，此諫不無先助之。數客者，缺一不可，然公子皆從數千人中一過而得。一過而不得，遂失之矣。若持吾之所以禮士者，無賢不肖射覆而得一士，[4] 此平原君所以失毛遂者也，雖日斬美人造躄者之門，何益哉？故好士而不得士之利者，平原也；不得士之利而有好士之名、上與下忌之而受其禍者，陳豨也，魏其侯也。吁，此無識之過也！

　　侯生欲公子枉車騎過朱亥於市屠中，自不是閑着。竊符之事，尚未萌芽，已先看定一擊晉鄙之朱亥矣。所云嬴欲就公子之名，故久立公子車騎市中。過客以觀公子，此意甚淺，不是侯生本意。當此時自難明言，只得如此說耳。太史公亦云：“欲以觀公子。”① 不免被此老瞞過。隨其口角轉身，即是看留侯圯上進履識解耳。[5]

　　公子與客赴秦軍，別侯生而無言。復引車還問侯生，疑得妙。侯生笑曰：“臣固知公子之還也。”信得又妙。英雄對手，光景甚微。侯生到此，不怕公子不拜，公子到此，不怕侯生不言。

評點：

[1] 眉批：即“請自隗始”意。

① 《史記》卷七十七《魏公子列傳》，頁 2378。

　　〔2〕眉批：如此則侯嬴之死，不爲輕生。

　　〔3〕眉批：戰國之士，當以毛、薛爲上。

　　〔4〕眉批："射覆"二字，笑殺無識之人。

　　〔5〕眉批：英雄一遇知己，便死生以之，真偽豈可不察？觀公子自是侯生深心處，若以此爲淺用，別有莫逆處，則相逢笑而握手可也，何必枉車騎執轡甚恭，做此一段（喬）〔矯〕態乎？

春申君列傳

　　春申君，楚功臣也。上書秦昭王全楚，護太子歸國立爲王，其功在社稷。然皆從富貴起念，所以不能燭李園之奸，所謂器滿智昏也。詳其始末，與好士無干。玳瑁簪珠履，直是玉石村富人狡獪耳。[1]

　　楚使黃歇與太子完入質於秦，楚頃襄王病。太子不得歸，而太子與秦相應侯善，歇説應侯歸太子。秦王欲先遣太子之傅先往問楚王疾，返而後圖之。歇遣太子與使者出，自請，止以死當之。度太子去已遠，乃自言秦昭王請死。應侯諫令歸歇以親楚。歇固先算定一應侯爲之用矣。膽智如此，豈不能消楚之一春申君乎？愚嘗觀歇此舉，覺相如完璧歸趙一事，大智而小用之。

評點：
　　〔1〕眉批：此春申之不如三君也。

范雎蔡澤列傳

　　王稽爲秦使於魏，鄭安平欲薦范雎，乃詐爲卒侍稽。古人薦一士，苦心如此。稽見安平，便問魏有賢人可與俱西游者乎？何其急才之甚也。與雎語未究，即知其賢，世有此識乎？雖志在食報，亦已難矣。然兩人能識范雎，及任事於秦則俱敗。世固有長於知人而短於自運者，此漢高帝於魏無知鄂君，所以獨賞其薦賢之功也。

一范雎耳，齊王知之，鄭安平知之，王稽知之，何魏齊須賈之獨闇也？故曰："禍來神昧。"

鄭安平降趙，王稽與諸侯通，應侯懼，不知所出。秦之相印，懸以待一人矣。蔡澤聞之，往入秦也。所謂(嬴)〔羸〕糧躍馬，惟恐失時者乎。然謂澤能奪應侯相，其實不然。何也？應侯此時求釋相位，而無其受之者也，非釋相位也，釋其死也。澤釋應侯於死耳，豈奪其相位哉？若相位則安可奪也！曰："若是則澤不幾代應侯處死地乎？"曰："久於相而後死地生焉。"相秦數月，謝病歸。澤相印未入手之時，先辦此一生路矣。戰國之士，取相位有餘而救死不足者甚多，若澤者能釋人於死，而又不代人處死地，亦可謂有識矣。蓋成功者退一語，澤以之責應侯，而又能以之自處，乃澤所以謝應侯，示不奪其相者也。[1]

雎之奪秦相於穰侯手也，其時勢難於蔡澤百倍。何者？穰侯戚而相，方有功，持其所有也甚堅。雎疏而相，方負罪，求釋其所有也甚急。取所堅持者於戚而有功之人，與受所欲急釋者於疏而負罪之人，順逆固已不侔矣。故雎之於穰侯，上書不敢言而待見，見又不敢深言，待其進用，有功於秦，至再至三而後言之。澤面取相印於雎，授受立談間耳。[2]故穰侯之相，雎真奪之，澤之相，雎自予之。予之自我者，身安而名全，奪之自人者，身危而名辱。識時知幾，進退巧拙之際，雎不如澤，穰侯不如雎也。

評點：

[1] 眉批：孟子論舜、禹以"歷年多、施澤久"①爲得民之本。此乃曰"久于相而死地生"，則當時據高位者，皆害民而斂怨，可知孟子以聖門羞稱五伯，

---

① 《孟子·萬章上》。

又以處士橫議爲懼，豈無故哉？豈無故哉！

　　［2］眉批：深得其苦心。

樂　毅　列　傳

　　古去國之臣，絶而復通者甚少。故廉頗之楚，思用趙人而不可得。樂毅奔趙，予燕王書，後往來復通燕。兩國安之。君臣間非才與誠合，未易言也。

廉頗藺相如列傳

　　以廉頗、藺相如主盟，中間趙奢、李牧、周始穿插，斷續無痕。而趙之興亡節目，全在於此。數人共一傳，只如一人，賢才關係國家，從文字章法錯綜中寫出，此史之識也。

　　觀藺相如爲宦者令繆賢舍人，可見古今奇士，埋没者甚多。然賢之定力高識，卓然有主。看相如智勇，從小小一事中得之。後世大臣，有如此心眼乎？相如事之，故自有見。人知相如隱於宦者舍人，安知非賢之隱於宦者也。

　　冒頓不以善馬愛妾易土地，秦數世以廣土强國爲務，豈有用十五城易一璧者。開口已自不情，分明是一豪奪之局，亦欺趙之無人。觀趙所以處此者何如耳？一相如持璧入秦，非惟氣能制之，智能瞞之，其理勢鑿鑿，議論處分，一一中節，而秦始移其愛璧之意，以畏相如，並畏趙。故秦王左右，猶從一璧之成毁得失起見。秦王識量，自出左右上，而曰：“今殺相如，不能得璧也，而絶秦趙之驩，不如因而厚遇之。”①此畏趙轉想也，非復求璧初局矣。[1]

---

　　①　《史記》卷八十一《廉頗藺相如列傳》，頁2441。

觀澠池之會，相如從而頗守，"頗送王至境上，與王訣：'三十日不還，則請立太子，以絕秦望。'"①數語已壯相如之膽矣。可見二人在趙，缺一不可，各伏後來引車負荆之根。爲國愛人與自愛，蓋兩得之。秦之畏趙，不獨在二人，而在二人之能相下也。二人皆有古大臣風，頗以勇掩，相如以智掩耳。

曹劌之論戰也，至"小大之獄，必以情。"曰："忠之屬也，可以一戰。"獄通於兵，其旨微矣。其次則趙奢之説平原君，曰："君於趙爲貴公子，今縱君家而不奉公則法削，法削則國弱，國弱則諸侯加兵，諸侯加兵是無趙也。"②此申、韓、管、商治國學問，奢爲將，從何處得來？蓋古強兵之道，即在治國之中。曹劌重一"情"字，奢重一"法"字，猶有古用兵遺意。爲將如此，方有本領。今營一戰而不暇，此不揣其本而齊其末者也。況未必能戰乎。

軍令全憑一信，亦有不必信而妙者。趙奢令軍中曰："有以軍事諫者斬。"軍士許歷請以軍事諫，奢何以知其諫之必可聽。而易其詞曰："内之。"③歷已諫，請誅，置對甚難。奢曰："胥後令。"應變轉境，圓警之甚，在此三字。兵機復是禪機，難與癡人言也。

趙使趙括代廉頗將，藺相如曰："王以名使括，猶膠柱而鼓瑟也。"此一語道破古今匆急中用人之病。括嘗與其父奢論兵事，奢不能難，亦不謂善。[2]既不能難矣，何不謂善也？此中難言，非老成熟於涉世深於謀國者，不能知之。奢告括母曰："兵，死地也，而括易言之。破趙軍者必括也。"④可見天下事有不難於行，而反難於言者。奢一生用兵，從敬戒中出，可知矣。及括爲將，括母上書，言括不可將。不單述父之言，卻將括臨事舉動，占其成敗，而以

① 《史記》卷八十一《廉頗藺相如列傳》，頁2442。
② 《史記》卷八十一《廉頗藺相如列傳》，頁2444。
③ 《史記》卷八十一《廉頗藺相如列傳》，頁2445。
④ 《史記》卷八十一《廉頗藺相如列傳》，頁2447。

父子異心一語，自發一片高識，成一片妙論。有母如此，亦可將也。若止將奢告己之言再述一過，亦幾於括之讀父書，而不知合變矣。

　　李牧居雁門備匈奴，下令曰："有敢捕虜者斬。"不幾於爲將而縱敵乎？然緊要在"如是數歲，亦不亡失"二語，是其作用收功之妙。其後王怒召牧，使他人代將。以戰爲事，亡失多，邊不得田牧。而後知老將持重之效。日計不足，歲計有餘也。蓋虜困中國，只在使不得田牧耳。田牧者，戰之本也。不亡失者，田牧之本也。不失即爲得，戰守之道，思過半矣。

評點：

　　[1] 眉批：道相如完璧，膽氣不足奇，窺破秦王移愛璧畏趙一段，識量自是碧眼胡兒。

　　[2] 眉批：趙括言兵，酷似近日談文者。

田 單 列 傳

　　戰，勇氣也。李牧與田單，俱在養其氣，不滿不發。而牧之士氣實，法在持之，故謹烽火，多間諜，厚遇戰士，用其喜。單之士氣虛，法在激之，故令敵人劓降者，掘城外冢墓，用其怒。其滿而後發一也。[1]

　　兩敵相當，反間之法。忙中偶一用之可耳，數用則套矣。然千古行之，數驗而數不能識破，是何庸主之多乎？[2] 齊之間燕也，曰："齊王已死，城之不拔者二耳。"樂毅畏誅而不敢歸，以伐齊爲名，實欲連兵南面而王齊，齊人未附，故且緩攻即墨以待。其事出自田單之謀。故時勢情理，揣摩不甚相遠。不然，燕易王亦非甚庸愚之主也，然此等處不察，即明主與庸愚何異。

　　爲相者，有若魏成子，俸入十九在外十一在內者乎？爲將者，有若司馬穰苴與士卒平分糧食，田單身操版插與士卒分功、盡散飲

食饗士者乎？何者？損己故也。有益於國之事，功名之士所勇於
言者也。有損於己之事，身家之士所怯於爲者也。怯於此又安能
勇於彼乎。

　　燕入齊，令曰："環畫邑三十里無攻，以王蠋之故。"①已而蠋不
肯事燕，自經死，齊亡大夫聞之曰："王蠋，布衣也，義不北面於燕，
況在位食禄者乎！"乃相聚如莒，求諸子立爲襄王。蠋生而完畫邑
二十里，死而立一王，復齊舊物，豈苟爲生死者哉！[3]

評點：

　　［1］眉批：寥寥數語，兵法盡在是矣。

　　［2］眉批：間，乘疑入者也，苟有疑，則百用之而百効，雖套何傷？

　　［3］眉批：節義之士，有功于君民如此。

魯仲連鄒陽列傳

　　魯仲連不聽魏之帝秦，至欲蹈東海而死，世以此爲高節。士固
有高節而無救於世者，然不可以此論仲連也。仲連之所挾以爲仲
連者，爲人排難解紛亂而已。其不聽魏之帝秦者，計欲魏之必救趙
也。秦圍趙，勢不得不救趙者，莫如魏。[1]魏雖畏秦，不敢聽公子
無忌救趙，實無以自解於趙，苟且僥倖，思欲以帝秦之説，一塞其不
救趙之責，而不知其必不可得也。秦破趙且及六國，何憂不帝？乃
必以圍趙求帝，以得帝釋趙，而代爲魏塞不救趙之責哉？[2]帝秦之
策，必不能釋趙圍，而魏爲之者。此時魏君臣方寸亂矣，猶以爲帝
秦而萬一免趙於圍，吾遂可以不救趙。然而此必無之事也。爲魏
計，莫如救趙者。仲連所爭者救趙與不救趙，而不在於秦之帝不帝
也。然不禁其帝秦之説，則不救趙之形已成，趙亡而魏不得爲魏

---

　　① 《史記》卷八十二《田單列傳》，頁2457。

矣。故其言曰：“所爲見將軍者，欲以助趙也。”又曰：“吾將使梁及燕助之。”又曰：“使梁覩秦稱帝之害，則必助趙矣。”①助趙之説，乃仲連不聽魏帝秦之本指也。“烹醢梁王”，其語已自刺心；而“將軍何以得固寵乎”一語，尤敗新垣衍之興。蓋衍首議帝秦之人也。衍起謝，而秦不帝，魏不帝秦，舍救趙遂無可爲者矣。事固有不相蒙而可以相應者，雖謂仲連此舉，陰爲公子無忌地，使之得救趙，可也。爲公子無忌地，使之得救趙，而後不帝秦之局可終也。不然，徒争帝秦之虛名而魏救不至，何益趙之亡？且使魏、趙利害真係於帝秦，雖百仲連蹈海，安能禁魏之不帝秦哉！[3]

　　齊攻聊城，所謂强弩之末，莒即墨之形也，燕將亦待齊之敝而返耳。“齊之必決於聊城，公無再計”二語要緊，所以絕燕將之望也。後告以歸燕、歸齊兩着，其意原在説之歸齊。所謂車甲全而歸燕，燕王必喜。此必無之理，必不可行之事也。然不先開此一路，後面説不去。

　　仲連好奇偉倜儻之畫策，而不肯仕官任職。蓋一守官，則其策自不能必用，身在事外而後能用人，乃仲連之妙於用其策而深於寄其好者也。[4]故有爲利其身以行其策者，范雎、蔡澤、張儀輩是也；爲利其身以行其策，而其身反不保者，蘇秦、李斯輩是也；不必利其身，策行而身榮者，廉藺、樂毅、田單輩是也；策行而身死者，商君是也；身死而策不行者，韓非是也；置其身以用其策，策行身去者，魯連是也；其策在行不行，身在用不用之間者，淳于髡輩是也；策行而身死不悔者，侯嬴、王蠋輩是也；不屑行其策利其身，而志在天下者，孟子是也；志不在天下，又不必用其身行其策，而别以空言自見者，莊周、荀卿而下，三騶、惠施、慎接之徒是也。[5]

---

① 《史記》卷八十三《魯仲連鄒陽列傳》，頁 2461—2462。

評點：

〔１〕眉批：拈出仲連本心。

〔２〕眉批：快論。

〔３〕眉批：論至此，痛快之極。

〔４〕眉批：提衡戰國人物，千秋而下，如指諸掌，其胸襟淵涵可想。

〔５〕眉批："志在天下"，一語揭出聖賢正派。

屈原賈誼列傳

懷王使屈原造爲憲令，屬草藁未定，上官大夫見而欲奪之。蓋偷奪人文字，其來久矣。權佞庸醜，身都榮勢，何羨於文字而必欲與之結緣乎？可見文章之名，雖不識字人，皆知慕之。知其必不得於文士而後肆毒焉，非其本意也。屈原寧死不與，亦是一種文人氣習。又孰謂忠義人不矜重文字哉？

賈生，經世才也。與屈原同傳，以《騷》合耳。故諸奏疏皆略不入，甚有體裁，正不徒以文章經濟盡賈生也，後人不能如此割捨。

賈生以爲漢［典］（興）至孝文二十餘年，天下和洽，而固當改正朔，易服色，革制度，定官名，興禮樂，乃悉草具其事儀法，色尚黃，數用五，爲官名，悉更秦之法。"天下和洽"，是制作之本。提此四字，見賈生所爲，蓋審時觀理，其施爲次第自有本末，非一味少年紛更已也。與魯兩生禮樂百年而後興，其意略同。正欲以三代制作救叔孫草草，而兩生須之百年，故覺太迂。賈生乘漢［典］（興）二十年之日遇文帝，可與有爲之主，其時勢正相宜。今於兩生則笑其腐，於賈生又病其躁。士之有爲者，亦何所適從乎？漢以後不見三代禮樂，此等議論識見，悮之也。[1]

評點：

〔１〕眉批：庸臣圖苟安，只得以腐、躁兩字抹殺之。

吕不韋列傳

　　不韋是古今第一善使錢人。只是取舍明，布置當耳。既盜國，又盜經，術彌工則得彌贏，得彌贏則志彌侈，而所取彌大。"大賈"二字，惟不韋可以當之。然既取邯鄲姬絕好善舞者與居，知有身，獻之子楚，姬自匿有身，期年生子政①。曰"知有身"，曰"自匿有身"，則就中委曲，不韋與姬合謀定計久矣。當子楚從不韋飲，見姬說而請之，不韋怒，何其不情哉？然操縱之妙在此，真賈人狡獪也。

刺 客 列 傳

　　曹沫爲魯將，與齊戰，三北，猶復以爲將。魯莊公之知沫，不減秦穆公之於孟明矣。沫戰之術窮，作一轉想，而以柯之盟報之，士固不可以一事盡也。雖用劫取齊，辭理自足服人。投其匕首，下壇北面就人臣之位，顔色不變，辭令如故，蓋仍以禮與信服齊。此一大學問刺客也。刺客可易作邪？《史記》列傳，如刺客、游俠、貨殖，皆儒者所不道，史遷特爲立傳，自有深意。故皆取其人足爲刺客游〔俠〕貨殖重者以實之彼，其看刺客游俠貨殖之義自深，而後人淺求之也。

　　豫讓爲智伯報仇，苦矣。所以懺其不死范、中行之愆而滅其恥，蓋愧心所爲也。既已委質臣事人，而求殺之，不覺自説出本心。襄子數讓曰："子不嘗事范、中行乎？"②只此一語，責得嚴正。讓亦何辭？"衆人""國士"之言，爲襄子所窮，愧而爲此對耳。[1]後來意

---

　　① 《史記》卷八十五《吕不韋列傳》，頁2508。
　　② 《史記》卷八十六《刺客列傳》，頁2521。

氣中一流人，皆被讓此語瞞過，以爲交游美談，不知君臣之分一定，
豈以衆人、國士異其報哉。[2] 士前後趨舍不同，善變者甚多，豈可
謂不死范、中行之豫讓必不能爲智伯死哉？觀襄子處豫讓始末，讓
國士之知畢竟不在智伯而在襄子，使讓真以國士之故報智伯，則又
當移其事智伯者以事襄子矣。然襄子再以其身試讓之鋒，雖自有
不死之道，亦何苦爲此成人之名？以爲名人之好名，有甚於身者，
此戰國氣習也。

　　聶政之報嚴仲子，不在刺一俠累，在一段善後之慮。不以刺累
之故禍及仲子，是爲難耳。觀其謂仲子曰："多人不能無生得失，生
得失則語泄，語泄是舉韓國而與仲子爲讎也。豈不殆哉！"[1] 識密
義重，政自刑以絕踪，其故在此。以身報人，至不有其名，只是不肯
負心耳。意不專爲其姊，史記鄉使政知其無濡忍之志，不重暴骸之
難，必絕險千里以列其名。姊弟俱戮於韓市者，亦未必肯以身許嚴
仲子也。此段文雖婉至，未得聶政之心。夫政豈不知其姊者哉？
合前文讀之自明。

　　燕太子丹欲報秦讎，秦亦日出兵山東，禍且及燕。丹患之，問
其太傅鞠武。其意固不獨自快其私讎[3]，亦以存燕也。武告以西
約三晉，南連齊、楚，北購於單于，自是合從舊局。而太子曰："太傅
之計，曠日持久，心惽然，恐不能須臾。"[2] 武以默會其意，在得一士
入秦，以行其劫與刺矣，故進田光，光轉進荊軻。其血脉針線，固皆
歸劫與刺之一路矣。光謂太子曰："今太子聞光盛壯之時，不知臣
精已消亡矣。"語荊卿曰："今太子聞光盛壯之時，不知吾形已不逮
也。"看光此語，其少年爲一刺客無疑。而太子之所求於光者可知
矣。光自知力不能爲，而進荊卿自代，償以一死，明己之所以辭太

---

① 《史記》卷八十六《刺客列傳》，頁 2524。
② 《史記》卷八十六《刺客列傳》，頁 2529。

子者,非惜其死,而慮事之不成也。及太子之告荆卿,則曰:諸侯
服秦,莫敢合從。誠得勇士劫秦王,得反侵地,不可,因而刺殺之。
彼秦大將擅兵於外而内有亂,則君臣相疑,以其間,諸侯得合從,其
破秦必矣。是太子遣荆卿之意,不專重在劫與刺,而仍歸於合從,
不過借劫與刺以爲合從地耳。其節次布置,皆以合從始終,中間更
添遣荆軻刺秦王一段過脉,較之鞠武之計,曲折反多,而謂武計"曠
日持久,心惛然,恐不能須臾",非其質矣。此一片苦心密計,即對
鞠武時有難言者,特其所遭燕、秦時勢,非復信陵輩之世,而才亦稍
遜之。然其一念存燕之心,未可没也。

評點:

[1] 眉批:論理處正,論情處深,豫讓自應心服。

[2] 眉批:駁得妙。

[3] 眉批:"亦以"二字最妙。

史懷卷八

史記四

李 斯 列 傳

李斯,古今第一熱中富貴人也。[1]其學問功業、佐秦兼天下者,皆其取富貴之資,而其種種罪過、能使秦亡天下者,即其守富貴之道。究竟斯之富貴,僅足以致族滅,蓋其起念結想,盡於倉鼠一嘆。不知倉鼠食積粟,誠與厠鼠有間。若其爲憂,豈止人犬之驚乎。如斯之爲鼠,不死於人犬而死於貍者也,亦可哀矣。太史公言秦用李斯"二十年,竟并天下"。而於秦亡關目緊要處,皆繫之《李斯傳》。若作《秦本紀》者,而結之曰:"遂以亡天下,見人臣重富貴之念,其效足以亡天下。"罪斯已極而垂戒亦深矣。嘗合李斯始末自富貴至滅族總看一過,想孔子所云"苟患失之無所不至矣"二語之確,早看破此一輩人。

却賓客以資敵國,使天下之士裹足不入秦,此所謂藉寇兵而資盜糧者也。七國重士,故斯爲此語以怵秦。魯朱家猶用其言以脱季布,然而非斯之情也。"得時無怠"四字,是斯一生學問。斯之時能并天下者獨一秦耳,斯精於富貴人也。二十年後,秦并天下而斯相之,較之六國卿相,所得孰多。矧六國且亡,斯一逐於秦,且無着足之地,求爲厠鼠而不可得矣。斯舍秦安之乎? 此《諫逐客》一書,斯盡頭之着，別無退步者也。秦既并天下爲皇帝，斯所以事秦者，節節皆其族滅罪案。而其大者，尤在聽趙高廢太子立胡亥。及阿二世督責，今《督責》一書，人第喜其文之奇耳，不知讀其書而一段氣喘神駭、心口相逆、恐懼苟且、無可奈何之意，已見於語言音節之中。望而知其爲違心之言也。蓋斯立二世以後，方寸亂矣。廢立一事，得罪神人。懺悔脩補之所不能及故也。[2]語曰："從惡如崩，騎虎難下。"可以廢太子，立二世，則亦可以阿二世督責。固其勢之所必至也。然"重爵禄"三字，實其胎骨之病。斯之短趙高也，曰："貪欲無厭，求利不止，列勢次主，求欲無厭。"此正斯之自道也。

嚴法刻刑，秦所用爲富强之具以有天下者也。殺戮之氣，滿於幽明久矣。趙高即以之用二世，行其壅蔽篡弑之志，二世亦爲之用，而不知卒以亡天下，有天道焉。

評點：

[1] 眉批：李斯此段熱中，到東門黄犬時，不知可曾冷盡。

[2] 眉批：論至此，恐小人不敢多讀。

蒙恬列傳

蒙恬脩直道，築長城，謂之輕百姓力，易見也。謂之阿意興功，難見也。深文定案，使賢者不能以才與功自解其罪，此史家眼力高處。

張耳陳餘列傳

蒯通見范陽令，則説之降武信君，見武信君，又説之封范陽令。兩路擒縱，雖是戰國策士伎倆，然交得其利，而交無所害。説士皆如此,何至以空言禍人也。

廝養卒走燕壁,請趙王歸趙,開口便問燕將曰:"知臣何欲?"又問曰:"君知張耳、陳餘,何如人也?""知其志何欲"①,得勢在此兩問,後便省力。

陳餘不救趙,猶不失爲持重,未爲甚錯。錯在使五千人先嘗秦軍,送張黶、陳澤於死,便有苟且塞責之意。於君臣朋友之間,覺爲不情。史謂"卒存鉅鹿者,楚力也"②。功在楚則罪在餘,張耳之怨餘,因楚益深矣。

事成歸王,事敗獨身坐耳。千古謀國人有此一念,何事不可爲? 貫高此後一番舉動,只欲了"事敗身坐"一語。上聞其事,問曰:"壯士誰知者?"聖主開口,養千古忠義節俠之氣。中大夫泄公曰:"臣之邑子,素知之。"今人當此,誰敢認者,泄公亦義人哉。[1]

貫高等壁人柏人,上過欲宿,心動,真主志氣在禍福之先。[2]問曰:"縣名爲何?"問得誕甚、驚甚。"柏人者,迫於人也。"③不宿而去。解得無謂而妙,暗合事機,王者不死,有神告之。

評點:

[1]眉批:有關係之言,豈徒紙上論是非哉?

[2]眉批:二語微妙,覺鬼神爲粗。

魏豹彭越列傳

陳王使魏人周市徇魏地,魏地已下,欲相與立周市爲魏王。市辭不受,必立魏主後。乃迎魏咎於陳,立爲王。章邯進兵擊魏王於

① 《史記》卷八十九《張耳陳餘列傳》,頁 2577。
② 《史記》卷八十九《張耳陳餘列傳》,頁 2579。
③ 《史記》卷八十九《張耳陳餘列傳》,頁 2584。

臨濟，市爲請救於齊、楚，不克，死之。市之於魏，雖不及子房之於韓，然始終之義盡矣。君臣之義，才不能爲子房，則當爲市，宜表出之。[1]

　　彭越雄警老成，其作用步驟，與漢諸將不同。呂后忌而殺之，有以也。然則越終反乎？曰：“不反，非不欲反，氣奪於真主而不能反也。”不能反而反，陳豨、黥布輩所爲，彭越、韓信不爲也。

評點：
[1]　眉批：召忽死，而管仲請囚，正自知其才不同也。

黥布列傳

　　項王擊齊及漢，敗楚彭城，布皆稱病不佐楚。兩不佐楚者，必去楚之勢也。必去楚者，歸漢之勢也。故隨何説布歸漢，直就其不佐楚一端窮之。而楚、漢成敗，略用數語點破，全不犯手。其言曰：“大王發兵背楚，項王必留；留數月，漢之取天下可以萬全。”①此漢降布本謀，而何直以告布？此時已看定布之情形歸漢無疑，如與家人語家事，不復知布之爲楚人矣。楚使者方徵兵於布，何直入坐楚使者上坐，即勸布殺楚使者。先着使人不能爲應，急着又使人不能不如此應，真妙手也。天使楚自送一黥布與漢用，使其有天下，而機緣相湊，不先不後處，漢王見之，留侯見之，隨何又見之。可見兩雄對手，勝局無多，疾足明眼者，俱不肯讓人也。

淮陰侯列傳

　　信而不以反誅也，不世家乎哉。然信實不反也。信不反而以

---

　　①　《史記》卷九十一《鯨布列傳列傳》，頁 2601。《資治通鑑》卷十《漢紀二》“高帝三年”條，頁 332。

反誅,則亦不得不降而列傳也,以尊法也。曰:"淮陰侯不名者,重其人其功,而原其不反也。"[1]鮑叔得管仲於囚,遽薦於桓公曰:"使相可也。"蕭何得韓信於亡,遽薦於高祖曰:"必爲大將。"夫囚之於相,亡之於大將,相去遠矣,何其言之無漸,而要其君以所太難乎? 曰:仲不相,何取於不死? 桓公之用仲,亦必其可以相而後用之也。信不爲大將,何取於不亡? 高祖之用信,亦必其可爲大將而後用之也。鮑叔非惟知仲,何非惟知信,亦各自知其君矣。若公(孫)[叔]座之薦衛鞅於魏,惠王欲屬之以國,則所謂不可與言而與之言者。

滕公識韓信又在蕭何前,何能薦信而滕公不能者,何之言重而滕公之言輕。[2]即出舍都關中之諫出自樊噲,婁敬則疑,出自留侯,則聽者是也。

漂母於信則飯之,屠中少年則辱之,皆天所以鍊信也。漂母見信饑,飯信,此亦婦人常性。竟漂數十日,則非婦人所能矣。信喜而言報,母怒。此一怒何其有品也。[3]少年之辱信也,曰信能死刺我,不能死出我袴下。信此時豈輕死者哉,少年業已看定,亦不可謂不知信者矣。信王楚召爲中尉,亦不以凡人待之也。

"匹夫之勇""婦人之仁"二語,從來未有合説一人者。非惟看得項王甚透,亦是學問中高識之言。及觀信所論高祖一段,可見信舍高祖亦無可事之君矣。當時非漢即楚,信亡將安之乎? 其亡也,亦知有蕭何之必追,追而必薦,薦而必得爲大將,故以亡激之耳。[4]

何追信,或言何亡,居一二日,何來謁上。上且怒且喜,罵曰:"若亡何也?"何曰:"臣不敢亡也。臣追亡者。"上問所追者誰,何曰:"韓信也。"上復罵曰:"諸將亡者以十數,公無所追。追信,詐也。"①信下齊,請立爲假王,上大怒罵,及聞良、平躡足耳語,因復

---

① 《史記》卷九十二《淮陰侯列傳》,頁 2611。

罵曰：“丈夫定諸侯，即爲真王耳，何以假爲。”①兩復罵妙甚，轉變
中機權無迹。而後一復罵，尤妙不可傳。[5]

　　木罌渡軍，拔趙幟，立漢赤幟；背水陣，及囊沙，不必有所本。
想頭皆奇，然做來皆有着落，説來皆有至理。所以爲妙。

　　拔趙幟，立漢赤幟，計在趙軍之歸，乘其亂而擊之也。必算定
趙之空壁逐利，逐利而又不勝。出背水陣，棄大將旗鼓者，所以使
之空壁逐利。軍皆殊死戰，不可敗者，所以使之空壁逐利不勝。不
勝而歸，見漢所立赤幟者也。“死戰不可敗”五字，乃是“拔趙幟，立
漢赤幟”歸着處。[6]兵家用奇，着着從穩處來。空壁逐利者在人，
不可敗者在我，能誘人而不先立其在我者，亦危道也。

　　韓信未出井陘時，使人間視，知廣武君計不用，還報大喜，便有
先着。不專靠背水陣一策破趙。[7]後求廣武君師事之，此豈戰將
所爲？又謂廣武君曰：“誠令成安君聽足下計，若信已成擒矣。”②
此時肯説此語，尤高人一着。然廣武君所謂善用兵者，不以短擊
長，而以長擊短，與陳平“舍其兩短”“襲其兩長”二語，皆看得事機
極透。故説得全不費辭，做得全不費手，不獨用兵而已。

　　高祖僞遊雲夢，縛信歸，豈不能殺之哉？赦信封爲淮陰侯者，
明其自請王齊之非也。“陛下不善將兵而善將將”，雖信死心之言，
亦欲以解高祖之忌，而求免一死耳。此時何時，信敢尚言反哉？史
稱陳豨拜爲鉅鹿守，辭信，信屏左右，與之步於庭。仰天嘆曰：“子
可與有言乎？欲與子有言也。”③云云，似是吕后與蕭何文致殺信，
先爲此對高祖之言。史臣遂承之以著書耳。[8]若果有之，如此光
景，計窮而意亂，無聊甚矣。即反，何能爲也？愚嘗謂信之反與不

---

①　《史記》卷九十二《淮陰侯列傳》，頁2621。
②　《史記》卷九十二《淮陰侯列傳》，頁2618。
③　《史記》卷九十二《淮陰侯列傳》，頁2628。

反，只決於聽蒯通與不聽耳。一謝蒯通，信已失其可反之時，不反決矣。與陳豨謀反一段情事，則又在蒯通之後，信豈愚至此哉？觀信臨死之言曰："吾悔不用蒯通之計，乃爲兒女子所詐。"①可見信之謀反，係於通而不係於豨也。亦可證信封淮陰侯後，與豨謀反之誣。

評點：

［1］眉批：公穀之文，《春秋》之義。

［2］眉批：言何以輕，才識未足以服人故耳。

［3］眉批：非此一怒，則不足爲重輕矣。

［4］眉批：亦是。

［5］眉批：說者謂高帝誤處，皆緣不學，豈知此等作用，實非學問所能到。

［6］眉批：拈出五字最要緊。

［7］眉批：韓侯知己。

［8］眉批：吾固疑韓侯不反，得此論，快不可言。

田 儋 列 傳

觀田氏兄弟本末，儋之殺令自王，與項氏、陳涉起手略同。儋死，榮負項梁而逐其君田假，假固齊後也。齊人立之以繼儋，較之儋自王者孰順？榮怒其立不由己而逐之，此豈子房輔韓成、周市立魏咎之義乎？且項梁聞章邯急圍榮，引兵擊破邯以救榮，及梁追邯，告急於榮，而榮不應，以致殺梁。始而梁救榮，不旋踵而榮殺梁，項羽之不王榮，而又擊之，敗死平原，宜也。榮死，田橫爲齊相，當酈生之說，下齊，何至罷守備縱酒？此庸人舉動也。[1]齊之亡，

---

① 《史記》卷九十二《淮陰侯列傳》，頁 2628。

横實亡之。齊亡而横又自立爲王,是齊亡則横之利也。而横之立,又無救於齊之亡,海島俱死,自是戰國輕生之習,亦稍可謝其亡齊之罪耳。

評點:

[1]眉批:亡齊之罪,吾不能解,然俱死者五百人,亦非尋常輕生者所能及。

樊酈滕灌列傳

夏侯嬰之爲太僕,自初從高祖起沛至有天下,歷吕后、惠帝,一官數十年終其身,令平時仕宦人處此,能無快快,況開國功臣乎?[1]此傳以"太僕"二字作眼目到底,嬰之品自見,躍冶熱中人讀之茫然。

評點:

[1]眉批:惟一官數十年,所以終其身。

張丞相列傳

以"丞相"二字作眼,卻從"御史大夫"説來,實歸重丞相,故本傳不曰"張蒼",而曰"張丞相",此命題主意也。所傳止張蒼一人,而周苛、周昌、趙堯、任敖、曹窋、灌嬰、申屠嘉,錯出點綴,承轉收應,或用張蒼引起而諸人繼之,或中入張蒼而諸人後先周始之,數人出處,數十年官職,用舍沿革,斷續藏露,莫得其端,而歷歷可見,真不當以一人一事始末看之也。

趙堯薦周昌相趙王如意,分明欲出昌,奪其御史大夫耳。捷甚,險甚,奪其位而代之可也。盧杞遂用其術,以薦顏真卿而殺之。

小人作俑效尤者不足論，有國者抑何不自愛其人至此哉。[1]

申屠嘉欲斬鄧通，正也，欲斬鼂錯，私也，二事已不可並論矣。況斬通在文帝之世，猶可，景帝何如主，而欲以私斬錯哉？甚矣，嘉之不知變也。

評點：

[1]眉批：此等術，小人自有，不必効趙堯之尤。

酈生陸賈列傳

酈生聞諸將握齱，好苛禮，乃深自藏匿，自是高識。以諸將好苛禮爲握齱，則沛公慢而易人，其爲豁達（太）[大]度之徵無疑也。然好苛禮與慢易，兩種習氣，人主與士皆有之。以好苛禮之諸將，對慢易之酈生，自不相入；以慢易之沛公，對好苛禮之諸儒，其解冠溲溺無怪也。沛公一見酈生，輟洗延坐，何嘗真厭儒者？[1]上折隨何之功，謂何腐儒，天下安用腐儒，蓋喜極而戲之之辭。陸生《新語》十二篇，每奏一篇，帝未嘗不稱善，左右呼萬歲。可見英雄胸中，原有詩書種子，[2]不然，何其入之速且深也。彼解冠溲溺，別是一種俗儒耳。

沛公踞洗，爲酈生者，惟有長揖不拜而已。酈生長揖不拜，爲沛公者，惟有輟洗延坐而已。狹路中英雄相遇，機鋒撩逗，只合如此。蓋酈生之賞沛公在踞洗，沛公之取酈生在長揖，英主高士，遇合之際，有順之而悶、反之而快者，非禮俗人所知也。

陸賈，蓋子房之流，英雄有道術，而姑以（辨）[辯]士自晦者也。賈以客從高祖定天下，凡漢定天下之事，若何之守，參與勃之戰，良、平之智，信、越之勇，賈皆無聞焉。及漢有天下，可以無所用賈矣，賈乃起而有爲。其一説尉佗，爲漢服遠人；其一奏《新語》，爲漢

137

開文治；而其大者，乃在聯將相之交，用平、勃以誅諸呂，爲漢克復舊物，功在社稷。察其動静顯藏，蓋諸臣圖功食報之終，乃爲賈奮身揆策之始。[3]意不能無所爲，而又不欲爲諸臣之所已爲。其有所不爲也，不獨養其純氣，留其全力，以標其獨能而已；抑亦置其身於諸功臣之外，使漢不得有所加，以預爲自全之地。而其起而有爲也，則事必擇其大，時必待其可，功必度其成。諸功臣身名俱亨，策力兩窮，而徐以一（辨）〔辯〕士收之。則陸生之所以爲陸生者，皆不在漢有天下之前也。天下已定，女主臨朝，欲王諸呂，畏諸大臣有口者。陸生自度不能爭之，乃病免家居。使陸生而與之爭，則其爲陸生也亦淺矣。買田分金，飲食歌舞，藏身袖手於樂生娱老之中，而誅呂安劉始末，業有全局於胸中矣。當其時，非惟呂氏之人不知，即劉氏之人亦不知也。能使呂氏與劉氏之人浮没其中而不知，然後可以惟吾所爲，而莫之礙。[4]當其時，智如陳平，燕居深念，計無所出，而不知深心妙用，陸生之部署久矣。善哉乎，“將相和調則權不分”，千古謀國名言，身爲侯鯖，不出杯杓筐篚之内，而已默制諸呂之命，布局寬而當機緊，用力輕而取道捷。功歸平、勃，而仍以（辨）〔辯〕士自了，有功臣之實，而始終於（辨）〔辯〕士之名。其薄於食其報者，正厚於託其身者也。陸生竟以壽終，漢功臣如此結局者，蓋亦難其人矣。[5]觀其進退取舍，蓋英雄而有道術者也。不然，使粵之功，止可當一婁敬？《新語》之奏，止可當一叔孫通？其誅呂安劉及自全之妙，作用機權，非子房莫能與於此也！

　　平原君朱建廉直，竟以貧故，不能葬母，爲辟陽侯所取，身與名俱狥之。可見貧亦士之累也。有經世用人之責者，豈可使士貧哉。若田叔死，魯以百金祠，少子仁不受也，曰：“不以百金累先人名。”①志士哉，田叔過朱建遠矣，此則士之可貧者也。

----

　　①　《史記》卷一百四《田叔列傳》，頁2778。

評點：

〔1〕眉批：儒者何可厭？所厭者，腐儒耳。

〔2〕眉批：快語。

〔3〕眉批：惟不溺心于圖功食報，故神閑識定，而才力出之有餘裕。

〔4〕眉批：非惟劉氏不知，千秋以下並無人知，不意今日表其隱功。知人哉，鍾子也，不愧君家子期矣。

〔5〕眉批：其智可及，其愚不可及，其賈之謂歟？

劉敬叔孫通列傳

劉敬脱輓輅，披羊裘，言天下事，不願易衣，曰：“臣衣帛，衣帛見；衣褐，衣褐見。”[1]非惟自處甚高，其一片簡脱真率，無諸儒握齪苟禮習氣，對慢易大度之主，亦當如此。

漢文帝有爲之主，所以不能聽賈生言復三代禮樂者，以前有叔孫通綿蕞之儀，足以塞之也。若制禮之議能延至文帝時，令賈生首發之，漢儀豈如斯而已乎。禮成，高帝曰：“吾廼今日知爲皇帝之貴也。”①賈生不能得之文帝，而叔孫通能得之高祖。蓋緣高祖胸中有“皇帝”二字，而通先窺得之。此通制禮欛柄，所謂知時變者也。

評點：

〔1〕眉批：此亦草創用人時然耳！

季布欒布列傳

朱家心知是季布，汝陰侯滕公心知朱家大俠。意季布匿其所，兩“心知”寫出英雄機警特達，精神相關處，作俠客安可無眼也？

---

① 《史記》卷九十九《劉敬叔孫通列傳》，頁 2723。

　　季布爲河東守,孝文欲召以爲御史大夫,復有言其勇,使酒難近,至留邸一月見罷。布進曰:"陛下以一人之譽而召臣,一人之毀而去臣,臣恐天下有識聞之有以闚陛下也。"①此語甚有識。然人臣對人主,豈肯如此自言者。高祖使周昌相趙王,昌泣曰:"臣初起從陛下,陛下獨奈何中道而棄之於諸侯乎?"②汲黯出爲淮南守,伏謝不受印,願爲中郎,出入禁闥,毫無重内輕外之嫌。固是古君臣真朴相通處,亦三人真有以自立,不須避此嫌也。[1]

　　季布寄書竇長君曰:"曹丘生非長者,勿與通。"③曹丘生反,請長君書求見布,布發書大怒。曹丘生曰:"僕遊揚足下之名於天下,顧不重邪?"④布乃大説。布名根如此,何以能拒曹丘生邪。古今人爲此一念,爲遊客所制。曹丘生敢於請書見布者,亦知布好名耳。然使士大夫俱不好名,遊客失職,去而别有所爲,恐亦清時之一憂也。

　　布母弟丁公爲楚將,爲項羽逐窘高祖彭城西,短兵接,高祖急顧丁公曰:"兩賢豈相厄哉!"⑤蓋亦以名咘之也,卻妙在自家又占地步。急中着數,真不能易此一語。漢王得解去。及項王滅,丁公謁見高祖,高祖斬之以徇:窘我者赦之,縱我者誅之,此其所以爲高祖也。然高祖之誅丁公,不在縱己,而在故主既滅之後,公然自來謁見,便有賣主以自爲功之意。[2]漢購布而布亡匿,此布之所以免也。

　　評點:
　　[1]眉批:三人同一意,而季布怨、周昌苦,惟汲黯誠心戀主也。

────────────

①　《史記》卷一百《季布欒布列傳》,頁2731。
②　《史記》卷九十六《張丞相列傳》,頁2678。
③　《史記》卷一百《季布欒布列傳》,頁2731。
④　《史記》卷一百《季布欒布列傳》,頁2732。
⑤　《史記》卷一百《季布欒布列傳》,頁2733。

〔2〕眉批：此一論，丁伏辜矣。

袁盎鼂錯列傳

袁盎有智數人，每於强諫犯顔中，微寓獻媚之意。自結於人主，作用甚妙，彌縫甚工，人知其直而不知其譎。太史公以"善傅會"三字盡之，得其情矣。[1]

淮南厲王朝，殺辟陽侯。袁盎諫曰："諸侯大驕必生患，可適（用）〔削〕地。"①上弗用。由此觀之，削地之説發於盎，而盎乃以此殺鼂錯，漢何以服錯哉？且盎言"獨急斬錯以謝吳，吳兵乃可罷"②。及殺錯後，漢遣盎説吳不下，則殺錯之效可見矣。且爲使亡歸，盎何以謝漢謝錯也，漢無法矣。

評點：
〔1〕眉批：好眼力。

張釋之馮唐列傳

上林嗇夫對禽獸簿，亦是職掌，文帝詔拜爲上林令，未嘗不當其才。而張釋之力諫，非謂其所對之非也，必察其口頰眉宇之間有一種浮詐躁刻之氣，知其非端人耳。[1]觀其言曰："秦以任刀筆之吏，吏爭以亟疾苛察相高，然其敝徒文具耳，以故不聞其過。"③由嗇夫説到吏治，由吏治説到不聞其過，則不用嗇夫一事，其失自小矣。此大臣洞見本末、深識遠慮之言，不當在一人一事看之也。

① 《史記》卷一百一《袁盎晁錯列傳》，頁 2738。
② 《史記》卷一百一《袁盎晁錯列傳》，頁 2742。
③ 《史記》卷一百二《張釋之馮唐列傳》，頁 2752。

釋之持法以平恕爲主,然鞫犯蹕、盜高廟玉環二事,皆判得精核。吏不精核,決不能行其平恕。嘗觀張叔稱爲長者,乃自治刑名得之。蓋平恕者以法出人,能不浮於法之外,非以意出人,能減於法之內也。[2]吏不治刑名,雖欲求一出人之路稱爲長者,其可得乎? 然釋之平恕而能劾太子、梁王不下公門,又何其風力也。與酷吏順旨阿意者,勁軟相去遠矣,此持法平恕之本也。

王生治黃老言,其術只在妙於用柔耳。以老人而於衆人,令廷尉結韈,正欲釋之之用其術也,是絕妙指點。

文帝居代時,未爲天子也。聞趙將李齊之賢,識之不忘,有心人處無事時,一段營算如此。及即位,止輂問馮唐,聞廉頗、李牧之爲將,搏髀而嘆。唐曰:"陛下雖得廉頗、李牧不能用也。"① 上怒,起入禁中。當是時,匈奴新入大朝那,殺北地都尉。上以胡寇爲意,急急求將,得頗、牧不能用,此語豈可使聞於人哉。此上所以怒也。已怒矣,良久召唐讓曰:"公奈何衆辱我? 獨無閒處乎?"② 君臣間對語如朋友。少間,復問唐曰:"公何以知吾不能用廉頗、李牧也?"③ 明主深思虛懷,鄭重低回,千載如見。人以爲寬容,不知正其一片雄略,留心邊事處。不然,每飯不忘鉅鹿,搏髀而嘆頗、牧,誰謂文帝非好兵者? 恐其作用深遠,過武帝多矣。

評點:

［1］眉批:不從紙上陳言起見,故會心處自有獨解。

［2］眉批:二語方是真平恕。

---

① 《史記》卷一百二《張釋之馮唐列傳》,頁 2757。

② 《史記》卷一百二《張釋之馮唐列傳》,頁 2757。

③ 《史記》卷一百二《張釋之馮唐列傳》,頁 2758。

萬石張叔列傳

大史公叙萬石家一段，篤行至性，使人肅然生敬，不敢以不學與無能少之。不言而躬行，是真儒術。不言而齊國大治，是真吏才。其推重極矣，抑有感於儒與吏之偽者，而以此風之也。

史稱石奮無文學，恭謹無與比，然其過宮門闕必下車趨，見路馬必式焉。子孫爲小吏歸謁，必朝服見之。動止步趨，又是學問知禮人所爲，似熟讀《曲禮》《鄉黨》篇者，不知《曲禮》《鄉黨》篇中許多曲折周旋，只是"恭謹"二字，正與此一輩人暗合耳。

元鼎五年，以御史大夫慶爲丞相。是時漢方南誅兩越、東擊朝鮮、北逐匈奴、西伐大宛、天子巡狩、修上古神祠封禪、桑弘羊等致利、王温舒之屬峻法、兒寬等推文學，是數者於丞相慶何當焉，而上獨尊用之。可見武帝紛紛動作，用喜事之臣，而心未嘗不重質慤之士，如社稷臣則歸汲黯、託孤則用霍光是也。雄主不測如此。

奢儉放檢不必同，只貴一真。[1]真偽之間，邪正分焉。史稱周仁常衣敝補衣溺袴，期不爲清潔。"期不爲清潔"五字，近於奸矣。與何敬容暑月熏衣焦背，同出一想。君子惡其偽耳，大之爲王莽，小之爲王安石，皆不出此一種學問。

評點：
[1] 眉批：仁義道德，何莫不然。

田 叔 列 傳

田叔稱孟舒爲長者。上曰："舒守雲中，虜曾一入，戰死者數百人。長者固殺人乎？"此語詰得精明。田叔曰："孟舒知士卒罷敝，不忍出言。士爭死敵，乃其所以爲長者也。"①乃復召舒爲雲中守。是時匈奴爲邊患，安取於長者而用之？正喜其能得士心爲之用命耳。凡文帝一人一事，何嘗不留心邊務也。

扁鵲倉公列傳

觀扁鵲受術於長桑君原委，可見自古神術，求一傳之之人甚難，有甚於弟子之求其師者。顔回死，孔子曰："天喪予！"諸祖以授偈後爲涅槃，千聖百祖，重一"傳"字，不欲吾道止於其身，同此一片慈悲度世心腸。

扁鵲見垣一方人，盡見五藏癥結，以診脉爲名耳。世間真正奇事，須以平出之。以診脉爲名，所以堅人意而不敢驚之也，兵家用奇亦然。[1]

越人非能生死人也，此自當生者，越人能使之起耳。數語至理，貪功人不肯説，亦不能説。真能生死人者，乃能爲此語？

公乘陽慶使倉公盡去其故方，悉以禁方予之。即段善本琵琶②，十年不彈，忘其本領，乃可更學者也。古神技授受多如此。[2]

評點：
[1]眉批：孔子凡有所知，皆曰民謡，即此意。
[2]眉批：欲除其習氣耳！

吳王濞列傳

濞招致天下亡命者，益鑄錢，煑海水爲鹽。後世國用，取給錢、

---

① 《史記》卷一百四《田叔列傳》，頁 2776—2777。
② 段善本據傳乃唐代僧人，擅琵琶。參唐代段安節《琵琶録》所載：師奏曰："請崑崙不近樂器十數年，忘其本領，然後可授。"

鹽,與賦税中分,不知漢天子何以能棄其利,使諸侯私擅之如此,蓋文、景之世也。然吳用此爲反資,可見天子雖富,不藉錢、鹽之資,利器何可假人哉?[1]

評點:

[1]眉批:王政曰澤梁無禁,利藪留之民間,則可,使諸侯擅之,則不可。

魏其武安侯列傳

籍福謂魏其侯曰:"君侯性喜善疾惡,惡人衆,亦且毀君侯。"① 身世之慮,爲之悚然。只在"惡人衆"三字。作君子者宜三復之。

灌夫有服,過丞相,丞相從容曰:"吾欲與仲孺過魏其侯,會仲孺有服。"灌夫曰:"將軍乃肯幸臨,況魏其侯,夫安敢以服爲解!"② 灌夫此處,卻不免勢利。視丞相太貴,視魏其反太卑,與前所云"貴戚在己之右必陵"之意又相反。田蚡,小人也,故窺其微而益易之。倔彊陵傲,有自來矣。及飲酒語侵武安,又無節次。其恭其倨,爲己爲人,無一可者。蓋夫與魏其,本以失勢相倚,故聞丞相之過魏其而喜,與怒其不來而衆辱之,總緣胸中有"丞相"二字耳。真可爲勢交之戒也。[1]

灌夫持武安受淮南王金,陰謀不軌,夫誅。此事遂不可問。史遷於傳末,特追叙淮南與武安一段往還,首尾詳至如見。正爲夫前持武安受金確證。此武安族誅之案,即灌夫冤訟書也。而以上曰"使武安侯在者,族矣"一語結之,誅武安於既死,千古快事。[2] 此史家老獄吏手。

---

① 《史記》卷一百七《魏其武安侯列傳》,頁2842。
② 《史記》卷一百七《魏其武安侯列傳》,頁2848。

評點：

〔1〕眉批：小人也，故窺其微，則小人之眼，何等毒。灌夫乃以勢利心腸，行驕矜意氣，幾何不遭其毒手也。

〔2〕眉批：得太史之心。

韓長孺列傳

梁孝王出入遊戲，僭於天子，天子聞之心弗善，太后怒梁使而責之。子母君臣之際，處分極妥。安國爲孝王分解，以擊吳、楚一事盛稱其忠孝。而曰：“梁王父兄皆帝王，所見者大，故出入警、蹕以夸諸侯，令天下盡知太后、帝愛之也。”①其飾辭無一字不妙。然此段議論，何不言於帝，而見長公主轉告太后？不知此中節次脉理，必因公主告太后，使太后轉言於帝，乃爲妙手。蓋太后外怒梁王，心欲爲之分解而無其辭，[1]安國代爲之言。太后喜曰：“爲言之帝。”②言之帝，帝心乃解。處人骨肉間，委曲安詳，真有融融洩洩光景。此安國因公主告太后主意也，然此語在帝怒梁孝王之前，及既解之後向梁王言之，幾於逢其惡而厚其毒矣。全當觀其請出公孫詭、羊勝一段，有後此匡救之正，乃可補前此彌縫之巧，並行不悖，亦缺一不可者也。見大長公主而泣曰，入見王而泣曰，兩“泣”字非惟至誠，抑亦當機。[2]

評點：

〔1〕眉批：使愚戇者爲之，吾見其成慘禍也。

〔2〕眉批：至誠與當機並論，可見忠之不可無術。

---

① 《史記》卷一百八《韓長孺列傳》，頁 2858。
② 《史記》卷一百八《韓長孺列傳》，頁 2858。

李將軍列傳

孝文時，廣從軍，"有所衝陷折關及格猛獸，而文帝曰：'惜乎！子不遇時！如令子當高帝時，萬户侯豈足道哉！'"[1]數語判斷李廣一生受用。"數奇"二字，隱隱在内，一"而"字寫出明主憐才低回之意。公孫昆邪至爲上泣曰："李廣才氣，天下無雙，自負其能，數與虜敵，恐亡之。"[2]爲國愛人，一誠至此，覺薦用之者反落第二義。然無此一片誠心，藉口蔽賢，又老奸也。

匈 奴 列 傳

劉敬論和親，曰："以漢所餘彼所鮮數問遺。"[3]其意自周古公發之，千古制馭夷狄，變化異同，用之不盡。所謂"漢所餘，彼所鮮"者，則繒絮食物之屬而已。[1]中行説單于曰：匈奴不能當漢一郡，然所以强者，以衣食異，無仰於漢也。今匈奴變俗好漢物，漢物不過什二，則匈奴盡歸於漢矣。其得漢繒絮以馳草棘中，以示不如旃裘之完善也。得漢食物皆去之，以示不如湩酪之便美也。從來中國和戎資本，被此賊奴看破，説得索然，語語中的，亦梟雄也。漢使至匈奴，與説屑屑然，較漢與虜之輕重，已失體辱國矣，況説之言又辨而强乎？至云匈奴之俗，急則人習騎射，寬則人樂無事，其約束輕，易行也，君臣簡易，一國之政，猶一身也。此由余屈秦繆公之言，説從何處得之？

---

① 《史記》卷一百九《李將軍列傳》，頁 2867。
② 《史記》卷一百九《李將軍列傳》，頁 2868。
③ 《史記》卷九十九《劉敬叔孫通列傳》，頁 2719。

“漢過不先”四字，簡嚴有體，似左氏筆。古中國待夷狄，法不出此。馬邑誘致單于一事，即“幸而勝之”，此四字已説不去矣，況卒無所得乎。漢武帝時，邊釁紛紛，實聶翁壹王恢開之，貪躁小人，何可勝誅。

評點：

[1] 眉批：自古制夷狄之法，中國有聖人而梯山航海者上也；次則莫如高城深池，戰則戰，守則守耳。若和戎一着，雖繒絮爲漢所餘，恐亦計之下者也。古公之珠玉犬馬，乃小國一時權宜，豈萬世不磨之良策哉？

衛將軍驃騎列傳

衛青以奴虜爲外戚，能以邊功自奮，稱大將軍，使史家不入《外戚》，特爲立傳，亦英雄也。武帝，雄主也，以皇后故貴青有之。然其時開邊多事，信賞罰，明功罪，使恩澤無故加於外戚，不足以驅策智勇，亦帝之所内諱。而青自以邊功爲大將軍，代爲帝出脱私外戚之名與迹，尤帝之所心醉也。封青三子，青固辭曰：“臣幸得待罪行間，賴陛下神靈，軍大捷，皆諸校尉力戰之功也。陛下幸已益封臣青。臣青子在繈褓，未有勤勞，上幸列地封爲三侯，非臣待罪行間，所以勸士力戰之意也。”①[1]及不敢薦士，以招賢絀不肖之柄歸之人主，有識有體，有機權，有情實，似從學問世務中出，非獨奴虜所難，恐功臣中亦鮮有及此者。獲上收衆，道俱不出此。及蘇建亡軍歸，或言當斬，或言當赦，青具歸天子，天子自裁之，示不敢專。處分折衷，出諸將士之上，稱大將軍，不虛耳。處盛滿之術固應如是。而是歲霍去病適以材見幸，日進用，爲驃騎將軍，大將軍漸退。使青不早爲自處之地，後將何以收局乎？青於盛衰消息之際，似有所

---

① 《史記》卷一百一十一《衛將軍驃騎列傳》，頁 2925—2926。

見者,亦知幾人也。

太史公叙驃騎將軍戰功封賞,極其熏灼。覺大將軍漸冷矣,卻詳大將軍幕北一戰不容口,而以"大將軍不得益封,軍吏卒皆無封者"①二語結之,仍接叙驃騎戰功封賞,此時大將軍之視驃騎,幾於昔李廣之視大將軍,其感深矣。

大將軍聽甯乘言,奉千金爲王夫人親壽。天子聞之喜,問大將軍,大將軍以實言,此人所不肯也。然自畫出一真朴人與雄主看,全身之術,無過此者,卻似大權術占便宜人所爲。

評點:

[1]眉批:後世毫無寸功,而汲汲請蔭,視此豈不可愧?

---

① 《史記》卷一百一十一《衛將軍驃騎列傳》,頁2937。

史懷卷九

史記五

平津侯主父列傳

汲黯庭詰弘不忠,弘謝曰:"夫知臣者以臣爲忠,不知臣者以臣爲不忠。"①妙在不説透。千古老奸,情形在目。[1]自固傾人作用,不出於此。汲黯指其布被爲詐,弘即直認,而曰"且無汲黯忠,陛下安得聞此言"。則機鋒微露矣。諫通西南夷,東置滄海,北築朔方之郡。上使朱買臣難弘置朔方之便,發十策,弘不得一,弘乃謝。弘殺偃根亦在此。然弘之智非十不得一。弘事事伺上旨,見天子遣偃來難,已知其意之不可止,而自絀其説矣。然願罷西南夷、滄海,專奉朔方,上乃許之。其妙在"專奉朔方"一語。此西南夷、滄海之所以得罷也。卻得古人納牖之意,減得一半,功亦不細。[2]以弘才學,何事不可爲,往往及半而止?蓋弘一生發言行事,俱以不透爲妙用。至其論卜式、郭解,殺主父偃,出董仲舒,意狠手辣,則弘本色。史謂其"意忌外寬内深",六字,弘定案也。[3]

主父偃上書言九事,一事諫伐匈奴。武帝方以擊胡爲事,而朝奏暮召入見,自是特達之主。及偃貴用事,盛言置朔方之便爲滅胡之本,何也?蓋士當先資之始,虛心觀世,察天下所苦者在是,其見

---

① 《史記》卷一百一十二《平津侯主父列傳》,頁 2950。

自確,其言自真,世味漸深,覷人主意向不可移,違心而背其初説,
且助其餤者多矣。[4]

　　徐樂之論,以安民爲主,而"易動"二字,是千古治亂安危之候。
主父偃重一"悔"字,嚴安重一"變"字。變者,謹察其候,使治不至
於亂,安不至於危,及亂而可以治,危而可以安也。斯免於悔矣。
三子之言互相發,故并載之。

評點:

　[1]　眉批:四語殊無頭緒,必素有所媚,暗與之合耳。

　[2]　眉批:發其奸,不没其善。

　[3]　眉批:柔奸定案在此。

　[4]　眉批:切中士獘。

南粵尉佗列傳

　　二世時,南海尉任囂病且死,召龍川令趙佗語曰:"聞陳勝等作
亂,秦爲無道,天下苦之,項羽、劉季、陳勝、吴廣等州郡各共興軍聚
衆,虎争天下,中國擾亂,未知所安,豪傑畔秦相立。南海僻遠,吾
恐盜兵侵地至此,吾欲興兵絶新道,自備,待諸侯變,會病甚。且番
禺負山險,阻南海,東西數千里,頗有中國人相輔,此亦一州之主
也,可以立國。郡中長吏無足與言者,故召公告之。"即被佗書,行
南海尉事。囂死,佗即移檄告横浦、陽山、湟谿關曰:"盜兵且至,急
絶道聚兵自守!"①因稍以法誅秦所置長吏,以其黨爲假守。秦已
破滅,佗即擊并桂林、象郡,自立爲南越武王。高帝已定天下,爲中
國勞苦,故釋佗弗誅。漢十一年,遣陸賈因立佗爲南越王,與剖符
通使,和集百越。任囂何人,識時識地又識人,俊傑哉。當其時,囂

────────────

　①　《史記》卷一百一十三《南越列傳》,頁 2967。

151

豈不爲子孫計,而徑以授佗。蓋英雄未了之局,與其予子孫不肖者
敗之,不若予臣吏才略者成之。[1]知此則知孫伯符之於張昭所云
"仲謀不任事,君當自取",昭烈於武侯所云"嗣子不才,君當自取"
者,非矯飾也。尉佗居秦、楚、漢之間,上不能爲沛公,下恥作韓、
彭,而又不欲以身爲陳、項。南粤一隅地,數十年偏安。着着筹定,
爲後來扶餘輩作一榜樣。佗謂陸賈曰:"我孰與蕭何、曹參、韓信
賢?"①而不及張良,佗亦有識。賈曰:"王似賢。"此確論也。文帝
予南粤王尉佗書,有謙遜處,然自是帝王口氣。佗上書有倔强處,
然蠻夷酋長面目畢露。臣主夷夏之分,自不可强。梁武帝老矣,侯
景一見氣奪,況英雄全盛之主乎。

評點:

[1] 眉批:英雄舉動,自不俗。

朝　鮮　列　傳

　　朝鮮右渠誘漢亡人不入見,漢使涉何誘諭,右渠終不肯奉詔。
何去至界上。臨浿水,使御刺殺送何者。朝鮮裨王長,即渡馳入
塞,歸報天子曰:"殺朝鮮將。"②邊吏朦朧,免罪要功,失外夷心。
開釁生事,從來如此。且以誘諭右渠往,而以殺其將歸報,已失奉
使之指矣。況所殺非其將,罪可勝誅乎?上爲其名美,即不詰。蓋
知而故縱之,自欺欺人,實"名美"二字悮之,此大病痛也。及遣樓
船將軍楊僕、左將軍荀彘出討右渠,樓船喪師,所謂"名美"者安在?
樓船困辱,卒皆恐,將慚;其圍右渠,常持和節。千古邊將依違情
形,寫出如見。右渠始終以約降之説啗樓船,左將軍以戰持之,陰

---

①　《史記》卷九十七《酈生陸賈列傳》,頁 2698。
②　《史記》卷一百一十五《朝鮮列傳》,頁 2986。

欲降右渠以奪樓船之功。公孫遂入左將軍之説，執捕樓船，奪之軍，左將軍之計得矣。右渠已誅，論功行賞，及於朝鮮之降人，而左將軍誅死，樓船贖爲庶人，誤國妬功，卒致兩敗。左將軍之得禍，甚於樓船，差強人意，可爲爲將不和之戒。[1]

評點：

［1］眉批：爲將不和，從來受害。

西 南 夷 列 傳

巴蜀民竊出取筰馬、僰僮、髦牛，以此巴蜀致富。可見邊民與外夷私市貨物，利之所在，從古不能禁，但處之貴有法耳。[1]

評點：

［1］眉批：處之有法，則利之所在，正不必禁。

司 馬 相 如 列 傳

衛、霍傳次《匈奴傳》後，伐匈奴者也。[1]《司馬相如傳》次《西南夷傳》後，通西南夷者也。皆有深意。

相如臨邛一事，小小狡獪耳。而臨邛令之深情，文君之慧心，各擅其奇，有不可泯没者。臨邛令是千古第一憐才好色人，謬恭謹一段作用，非惟爲相如擇婦，亦深恐文君之失所歸耳。相如貧過臨邛，臨邛令曰："長卿久宦遊不遂，而來過我。"①此下不添一語，兀然而止，悽滄低回，有無限交情在内。胸中先安置一卓王孫文君矣。[2]日中不敢嘗食，自往迎相如。相如不得已強往，奏琴辭謝，

---

① 《史記》卷一百一十七《司馬相如列傳》，頁3000。

爲鼓一再行。使俗人爲之，不知多少作態可厭。而以憐才篤友之
心出之，遂成千古妙事。文君心眼之毒，識相如又在臨邛令之先。
此時卓王孫富人也，有臨邛令此番舉動，其女不患不歸相如矣。然
王孫以臨邛令之故予女，則亦嫁娶之常耳。何以表文君之能識相
如哉？文君欲自以其能識相如之意，明之於相如，以自託其身，不
落臨邛令轂中，此文君之所以奔也。雄警女子作爲，事事要占先
着。臨邛令之於文君，真自犯對。此雖小事，讀書者不可被一女子
瞞過也。

　　武帝讀《子虛賦》而善之，曰："朕獨不得與此人同時哉！"①千
古文士第一知遇，雖窮阨，没世不怨也。《大人賦》，淺窘人讀之厭
怠，武帝飄飄有凌雲之氣，似遊天地之間。不獨文章契合，志氣相
近，自不可强。相如病免，客居茂陵。[3]天子曰："司馬相如病甚，
可往從悉取其書，若不然，後失之矣。"此一語，從來著書人皆爲感
激。今師友存亡之際，能如此者幾人乎？使所忠往，而相如已死，
家無書。問其妻，對曰："長卿固未嘗有書也。時時著書，人又取
去，即空居。長卿未死時，爲一卷書，曰：'有使者來求書，奏之。無
他書。'"②數語回翔繚繞，無限深情在複用數"書"字，又説得甚矜
重，善爲長卿作聲價。

　　相如檄蜀，雖近於爲主飾非，然其言實有體，事勢至此，不得不
然。其失在通西南夷，而不在於檄蜀。以長卿才情，作文士本妙，
而恥以文士自了。遂有通西南夷一節，欲實其慕藺相如公案，未免
蛇足。此文士談功業之流蔽也。

　　相如死矣，《封禪文》復何所希哉。亦不過胸中有此一篇好文
字，遇好文知己之主，不能自忍，不肯自没耳。[4]文士氣習，以文取

---

① 《史記》卷一百一十七《司馬相如列傳》，頁3002。
② 《史記》卷一百一十七《司馬相如列傳》，頁3063。

禍尚不辭，何暇慮及身後之寵哉。

評點：

〔1〕眉批：得太史言外意。

〔2〕眉批：臨邛令謬恭謹自往迎請奏琴。不獨有心于文君，正有心招文君之奔耳。何也？蓋王孫富人俗人，即延禮相如，不過了臨邛令情分，遊客琴聲，何能入其眼？使臨邛令不解而以媒請，亦徒多一番唇舌，王孫必不從也。臨邛令窺之深，故舍村眼之王孫，而動慧心之文君也。文君憐才知音，自能領略，故不惜以一奔而謝知己。此三人莫逆，無王孫處也。若謂此番舉動，不患不歸，文君以奔爲先着，未免視王孫過厚，待文君太矯矣。

〔3〕眉批：文章知己最難，故言之幾於下淚。

〔4〕眉批：文人得意處，恰是文人無用處，看得妙甚。

淮南衡山列傳

淮南厲王椎殺辟陽侯，雖不可爲訓，然爲漢灑辱討罪，亦千古快事。足明漢之失刑耳。數其三罪，曰“臣謹爲天下誅賊臣”①，一語甚確，不能有以奪之。[1]

吳、楚七國反，吳使者至淮南。淮南王欲發兵應之，其相曰：“大王必欲發兵應吳，臣願爲將。”王乃屬相兵。淮南相已將兵，因城守，不聽王而爲漢，漢亦使曲城侯將兵救淮南。淮南以故得完。此相守識不凡，亦社稷臣也。按此，伍被輩不足誅矣。

評點：

〔1〕眉批：文帝傷其志而弗治，自是仁主。

---

① 《史記》卷一百一十八《淮南衡山列傳》，頁3076。

循　吏　列　傳

史遷傳循吏五人，孫叔敖、子産、公儀休、石奢，爲相者凡四焉。乃知黃霸爲丞相，功名減於治郡時，相道與吏治爲二。漢去古稍遠矣。夫吏事不責宰相可也，宰祖必不從吏事中出，可乎哉？

汲　鄭　列　傳

東越相攻，上使黯往視之，不至，至吳而還。是何等識力，便是矯制發粟張本。“越人相攻固其俗，不足以辱天子之使”，數語暗暗斬斷武帝開邊之根。河內失火，奉使往視，不問而以便宜發倉粟，振貧民。民惟邦本，易動則危。老成長慮，人知黯之守正，而不知其能達權也。所謂社稷臣，招之不來，麾之不去。武帝看黯，正於此處得之。爲治擇丞史而任之，不自用而用人，大臣作用，已見一(班)[斑]。“內多欲而外施仁義”①一語，格君心之非，能使天子不冠不見。寢淮南反謀，幾於正己而物正者。至於出守，猶不忘國。過太行李息，言張湯之奸。所謂開國承家，小人勿用，固大臣深遠之見。息不敢言，與湯俱敗。上聞黯與息言，抵息罪，重黯極矣。武帝得人爲盛，所許社稷臣，獨黯一人而已：黯不死，霍光之事當使黯爲之。使黯爲之，其大節不異於光，文理固勝之耳；然漢雖不能究黯之用，而莊助言其“招之不來，麾之不去”②，黯一知己也；武帝許黯社稷臣，黯一知己也；大將軍數請問國家朝廷所疑，黯一知

---

① 《史記》卷一百二十《汲鄭列傳》，頁 3106。
② 《史記》卷一百二十《汲鄭列傳》，頁 3106。

己也；淮南王反，憚黯，曰："好直諫，守節死義，難惑以非。"①又黯一知己也。

黯能使天子不冠不見，長揖大將軍，非難事也。獨其言曰："夫以大將軍有揖客，反不重邪。"此語殊帶婉轉，安置大將軍甚有地步。[1]使人可思，不似戇者之言。而大將軍聞，愈賢黯，請問國家朝廷所疑。蓋亦隱然以社稷臣待黯也，識量如此。青亦自可作宰相，其邊功以外戚掩，其可作相又以邊功掩，故因論黯表出之。黯雖伉直，好面折人過，然皆有一段至誠達於面目，故雖不甚合於主，不甚說於時，亦未有以害之。無其誠而效其戇，未有不殆者也。[2]

評點：

[１]眉批：不似戇者之言，又黯一知己矣。

[２]眉批：至誠達于面目，又黯一知己矣。

酷 吏 列 傳

漢用酷吏，務得其力。史遷作《酷吏傳》，先引《老子》"法令滋章，盜賊多有"二語作骨，數用"上以爲能"一語，張酷吏之氣，而惟恐不竟其用。至問漢之所得於酷吏者，[1]則曰："姦僞萌起，上下相遁也。"事益多，民巧法也；姦吏侵漁也，取爲小治姦，益不勝也；吏民輕犯法，盜賊滋起也；上下相匿，以文辭避法也，官事寖以耗廢也。問酷吏之所自得者，則曰封侯之禽也，鼂錯之東市也，郅都之斬也，周陽由之棄市也，張湯之自殺也，義縱之棄市也，王溫舒之五族也，減宣之自殺也，讀未終而爲酷吏與用酷吏者，效應在目，爲之悚然矣。

---

① 《史記》卷一百二十《汲鄭列傳》，頁 3109。

《義縱傳》言其"治敢行，少縕藉"①。"縕藉"二字頗難解，而甚有妙義。《傳序》云："漢興，破觚而爲圜，斲雕而爲朴，網漏於吞舟之魚，而吏治烝烝，不至於姦，黎民艾安。"②數語可想出"縕藉"二字之意，宇宙元氣與國家和平之福，隱隱在內。酷吏用而剝落無餘，故《郅都傳》云："是時（畏）[民]朴，畏罪自重。"③《周陽由傳》云："武帝即位，吏治尚循謹甚。"④原始要終，其恨之也深，而罪之也遠矣。

郅都曰公廉，趙禹曰廉倨，張湯之死，家産不過五百金，此酷吏之所以護身而養其膽者也。廉則自信，其氣益堅而酷益深矣。況才足以濟其惡，功足以掩其罪，名足以分其怨乎。[2]

郅都爲守，都尉步入府，寧成直陵都出其上，都素聞其聲，善遇，與結驩。酷吏臭味如此，作惡事亦須有羽翼。成敢於陵都，都望而知其爲同調矣。不以恩怨恭倨爲意，一片結識精神，人不能到也。

"湯爲人多詐，舞智以御人。始爲小吏，乾没，與長安富賈田甲、魚翁叔之屬交私。及列九卿，收接天下名士大夫，己心內雖不合，然陽浮慕之。""是時上方鄉文學，湯決大獄，欲傅古義，乃請博士弟子治《尚書》《春秋》補廷尉史，亭疑法。奏讞疑事，必豫先爲上分別其原，上所是，受而著讞決法廷尉絜令，揚主之明。奏事即譴。湯應謝，鄉上意所便，必引正、監、掾史賢者曰：'固爲臣議，如上責臣，臣弗用，愚抵於此。'罪常釋。（聞）[問]即奏事。上善之，曰：'臣非知爲此奏，乃正、監、掾史某爲之。'其欲薦吏揚人之善，蔽人之過如此。所治即上意所欲罪，予監史深禍者；即上意所欲釋，予

<hr>

① 《史記》卷一百二十二《酷吏列傳》，頁 3145。
② 《史記》卷一百二十二《酷吏列傳》，頁 3131。
③ 《史記》卷一百二十二《酷吏列傳》，頁 3133。
④ 《史記》卷一百二十二《酷吏列傳》，頁 3135。

監史輕平者。"①張湯吏事，知之者以爲能，罪之者以爲酷。汲黯獨察其內懷詐以御主心，此大臣識微洞遠之言也。太史公揣摩湯蹤踪作用，誅心察影，委曲深至，已無遁情。不被滑吏瞞過，似爲黯語下一注疏，亦文中老吏也。[3]及三長史告湯陰事，使吏案捕湯左田信等曰："湯且欲奏請，信輒先知之。居物致富，與湯分之。"上問湯曰："吾所爲，賈人輒先知之，益居其物，是類有以吾謀告之者。"問得機警，難乎罥對。湯不謝。又詳驚曰："固宜有。"②强且黠極矣。湯慣作此狡獪，卒以懷詐面欺誅，快哉。而湯之死始於減宣，成於趙禹之手。宣無論矣，禹其所兄事者也，酷吏死於酷吏，有天道焉。

張湯之父，不如其母。何者？湯之酷萌於磔鼠，父實驕之。湯死，母不肯厚葬，載以牛車，有棺無槨，表湯之廉於身後。天子聞之，盡案誅三長史，可謂善爲其子報讐者矣。義縱之姊，能察縱之無行於未貴之前，湯之母理湯於既敗之後，識皆不可及也。

王温舒居廷，惛惛不辨，至於中尉則心開③。所謂一之至也，在"惛惛不辨"四字，傳出酷吏精神。天生酷吏，造化劫運，與生民殺氣，私於一人之身。豈苟然而已乎？曰"重足一迹"，曰"郡中無聲"，寒氣襲人。[4]

評點：

[1] 眉批：兩問所得，申明大史之意，覺用酷吏之害國，與酷吏之禍身，不必遞指其報，已心寒膽落矣。

[2] 眉批：寧矯廉以濟酷，謂酷非性成不可也。

[3] 眉批：湯之詐深矣，巧矣，而人卒知之，而身卒受之，則人亦何取于詐爲哉？

---

① 《史記》卷一百二十二《酷吏列傳》，頁 3139。
② 《史記》卷一百二十二《酷吏列傳》，頁 3143。
③ 《史記》卷一百二十二《酷吏列傳》，頁 3139。

　　〔4〕眉批：詎其然乎？則上帝之好生安在？

大 宛 列 傳

　　“大宛之迹，見自張騫”①二語，本末要領既明，下筆自不犯手。然張騫本以應募使大月氏，道更匈奴，爲其所留，亡入大宛。大宛道之入大月氏，又不得月氏要領，乃歸言大宛之利，以自解其使月氏之罪耳。是大宛始不過爲騫所假道，原非出使月氏本題。而騫竟以此作應募結局，將錯就錯，免罪之路，久之用以要功。臣以此愚其君，君亦以之自愚，幾並通月氏以攻匈奴之指而忘之矣。[1]篇中卻時用匈奴、月氏，經緯照映，在有意無意之間，功罪得失，見於言外。事變既奇，交情亦妙，非作文者心眼之透，又在作事者之先，不能如此下笔。

　　大月氏方與匈奴爲讎，使月氏欲與其擊匈奴也，而道又更匈奴中，此時誰肯出身應募者，騫膽智固已絶人矣。從古不敢爲之事，自有一人爲之。騫之遠使，是古今第一人，天授非人力，正武帝詔中所〔謂〕茂才異等可使絶國者，驅之戰，枉其才矣。然因戰失侯乃有通烏孫一段枝節，絶處逢生，此輩功名之路，其可以一節盡哉。

　　天子既聞大宛及大夏，安息之屬，皆大國，多奇物土著，可與中國同業而兵弱，貴漢財物，其北有大月氏、康居之屬，兵强，可以賂遺設利朝也。且誠得而以義屬之，則廣地萬里，重九譯，致殊俗，威德徧於四海。天子欣然，以騫言爲然。揣摩雄主妄想，虛願如見，故鑿空好奇之士，得以其説取之，羈縻牽轉，如環無端，皆從此生。自非明王有道，守在四夷。惟一等庸懦之君，不爲人所用耳。

---

　　①　《史記》卷一百二十三《大宛列傳》，頁3157。

評點：

〔1〕眉批：太史公《春秋》妙筆，無不拈出。

游俠列傳

急人困阸，在庸人易爲感耳。若豪傑人，受人拔孓，矜能伐德，反以傷其心。此越石父所以寧在縲紲之中，而不受無禮之贖也。故史遷傳游俠，以不矜其能、不伐其德爲要領。[1]

游俠，儒者所不言，子長爲之立傳，津津不容口，必先爲游俠昭雪得明白，不與豪暴同類。正見自家文章，推許不苟，此文人自愛其品也。

吴、楚反時，條侯爲太尉，得劇孟，喜曰："吴、楚舉大事而不求孟，吾知其無能爲已矣。"①"天下騷動，宰相得之若得一敵國云"，數語非獨愛士熱腸，蓋世亂收一士，且不必計其爲吾用，而先不以之資敵，不爲我患，即爲我用矣。此老成謀國遠慮也，其父絳侯無此特達之識。

衛將軍爲言："郭解家貧不中徙。"上曰："布衣權至使將軍爲言，此其家不貧。"②此語自聰，察杜千古關説之路。[2]然衛將軍重解之義爲其言，未可知也。帝此語量衛將軍太淺，故憖不可以復言。就使復爲之言，非惟無益，恐反速解之禍矣。

評點：

〔1〕眉批："反傷心"一語，識豪傑甚深。

〔2〕眉批：此語待貪人則可，待賢臣則不可。

---

① 《史記》卷一百二十四《游俠列傳》，頁3184。

② 《史記》卷一百二十四《游俠列傳》，頁3187。

佞　倖　列　傳

唶癰，鄧通所以取寵於文帝；鑄錢，則文帝所以寵通也。然景帝之怒，藏於唶癰而發於鑄錢，竟以餓死，則唶癰者即餓死之根也。[1]傅后之殺馮昭儀也，始於當熊。所謂好尚不可爲，而況惡乎。倚伏之間，豈可定哉。佞倖至柔媚也，韓嫣爲弓高侯孽孫，自是將種，乃以善騎射習兵，中武帝好兵之主，巧哉。然是弓高之辱。李延年至爲樂府新聲，郊廟登歌，出嬖倖手。禮樂征伐，小人用之爲謹身媚上之資，則亦何所不至者。

評點：

[1]眉批：徒多一番醜態。

滑　稽　列　傳

傳滑稽，從六藝説起，便自滑稽矣。[1]尤妙在六藝以下，不添一語，直接以"天道恢恢，豈不大哉"，有玩侮一世、傍若無人之意。談言微中，可以解紛，明笑經術腐儒之無用也。太史公曰："淳于髡仰天大笑，齊威王橫行。"二事不相蒙，合得無謂，豈不亦偉哉？結得無謂，滑稽精神見於口齒眉宇之間。只一序一贊自足，不必更看滑稽之人也。

"臣飲一斗亦醉，一石亦醉"二語，妙在無理，卻有至理。從惟酒無量不及亂悟出，直是涉世觀變，胸中圓妙，借飲酒一事發之，只此可止，不須分疏。而後數段妙情妙事妙文，無意而湊。字字入微，千載而下，使人欲見其人，而觀其出諸口者。

優孟非優也，蓋古之義俠篤於友者也。其於孫叔敖，不在振其子之貧，而在表其相楚之功，與其廉於身死之後。其歌與羊舌之

泣,異事同情,異情同義。然叔敖本知其賢,屬其子見之,居然曰:
"吾死友也。"豈以優待之哉。知人哉叔敖也。

寇從東方來,令麋鹿觸之足矣①,其說自衛懿公好鶴。有狄
難,國人受甲者曰"使鶴,鶴實有祿位,余焉能戰"②出來,說得悚
然。有一陳涉在前,便是亡秦之識。千古偷安君臣,處承平之世,
何可不念此語。

評點:

[1]眉批:滑稽之妙,妙在若諧若謔,使聽之者先自失笑,故不勞力而
紛自解也。經術腐儒自瞠乎後矣。

日 者 列 傳

《日者傳》止述司馬季主與賈誼、宋忠議論往復一段,似史遷未
着手之書。然其論宦途危險,及士大夫浮詐,亦已刻骨汗顏矣。賈
誼曰:"吾聞古之聖人,不居朝廷,必在卜醫之中。"畢竟是高識人
語。又曰:"今吾見三公九卿朝士大夫,皆可知矣。"③分明料此中
之無人也。一見季主之人,聽其言,業以聖賢待之矣。所謂居之
卑,行之污,借此發難耳。第二子之意,猶以爲至人身隱於卜,常遊
於卜筮之外,季主以爲道在於卜,當求於卜筮之中。[1]一間未達,
特爲點破,非惟二子遇季主難,季主遇二子亦難。季主於二子,猶
蘇門之於叔夜、管輅之於何鄧也。

評點:

[1]眉批:語真見道,故爾微妙。

---

① 《史記》卷一百二十六《滑稽列傳》,頁3202—3203。
② 《左傳注·閔公二年》,頁290。
③ 《史記》卷一百二十七《日者列傳》,頁3215—3216。

貨 殖 列 傳

　　“貨殖”之説,昉於子貢,其來歷已不同矣。就中有至理,有妙用,有深心。今讀其文而天時地理人事之變,如指諸掌。其本末經權,蓋必有管、商之才,而又出之以黄、老之學者也。今其言曰:“善者因之,其次利道之,其次教誨之,其次整齊之,最下者與之争。”又曰:“豈非道之所符,而自然之驗邪。”①又曰:“貧富之道,(募)[莫]之奪予,而巧者有餘,拙者不足。”又曰:“君子富,好行其德。”又曰:“善治生者,能擇人而任時。”又曰:“此皆誠壹之所致。”是何等本領! 首引范蠡修備知物之説,以爲“計然之策七,越用其五而得意。既已施於國,欲用之家”,此《貨殖傳》大意也。而其通篇歸重處,又借白圭一段議論作用發之。白圭之言曰:“吾治生産,猶伊尹、吕尚之謀,孫吴用兵、商鞅行法是也。是故其智不足與權變,勇不足以決斷,仁不能以取予,强不能有所守,雖欲學吾術,終不告之矣。”②讀此,便知貨殖非細事,貨殖之人非庸人。故曰“請略道當世賢人所以富者”,而以卓、任諸人實之,皆一時奇士。體用足以經國,不試於時,而小用之。太史公借以寫其胸中實用,又以補《平準書》之所未備耳。其意若謂《平準書》中一切言利之人,興利之事,究竟於國計無裨,皆所謂“最下者與之争”。而足國生財,自有利道、教誨、整齊之理,俱可於《貨殖傳》悟而得之。今觀《平準》言利,漸向剥削;《貨殖》言利,漸向條理。故曰:《貨殖》者,所以補《平準》之所未備也。蓋從學問世故中淹透出來,將治身、治國與貨殖之道不分作二事,方有此文。大抵凡事見得深者,看貨殖亦深;見得淺者,看

---

①　《史記》卷一百二十九《貨殖列傳》,頁 3254。
②　《史記》卷一百二十九《貨殖列傳》,頁 3259。

治身治國亦淺。[1]古人作一事，作一文，皆有原委。乃云“司馬遷遭腐刑，家貧不能自贖，而發憤於此”，何其以細人之腹度君子之心也！

《貨殖傳》言“耳目欲極聲色之好，口欲窮芻豢之味，身安逸樂”①，是矣。而云心誇矜勢能之榮，何也？不知人之慕富而求之，其根皆出此一念，嚴安所謂“觀欲天下民情見美則願之”②。故使貧富不相燿以和其心者，此之謂也。杜甫詩有云：“無富貧不憂，無貴賤不戚。”其論本此。[2]

由此觀之，賢人深謀於廊廟，論議朝廷，守信死節，隱居巖穴之士，設爲名高者，安歸乎？歸於富厚也。是以廉吏久久更富，廉賈歸富，富者人之情性，所不學而俱欲者也。故壯士在軍，攻城先登，陷陳卻敵，斬將搴旗，前蒙矢石，不避湯火之難者，爲重賞使也。其在閭巷少年，攻剽椎埋，劫人作姦，掘冢鑄幣，任俠並兼，借交報仇，篡逐幽隱，不避法禁，走死地如鶩[騖]，其實皆爲財用耳。今夫趙女鄭姬，設形容，揳鳴琴，揄長袂，躡利屣，目挑心招，出不遠千里，不擇老少者，奔富厚也。遊閑公子，飾冠劍，連車騎，亦爲富貴容也。弋射漁獵，犯晨夜，冒霜雪，馳阬谷，不避猛獸之害，爲得味也。博戲馳逐，鬪雞走狗，作色相矜，必爭勝者，重失負也。醫方諸食技術之人，焦神極能，爲重糈也。吏士舞文弄法，刻章僞書，不避刀鋸之誅者，沒於賂遺也。農工商賈畜長，固求富益貨也。此有知盡能索耳，終不餘力而讓財矣。今俗人謂太史公“羞貧賤”，止知看此一段，不知其看破人情世故，亦自是不可易之理。聊從筆墨遊戲中寫出，豈漫然無故爲此發憤之語邪。

齊俗賤奴虜，而刀間獨愛貴之。桀黠奴，人之所患也，惟刀間

① 《史記》卷一百二十九《貨殖列傳》，頁3253。
② 《漢書》卷六十四下《嚴朱吾丘主父徐嚴終王賈傳》，頁2809。

收取,終得其力,必有一種操縱之妙,亦用衆之才。^[3]所謂擇人而任時,此其一端也。從"白圭與僮僕同苦樂"一語化來,吳起之御兵亦如此。

卓氏捨近處求遠遷,任氏舍金玉窖倉粟,其棄取權略正相同,豪傑膽識,遠出常情之外,然任氏更奇。其道其才,可以治國。鼂錯貴五穀而賤金玉,其學問總不出此。

凡編户之民,富相什則卑下之,百則畏憚之,千則役,萬則僕,物之理也。説得人生廉恥蕩然,無復血性矣。然從商君變法治秦所致,令民大小(傑)〔戮〕力本業耕織,致粟帛多者復其身,事末利及怠而貧者,舉以爲收孥。重富賤貧,以爲民勸,法令所驅,習俗因之,久而不知耳。

以末致富,用本守之。以武(一)〔成〕功,用文持之。經權變化,是聖賢豪傑作用,治國創守不易之道也。^[4]

評點:

　〔1〕眉批:"看深""看淺",二語極透徹、極痛快,令歧視者自覺識礙。

　〔2〕眉批:疏得精透。

　〔3〕眉批:觀此則資格之棄才不少。

　〔4〕眉批:枉尺直尋之説也。

太史公自序

　觀太史公執遷手而泣曰:"余先周室之太史也。"此句有一部《史記》在内。遷俯首流涕,覺千載而下,五十餘萬言中,字字聲淚。且一一本之親命,開口便云"昔孔子何爲而作《春秋》哉",終之曰"於是卒述陶唐以來,至于麟止"①,自黄帝始,著書者原委何如,而忍以文字讀之邪?

---

　① 《史記》卷一百三十《太史公自序》,頁3300。

史懷卷十

漢書一

景　帝　紀

景帝德量不及文帝，才略不及武帝，然能守文帝之富强，以待武帝之揮斥者，蓋其天資願愨，而微近於闇與戇。如保家之子，謹司管鑰，不妄出入，厚藏豫用，卒有内亂外侮，無以應之。七國之反，始既處置不當，招釁有由及事急不知所出，殺鼂錯以謝之，成何紀綱？事平又殺條侯，始終無一可者。諸詔令質實近古，是又其願愨謹守之一驗也。

武　帝　紀

董仲舒謂諸不在六藝之科、孔子之術，勿使並進。其言有功六經。不知建元元年，丞相綰奏所舉賢良，或治申、商、韓非、蘇秦、張儀之言，亂國政，請皆罷，奏可。綰已先仲舒發之矣。今六經之傳數千年，家習户誦而人不知，試思秦火之後，諸子之言盈天下，六經殘斷如神農之前，五穀雜于衆草之中，非神識之人，辨別表章，固不易耳。[1]

春，詔問公卿曰："朕飾子女以配單于，金幣文繡賂之甚厚，單于待命加嫚，侵盜亡已。邊境被害，朕甚閔之。今欲舉兵攻之,何如?"①此武帝元光三年詔也,即位六年矣。承文、景富强,技癢,欲有所爲。[2]而休息已久,臣民習於無事,發端甚難。此是事匈奴初着,先爲此詔,講明漢過不先之義,爲征伐張本,以有辭于臣民耳。識微之士,當於此遏其萌,而王恢以貪躁之徒承之。兵端一開,爲此輩功名之地。雖欲中止,不可得矣。

詔曰:"蓋有非常之功,必待非常之人,故馬或奔踶而致千里,士或有負俗之累而立功名。夫泛駕之馬,跅弛之士,亦在御之而已。其令州郡察吏民有茂材異等可爲將相及使絶國者。"②武帝雄心,畢露於"非常"二字。文、景用人必求長者之意,至此索然矣。所云"跅弛之士,亦在御之而已"。"御"之一字,甚不易言,殊自占地步,隱然以高帝自處。

詔關都尉曰:"今豪傑多遠交,依東方群盜,其謹察出入者。"③古今承平亂本,不出此語。然處置此輩,自有方略。上之使爲我用,[3]次之不爲我患,不爲患即爲用矣。"謹察"二字,恐未盡止亂之義也。

武帝雄材大略,改文、景之恭儉而後能爲之者也。班史贊曰:"如武帝之雄材大略,不改文、景之恭儉,以濟斯民,雖《詩》《書》所稱,何有加焉?"蓋傲之以必不能也,風刺之妙如此。

評點:

［1］眉批:妙譬。

［2］眉批:"技癢"二字,寫出武帝雄心。

［3］眉批:"爲我用"一語,得彌盜源頭。

---

① 《漢書》卷六《武帝紀》,頁162。
② 此元封六年詔。《漢書》卷六《武帝紀》,頁197。
③ 天漢二年十一月詔。《漢書》卷六《武帝紀》,頁204。

昭帝紀

　　昭帝短祚，政在霍光。其可紀者，在年十四而識上官桀之詐以安霍光耳①。然聰斷如此，使其享國永年，又安能久堪霍氏之專，而拱己聽之乎？霍氏之禍，恐不能待之于宣帝矣。光愚忠，[1]身在族滅之中而不知。悲大！然武帝託孤于光，用其愚，非用其智也，愚而後身家之安危不及慮焉。使光而智也，其自處之道在昭帝時，已早為之所矣，宣帝安得而族之哉？

評點：

　　［1］眉批：“愚忠”二字，霍光定評。

宣帝紀

　　宣帝綜核名實，論者病其刻。不知帝刻於馭吏，非刻於馭民也。二年夏五月詔曰：“獄者，萬民之命，所以禁暴止邪、養育群生也。今則不然，用法或持巧心，柝律貳端，深淺不平，增辭飾非，以成其罪。”②模寫俗吏情形，洞見至隱。[1]極平恕之念，極精察之言。不精察，固不能行其平恕也。“選于定國為廷尉，求明察寬恕黃霸等為廷平”，至“幸宣室，齋居而決事”③，是何等念頭？此固綜核人真作用也。

　　“夏六月，詔曰：‘前年夏，神雀集雍，今春，五色鳥以萬數飛過屬縣，翱翔而舞，欲集未下。其令三輔勿得以春夏摘巢探卵，

---

　　①　《漢書》卷七《昭帝紀》，頁 226。
　　②　元康二年夏五月。《漢書》，頁 255—256。
　　③　《漢書·刑法志第三》，頁 1102。

彈射飛鳥，具爲令。'"符瑞之説，千古驕主諛臣欺蔽命題也。神雀之瑞，以禁春夏摘巢探卵彈射飛鳥應之。一瑞之興，一仁政、一仁言生焉。真孟子所謂"善推其所爲"者，如此惟恐其符瑞之不至也。[2]

評點：

〔1〕眉批：舉皋陶不仁者，遠即此意。

〔2〕眉批：符瑞何患，但患無以處符瑞耳！若種種如此，則諛臣欺蔽，亦仁政之資也。

元　帝　紀

言有聽之甚美，而其效足以亡國者，如漢元帝之仁柔文雅是也。王氏奪漢，實元帝釀成之。帝爲太子時，見宣帝所用多文法吏，以刑名繩下，從容言曰："陛下持刑太深，宜用儒生。"宣帝作色，曰："漢家自有制度，本以霸王道雜之，奈何純任德教，用周政乎？"迺歎曰："亂我家者，太子也。"帝王制世貽謀，特識遠見之言，壹似有隱憂者。豈庸主庸臣所知？讀班固贊所云："牽制文義，優遊不斷，孝宣之業衰焉。"數語爲元帝傳神。乃知宣帝所以致歎於太子，慮其"亂我家者"，正謂其柔闇耳。不然，諫"持刑太深，請用儒生"，後世以爲美談，何害於治，乃至作色而繼之以歎乎？晉簡文帝清言玄遠，王導比之懷愍，其意正如此。[1]

元帝善史書，鼓琴瑟，吹洞簫，自度曲，被歌聲，分別節度，窮極幽眇。人主偶有所長，遊藝寄情，亦復何妨？定陶王至以銅丸擿鼓，中嚴鼓之節，幾用此代太子。人主習尚，上好下甚。遂開曹魏以後人主一派伎倆，或至以此與臣下角勝，交相矜懘，則帝王風量掃地矣。[2]

評點：

［1］眉批：美談之弊，流于後世者日甚，可勝歎息。

［2］眉批：披衫衣鼓琴，固亦不妨，但好之甚之，而忘其所重，則不可。

成 帝 紀

光禄大夫劉向校中秘書，謁者陳農使使求遺書於天下①。秦焚書以後，有此舉動，故爲奇快。嘗讀史至藝文、經籍志，見古今奇書不傳，徒存其目，爲之氣塞。劉歆云："猥以不誦絶之。"②此奇書不傳之根也。人主求得之而學士棄去之，爲下倍上，罪孰有過此者乎？陽朔二年九月，詔曰："儒林之官，四海淵源。宜皆明於古今，溫故知新，通達國體，故謂之博士，否則學者無述焉，爲下所輕。"③此詔甚有關系，可使詞臣不讀書者爲之悚然。

成帝失德，莫大於寵任趙氏、王氏二端。故班史贊曰："趙氏亂内，外家擅朝，言之可爲於邑。建始以來，王氏始執國命，哀、平短祚，莽遂篡位，蓋其威福所由來者漸矣。"然趙氏之禍，止於絶後。王氏之禍，至於亡國。趙氏爲惑溺内寵，其失易見也。王氏乃尊崇舅家，其失難見也。此杜欽、谷永之言，所以益易入耳。

刑 法 志

班氏論刑法，從嗜欲生養説來，甚有原委。世間苦趣，未有不

---

① 事在河平三年。《漢書・成帝紀》，頁 310。

② 《漢書》卷三十六《楚元王傳》，頁 1970—1971。

③ 事在陽朔二年。《漢書・成帝紀》，頁 313。

生於可欲者。[1]

　　大刑用甲兵，兵刑合一之旨，人未拈出。又因此一語，詳古今兵制本末。自黃（膚）[虞]以至漢，言刑而兵制之得失備焉，言兵而時代之升降備焉。古人爲一事，作一文，豈有別無要領，別無識力，而止以一文了一事者乎？[2]

評點：

　　[１] 眉批：眼深論奇。

　　[２] 眉批：窺見作者之心，後世風雲月露動曰詞臣，寧不愧哉？

食　貨　志

　　鼂錯論珠玉五穀貴賤之故，循環宛轉，變幻而明透，然後歸"重以粟爲賞罰，終貴粟務農"之説，節目甚妙。惟其變幻，所以明透。後世輸粟入太學，入穀贖罪，亦以粟爲賞罰之意。而行之既久，以金代之，謂之"折色"，依然金生而粟死也。豈復貴五穀賤金玉之本指哉？賈誼諫私鑄，謂鑄錢之情，非殽雜爲巧，則不可得贏。因悟私鑄之所以盛者，以官錢工本薄。官錢工本所以薄者，官與吏役市而侵盜之也。使官錢之殽雜與私錢等，則官私已自並行，況又過之，是官不如私也，官錢安得不滯乎？試能禁官與吏役之侵盜，而官錢之工本厚，使錢之精良者常在官，而殽雜者常在私，官錢行而私錢滯，則私鑄不禁而自止矣。[1]

　　宣帝即位，用吏多選賢良，百姓安土，歲數農穰，穀至石五錢，農人少利。時大司農中丞耿壽昌，以善爲筭，能商功利，得幸於上。五鳳中，奏言故事歲漕關東穀四百萬斛，以給京師，用卒六萬人。宜糴三輔、弘農、河東、上黨、太原郡穀，足供京師，可以省關東漕卒過半。又曰："增海租三倍。"天子皆從其計。御史大夫蕭望之奏言："故御史屬徐宫家在東萊,言往年加海租,魚不出。長老皆言武帝時縣官嘗自漁,海魚不出,後復予民,魚乃出。夫陰陽之感,物類相應,萬事盡然。今壽昌欲近糴漕關内之穀,築倉治船,費直二萬萬餘,有動衆之功,恐生旱氣,民被其災。壽昌習於商功分銖之事,其深計遠慮,誠未足任,宜且如故。"上不聽。漕事果便,壽昌遂白令邊郡皆築倉,以穀賤時增其賈而糴,以利農,穀貴時減賈而糶,名曰常平倉。民便之①。常平倉爲萬世利,[2]其説自耿壽昌發之,實倣平準之意。蕭望之引武帝時"縣官自漁,海魚不出"云云,又言"築倉治船,有動衆之功,恐生旱氣,上不聽,漕事果便"。則望之之言,爲壽昌所詘,明矣。不知壽昌之策,斟酌於時勢,以人事之窮通論也,計臣濟急之圖。望之之言,原委於理數,以天道之消息論也,大臣慮遠之心。壽昌規其顯利,望之規其隱憂,行壽昌之法,當存望之之議也。

評點:

[1]眉批:官錢精良,則私錢不禁自禁,法莫妙於此矣。然其妙,在先禁官吏之侵盜,但恐禁小民之私鑄尚易,禁官吏之侵盜更難。

[2]眉批:築常平倉,貴糶賤糴,原就天道之消息言也,二論終當以壽昌爲是。

楚元王傳(劉向)

劉向好枕中秘書誦讀之,上言黄金可成,未免躁誕。[1]然亦少年聰明,高才好奇之常,卒以經術起家事主。區區一書生,與王氏爭,又與擁戴王氏之杜欽、谷永、張禹輩爭,始終爲漢貴戚中社稷臣。[2]其識其力,固兩次下獄有以鍊之也。

---

① 《漢書》卷二十四《食貨志》,頁1141。

　　愬譖周堪、劉向下獄者[①]，弘恭、石顯也。則恭、顯之不利於堪、向，一愚者知之矣。地震星變，上自感悟，欲以堪、向爲諫大夫，又使恭、顯得與白皆爲中郎，甚不可解也。庸主當迷惑時，賢奸混淆，用舍倒置，固不足論，惟是感悟後一番舉動，不痛不癢，爲可恨耳![3]當其迷惑，猶冀其感悟；業已感悟，而所爲止此，則讒邪益無所忌，忠直益無所恃，而進言者始絶望矣。向之言曰：“讒邪之所以並進者，由上多疑心。”[②]此元帝胎病，所以釀亡漢之禍者，不外於此。中間蔽而開，開而復蔽，精神面目，周始循環於一疑之中，而不能自出。至夏寒，日青無光，恭、顯等皆言堪、猛用事之咎，抑何其不經也。上內重堪，又患衆口之寖潤，無所取信。時長安令楊興以材能幸，常稱譽堪，上欲以爲助，已可笑矣。興，險人也，反乘間傾堪，而上益爲之疑，左遷堪等。後廟闕災，日蝕，上召諸前言日變在堪、猛者責問，皆稽首謝。下詔爲堪暴白，情形業已豁然。徵堪爲光禄大夫，猛爲大中大夫、給事中，而顯幹尚書自若也，反使堪希得見。常因顯白事，事決顯口，堪竟以瘖死，而猛自殺。帝之所以復用堪、猛者，非即其所以殺之者乎？至成帝時，王鳳兄弟用事，向作《洪範五行傳論》上之。天子心知向(精忠)[忠精]，故爲鳳兄弟起此論也，然終不能奪王氏權。上無繼嗣，政由王氏出。向遂上封事極諫，至云“王氏與劉氏亦且不並立”，篡漢之事，不憚明言之，心亦極苦矣。天子召見向，歎息悲傷其意。謂曰：“君且休矣，吾將思之。”[③]而卒無所發付。似有一疑鬼坐其腹，掣其手，使其席天子之權，而不能自用一人，自作一事。[4]每一感悟，每一改悔，不使人

---

　　① 《隱秀軒集》卷第二三“劉向”條，“愬譖周堪、劉向下獄者”前有“予讀《劉向傳》，悲其遇，始信人主之庸足以亡天下也。暴主終身惺窒，終身不悟。庸主有時悟，悟矣而足以亡者，疑爲之也。何以明之？”頁488。

　　② 《漢書》卷三十六《楚元王傳》，頁1943。

　　③ 《漢紀》卷二十七《孝成皇帝紀四》，頁473。

快，而反使人悶且恨焉！向事元帝困於恭、顯，事成，帝困於王氏。二主世濟其庸，以至於亡，始終不出一"疑"字。世安知疑之效，遂足以亡天下乎？《史記·（季）[李]斯傳》末曰"遂以亡天下"，罪斯也。《漢書·劉向傳》末曰"卒後十三歲而王氏代漢"，惜向也，其亦幸向之不見漢亡也云爾。向之忠，無負於漢矣，然何救於漢之亡？忠臣欲救國之亡，豈以此心無負於國而遂已哉！

劉向上封事，極言土氏曰："陛下爲人子孫，持宗廟，而令國祚移於外親。"又曰，"婦人内夫家，外父母家，此亦非皇太后之福也"①。妙於立言。王莽之篡，元后猶握一璽不以授莽，向之言已驗而悔無及矣。狄梁公之折武曌也，曰："安有姪爲天子而祔姑於廟者？"②蓋猶祖此意，以奪周而復唐云。

劉歆移書責讓太常博士③，憫惜絕學，有一往至誠，足以動人，出於情辭之外。曰："義雖相反，猶並置之。"真古右文之意，即章帝詔中所謂"扶微學，廣異義"④者也。後世不講此道久矣。所謂"保殘守缺，挾恐見破之私意"，與《藝文志》所謂"碎義逃難"，俱説透千古拘儒委曲。是時名儒光禄大夫龔勝以歆移書，上疏，深自罪責，願乞骸骨。即後世大臣被論，引咎請告，要君脅下，今古老奸，同一作用。

評點：

[1] 眉批：秘書誤之也。

[2] 眉批：讀之錚錚有聲，則其人品可想。

[3] 眉批：此等感悟，總是狐疑。

[4] 眉批：非此疑鬼，則王氏安能代漢？非疑鬼也，天也。

---

① 《漢書》卷三十六《楚元王傳》，頁 1961。

② 《資治通鑑》卷二百六《唐紀二十二》"則天後聖曆元年"條，頁 6642。

③ 《漢書》卷三十六《楚元王傳》，頁 1967—1971。

④ 《後漢書》卷三《肅宗孝章帝紀》，頁 145。

蒯伍江息夫傳(江充、息夫躬)①

　　漢初定天下，洞疑臣下，欲鈎其陰，故重告變之法，賁赫輩以此封侯。武帝雄察之主，承之不改。而一種陰賊小人，如江充者乘之，始以逃死，終以規利。用之趙太子而效，用之貴戚而效，用之公主而效，所謂"取必於萬乘以報私怨，後雖烹醢，計猶不悔"②，是此輩所以安身立命者也。氣盛計酬，志高機熟，騎虎難下，操刀必割，無已，而用之皇太子。[1]用之皇太子，是亦不可以已乎！曰：非也。上以是用充，充非此無以自固於上。用之皇太子，充盡頭一着，已託出無餘。充雖强黠，恐亦莫能自必。然上猶曰："人臣當如是矣。"充何憚而不用之皇太子，以博上此一語哉？獸窮鳥困，不得不出於巫蠱一事，以爲僥倖自出之途。而雄察之主，至以社稷之重、骨肉之親，供其用而不之悔。開國承家，小人勿用，此之謂也。然充以其術亂趙，先充死而收其父兄棄市者，趙也。又以其術亂漢，後充死而夷三族者，漢也。雖不足盡其辜，天處賊奴亦快哉！

　　武帝求跅弛之士③，小人無才，固不能有以中之。充自請願使匈奴，詔問其狀。充對曰："因變制宜，以敵爲師。"④"以敵爲師"四字，較古者受命不受辭之説，更爲精妙。自是權略人語，小人爲惡資本也。

　　息夫躬議論無所避，衆畏其口。此從來小人脅衆深穽，自作護身之術，俱不出此。王嘉謂躬"傾覆有佞邪材"，躬首詆嘉"健而蓄

　　①　陶珽、許豸評二十卷合刻本目録有江充、息夫躬二人，正文無。按，《史懷》所涉附傳人物，未論及者不在標題出現，本段論及江充、息夫躬，故於此補出。
　　②　《漢書》卷四十五《蒯伍江息夫傳》，頁 2175—2176。
　　③　《漢書·武帝紀》，頁 197。
　　④　《漢書·蒯伍江息夫傳》。

縮"四字,人亦不能合説。折左將軍公孫禄"欲以其犬馬齒保目所見"①,曲盡庸臣途遠日暮悵國情狀,正其有口可畏處。至其歷詆公卿大臣,雖小人先發制人之計,然描寫承平臣子庸軟婾安情弊,緩急難恃,千古一轍,可爲寒心。[2]而王嘉謂其"調諛則主德毁,傾險則下怨恨,辨慧則破正道,深刻則傷恩惠"②,始終以爲不可用,真大臣識微慮遠之言,躬終不能勝正也。

評點:

[1] 眉批:曲盡小人爲惡之勢。

[2] 眉批:小人之口最毒,然罵庸臣却痛快。

賈　誼　傳

《陳政事疏》③君父之前,開口便云痛哭,云流涕,云長太息。想見文帝寬容不諱,通達不拘處,逐段數來,隨筆成變,不局局文章家分解之法,其胸中眼中,看往事落落然,歷歷然,間架節目,確成一片。説來有情有理,有機有勢。識力原委,深厚廣遠。其言有驗於目前者,有驗於易世者。故傳末云:"後十年,文帝崩,景帝立,三年而吳、楚、趙與四齊王合從舉兵,西鄉京師,梁王扞之,卒破七國。至武帝時,淮南厲王子爲王者兩國亦反。"④此段結局,與誼之言先後相應,正明其見之確而處之當也。合全文讀之,如削諸侯制匈奴之説,鼂錯輩猶能言之。至其所論紀綱風俗,根本元氣,則大儒之養,大臣之識,其本末來路,與一切才士不同。讀之愈遠愈切,愈切

---

① 《漢書·蒯伍江息夫傳》,頁 2184。

② 《漢書·蒯伍江息夫傳》。

③ 即賈誼名篇《治安策》。

④ 《漢書·賈誼傳》,頁 2264。

愈遠，惟其心熟意滿，氣盛語透。所以人知其銳，不知其鍊，知其鍊，不知其厚也。

絳、灌武人，詆毀賈誼[1]，正謂其文士無用耳。誼卻以繫單于頸一事勝之，恥以文士自了，真書生習氣也。然其論敬禮大臣，又若爲絳、灌地者，能無愧於賈生邪！古人論事，見其大體而不及其私如此。

臣子於國家大事，有人所不能而己獨能之者。苟真有以自信，亦不嫌於排衆而自任者。何者？國家大事，與其使不能者敗之，不若使能了之。蓋用舍之關於己者輕，而成敗之關於國者大。起念在國，不知其在己與在人也。賈誼有言，"使少知治體者得佐下風"。又曰："使舜禹復生，爲陛下計，無以易此。"[2]真有以自信而不暇於讓也，人或謂其少年輕躁。羌人之叛，上問誰可將者，趙充國對曰："無踰于老臣者矣。"充國七十老人也，豈亦洛陽少年乎？

爰盎鼂錯傳（鼂錯）

錯三奏，其一論以夷攻夷，主於應變。其二其三，皆論募民徙塞下，主於持久。則其所恃在募民積粟，而不專在以夷攻夷，明矣。其妙皆在於核，蓋邊情遠而兵事危，一有不核，非惟難行，亦近於欺。手畫口陳，歷歷在目。所謂不敢以疑事嘗試于上，告君之道也。

以蠻夷攻蠻夷，蓋中國原有長技，我爲主而用彼輔之。故曰："帝王之道，出於萬全。"[3]此以夷攻夷之本也。若中國之長技已

---

① 《漢書·賈誼傳》，頁 2222。
② 《漢書·賈誼傳》，頁 2231。
③ 《漢書》卷四十九《爰盎鼂錯傳》，頁 2282。

失,在我本無足恃,而一聽於夷,此徼倖之計耳,豈所謂萬全哉？宋以金亡遼,遼亡而宋弱;以元亡金,金亡而宋亡。不修己而恃人之過也。

募民徙塞下,使有事時免於調兵募兵。蓋洞見客兵之害,而思有以代之,其道不出此。然其經畫處分,非可急求而捷取者也。[1] 徙之之初,既不強其所不願,而田盧匹配城壍器具之屬,一一爲之所,使先至者如歸,安樂而不思故鄉,後者相(募)[慕]勸往,自爲戰守。而非以德上,期得募徙之實用而後已。其不曰募兵而曰募民者,所以使民漸化而爲兵,非一日之故也。雖以徙爲名,一部屯田全局,藏于其中。其善後未盡事宜,詳(是)[實]於第三奏内。有節次,有情理,胸中極透,下手自細自妥。然每見募徙之民,有一試輒劾而不堪再用者,由事平之後,氣驕體惰,自民而化爲兵者,復自兵而化爲民。兵再化爲民,則不復可望爲兵。而不肖將吏,弱者與之偷安賣閒,強者因而(浚)[腹]削之。法久而敝,初意不復可尋。故選置良吏,明管子什伍教習之法。又所以防其兵化爲民之漸,而終募徙之局也。

評點:

[1] 眉批:調客兵固不如徙民之爲根本也,但徙而不強其不願,又令安樂而不思故鄉,此等作用,談何容易。

賈鄒枚路傳(鄒陽、路温舒)

觀鄒陽諫吳王,當其反謀尚隱,出口甚難,而危心苦語,精誠動人,事梁與詭勝迕。梁事敗,見王先生爲梁周旋,事濟而後已。蓋持正而忠於所事,不負心人也,亦文士之有品者矣。[1] 身處危亂之邦,不避其難,而又能超然禍福之外,其智亦自過人。史遷以鄒陽與魯仲連同傳，若載此二事，猶與其排難解紛亂、功成辭賞氣類相合。獨取其獄中一書，反覺合傳之無謂。

路溫舒《緩刑疏》，痛切懇至，入骨刺心。當武帝嚴酷之終，宣帝綜核之始，所救不小。良由身作獄吏，從殺人場中鍊出慈悲至性。[2] 孟舒董作獄吏而卒成長者，亦此意也。

評點：

[1] 眉批：有此品，謂之文士，方不愧。

[2] 眉批：殺人手滑者更多。

景十三王傳

（河間獻王德、中山靖王勝、長沙定王發）

河間獻王從民得善書，必爲好寫與之。留其真，加金帛，即今收藏鑑賞家貴舊板書之意也。

勝爲人樂酒好內，有子百二十餘人。常與趙王彭祖相非曰："兄爲王，專代吏治事。王者當日聽音樂，御聲色。"趙王亦曰："中山王但奢淫，不佐天子拊循百姓，何以稱爲藩臣。"① 借二王語互作斷案，妙甚。然中山王是一種作藩王真受用學問，觀其聞樂一對，甚有戒心，安知非感於藩王侵削，自晦於聲色，爲全身寄憤之地乎？[1] 明帝永平中，法憲頗峻，北海敬王睦謝絕賓客，放心音樂。歲中，遣中大夫奉璧朝賀，召而謂之曰："朝廷設問寡人，大夫將何辭以對？"使者曰："大王忠孝慈仁，敬賢樂士。臣雖螻蟻，敢不以實？"睦曰："吁，子危我哉！此乃孤幼時進趣之行也。大夫其對以孤襲爵以來，志意衰惰，聲色是娛，犬馬是好。"② 此即中山王之意

---

① 《漢書》卷五十三《景十三王傳》，頁 2425—2426。
② 《後漢書》卷十四《宗室四王三侯列傳》，頁 556—557。

也。陳思王紛紛求自試,正逢忌者之機,豆之悲,誠有以自取也。

長沙定王發,即光武六世祖也。其母唐兒爲程姬侍者,上召程姬,姬有所避不敢進,因飾唐兒以應。上醉不知,以爲程姬而幸之,遂生子發。中興之符,兆于此矣。然則唐兒發祥之奇,又豈自生一長沙王而止哉?觀江都廣川所爲諸淫暴事,有絶不近人情者,殆是陰陽中一種戾氣,臣民中一段劫運也。

評點:
[1]眉批:此雖賢王真受用,然必得自晦之意方妙,一味奢淫大不可。

李廣蘇建傳([李陵、蘇武])

李陵願自當一隊,以分單于兵,毋令專向貳師軍,計亦自奇。然其機緣際遇,節節相左,蓋亦有奇數焉。武帝時,自請擊匈奴者,雖一士之微,必加勸助。陵雖云以少擊衆,然中國之師,計自應出萬全,豈有以五千人委虜之理?上曰:"吾發軍多,毋騎予女。"①陵言出而難于自止,對以無所事騎。上漫然壯而許之,不爲之所,使陵違心忍氣,冒死一往以塞其言。已挫其銳而孤其心,奇數一也。已乃,使路博德將兵半道迎陵軍,博德羞爲陵後距,上書不進,上不問博德以私悞國逗遛之罪,反疑陵悔不出,而教博德上書,奇數二也。與單于戰,所射殺過當,單于將引還,諸當户君長止之;管敢降虜,具言陵軍無後救,爲之鄉導,奇數三也。三者皆可原,獨其畏死降虜,與庸人無異。降虜無論矣,又說蘇武降,是亦不可以已乎?曰:"分謗也。"[1]說武不降,見其至誠,而後涕泣霑襟曰:"嗟乎,義士! 陵與衛律之罪,上通於天。"②良心不死矣。[2]

①《漢書・李廣蘇建傳》,頁2451。
②《漢書》卷五十四《李廣蘇建傳》,頁2465。

司馬遷違衆冒嫌而救李陵，人情所難，其誼可取，而其語近駁。遷此時只合咎漢救之不至耳，即上亦曾悔陵無救。以此爲言，機自相入。不宜盛稱陵爲國士，爲名將，豈有國士名將而降虜者。且業已降虜，猶謂其將欲得當以報漢，何其迂而悖乎？遷文士也，從來文士恥作文士，喜譚奇功，通輕俠，既無卓識具眼，灼見其人，始終輕信亂交。未有不因人虚名空言而自受實禍，且爲人品累者。[3]

衛律説蘇武降，武罵之，且曰：“若知我不降明，欲命兩國相攻，匈奴之禍從此始矣。”①非惟語壯氣强，亦藏有機權作用在内。律，庸人也，不可曉以是非，而可怵以禍福。蓋以一絶大干係，推付與律，乃可以寒其心，而塞其説降之路也。夫機權作用，正武所以自全其節耳。

武在虜中，聞武帝崩，南鄉號哭（歐）［嘔］血，旦夕臨。元始六年，春，至京師，詔武奉一太牢謁武帝園廟，正以報其南鄉哭臨之誠也。重其禮且遂其志，千古特典，忠臣出氣。魏將于禁爲蜀所虜，吳得而歸之，亦令謁武祖廟②，雄主賞罰，過衰鈇矣。

武與桑弘羊有舊，數爲燕王所訟。廷尉奏請逮捕武，霍光寢其奏，甚得大臣體。武精忠爲外夷觀瞻，才一問及，就使保全，所傷亦多。古人不以朋友累人。[4]不然，忠如蘇武，一李陵株連足矣，又奚待謀反之弘羊哉？

評點：

［1］眉批：兵凶戰危，安可孟浪出奇，以國家士卒爲嘗試？即僥倖而免，亦不能無罪，況敗乎？況敗而降虜乎？後寄蘇武書，猶責漢負德，何喪心之極也？

［2］眉批：至誠之愧人，甚于斧鉞。

①　《漢書》卷五十四《李廣蘇建傳》，頁 2462。
②　《三國志·魏書·于禁傳》卷十七，頁 524。

［3］眉批：説盡文士病痛。

［4］眉批：冤枉累人，忠如蘇武，幾乎不免，上將何以保身哉？讀之寒心。

董 仲 舒 傳

仲舒，儒者，其告君之言，寬大春容①，不急急於指切一事，以説理爲主。然理明而事情自見，無賈生之激，無鼂錯之峭，而氣運閎深，波瀾紆迴，自是漢人文字。所謂學問道德之氣，鬱鬱芊芊然，見於筆墨之間者也。本言富貴者不宜侵民之利，卻從天人古今發端，其原委起止，已自不同。[1]而以上天之理、太古之道結之，看來似迂，説來甚切。古人言語，前後皆留餘地以養之，故其入也深，而其傳也遠。

評點：

［1］眉批：仲舒儒者氣象，于此窺其八九。

公孫弘卜式兒寬傳（兒寬）

廷尉有疑奏，使寬爲奏，奏成以白廷尉張湯。湯大驚，召寬與語，上寬所作奏，即時得可。異日湯見上，問曰：“前奏非俗吏所及。”②此語從學問中出，武帝不必言，即張湯亦自不凡。士有一言

---

① 《禮記·學記》：“善待問者如撞鐘，叩之以小者則小鳴，叩之以大者則大鳴；待其從容，然後盡其聲。”鄭玄注：“‘從’，讀如‘富父舂戈’之‘舂’。春容，謂重撞擊也。”參《左傳注·文公十一年》：“鄭瞫侵齊。遂伐我。公卜使叔孫得臣追之，吉。侯叔夏禦莊叔，緜房甥爲右，富父終甥駟乘。冬十月甲午，敗狄於鹹，獲長狄僑如。富父終甥搹其喉以戈，殺之，埋其首於子駒之門，以命宣伯。”頁635—636。
② 《漢書》卷五十八《公孫弘卜式兒寬傳》，頁2629。

之善,大臣與天子立知之。才者固快于自見,昏庸者亦安能一日苟容哉?

　　寬表奏開六輔渠,定水令以廣溉田,收租税,時裁闊狹,與民相假貸,以故租多不入。後有軍發,左内(史)[史]以負租課殿,當免。民聞當免,皆恐失之,大家牛車,小家檐負輸租,繈屬不絶。課更以最,上由此愈奇寬。兒寬亦是古今第一知棄取、占便宜人,[1]所謂"日計不足,歲計有餘"者也。催科之術,孰有工於寬者乎?

　　司馬相如病死,有遺書頌功德,言符瑞,(是)[足]以封泰山。上奇其書,以問寬,寬對曰:"今將舉大事,優游數年,使群臣得人自盡,終莫能成。唯天子建中和之極,兼總條貫,金聲而玉振之,以順成天慶,垂萬世之基。"①此言爲相如善後耳。若不以獻諛之心出之,移之以論他事,豈非古今謀斷定案哉。

評點:
[1]眉批:能棄取,方是占便宜。

張湯傳(張安世)

　　上行幸河東,嘗亡書三篋,詔問莫能知,唯安世識之,具作其事。後購求得書以相校,無所遺失。安世能識亡書三篋,非獨以敏勝,亦以慤勝。以敏識易,以慤識難,非一切書簏腹笥行秘書輩可比也。其輔少主,處盛滿,作用條理之妙,實從學問中出。與霍氏成敗相反者,學不學之效異也。

　　有郎功高不調,自言,安世應曰:"君之功高,明主所知。人臣執事,何長短而自言乎!"②此言甚有大體。不惟慎於自處,亦高于

① 《漢書》卷五十八《公孫弘卜式兒寬傳》,頁2631。
② 《漢書》卷五十九《張湯傳》,頁2650。

處人。絶不許，已而郎果遷。其妙全在此。不然，上語爲蔽賢人口
實矣。

　　初，安世長子千秋與霍光子禹俱爲中郎將，將兵隨度遼將軍范
明友擊烏桓，還，謁大將軍光，問千秋戰鬭方略，山川形勢。千秋口
對兵事，畫地成圖，無所忘失。光復問禹，禹不能記，曰：“皆有文
書。”光由是賢千秋，以禹爲不材，歎曰：“霍氏世衰，張氏興矣！”①
霍光悶悶，于此等處見其條理井然，不得不以大臣之識推之。所謂
味道有子，李嶠無兒，正如此看出。

　　①　《漢書》卷五十九《張湯傳》，頁 2657。

史懷卷十一

漢書二

杜周傳（欽）

　　王氏取漢深矣，惟劉向預見之而頌言之。天子雖不能用，猶知爲王氏起此議，至召見嘆息悲哀其意，曰："君且休矣，吾將思之。"①當其時爲人主者，豈遂截然不知有王氏者哉？人主不能截然不知有王氏，而天又以日食告，以地震告，爲人主者即至愚，欲不舉而歸之王氏，不可得也。有杜欽、谷永者起，始暗取後宮以代之，使人主盡撤王氏之備，以備後宮，漢乃截然不知有王氏，而王氏得以其間掩其目以制漢之敝。嗚呼，二子亦爲一身報王氏耳。孰知爲王氏取漢，遂莫有工於此者哉！且後宮與外戚，其説相近；二子與向，又俱以經術應變陳言爲名，宜漢之人其彀中而不知也。[1]劉向之説不行，世何敢復言王氏？繼向上封事，請退大將軍鳳以應天變者，獨一京兆尹王章耳。鳳且懼，教鳳上疏謝得無廢者，欽也；鳳雖得無廢而心慚，求退，説使勿退者，欽也；鳳不慚且退，乃遂殺章而不疑。章死，衆冤之，鳳又慚。説鳳舉直言極諫以救其過，於是章死而不以爲冤，而漢益不可爲矣。史稱欽深博有謀，優游不仕，以壽終。欽何求於王氏哉？不過感王氏之知己，而甘以其身爲桀

---

① 《漢紀》卷二十七《孝成皇帝紀四》，頁 473。

犬耳。谷永，小人也，見鳳方用事，陰欲自託，有所恃而不爲忌，明以申伯指鳳，至云："願具書所言，以示腹心大臣。腹心大臣以爲誠天意，願陛下省察。"①是其黨戴王氏，已顯然不畏人主知，猶謂漢有人乎?[2] 原其本末，欽優于永；然其爲王氏取漢而漢不知，及其成功，一也。士之求自見自達，未有舍人主而先求之私門者。人主棄之，而私門收之，是人主自以士狗私門，而竟以國從。故曰：人主愛惜人才，自爲社稷計，茲非其明者痛切者哉![3] 郗超爲桓氏謀主，以父愔忠於王室，不令之知。死至，録其所與桓氏往反密計，屬門生呈其父，以斷其哀②。吁！爲超者亦苦矣！超俊物，世莫能知其人，又非可以名譽爵禄收也。桓元子雄爽，其氣誼必有相感者[4]。至不愛其身以報所知，不愛其名以報所生。誠使晉能先桓氏而收之，超亦何苦而出於此哉？若超者，固杜欽之流也。[5]

哀帝即位，杜業上書，言王氏世權日久，朝無骨髓之臣，宗室諸侯微弱，與繫囚無異，自佐史以上至於大吏，皆權臣之黨，其言危苦懇至。班氏著此於欽傳之末，欽附王氏亡漢，公案定矣。

評點：

[1] 眉批：經術之名，誤事不淺。

[2] 眉批：卓中郎，莽大夫，尚不自惜，況欽、谷小人乎?

[3] 眉批：人而有才，苟非聖賢，不爲君子，則爲小人。數語直抉其源，有痛哭流涕之意。

[4] 眉批：超雖晉之罪人，然士爲知己者死，猶愈於反覆小人。

[5] 眉批：論至此，憐才之苦心嘔出也。

---

① 《漢書》卷八十五《谷永杜鄴傳》，頁3454。按，此處《史懷》與《漢書》所載文字不同較多。

② 《資治通鑑》卷一百四《晉紀二十六》，頁3334—3335。

武五子傳（［戾太子、昌邑王賀］）

上知太子惶恐無他意，而車千秋復訟太子冤，此易事也。難在上怒甚時，群下憂懼，不知所出。壺關三老茂出身上書，是古今第一好膽，然其言曰：子盜父兵。別尋一罪名坐之，乃可爲出脫謀反之地。凡解紛難立言必須有法。若直言太子無罪，則反重其怒矣。上知太子無他意。使車千秋得以其間訟太子者，安知非三老先着之妙哉。

宣帝諡太子曰"戾"，蓋以孫而諡本生祖也，不敢顯其曾祖之失耳。雖情不勝禮，然在後世亦難行矣。上已憐太子無罪而悔之矣，舍其怒而從其悔，其可乎？

巫蠱之禍，中於骨肉。班氏以爲武帝用兵弗戢自焚之故，因果報應，説得悚然。"太子生長于兵，與之終始"①一語，天人透悟之言。

昌邑王賀在國時，數有怪，郎中令遂諫不聽，居無何乃被徵，遂之言幾不驗。驕主諛臣，處此益肆然無所忌矣。其應乃在被徵之後，災祥之理，豈可以目前定哉？

宣帝即位，心内忌賀，賜山陽太守張敞璽書察之，爲賀者危矣。敞條奏賀起居，著其廢亡之效，上由此知賀不足忌。所謂以小察而全大恩者也。不然，賀固可憐，所傷主德國體多矣。[1]

評點：

[1] 眉批：觀此則知養癰釀禍之非。

---

① 《漢書·武五子傳》，頁 2771。

嚴朱吾丘主父徐嚴終王賈傳（[嚴安、王襃、賈捐之]）

武帝好文之主也，嚴助以文學貴倖，特予補外爲會稽太守，數年不問聞，賜書責問，待下綜核如此。不以文士優容之，此漢治之所以無敝也。

太子體不安，苦忽忽善忘不樂，詔侹襃等皆之太子宮，虞（待）[侍]①太子。朝夕誦讀奇文，及所自造作，疾平復乃歸。太子喜襃所爲《甘泉》及《洞簫頌》，令後宮貴人左右皆誦讀之。從古無以詩文醫病者，自宣帝之於太子始。乃知枚乘《七發》，陳琳草檄，非一切妄語，蓋以聰明之主處父子之間，其體悉調護，別有異想。有至情，有妙理，出尋常禽犢之外。[1]

賈捐之議論文章，甚有可觀，始短石顯，不得進用。與長安令楊興更相薦引，欲得大位，復短顯。興曰：顯鼎貴，且與合意，即得入矣②。捐之即與興共爲薦顯，又爲奏薦。興竟爲顯所中，下獄死。功名熱中，反覆至此。身名俱敗，悔不可及。從古躁進之患，在才士最易爲劇，戒之戒之。

評點：

[1] 眉批：不獨理義悅心，遠于色欲，便是良藥。

東 方 朔 傳

武帝雄主，使東方朔與侏儒共論饑飽，自然置身無地。朔紿侏儒，以若曹無益於國用，徒索衣食。此韓非所謂"所用非所養，所養

---

① 《漢書·嚴朱吾丘主父徐嚴終王賈傳》，頁 2829。
② 《漢書》卷六十四下《嚴朱吾丘主父徐嚴終王賈傳》，頁 2836。

非所用"①。從來治國通患，朔借侏儒發之。朔陳農戰强國之計，其言專商鞅、韓非之語也。朔滑稽，與商、韓似不相入，學問實用不測如此。

朔直諫皆擇其大者，餘皆其遊戲之時，所謂養其全力，待時而發也，豈屑屑然以諫立名者哉？不屑屑然以諫立名，此朔之所以不妨於遊戲也。

公孫劉車王楊蔡陳鄭傳

（車千秋、楊惲、陳萬年）

中國用一人，外夷觀望以爲輕重。車千秋以一言寤意，拜相封侯②。使者至匈奴，單于問故，使者以上書言事對。單于曰："苟如是，漢置丞相非用賢也，妄一男子上書即得之矣。"③此單于亦自不凡。遼使謂寇準曰："相公望重，何故不在中書？"④亦是此意，與成帝時單于見董賢爲大司馬，輒賀漢得賢臣者，眼識相去遠矣。然爲外夷者，未必皆此輩，中國舉動，亦何可自輕邪。

太僕戴長樂告楊惲書，備極羅織，止免惲爲庶人。惲予孫會宗一書，遂致極刑。愚謂惲此書雖涉怨望輕傲，未至如長樂所告也。惲不死於長樂所告，而死於此書，異哉！蓋人告之者，其法尚在疑，自爲此書，以實所告，此惲之所以死也。處疑謗之中，在廢棄之後，筆墨語言，何可不慎？

丞相丙吉病，中二千石上謁問疾，遣家丞出謝。謝已皆去，萬年獨留，昏夜乃歸。及吉病甚，上自臨問以大臣行能，吉薦于定國、

---

①　《史記》卷六十二《老子韓非列傳》，頁2147。
②　《漢書》卷六十六《車千秋傳》，頁2883—2884。
③　《漢書》卷六十六《公孫劉車王楊蔡陳鄭傳》，頁2884。
④　《續資治通鑑長編》卷七十，《宋史》卷二百八十一《寇準傳》。

杜延年及萬年,萬年竟代定國爲御史大夫。吉篤愼賢相,猶以萬年
媚己薦之,仕途好諛,千古一轍。曰:及萬年者,私之之詞也。竟
代定國爲御史大夫,媚之爲效,一至於此,人亦何憚而不學媚乎。
今孤直之士,簡於權貴,而動以賢者待人,望其破俗情以薦己,豈不
難哉。[1]

評點:

[1] 眉批:無限淋漓感慨。

楊胡朱梅云傳(朱雲、梅福)

華陰守丞嘉上封事薦朱雲,以六百石秩試守御史大夫,及雲請
上方劍斬張禹,上大怒,將斬之,左將軍辛慶忌免冠解印綬,叩頭殿
下①。同是千古篤友爲國之人,然嘉於無事時薦雲作大官,不如慶
忌救雲於死,事難而義正。要其義重,不避嫌,不畏死,則一也。國
家欲得不二心之臣,當於此求之。

朱雲欲斬張禹,斬其黨王氏者也;梅福上書訟王章,訟其攻王
氏者也。皆是漢忠臣。雲病,不呼醫飲藥;王莽顓政,福一朝棄妻
子去九江。處篡革之際,結局皆妙,而其志皆有可悲者。雲知王氏
之必篡漢,而力不能爲,病不呼醫,即范文子使祝宗祈死之意。福
始去官歸壽春,數因縣道上言變事,求假軺傳詣行在所,條對急政,
一腔熱心,欲完漢社稷於王氏貪吻毒手中,如拯溺救焚,此豈潔身
自了之人?[1]"時成帝委任大將軍王鳳,鳳專執擅朝,而京兆尹王
章素忠直,譏刺鳳,爲鳳所誅。王氏浸盛,災異數見,群臣莫敢正

---

① 《漢書》卷六十七《楊胡朱梅云傳》,頁2915;《資治通鑑》卷三十二《漢紀二十
四》,頁1051—1053。

言。"①班氏著此一段，明福爲漢，本領主意，不出於此。上書言言，援引古今，不露本題。乃云"取民所上書，陛下之所善。試下之廷尉，廷尉必曰：'非所宜言，大不敬。'"其意全在訴王章之枉，發明王氏篡漢先除礙手之由。蓋篡奪之人，智可蔽主，力可脅衆。全仗一二膽識不二心之臣，洞見其微，而遏之將然未然之際。王氏取漢，其勢已成，又有張禹、孔光、杜欽、谷永輩，以漢之臣子，爲之委曲效死，出力定計。洞見而欲遏之者，劉向、王章、朱雲及福數人而已。福之力訴王章，猶爲漢留一攻王氏之人也。福始終血誠，非爲章，乃爲漢也。必不可爲，而後棄妻子，變姓名，爲吳市門卒，以自見其志，蓋以首陽之義報漢云爾。今謂雲爲達生，福爲高隱，非知二子者也。[2]

評點：

[1] 眉批：梅福一腔血誠，特爲拈出，何等眼力。讀其書，友其人，論其世，吾得鍾子焉！

[2] 眉批：快論。

霍光金日(殫)[磾]傳

殿中嘗有怪，一夜群臣相驚，光召尚符璽郎，郎不肯授光，光欲奪之，郎按劍曰："臣頭可得，璽不可得也！"②光甚誼之。明日，詔增此郎秩二等。尚璽郎亦自是一託孤之臣，惟光能識之。

宣帝即位，乃歸政，上謙讓不爲，諸事皆先關白光，然後奏御天子。霍氏禍始此，不在驂乘也。雄察之主，久處隱約，豈能堪之。光死後，霍山輩何等庸人，自若領尚書，上令吏民得奏封事，不關尚

① 《漢書》卷六十七《楊胡朱梅云傳》，頁2917。
② 《漢書》卷六十八《霍光金日磾傳》，頁2933。

書，英主作用，已自深妙。魏相又白去副封，其侵削霍氏，咄咄逼人，而甚有節奏。矧霍氏以駿罔諸兒應之邪，霍禹曰：「縣官非我家將軍，不得至是。」①只「我家將軍」四字，便可族誅，魏曹爽正是此一流人。

金日（磾）［磾］本匈奴休屠王太子，爲漢所獲，遂與霍光同受顧命。上欲内其女後宮，不肯，卓識過光萬倍，何止篤慎也。嘗怪武帝連年（代）［伐］匈奴，得不償失，乃得一日（磾）［磾］爲社稷臣，奇甚。昆邪率衆内附以數萬計，所獲雖多，不可與此並論也。然唐明皇寵信安禄山，又是此等識解誤之。[1]

評點：

［1］眉批：社稷臣何地不有，然得者自得，誤者自誤。

趙充國辛慶忌(列)傳(趙充國)

從來夷狄情形，合則强，分則弱。善制夷狄者，常使之分而不合。充國之言曰：「羌人所以易制者，以其種自有豪，數相攻擊，執不壹也。」②看「分合」二字甚透。先零諸羌，解仇交質，合之勢也。充國始終作用主意，全在捐罕、開闇昧之過，隱而勿章，專行先零之誅，使其分者常在羌，而合者常在我，勿令虜交堅黨合。中國制夷狄之法，不出於此。然均之羌也，可以舍罕、開而誅先零，獨不可以舍先零而誅罕、開乎？曰：罕、開之要領在我也[1]。罕、開之要領在我者，何也？「初，罕、開豪靡當兒使弟雕庫來告都尉曰先零欲反。後數日，先零果反。」③此罕、開不合於先零之要領也。要領在

① 《漢書》卷六十八《霍光金日磾傳》，頁2933。
② 《漢書》卷六十九《趙充國辛慶忌傳》，頁2972。
③ 《漢書》卷六十九《趙充國辛慶忌傳》，頁2977。

我，然後用吾威信以柔伏之。故雕庫種人頗在先零中，都尉即留雕庫爲質。充國以爲亡罪，遣歸。分別善惡，宣示天子購斬之令；解散其心，使罕、開欲復合於先零而不可得。故辛武賢，充國所薦也。與充國異意，欲擊罕、開，充國駁之。至公卿皆是武賢議，天子以書勅讓充國，令其引兵從武賢深入。充國以將任兵在外，便宜有守，以安國家。因陳兵利害，其言曰："先零雖與罕、開解仇約結，然其私心不能亡恐漢兵至而罕、開背之也。""其計常欲先赴罕、開之急，以堅其約。""適使先零得施德於罕羌，堅其約，合其黨。"①數語最透。充國肯使已分於先零之罕、開，復與先零合哉？及擊先零，降斬無數。"至罕地，令軍（母）〔毋〕燔聚落芻牧田中。罕羌聞之，喜曰：'漢果不擊我矣。'"②此舍罕、開而誅先零之效也。然不得罕、開所以不合於先零之故，則同一羌也，或舍之，或誅之，先後之間，亦安能了然於心手乎？[2]

充國舍罕、開而擊先零，罕、開內附，先零已孤，重以降斬之威，先零所餘有幾？而猶欲罷騎兵，屯田以待其敝，如治癰者，使之熟而自潰。老臣爲國，久遠萬全之計也。[3]

充國條奏屯田，妙在爲將者不避嫌疑，爲上者不拘文法，所以能成其功。然其膽識從精忠出，有一片至誠，足以格於上下，通於始終。觀其言曰："吾固以死守之，明主可爲忠言。""守"之一字，是其本領，不敢料其主之不明，而不以忠言自盡，真心憂國。千古議論功名之士，所難在此。上前後賜書，往返商確，務求詳妥，充國據問條答，不敢作一影響皮膚之語。極曲折，極直遂，以論事爲主，文之工拙非所計，然其文不期妙而自妙者，志氣所至也，志氣者何也？誠也，明也。

---

① 《漢書》卷六十九《趙充國辛慶忌傳》，頁 2982。
② 《漢書》卷六十九《趙充國辛慶忌傳》，頁 2983。

武將籌邊，其事之核鍊，有若鼂錯之策匈奴者乎？文臣奏事，其文之高妙，有若充國之條屯田者乎？上之聽言，不以此責其臣，而曰不拘文法。下之告君，不能以此自盡，而曰不避嫌疑。此朦朧苟且之道也。

充國奏每上，輒下公卿議臣。初是充國計者什三，中什五，最後什八。有詔(諸)[詰]前言不便者，皆頓首服。丞相魏相曰："臣愚不習兵事利害，後將軍數畫軍册，其言常是，臣任其計，可必用也。"①可見從來會議，不公不明，朦朧觀望不足恃者，非惟識慮不足，亦真心爲國者少耳。陳湯有言："國家與公卿議大策，非比所見，事必不從。"此千古會議通患也。魏相一人一言，便可破盈庭之議，宰相之關係邊事如此。

充國振旅而還，所善浩星賜迎説充國曰："衆人皆以破羌強弩出擊，多斬首，獲降虜以破壞，然有識者以爲虜勢窮困，兵雖不出，必自服矣。將軍即見，宜歸功於二將軍出擊，非愚臣所及，如此將軍計未失也。"充國曰："吾年老矣，爵位已極，豈嫌伐一時事以欺明主哉。兵勢，國之大事，當爲後法。老臣不以餘命，壹爲陛下明言兵之利害，卒死，誰當復言之者。"卒以其意對。讀充國此議，老將血誠，千古不滅，乃知人臣以不伐爲美，猶其第二義也。不伐之美在一身，避嫌之害在天下國家，事有近於自伐而以爲國者，充國是也。[4]誠之至也。誠不如充國，未易語此，"無踰於老臣"一語，充國徹首徹尾自信之言，避嫌之事，賢者不爲。充國固有所不屑也。

評點：

[1] 眉批：古人用兵，胸中先有成算。"分合"二字，乃充國制羌成算，故

---

① 《漢書》卷六十九《趙充國辛慶忌傳》，頁 2991—2992。

始終舍罕、開，惟擊先零，正分合之妙也。諸葛曰"孫權可與爲援"①亦此意。若今日擊先零，明日擊罕、開，不獨驅分爲合，而制羌之權先失，雖屢勝之亦不勝，其勞且疲矣。

　　[2]眉批：此最要緊，不然則反爲羌賣矣。

　　[3]眉批：得此意而制夷，則自不勞力。

　　[4]眉批：居已往之功，則不伐爲美。若利害當爲後法，而徒襲不伐之虛名，不幾誤國乎？此充國爲不可及也。

傅常鄭甘陳段傳（陳湯）

　　富平侯張勃與湯交，高其能。初元二年，元帝詔列侯舉茂材，勃舉湯。湯待遷，父死不犇喪，司隸奏湯無循行，勃選舉故不以實，坐削戶二百，會薨，因賜謚曰"繆侯"。薦一士而以爵狗之，又以身後名狗之，此古今人情所難。今紈袴之子，無事能結識奇人、有事能舉所知者有幾？況以其身連坐而不悔乎！

　　陳湯之擊斬郅支，較之傅介子誅樓蘭，事勢更難，名義更正，謀慮更遠。蓋郅支與樓蘭同爲殺漢使，而湯之意，尤重在郅支負漢之後，與康居爲一，後爲邊患難制，[1]特以殺漢使爲名，及今除之。多此一片苦心在內，故其與甘延壽謀曰："西域本屬匈奴，今郅支單于威名遠聞，侵陵烏孫、大宛，常爲康居畫計，欲降服之。如得此二國，北擊伊列，西取安息，南排月氏、山離烏弋，數年之間，城郭諸國危矣。久畜之，必爲西域患。"②此湯擊斬郅支單于本意，不獨以其殺漢使也。其進討郅支，用兵機宜，有節次，有紀律，謀而後戰，必勝而後發，非掩襲僥倖捷取於一擊以爲奇者。"斬單于首，得漢使節二，及谷吉等所齎帛書"，千古快事。然在介子則爲功，在湯則爲

<hr>

①　《三國志·蜀志·諸葛亮傳》，頁912。

②　《漢書》卷七十《傅常鄭甘陳段傳》，頁3010。

罪者：介子之往，霍光白遣之，而湯以便宜行事，故妬功者，得以矯制之罪罪之。法吏腐儒姦臣，合黨同心，羅織惟恐不密，機穽惟恐不深，灰英雄之心，不顧國家利害。匡衡經術宰相，甘心爲石顯出力排擠，不至於下獄論死不已。[2]善哉乎！劉向爲湯上疏曰：“副校尉湯承聖指，倚神靈，出百死，斬郅支之首。”①“承聖指”三字，出脱湯矯制之罪，甚妙。湯之罪無可指，而湯之功全矣。谷永之疏上，天子僅出湯，奪爵爲士伍，十載傷心。後西域都護段會宗爲烏孫所圍，百僚議數日不決。天生此一事爲湯昭雪，結奸臣之舌而唾其面。[3]“上召湯見宣室。湯擊郅支時中寒病，兩臂不能詘申”，已自可憐。“湯辭謝曰：‘將相九卿皆賢材通明’”②。此一語媿死妬功諸人。至其料敵神妙，知烏孫瓦合，不能久攻，屈指不五日而解。使匡衡輩立其前，聞且見之，其靦顏汗背，何啻鈇鉞之誅。[4]湯此後自可吐氣論功，食報無疑。而猶以代人作章奏，下獄徙邊。湯一生勳名，竟以此結局。總之，湯才略絶世，而“貪”之一字，是其胎病始終罪案。爲姦臣借口，不出於此。然前斬郅支，後料烏孫，廷臣中固不能舍湯而別尋一不貪者代之。[5]祭彤，廉將也，光武美其清約，封拜日，賜錢百萬、馬三匹、衣被刀劍，下至居室什物，無不悉備。如此，爲將者亦何苦而貪？漢法，邊臣功賞極厚，獨儉於一湯？使萬里功臣，至爲人代筆自潤。可憐，可恨，亦可羞！奸相庸主之過也。[6]不然，湯之功罪，甚著一時，君相封賞之，何其明白正大。而“壯侯”之謚，留爲王莽行其私，辱孰大焉！

衛司馬谷吉送郅支侍子而郅支殺之，原情定罪，較樓蘭有加，不誅何以爲漢。[7]且吉上書請往，所謂無畏，知死不避虞，殺之不問，何以勸遠使死事之臣乎？谷永，吉之子也。郅支殺吉，而湯殺

① 《漢書》卷七十《傅常鄭甘陳段傳》，頁3017。
② 《漢書》卷七十《傅常鄭甘陳段傳》，頁3022。

郅支,爲永父報仇,永之爲湯訟冤,正宜耳。然不如耿育一書,痛快直遂,語語指斥匡衡,無所回互,使人臣不得以經術飾奸,尤得奏事之體。

評點:

〔1〕眉批:數語功罪已明。

〔2〕眉批:不費兵餉,而斬单于於萬里之外,猶以爲罪,則後世邊境日亡,而糜耗天下爲中國羞者,其罪又當何如?

〔3〕眉批:儒一腐,則與法吏奸臣同黨爲禍,爲儒者,可不自慎哉?

〔4〕眉批:法吏可以理奪之,奸臣可以正斥之。惟腐儒持迂闊之論,盜經術之名,不原情,不知變,正色排擠,令功臣義士捨身爲國,一段苦心無處控訴,則其罪不較法吏奸臣爲更甚哉?伯敬特爲拈出,悲憤深矣。

〔5〕眉批:痛惜湯才,幾于哭矣。

〔6〕眉批:傷心酸鼻,不忍再讀。

〔7〕眉批:邊臣之功,與生事原自不同。

雋疏于薛平彭傳
(雋不疑、疏廣、于定國、薛廣德)

暴勝之爲直指,才位威名,種種自負,非雋不疑之氣,固不足以奪之,然勝之亦自不可及。今上官純以衣服言動責下,縣令中有賢如不疑者,不能去其素服手板以見郡倅,況褒衣帶劍而見直指乎。不疑教勝之,氣强而語平。作吏自爲嚴而教人以寬,"威行施之以恩"一語,所救不小,自是對病之藥,其作用從學問中出,難爲俗吏無本者道也。

二疏教太子,有盡心盡力處,不徒以保身知幾自了而已。太子外祖父許伯,白使其弟中郎將舜監護太子家。上以問廣,廣對曰:"太子國儲副君,師友必於天下英俊,不宜獨親外家許氏。且太子自有太傅、少傅，官屬已備，今復使舜護太子家，視陋，非所以廣太子德於天下也。"①寓意甚苦，立言又妙。若無此段正論，師、傅之道未盡，後之徑去，亦屬無謂。[1]太子年十二，頭角已露，根器庸柔，二疏已窺見之，知有王氏之禍機，不可爲而後去。所云知足不辱，知止不殆。豈徒以一身禍福論哉？觀其言曰："富者，衆之怨也，我既以教化子孫，不欲益其過而生怨。"②語語是處亂世自全之法，蓋亦知天下之將亂，有傷心而難於明言者，託爲達生之論耳。若二疏者始終出處，固梅福之流亞也。[2]

東海孝婦之冤，于定國請之太守，不聽。乃抱其具獄哭於府上，因辭疾去。必有此一片至誠，乃可以辭於孝婦之死。宋歐陽修所謂"求其生而不得，則死者與我俱無恨"。其本領未易言也。[3]

定國迎師執經，詎是漢一切獄吏舉動。乃知持平無冤，從學問家訓中來，刑獄一事，關係至重，非文墨俗吏所能了也。

亂者，盜之積也。大盜者，小盜之積也。盜發，吏不亟追，與盜爲市，反繫亡家以待對簿。一盜之興，捕盜者之利而亡家之禍也，以故亡家不敢復告，盜以寖廣。課吏者不察盜之寖廣，徒以不見亡家之告，反使俗吏有盜息民安之迹與名，上下相蒙，吏治之蔽，養亂由此。[4]上始即位，關東連年被災害。上數以朝日引見丞相御史（人）[入]受詔，條責以吏事曰："惡吏負賊，妄意良民，至亡辜死，或盜賊發，吏不亟追而反繫亡家，後不敢復告，以故寖廣。"③此等情弊，吏之所不及察，而上洞見之，以責其大臣。漢世人主，抑何其綜核也。

上幸甘泉，郊泰畤，禮畢，因留射獵。廣德上書諫，至欲自

---

① 《漢書》卷七十一《雋疏于薛平彭傳》，頁3039。
② 《漢書》卷七十一《雋疏于薛平彭傳》，頁3040。
③ 《漢書》，頁3043。

刿，以血汙車輪，語態不無過戇。然廣德爲人，名爲溫雅縕藉，而有此直節，固不得復少之。且使容容默默者，不能以溫雅縕藉自解也。

評點：

［1］眉批：拈出臣心，令知潔身亦自有道。

［2］眉批：《詩》云：“他人有心，予忖度之。”伯敬之謂也。

［3］眉批：爲民父母者，何獨無此心？

［4］眉批：粉飾養癰，古今大都如此，可勝三歎。

王貢兩龔鮑傳

李强爲益州牧，喜曰：“吾真得嚴君平矣。”①寫盡俗吏之淺，然亦士之自賤。人爲守令所輕，有以致之，今時作官其地，以得一士爲喜，如强者，可多得耶？[1]

王吉事昌邑王，淫暴之主，知無不言，言無不盡，只是不負心耳。昌邑既廢之後，上疏言得失，議論不必奇，而深厚老成。在宣帝强察之時，尤爲因病之藥，惟其近迂，所以益切。蓋宣帝操切，故以迂救之。上直以爲迂，則失之矣。

觀貢禹始終，陳言君臣之際，亦幾於信而後諫者矣。其意本於忠愛，其文流於經術，而一往深至質核，若以村老家僕口齒出之，語未卒而至誠達於面目，此言之所以多見用也。人臣言而見用，又何必明其意之爲忠愛，文之爲經術邪。但人臣言事，擇其大且急者。[2]元帝時恭顯用事，王氏亂内，釀成亡漢之禍。劉向能言之，而得君不如禹，使其言出禹口，或能有所感動。藉可言之資而自失之，非識之不至則膽之不足，必居一於此矣。

---

① 《漢書》卷七十二《王貢兩龔鮑傳》，頁3057。

評點：

［1］眉批：可喜之士如君平者，又可多得耶？

［2］眉批：豺狼當道，安問狐狸。以此責貢，貢何能解？

韋賢傳（玄成）

韋玄成陽狂讓爵於其兄弘，後以列侯侍祀孝惠廟，坐不駕駟馬車騎至廟下，削爵爲關內侯。自傷貶黜父爵，作詩自劾，蓋未襲爵之前，以克讓爲美，爲人弟之道也。既襲爵之後，以守成爲賢，爲人子之道也。

魏 相 丙 吉 傳

丞相車千秋死。先是，千秋子爲洛陽武庫令，自見失父，而相治郡嚴，恐久獲罪，乃自免去，相使（椽）［掾］追呼之，遂不肯還。相獨恨曰："大將軍聞此令去官，必以我用丞相死，不能遇其子，使當世貴人非我，殆矣。"①武庫令西至長安，大將軍霍光果以責過相曰："幼主新立，以爲函谷京師之固，武庫精兵所聚，故以丞相弟爲關都尉，子爲武庫令。今河南太守不深惟國家大策，苟見丞相不在而斥逐其子，何淺薄也！"②權貴人身死，上官侮辱其子孫以立威名，仕途自有此一等惡習。然武庫令去官而相追呼之，相之不肯逐令明矣。相智人也，不欲有此炎冷之迹。然觀其自恨數語，可見相欲存厚道，不過爲作官計，意在生大將軍而不在死丞相也。"殆矣"二字，不覺露出本情。[1]霍光責相，甚有大體，卻是長者之心，大臣

---

① 《漢書》卷七十四《魏相丙吉傳》，頁 3133。

② 《漢書》卷七十四《魏相丙吉傳》，頁 3133—3134。

之言。相與霍氏有郤而終抑之，其根在此。霍光責相良是，至以此一事銜之，因事致之下獄，則過矣。

魏相怨霍氏，不惜屈身違意，結外戚許史以傾之，真巧宦人，諫伐匈奴，與許史何與？而云願陛下與平昌侯、樂昌侯及有識者詳議乃可。因事獻媚，與谷永之託王鳳何異？其心迹險闇，甚矣。

丙吉保護皇孫，絕口不言舊恩，人知之。昌邑既廢，曾孫於昭帝其序爲孫，吉奏記霍光，請立之，膽識過人。光闇而戇，援立一不得人，昌邑之事，豈堪再見邪？吉此舉所全甚大，其功在保護曾孫之上。吉之絕口不言前事，亦以大臣謀國之道自處，恥與乳保分功。見定策之意，別有所在，不爲私恩耳。天生一掖庭宮婢則上書，自陳嘗有阿保之功，辭引丙吉知狀，似代爲吉自明者。吉識，謂則曰：“汝嘗坐養皇曾孫不謹，督笞，汝安得有功？獨渭城胡組、淮陽郭徵卿有恩耳。”[2]毫不以一語自及，而一宮婢二十年前微暗功過，口道如昨日，則己之保護舊恩，不言自明矣。何其巧也？既有舊恩，而又多一不言之美，大有作用人。史稱吉深厚，真不虛也。

吉起獄小吏，文采不及魏相而德量過之，其爲相持大體，識見議論，又似從學問中出。相，救時才相也，微帶險刻，巧而善宦，然猶能盡力國家，非全用其巧以自營官職者也。

評點：

[１] 眉批：如見其肺肝。

[２] 眉批：便非淺薄人所能。

眭兩夏侯京翼李傳（夏侯勝、京房）

黃霸以夏侯勝被累下獄，非惟不怨勝，反從勝獄中受經，是千古一定力人，能了生死者，未可以好學盡之也。然了生死方是學問得力處。“朝聞道，夕死可矣”，此儒家涅槃語，霸從何處得之？

京房與上論幽、厲一段，更端詰問，節次甚妙。然語漸切而漸相侵，步步逼人，使人難堪。“臨亂之君，自賢其臣”①二語，庸主精神，自家寫出。然上之所以對之者，亦覺有無數慚憤在內，而房不知，使人主慚憤而進言者不知，則進言者危矣。房猶欲以占驗，行其考功之法，與石顯作對。寓經濟於術數之中，其計誠愚，而其心誠苦。元帝柔魔作祟，房請得通籍殿中爲奏事，以防壅塞，不許。出房爲魏郡太守，又止無乘傳奏事。房步步入石顯彀中，尺寸不能出矣。兩上封事，情辭無緒，張博一案，自處敗局以快因鋒。房此時方寸亂而手足忙矣。騎虎難下，悲哉！

房上封事，引秦時趙高用事，有正先者，非刺高而死。高威自此成。故秦之亂，正先趣之，此事甚僻，可補正史之遺，爲從來君子攻小人輕發不勝、殺身亡國者之戒。[1]

評點：

[1] 眉批：言之有感。

趙尹張韓兩王傳
（趙廣漢、尹翁歸、張敞、韓延壽）

先是，潁川豪傑大姓，相與爲婚姻，吏俗朋黨，廣漢患之。屬使其中可用者受記，出有案問，既得罪名，行法罰之。廣漢故漏泄其語，令相怨咎，又教吏爲鉽篅，及得投書，削其主名，而託以爲豪傑大姓子弟所言。其後强宗大族，家家結爲仇讐，姦黨散落，風俗大

---

① 《漢書》卷七十五《眭兩夏侯京翼李傳》，頁3161。按，《漢書》作“臨亂之君各賢其臣”。

改。破壞姦黨,在於攜之。蓋國不能無姦民,而患於姦民之合,姦合則爲黨,姦易得而黨難窮。廣漢鉤鉅之法,使其有姦而不得爲黨。雖近於不厚,然居官御下之法不出於此。江乙謂楚王曰:"下比周則上危,下分爭則上安。"①此之謂也。姦黨既散之後,此法不可輕行。爲民上者爲風俗計,又當有以處之。故韓延壽繼廣漢爲太守,欲更改之,教以禮讓,非相反也,最是廣漢善後之策。然改前官所爲,深厚不露形迹,不生嫌怨,最爲有法。

古人用衆之道,雖權術牢籠,必有真精神出之,乃不敗露。[1]廣漢爲二千石,以和顔接士事,推功善歸之於下曰:"某(椽)[掾]卿所爲,非二千石所及。"與張湯讞獄,歸美正監(椽)[掾]吏,同一操縱,而史云:"行之發於至誠。"至誠者,真精神之謂也。又云,廣漢聰明,皆知其能之所宜、盡力與否。廣漢聰明,全是精神所至,他人效者莫能及。才能可强,精神不可强也。[2]

盜劫質索貨,吏顧質不敢并擊,此劫質之所以盛也。富人蘇回爲郎,二人劫之,廣漢將吏到家,叩堂戶曉賊曰:"京兆尹趙君謝兩卿,無得殺質,釋質,束手,得善相遇,幸逢赦(合)[令],或時解脫。"②二人即開戶下堂叩頭。魏夏侯惇爲僞降者所劫,惇將韓(治)[浩]叱持質者曰:"吾受命討賊,寧能以一將軍之故,而縱汝乎?"[3]因涕泣謂惇曰:"當賴國法何?"促召兵擊持質者,持質者惶遽,惇得免。魏太祖聞之,謂浩曰:"卿此舉可爲萬世法。"浩之截不若廣漢之婉,然廣漢之言,猶有愛質之意,其權與賊共之。浩則使賊全失其所恃,而我全制之矣。處劫質惟此兩法,等而上之,宋公子目夷之所以應楚者,其作用亦不外此。

廣漢精於吏治,自其天性,而紀綱大體,有所未知。以殺榮畜

① 《戰國策》卷十四《楚一》"江乙欲惡昭奚恤於楚"條,頁765。
② 《漢書》卷七十六《趙尹張韓兩王傳》,頁3202。

一事，爲丞相所案驗，乃誣丞相夫人殺傅婢，欲以脅之，勿令窮正己事。此與市井無賴何異？勿論魏相爲丞相，非可以脅劫取勝者。正使要脅可以脫罪，此其風已不可長。廣漢大臣也，事在他人，猶當禁之，況身親行之乎！

爲吏不受干請，自謂風力。不知人已干請，我又不受，人我間自有許多不妙處。尹翁歸拜東海太守，過辭廷尉于定國，定國家在東海，欲屬記邑子兩人，令坐後堂待見。定國與翁歸語終日，不敢見其邑子。翁歸能使人不敢干請，乃知不受人干請，自是第二義。晉釋道研有言，"使君徑將我入青雲，無由得論地上事。"其出之自有本，非一味風力所至也。[4]

翁歸爲吏，非不强直，史稱其溫良謙退，不以行能驕人，非惟自全之道，其所以能行其意，行其法者，妙用亦出於此。爲吏强直，人已不堪，若辭色驕倨，先自處一無禮之罪。人之不堪者，舍其强直而罪其無禮，亦復何辭。孔子曰："邦無道，危行言孫。"惟其言孫，所以能危行也。[5]

韓延壽與趙廣漢，同一吏治之精，然廣漢馭民以權術，而延壽上禮義，好古，教化原委不同。賈誼有言，"移風易俗，非俗吏之所能也"。雖以廣漢之賢，未能免此，惟延壽幾之。然其作用收放進退處，實大有一番牢籠。吏迹如此，班史不入《循吏》，亦自有窺其微者，其處蕭望之，與廣漢之於魏相，事若一(軏)[轍]，蓋其崇尚德禮。原以作吏治聲譽，非真有所本者，若二子者，才則有之，槩乎未聞道也。

張敞敏鍊長才，坐與楊惲黨友，公卿奏敞不宜處位，等比皆免，而敞奏獨寢不下，聖主憐才如此。及敞坐殺絮舜，天子薄其罪，欲令敞自取便利，即先下敞前坐楊惲不宜處位奏，免爲庶人。人知其作用之妙，不知其轉變保全，從一片苦心出之。

評點：

〔1〕眉批：用衆之本。

〔2〕眉批：才能，恐亦難強。

〔3〕眉批：似從分羹①語中變出。

〔4〕眉批：與"必也，使無訟乎"同一解。

〔5〕眉批：強直得之氣，使不配義與道，則驕倨所不免也。

---

① 項羽烹劉邦父分羹而食故事。

史懷卷十二

漢書三

蓋諸葛劉鄭孫(母)[毋]將何傳
（蓋寬饒、孫寶）

寬饒爲人,剛直高節,志在奉公。家貧,奉錢月數千,半以給吏民爲耳目言事者。身爲司隸,子常步行自戍北邊。廉吏易,廉吏而兼能吏難。廉止於潔己,能藉於用人,可以廉自待而不可以廉望人。[1]月奉數千,半以給吏民爲耳目言事者,不苟取而能舍。廉者欲自行其志,道不出此。又未有不能爲廉吏而欲爲能吏者也。

人臣號剛直敢言,亦須先修職業。王生予蓋寬饒書曰:"今君不務循職。而乃欲以太古久遠之事匡拂天子,數進不用難聽之言。"①省議論而歸職業,責得甚正,足以服剛直者之心而折其氣。

"高士不爲主簿,而大夫君以爲可。一府莫言非,士安得獨自高? 且不遭者可無不爲,況主簿乎!"②理正氣强而語特圓妙,人己間大有學問權術,深於涉世人也。[2]故吏侯文以剛直不苟合,常稱疾不肯仕。寶以恩禮請文,欲爲布衣友。日設酒食,妻子相對,文求受署爲掾,進見如賓禮。數月,以立秋日署文東部督郵。入見,

---

① 《漢書》卷七十七《蓋諸葛劉鄭孫毋將何傳》,頁 3246。
② 《漢書》卷七十七《蓋諸葛劉鄭孫毋將何傳》,頁 3257。

勅曰:“今日鷹隼始擊,當順天氣,取姦惡,以成嚴霜之誅,掾部渠有其人乎?”文卬曰:“無其人不敢空受職。”寶曰:“誰也?”文曰:“霸陵杜穉季。”寶曰:“其次。”文曰:“豺狼橫道,不宜復問狐狸。”①寶默然。穉季者大俠,與衛尉淳于長、大鴻臚蕭育等皆厚善。寶前失車騎將軍,與紅陽侯有郤,自恐見危,時淳于長方貴幸,友寶,寶亦欲附之。始視事而長以穉季託寶,故寶窮,無以復應文。文怪寶氣索,知其有故。因曰:“明府素著威名,今不敢取穉季,當且閣閣,勿有所問。如此竟歲,吏民未敢誣明府也。即度穉季而譴它事。衆口讙譁,終身自墮。”寶曰:“受教。”穉季耳目長,聞知之,杜門不通水火,穿舍後牆爲小户,但持鉏自治園,因文所厚自陳如此。文曰:“我與穉季幸同土壤,素無睚眥,顧受將命,分當相直。誠能自改,嚴將不治前事。即不更心,但更門户,適趣禍耳。”②

　　穉季遂不敢犯法,寶亦竟歲無所遣。舍豺狼,問狐狸。千古巧宦人色厲膽薄,以歠媚而博强項風力之名,同此作用,但不堪一説破耳。寶威名素著,不敢取杜穉季,問其次以塞之。[3]其病全在重一官,情理節次,寫出如見。侯文爲寶始終周旋,一毫形迹不露,就中不無違心,然善處之道實不出此。文有心人,始稱疾不肯仕,後求受署爲(橡)[掾],出處之際,權機在我,甚爲不苟。寶能用之,勝取百穉季矣。

評點:
　　[1]眉批:能者之言。
　　[2]眉批:尤妙在“道不可屈,身屈何妨”二語。
　　[3]眉批:説破寧不愧死。

---

①　《漢書》卷七十七《蓋諸葛劉鄭孫毌將何傳》,頁3259—3260。
②　《漢書》卷七十七《蓋諸葛劉鄭孫毌將何傳》,頁3260。

蕭 望 之 傳

霍光輔政，失魏相、張敞、蕭望之三賢。三人皆持論抑霍氏，不無私郤。總不如魏相、白，去副封，下手甚毒，藏機甚秘。望之言霍氏，在光輔政之時，其意隱而近正；相與敞排霍氏，在光死勢衰之後，其詞著而近險。望之固君子也。[1]

評點：

[1] 眉批：輔政之時，較衰敗之後，相去不啻天淵。

匡張孔(馮)[馬]傳(匡衡、張禹、孔光)

匡衡經術儒者，然躁刻非大臣器，所對詩義深美。宣帝不甚用儒，遣衡歸官。非不用儒也，重大臣甚於重經術，自是帝王高識。時元帝爲皇太子，見衡對，私善之，其意自妙。若留以典文章禮制，必有可觀，遽用作宰相。用枉其才，受過其器，附權畏勢，蔽賢妒功，甘爲石顯私人。[1] 顯死，而追條其罪，經術大臣至此已可羞矣。王尊劾奏衡附(上)[下]罔上，無大臣輔政之義，痛快千古。衡竟以體面慰留，忍恥就列，不去於王尊之劾奏。而平陵伯一事，竟以欺墨敗，決裂過之。鄙夫患失，亦安能保其終不失哉?[2] 漢劉向、匡衡並以經術稱，衡作宰相而向典文學，易地皆善，而漢兩失之。向之忠以經術掩，衡之佞亦以經術掩，非經術之罪，而用經術者之罪也。[3]

永始、元延之間，日蝕地震尤數，吏民多上書言災異之應，譏切王氏專政所致。上懼變異數見，意頗然之，未有以明見，乃車駕至禹第，辟左右，親問禹以天變，因用吏民所言王氏事示禹。禹自見年老，子孫弱，又與曲陽侯不平，恐爲所怨。禹則謂上曰："春秋二

百四十二年間，日蝕三十餘，地震五十六，或爲諸侯相殺，或夷狄侵
中國。災變之(意)[異]深遠難見，故聖人罕言命，不語怪神。性與
天道，自子(戆)[贛]①之屬不得聞，何況淺見鄙儒之所言！陛下宜
修政事以善應之。與下同其福善，此經義意也。新學小生，亂道悞
人，宜無信用，以經術斷之。"②上雅信愛禹，由此不疑王氏③。成帝
委權王氏，漢祚將移，天變人言不足警動萬分之一，決於一禹。車
駕至禹第親問以天變，人主絕妙機緣、漢之存亡，全在此着，被老奸
以身家一念斬斷之。"禹則謂上曰"，枉心塗面，在一則字寫出。[4]
又云"陛下宜修政事，以善應之"，別裝一副正論，暗爲王氏出脱，與
谷永移過後宮機局正同。王氏篡漢，始於杜欽、谷永而成於禹，朱
雲請劍斬禹，是千古第一討賊妙手。欽、永，王氏私人，猶曰儒生後
進，漢不能用，而王氏收之。禹以經術爲漢大臣，與王氏並列，而甘
心爲王氏取漢，其罪豈可與欽、永並論哉？史稱"上親拜禹牀下"，
國家每有大政，必與定議。蓋言禹得君如此，而以此報漢，罪之深
也。君子與權奸同朝，國家將有易姓之禍，雖力不能遏勝之，然使
有心人處此，亦須正己潔身，先自處於無過之地，相時乘勢而徐圖
之，乃不礙手。禹以年老治冢，好平陵肥牛亭地，奏請求之。帝舅
曲陽侯根爭之，謂"禹爲師傅，不遵謙讓，至求衣冠所遊之道"。當
是時，根論自正，禹無以謝根也。禹所處何時何地，使正論在根而
曲反在己乎？使禹真有爲漢裁抑王氏之心，自無此等舉動矣。觀
禹與王鳳並領尚書，王氏氣未厚而勢未成，事猶可爲，而禹乞骸骨

---

① 《漢書》作"子贛"，陶珽、許刻評二十卷合刻本作"子戆"，《叢書集成初編》本作
"子貢"。按，漢劉向《説苑》將端木賜字子贛，"子貢"爲"子贛"之誤。端木賜爲魯國宰相
時，魯公賜端木氏字子贛，"贛"古音 gòng，後人凡作"子貢"者，亦音訛所改。該説在漢
朝典籍《石經》中也有修正：貢應作贛。陶珽、許刻評二十卷合刻本當爲刊刻之誤，從
《漢書》。
② 《漢書》卷八十一《匡張孔馬傳》，頁 3351。
③ 《漢書》卷八十一《匡張孔馬傳》，頁 3351。

先退避之。禹無爲漢制王氏之心久矣。看禹始終一溫飽俗骨耳，其效遂能亡漢，俗之爲患至此。[5]孔子所謂"鄙夫不可與事君"，豈非以其俗哉！黃庭堅有言"臨大節而不可奪，真不俗人也"。① 惟其不俗，所以不可奪。

定陶王求爲漢嗣，趙后與王氏主之，孔光能持（王）[正]議，與二氏爭。及王入繼後，王祖母傅太后欲改居近帝，並稱尊號，光又爭之，猶有大臣風節。不幸與工莽同時，運衰而才短，精亡而膽薄，處難處之地，然未至如張禹賣國，不可以其畏慎與禹同罪也。大臣富貴念重，市恩樹黨，受惡名以固寵者，人知之。持法行意，得美名以固寵者，人不知也。史稱光居大位，於弟子終無所薦舉，其公如此。愚謂此不可言公，只是巧於自固耳。[6]自固則必畏事，畏事則必遠嫌，遠嫌必從其弟子始。史稱"光不結黨友，養遊說，有求於人。既性自守，亦其勢然也"。② 此語得之。

評點：

[1] 眉批：重經術原重其能爲大臣也。既躁刻，非大臣器，則經術何爲。二語道破冒襲經術之弊。

[2] 眉批：真經術固如是乎？

[3] 眉批：道待人而後行，忠得之爲忠，佞得之爲佞，于經術何尤。

[4] 眉批：史臣深心妙筆，惟伯敬能窺之。

[5] 眉批：溫飽俗骨，雖真語，實是定評。

[6] 眉批：心深眼毒。

王商史丹傅喜傳

亡漢者，外戚也，外戚賢者亦自有一王商，卒爲王鳳所陷至死。

---

① 黃庭堅《東坡先生真贊三首》。

② 《漢書》卷八十一《匡張孔馬傳》，頁 3354。

鸞皇生梟族，必反以爲異類而自除之。惡運之至，豈一善人所能争哉！然史稱"商死後，連年日蝕地震，直臣京兆尹王章上封事召見，訟商忠直無罪"①數語，爲商昭雪，甚有分曉。以直臣許訟商之王章，商之公案定矣。[1]

　　定陶王以好音善撾鼓，上數稱其材，幾於奪嫡。史丹進曰："凡所謂材者，敏而好學，温故知新，皇太子是也。"②非惟正論，其當機應節，許多調護太子之妙，皆在其中。且上稱定陶王，而丹無端忽及皇太子，逆折其萌，而消之有意無意之間，甚捷，甚微。至中山哀王薨，王帝之少弟與太子遊學相長大。上望見太子至感念哀王，悲不能自止。何等至性！而太子不哀，上大恨曰："安有人不慈仁而可奉宗廟爲民父母者乎！"卻是爲人父兄不易之論。上以此責謂丹，丹亦無辭。蓋向之稱定陶王者，私情也，今之責太子者，正理也，私情易折而正理難奪。丹免冠謝上曰："臣誠見陛下哀痛中山王，至以感損。臣竊戒屬太子毋涕泣，感傷陛下。"上意乃解③。丹此際設心發口，難於對昔之稱定陶王者百倍矣。[2]及上寢病，數問尚書以景帝立膠東王故事。丹直入卧内，頓首伏青蒲上，涕泣爲言，一片至誠，生出許多靈警。可見靈警之詞，不出於至誠不足以感人。況以臣子對君父，而所言者在處人骨肉間乎！

評點：

　　[1] 眉批：惡運，天心也，日蝕地震亦天心也，惡運既非善人所能争，則日蝕地震又何爲？可見運之所至，天亦不敢私，善惡所在，天亦不敢没。

　　[2] 眉批：真心愛主，雖强爲之解，亦必有一段情理動人，何也？體貼者深也。

---

① 《漢書》卷八十二《王商史丹傅喜傳》，頁3375。

② 《漢書》卷八十二《王商史丹傅喜傳》，頁3376。

③ 《漢書》卷八十二《王商史丹傅喜傳》，頁3376。

薛宣朱博傳

入守左馮翊，滿歲稱職爲真。始高陵令楊湛、櫟（楊）[陽]令謝遊皆貪猾不遜，持郡長短，前二千石數案不能竟。及宣視事，詣府謁，宣設酒飯與相對，接待甚備。已而陰求其罪臧，具得所受取。宣察湛有改節敬宣之效，乃手自牒書，條其姦臧，封與湛曰："吏民條言君如牒，或議以爲疑於主守盜。馮翊敬重令，又念十金法重，不忍相暴章。故密以手書相曉，欲君自圖進退，可復伸眉於後。即無其事，復封還記，得爲君分明之。"①湛自知罪臧皆應記，而宣辭語溫潤，無傷害意。湛即時解印綬付吏，爲記謝宣，終無怨言。而櫟陽令游自以大儒有名，輕宣。宣獨移書顯責之曰："告櫟陽令：吏民言令治行煩苛，適罰作使千人以上；賊取錢財數十萬，給爲非法；賣買聽任富吏，賈數不可知。證驗以明白，欲譴吏考案，恐負舉者，恥辱儒士，故使掾平鐫令。孔子曰：'陳力就列，不能者止。'令詳思之，方調守。"游得檄，亦解印綬去②。待屬吏雖大有操縱，然權術中理足以服人，意足以感人，非一味滑刻者可比。及得郡中吏民罪名，輒召告其長吏，使自行法。曉曰："府所以不自發舉者，不欲代縣治，奪賢令長名也。"③辭氣舉動，節節有體，"故長吏莫不喜懼，免冠謝"。"喜懼"二字妙甚，見上官作用之效。蓋得其要領而操縱在我，用人而不爲人所用也。

宣爲相後，反覺索然，所謂功名損於治郡時也。然當其爲丞相，而翟方進爲司直，宣知方進名儒，有宰相器，故結厚焉。此無論

① 《漢書》卷八十三《薛宣朱博傳》，頁 3387。
② 《漢書》卷八十三，頁 3387—3388。
③ 《漢書》卷八十三《薛宣朱博傳》，頁 3390。

爲國,善後自全之策,亦莫妙於此。今妬者身退,而惟恐一賢者繼之,敗其成而暴其短。百計巧錮,卒之不利於己者,不必皆賢者爲之。而賢者嚮用之途,又非巧錮者所能終塞。[1]以霍光之賢,妬蕭望之、魏相、張敞,三人卒繼光大用而傾之,何其勞且拙也。

朱博隨從士大夫,不避風雨。陳咸爲御史中丞,坐漏泄省中語下獄。博去吏,步至廷尉中,候伺咸事。詐爲醫入獄,爲咸調護,卒免咸罪。博以此顯名,爲郡功曹①。看來博一片氣俠,總是借題自立聲譽,爲仕宦地。功名路上人,自有此一等作用。[2]若廉范爲隴西太守鄧融功曹,融爲州所舉案,范知事難解,欲以權相濟。乃託病求去,融不達其意,大恨之。范於是東至洛陽,變姓名,求代廷尉獄卒。融果徵下獄,范遂得衞侍左右。融怪其貌類范,范堅不肯承。融死,身自將車送喪至南陽,葬畢乃去②。誠與才合若范者,吾即以真氣俠許之。有此本領,事君何患不作忠臣,治民何患不作良吏。[3]

齊部舒緩養名,博新視事,右曹掾吏皆移病臥。(博)[博]問其故,對言:"惶恐!故事二千石新到,輒遣吏存問致意,乃敢起就職。"博奮髯抵几曰:"觀齊兒欲以此爲俗邪!"乃召見諸曹史書佐及縣大吏,選視其可用者,出教置之。皆斥罷諸病吏,白巾走出府門。郡中大驚③。處病吏快甚,妙在徑認其僞者爲真。白巾走出府門,無從置辨。千古名利中僞人,當用此法處之。晉范汪爲桓溫所黜,家居,溫後欲用汪,汪亦知之,乃至都。溫喜躍就訪。汪雖實投桓,而惡以趣時損名,乃曰:"雖懷朝宗,會有亡兒瘞在此,故來省視。"溫不覺虛注之意,一時頓盡,遂廢汪終身④。此處僞人法也。

---

① 《漢書》卷八十三,頁 3398。
② 《後漢書》卷三十一《廉范傳》,頁 1101—1102。
③ 《漢書》卷八十三,頁 3400。
④ 《晉書》卷七十五,頁 1984。

凡爲吏有時乎用譎,但譎者病於不信。有時乎用察,但察者病於不爽。博召見功曹,閉門具得其陰事,與筆札使自記,"積取一錢以上,無得有所匿"。既知其對以實,乃令就席,受勑自改而已。投刀使削所記,遣出就職①。操舍之間,信甚,又爽甚。所以妙於用人,能得其情,又得其力。

博爲人廉儉,不好酒色遊宴,自微賤至富貴,食不重味,案上不過二杯,夜寢早起,妻希見其面。古今自有此一等宦情深重之人,除作官之外,一無所好,反似蕭然無欲者,博是也。及傅太后求稱尊號,公然希指排孔光、傅喜、師丹②正議,竟代光爲相,猶嗜進不已。力主趙玄奏免喜,爲上所覺,召問狀,玄減死,博自殺。[4]一念熱中,枉心塗面,身名俱敗,千古快之,爲傾險者之報。此淺躁小人不學之過也。

評點:

〔1〕眉批:二語精透,使姤賢者見之,應自笑其失算矣。

〔2〕眉批:無微不窺矣。

〔3〕眉批:"本領"二字最要緊。

〔4〕眉批:爲廉儉白冤,令博之官癖無處躲閃,刻甚! 快甚!

翟方進傳(義)

翟義討莽,不必以成敗論,天地間自不可無此一舉。然名義雖正,而步驟施爲,節節皆錯。此楊玄感、徐敬業之徒所以不終也。

---

① 《漢書》卷八十三,頁 3402。

② 《漢書》卷八十六。

谷永杜鄴傳（谷永）

　　永一意爲王氏取漢，專攻君身與後宮，解免王氏，而後宮尤其所重。引“婺女蕭牆”四字諷切後宮，立言甚爲微巧，不知“婺女蕭牆”可以指後宮，獨不可以指母后乎？永未嘗不檢及此也。故其言曰：“内寵太盛，女不遵道”，曰“失夫婦之紀，妻妾得意”，曰“夫妻之際，王事綱紀”①。其所引證，則曰舜飭正二女、楚莊忍絶丹姬、幽王惑於褒姒、魯桓脅於齊女，語語回顧，明其所指在後宮，而不在母后。而又曰後宮親屬勿與政事，捐妻黨之權。曰妻黨者，惟恐及於母黨耳。又曰骨肉大臣有申伯之忠，無重合、安陽、博陸之亂，所以爲王氏出脱者，可謂極净矣。曰：若是，則永之言可以止於是，而不及其他矣。又將正左右，明功賞，布衆賢，去殘賊吏，配作數段。而曰此五者，王事之綱紀，南面之急務。又旁及諸時事作陪，使聽者不疑，若又不專爲後宮而發者。公然賣國，而以經術直言出之。着着步步，皆有綫索。使人主不得不入其彀中，而己操其權。真小人之雄哉。使當其時無王氏從中取漢事，而獨有君身及後宮奢淫數端，則永言爲對病之藥矣。故聽言不可不察也。

　　班氏每於杜欽、谷永陳言處，或前或後，將數語鈎盡二子與王氏一段交關隱情，眼力甚高，讀來覺有精神。作史者於此等處看得不如此深透，逐句成文，此鈔謄手也，有何關係？

何武王嘉師丹傳

　　上官待屬吏有體，在嚴於法，而寬於禮。則人知自重而不肯輕

---

　　① 《漢書》卷八十五，頁3444—3446。

犯法。即犯法矣，吾先待之有禮，而後繩之以法，彼亦無辭。何武爲(楊)[揚]州刺史，九江太守戴聖，《禮經》號小戴者也，行治多不法，前刺史以其大儒，優容之。武廉得其罪，無所貸。二千石有罪，應時舉奏①，其餘賢不肖敬之如一，蓋待之以禮而後可伸吾法也。今奴視屬吏，而作姦犯科反一切優容之，奈何吏治之不衰也。所以然者，憚於正己以率下，故有所詘於法以媚人，喜於下之奉己，故有所簡於禮以自尊故耳。[1]師丹與傅喜，俱以議傅太后稱尊號不肯阿順於大臣之義甚正，即貶黜何愧？而爲王莽所褒顯，成一蛇足，真不幸也。

評點：

[1] 眉批：病根雖抉出，而實無藥可治。

(楊)[揚]雄傳

子雲《反離騷》，自是深好屈原而悲其遇，恨不能設身處地，告以自全之道，故爲此無可奈何之事，與《廣騷》同意。俗儒紛紛作異同之辨，癡甚矣。[1]自岷江投諸江流以弔屈原，是何等異想？有此，胸中方可論騷雅。非異人真有性情者，烏能知之。

作文章以求名於後世，是極危不可必之事。讀桓譚：“凡人賤近貴遠，親見(楊)[揚]子雲祿位容貌不能動人，故輕其書。”②數語爲千古著作人寒心。雄《解嘲篇》云：“深者入黃泉，高者出蒼天，大者含元氣，細者入無倫。”③四句極力寫出《太玄》之妙，知後人決不能看到此，故代言之。此作者苦心也。然文章之傳，傳於精神。精神者，誠

① 《漢書》卷八十六，頁3482。
② 《漢書》卷八十七下《揚雄傳》，頁3585。
③ 《漢書》卷八十七下《揚雄傳》，頁3566。

也。雄之傳，蓋精神爲之。於何處得其精神？寂寞清净是也。

評點：

［1］眉批：以意逆志，方不愧讀史論文人。

循吏傳(黄霸)

霸學律令，喜爲吏①。馮翊以霸入財爲官，不署右職，真俗吏眼孔也。霸卒以"循吏"爲漢名臣。入貲一途，何嘗無賢者？[1]蓋霸性習長於治民，故"喜爲吏"三字是其一生真面目精神。欲用其長而無由自見，故入財爲官，忍而爲之，所不恥也。李文饒之賢，又豈得以任子掩乎？

評點：

［1］眉批：吴起殺妻求將，猶此意也。只一味胸中技癢耳！

佞　倖　傳

韓嫣與石顯，皆佞倖也。武帝好兵，而嫣以習兵中之，宣帝綜核吏治，而顯以明習法令中之，見佞倖手段。不然，二帝雄主，寧可以無故取邪？宣帝如此，元帝不勞餘力矣，以顯中人，無外黨，精專可信任。此千古任宦官入骨病根，秦所以爲趙高用也。觀顯之才，亦近於高，而顯小用之。故秦之亡速，而漢亡稍遲耳。

匈　奴　傳

夷狄之勢，合則强，分則弱。五單于分争，是各自求弱，折而入

① 《漢書》卷八十九《循吏傳》，頁 3627。

218

於漢也。呼韓邪款塞，武帝不能以遠征得之於漢强之時，而元成能以安坐得之於漢弱之日，勢使然也。單于弱，而漢道益衰，其强弱與漢相終始。漢之盛衰，不係於單于之朝不朝也。外寧必有内憂，相提而論，漢之有事匈奴，其效可覩矣。

始呼韓邪嬖左伊秩訾兄呼衍王女二人。長女顓渠閼氏生二子，長曰且莫車，次曰囊知牙斯。少女爲大閼氏，生四子，長曰雕陶莫皋，次曰且麋胥，皆長於且莫車，少子咸、樂二人，皆小於囊知牙斯。又它閼氏子十餘人。顓渠閼氏貴，且莫車愛。呼韓邪病且死，欲立且莫車，其母顓渠閼氏曰："匈奴亂十餘年，不絕如髮，賴蒙漢力，故得復安。今平定未久，人民創艾戰鬥，且莫車少年，百姓未附，恐復危國。我與大閼氏一家共子，不如立雕陶莫皋。"大閼氏曰："且莫車雖少，大臣共持國事，今舍貴立賤，後世必亂。"單于卒從顓渠閼氏計，立雕陶莫皋，約令傳國與弟。呼韓邪死，雕陶莫皋立，爲復株絫若鞮單于①。復株絫若鞮單于立，遣子右致盧兒王醯諧屠奴侯入侍，以且麋胥爲左賢王，且莫車爲左谷蠡王，囊知牙斯爲右賢王②。兩閼氏高識如此，豈惟當采入賢媛即作聖明母后可也。單于於顓渠閼氏舍其子且莫車而用其言，立大閼氏之子雕陶莫皋，蓋深重之，甚於立其子矣。雕陶莫皋卒傳位於且麋胥，以致之於且莫車而後已。嗚呼，視宋太宗之所以報其兄及其母者何如哉![1]

評點：

[1]眉批：夷狄之有，諸夏之無，孔子豈獨虛寄一時之感乎哉?

---

① 《漢書》卷九十四下《匈奴傳》，頁 3806—3807。
② 《漢書》卷九十四下《匈奴傳》，頁 3807。

西　域　傳

　　《西域傳》一序，看地界分合章法脈絡，井井然有成局於胸中，文甚簡妙閑整，不亂不板，而許多邊事處分經緯，不出其中。乃知不達世務，不能作史。

　　自貳師將軍伐大宛之後，西域震懼，多遣使來貢獻。漢使西域者，益得職。於是自敦煌西至鹽澤，往往起亭，而輪臺、犁渠皆有田卒數百人，置使者校尉領護，以給使外國者①。漢出使外國及外國來貢獻者，皆置屯田以給其費，不煩縣官。想當時地與人之間而爲之甚便，一至於此。後世不能以屯田給戰守之用，何古之有餘而今之不足也？

　　傅介子誅樓蘭與陳湯誅郅支，情法不同，郅支有罪，而樓蘭無罪也。何以明之？樓蘭以一子質匈奴，以一子質漢，未爲甚失。所謂居大國之間而從於强令，鄭事晉、楚之道也。樓蘭王死，國人來請質子在漢者立之。質子常坐漢法下蠶室宮刑，漢法豈可施於質子？此王莽所爲也。樓蘭更立王，漢復責其質子，無理極矣。後王又死，匈奴先聞之，遣質子歸。匈奴得勝着，漢過益明矣。何怪畔漢而歸匈奴哉？自介子誅樓蘭得封賞，遠使者利之，遂以爲例，成則爲介子，爲甘陳，不成則魏和意、任昌。以遣刺狂王見誅，漢法何以信於臣下也。且以誅狂王爲名，誅之不成而遣醫養視，兩失之矣。

　　屯田本備邊極安穩之策。漢能用屯田士擊車師，其訓練之法，猶不失古寓兵於〔晨〕〔農〕之意。至桑弘羊輪臺一議，則屯田反爲險道矣。蓋漢以屯田爲重，苟有可爲，不憚勉從之。故行險倖功之

---

　　①　《漢書》卷九十六上《西域傳》，頁3873。

人,得進輪臺之説。其人其言,雖不可用,亦漢之留心於屯田,有以致之也。今方内屯田,荒不可問,建議者盡成畫餅,況輪臺迂險之説乎?

外戚傳（李夫人、趙皇后、王皇后）

李夫人彌留之際,蒙被而謝上,慧心達識,卓絶千古,正不當以色求之。然"色衰愛弛"一語,看透世上男子無一深情人。能求於色之外者,覺武帝一詩一賦,俱索然可廢矣。卒之李氏族滅,夫人之言何嘗不驗![1]

李夫人,昌邑王母也。夫人死,霍光緣上雅意,以李夫人配食,追上尊號曰孝武皇后,不經之極! 此豈大臣以道事君之義? 昌邑紛紛廢立,皆此一念爲根。大臣不學之害,幾危社稷如此。

趙后殺皇子,罪通於天,乃入定陶王世子爲嗣,即哀帝也。故哀帝立而德趙后,司隸解光案驗明白,耿育復得進其説,暫免於殺皇子之罪。乃知生而立嗣,死而立後,是古今妬婦欲絶人祀,預營此爲出脱解(色)[免]之地也。有宗祀之責及臣子原情定罪者,不可不知。孝平王皇后,莽之女也。自劉氏廢,嘗稱疾不朝會。莽敬憚哀傷,欲嫁之。后大怒,鞭笞其旁侍御。及漢兵誅莽,后曰:"何面目以見漢家!"①自投火中而死,與獻帝曹后事略同。天地正氣,何獨鍾於賊臣之女,而不及於其子邪。或生此女,表其篡逆之罪耳。

評點:

[1]眉批:今之眷戀嫫姆者,比比皆是,何又情深人多耶?

---

① 《漢書》卷九十七下《外戚傳》,頁4011。

元后傳

元后自爲傳,不入外戚,明王氏代漢之案也。而《元后傳》首曰“孝元皇后,王莽之姑也”①。《王莽傳》則曰“孝元皇后之弟子也”②。舍世系而稱姑侄,一變常體義例,甚妙。王氏之興自鳳始,封鳳之後,黄霧四塞。楊興、駟勝建議抑之,在劉向前。鳳此事辭讓,非全出於僞,王氏勢猶未厚,故鳳氣餒。尚有畏天變、畏人言之意。自杜欽、谷永陰爲王氏地,事遂不可爲矣。

王莽傳

從來盜天下者,或權臣,或夷狄,或女后,雖篡奪心跡不同,皆各具一種亂賊之才,其膽識權略皆有絶人處。觀王莽始末,一狂騃躁擾粗中人耳:其性情,則小兒婦女也;其舉止,則閹豎也;其言辭,則病者之囈囈、夢之魘也;其面目,則優伶之妝塗而登場也。所爲矯激欺世,止能持之節讓下士,諂媚女主。[1]而宰衡登攝以往,本色畢露,其一切不情不經,與其身之成敗相爲終始,可笑可厭可悲者甚多,不知何以遂有天下也?蓋其諸父專擅,政在其家已久。元后難老爲之主,勢深而氣厚,而杜欽、谷永、張禹之徒,爲之羽翼塗飾,使漢之君臣恬不爲備,垂成而莽承之。如故家傳器,子孫屑越,隨地委置,幸而遭之者,非必有深謀大力,皆得而拾之。又如厚墉邃宇,堅扃深鐍,健黠者先爲之穿決開發,其中之所有,童昏傭販,皆能負趨而去。及其取非其有,處非其地,神明失守,耳目易

---

① 《漢書》卷九十八《元后傳》,頁 4013。

② 《漢書》卷九十九上《王莽傳》,頁 4039。

位,捽裂投擲,惟恐其壞之不盡,去之不速。真主相覷,拱手而還其故處,理勢必然,無足怪者。莽之取漢,漢則予之,非莽之工而漢之拙也。可不畏哉!

莽喜爲激發之行,處之不慝悪①。從來大盜本領在此。色厲而言方,欲有所爲,微見風采。黨與承其指意而顯奏之,莽稽首涕泣,固推讓焉。曹氏司馬氏以後,皆是此一班伎倆。

評點:

[1] 眉批:此二節亦是大手段。

---

① 《漢書》卷九十九上《王莽傳》,頁4040。

史懷卷十三

後漢書一

光 武 帝 紀

　　高祖以不治業舉大事，而光武以勤於稼穡中興，帝王託迹顯晦，故自不測。若使光武亦効高祖所爲，則庸矣。他日伯升以好俠養士起兵，衆反恐匿不信。見光武絳衣大冠，乃曰"謹厚者亦復爲之"，衆乃安。則光武之所以定衆志者，在此而不在彼，所謂善藏其用也。

　　大敵壓境且至臨城，而可以閉城自守者，度我雖不必勝敵，敵亦終不能勝我，即勝而可以不至於亡也。昆陽之役，莽以百萬之師圍城，城中唯有八九千人，此攻必勝、勝必亡之形也。光武雖不必求勝，而不得不救亡。與十三騎出城南門，於外收兵，非必以閉城自守爲下策。救亡之道，不得不出於此。悉發諸營兵自將，俱進，合戰，斬首數十級。諸部共乘之，斬首數百千級。所謂禽之制在氣也。乃與敢死者三千人，從城西水上衝其中堅。尋邑陳亂，乘銳崩之，遂殺王尋。城中亦鼓譟而出，中外合勢，莽兵大潰。非城中內應之兵，能以少勝衆，及營部外援之兵，能以勞勝逸也。敵之勢分，雖衆與逸，必敗，我之勢合，雖少與勞，必勝。一不勝則亡，救亡而得勝者，昆陽之戰是也，其勢然也。昆陽之圍，諸將見莽兵盛皆惶怖，憂念妻孥，欲散歸諸城。光武議曰："今兵穀既少，而外寇強大，并力禦之,功庶可立;如欲分散,勢無俱全。"諸將怒曰:"劉將軍何敢如是?"①光武笑而起。此一笑,人强作不得。會候騎還,言大兵且至城北。諸將遽相謂曰:"更請劉將軍計之。"光武復爲圖畫成敗,諸將憂迫,皆曰"諾"。光武之笑而起,正待其憂迫而用之也。及出城,收諸營兵,諸將貪惜財貨,欲分留守之。光武曰:"今若破敵,珍珤萬倍,如爲所敗,首領無餘,何財物之有?"②衆乃從。從來豪傑舉事,最是此一輩庸人難於調伏,而又不能不與共功。[1]了此,思過半矣。然不能調伏庸人,亦何須豪傑爲邪?"劉將軍見小敵怯,見大敵勇"③,此諸部之言也。"蕭王推赤心置人腹中"④,此諸降賊之言也。無此不能取天下。豪傑帝王大關目,妙在借庸人口中寫出之。[2]

光武以王郎新盛,乃北徇薊。王郎移檄購光武十萬户,而故廣陽王子劉接,起兵薊中以應郎,城内擾亂,轉相驚恐,言邯鄲使者方到,二千石以下皆出迎。於是光武趣駕南轅,晨夜不敢入城邑,舍食道傍。至饒陽,官屬皆乏食。光武乃自稱邯鄲使者,入傳舍,傳吏方進食,從者饑,爭奪之。傳吏疑其僞,乃椎鼓數十通,給言邯鄲將軍至,官屬皆失色。光武升車欲馳,既而懼不免,徐還坐曰:"請邯鄲將軍入。"久乃駕去。傳中人遙語門者閉之,門長曰:"天下詎可知?而閉長者乎?"遂得南出,晨夜兼行,蒙犯霜雪,天時寒,面皆破裂。至滹(泥)[沱]河無船,適遇冰合,得過,未畢數車而陷⑤。此豈有成筭乎?不過惶急中迫出。此段權略,圓捷如此耳。窮則至變,善變者只須一轉。[3]至滹(泥)[沱]河,候吏業已報河水流

① 《後漢書》卷一上《光武帝紀》,頁6。
② 《後漢書》卷一上《光武帝紀》,頁6。
③ 《後漢書》卷一上《光武帝紀》,頁8。
④ "蕭王推赤心置人腹中,安得不投死乎!"《後漢書》卷一上《光武帝紀》,頁17。
⑤ 《後漢書》卷一上《光武帝紀上》,頁12。

渐,無船不可濟矣。復遣王霸往視之①,何益? 帝亦知霸有權略,正欲霸言冰堅,以固衆心。應變之道,不得不出於此,即"徐還坐,請邯鄲將軍入"之意。霸還果言冰堅,蓋已默會帝意,非有所再計而詭言之也。觀霸擊蘇茂,賊聚衆挑戰,霸堅臥不出,方饗士作倡樂。茂雨射營中,中霸前酒樽,安坐不動②。識量如此,自是定衆應變之才。光武之遣視河冰,蓋選擇而使之也。

諸母曰:"文叔少時謹信,與人不款曲,惟真柔耳。"③二語合得有分曉,有學問。帝王塵埃中遵養妙用,被兒女子拈出,今人則直以款曲爲柔矣。帝曰:"吾理天下,亦欲以柔道行之。"④此大悟人轉語也,看得柔字深,用得柔字妙。

中元元年,以吕后危漢社稷,不宜配食高廟,而用薄太后代其高皇后之稱,變例甚奇。吕后罪惡,誰想二百年後有此一番舉動。雖行在漢子孫,不無少傷。然使後之讀史者,得一快心。唐之於武則天也,於是乎失刑矣。

評點:

[1] 眉批:"又不能不與共功"語,最得用兵之要。從來烏合皆兵,顧調伏何如耳! 必得良平之智、布越之勇而後用之,却從何處得來? 所謂善用兵,正善于調伏此一輩庸人而共成功也。

[2] 眉批:豪傑帝王大關目,原要做與庸人看。

[3] 眉批:河冰即不合,轉一機,定別有一機應之,兵家權變之妙所以爲貴。若計無所之,便倉惶失色,軍心一死,雖冰堅亦不能渡也。

---

① 《後漢書》卷二十《王霸傳》,頁 735。
② 《後漢書》卷二十《王霸傳》,頁 736。
③ 《後漢書》作"直柔"。《後漢書》卷一下《光武帝紀下》,頁 68。
④ 《後漢書》卷一下《光武帝紀下》,頁 68—69。

皇 后 紀
（光武郭皇后、明德馬皇后、和熹鄧皇后）

　　光武以中興難祖，有廢后一事，不可爲訓。寵異廢后之家，存没皆出異數，不過爲此一事周旋耳。帝始欲立陰后，后固辭，故遂立郭皇后。便當時立陰后，不省　廢后事乎。

　　后常以皇嗣未廣，每懷憂歎①。薦達左右，若恐不及。此一絶妙宰相，可惜作女子。然女子自固善後之道，卻不出此。凡世間大度量人，即大權術人也。[1]

　　鄧和熹與馬明德、明慧略同，其恭儉典則，皆從學問經術中來。而鄧有一段機權作用，進退操縱，處處有心，着着有法。稱制終身，是其主意，而不露貪擅之迹。其節約謙讓，正其久於取權勢者也。譬之善宦大臣，不愛錢，不害物，而不可一日不作高官。若含飴弄孫，和熹不能作此退步矣。明德大，和熹深，原委故自不同也。[2]

評點：

　　[1]眉批：后之權，恐亦不減宰相。

　　[2]眉批：后德至此，大則[大]，然而深，則吾不知之矣。

劉玄劉盆子列傳

　　光武於盆子、樊崇之降，謂曰：“諸卿大爲無道，然猶有三善：攻破城邑，周徧天下，本故妻婦無所改易，是一善也；立君能用宗室，是二善也；餘賊立君，迫急皆持其首降，諸卿獨完全以付朕，是

---

　　① 《後漢書》卷十《皇后紀上》“明德馬皇后”，頁409。

三善也。"①此語出光武，自是仁言，一片帝王心腸所發。然可見作賊亦自有令終善後之道，[1]盆子君臣得全以此。

評點：

[1] 眉批：减得一分惡，終有一分便宜。若因其惡而益惡之，則惟有死而已。

王劉張李彭(劉)[盧]列傳(王郎、王閎)

王郎始末，較更始、盆子稍可，觀其稱詞舉事影響，頗能動衆。由其始卜相，小有辯智，足以爲患。郎不得與更始盆子一例恩全，亦以此耳。

王閎者，王莽叔父平阿侯譚之子也，哀帝時爲中常侍。時倖臣董賢爲大司馬，寵愛貴盛，閎屢諫，忤旨。哀帝臨崩，以璽綬付賢曰："無妄以與人。"時國無嗣主，內外恇懼，閎白元后請奪之；即帶劍至宣德後闥，舉手叱賢曰："宮車晏駕，國嗣未立。公受恩深重，當俯伏號泣。何事久持璽綬以待禍至邪！"賢知閎必死，不敢拒之，乃跪授璽綬。閎(馳)[持]上太后，朝廷壯之。及王莽篡位，僭忌閎，乃出爲東郡太守。閎懼誅，常繫藥手內。莽敗，漢兵起，閎獨完全東郡三十餘萬戶，歸降更始②。王閎亦是有膽識人，始終生死之際，較然不欺其志，當表出之。范曄以更始盆子輩列漢功臣之前，義例已失；又以王閎與王郎、彭寵輩同傳，徒以其爲王莽族屬，漫然擠之叛逆之列，真無識也。

① 《後漢書》卷二十一《劉玄劉盆子列傳》，頁 485—486。
② 《後漢書》卷十二《王劉張李彭盧列傳》，頁 500。

隗囂公孫述列傳

方望勸隗囂勿歸更始，亦是有識人。囂不聽，作書辭去，不見囂之敗，過范增遠甚。囂起手一段施爲，猶知尊漢，似皆出望計，望去後，着着亂矣。

囂不聽方望之言，輕於事更始，更始卒敗。乃又聽王元之言，事光武不堅而輕棄之，以至於敗。其事光武不堅而輕棄之者，正懲更始之敗也，此無識之患也。囂自以與公孫述敵國，恥爲所臣，曾斬其使而歸漢，尋復去之。去漢可也，何至復臣於述乎。蓋以帝審其奸無所容，窮而至此耳。則驅之使歸述者，帝之明察所爲也。故善收人者，當疑信相持之際，貴不示之以明察，而使之有所容，惟大度者能之。[1]

評點：

［1］眉批：以光武而猶以明察驅囂去漢，則大度可易言哉？

宗室四王三侯列傳（齊武王縯）

伯升死庸人手，光武外有昆陽之功，而內有其兄之痛，時地甚難。然伯升才志識量，居然帝王。德既不及吳太伯，而庸又不能如唐建成。文叔固真主也，伯升而在，能以齊武王終乎？更始之殺伯升，爲光武者甚苦。而天之處光武兄弟者，計亦不得不出於此也。

諸將議立劉氏，豪傑咸歸伯升。諸將利更始懦弱，先立之，乃召伯升示其議。伯升曰：“赤眉聞南陽立宗室，恐復有所立。如此必將內爭，今且稱王以號令。若赤眉所立者賢，相率而後從之；若無所立,破莽降赤眉,然後舉尊號,未晚也。"①字字老成,步步詳妥。其言出於公,卒皆如此言。[1]而其迹似阻更始之立,以自爲地,宜其起更始之忌也。至新野宰登城"願得司徒劉公一言先下",及宗人劉稷聞更始立,大怒。此兩人所爲,正益速伯升之死耳。

伯升合新市平林兵而敗、合上江兵而勝者,新市平林之將皆庸人,而上江之將乃王常也。勝負在將不在兵,合從之道,豈易言哉?新市平林兵敗,將解去,伯升聞下江兵在宜秋,即與光武、李通俱造常壁,曰:"願見下江一賢將,議大事。"②常大悟歸漢。看其承接心手之妙,是漢中興緊着也。

評點:
[１]眉批:伯升雖未得志,自是英雄。

李王鄧來列傳(李通、來歙、歙孫歷)

李通大有學問權術人,真知天命所在,前不顧滅族之禍,後不慕將相之榮,其進退取捨之際,范少伯之流亞也,詎可以勳名盡之。[1]

來歙千古鐵人,其一生爲漢精神,似與隗囂一人相始終。始請使説囂降漢,囂許而中變,則質責之,囂終不可降則攻之,攻之而降而又叛,叛而歸蜀,則又攻蜀,凡以終其降囂之局而已。質責囂而囂不能殺,歙有不可死者也。攻蜀而死於刺,歙有可以死者也。不可死與可以死者,誠也。歙被刺,馳召蓋延。延見歙悲哀,歙叱延曰:"使者中刺客,無以報國,故呼巨卿,欲相屬以軍事,而反效兒女子涕泣乎! 刀雖在身,不能勒兵斬公邪!"③自書表謝上,投筆抽刃

---

① 《後漢書》卷十四《宗室四王三侯列傳》,頁 551。
② 《後漢書》卷十五《李王鄧來列傳》,頁 579。
③ 《後漢書》卷十五《李王鄧來列傳》,頁 589。

而絶①,寫出生氣。蓋一片忠誠所結,能使血肉化爲元氣,兵戈在身,如刺空虛,膽與骨不足以言之矣! 豈一切輕生人可强作邪?[2]

廢太子爲濟陰王時,歷要結十餘人,俱詣鴻都門證太子無過②,此時非有畏禍分罪之意,正欲以衆心衆力爭之。期於必得,不苟爲塞責耳。其後衆各引去,而歷獨守闕連日不肯去,歷之志見矣。

評點:

[1] 眉批:天命既在,人力何爲? 安得貪天之功,而取滅族之禍,范少伯恐不爲此。

[2] 眉批:奇論,聞所未聞。

鄧 寇 列 傳

光武稱禹知人。“知人”二字,帝王受用不盡,況佐命功臣乎。任使諸將,多訪於禹,正謂禹知人耳。嗚呼,禹豈惟知諸將,先知光武矣。

禹見光武,願效尺寸,垂功名於竹帛。中興是何等大事,止以“功名”二字了之。可見古人看功名甚深,今人只以富貴當功名耳。

光武欲乘釁並關中,而方自事山東,未知所寄,以禹沈深有大度,故授以西討之略。遣西入關,此取天下要緊關目着數也。禹西入關,雖互有勝敗,未必遂得關中。然勝而不驕,敗而不亂,如物置兩處,不能兼取,其勢必致兩失。吾專力取其一,而付之能者以守其一。所守者雖不必遽爲我有,而人亦不能有之,則取彼自可及。此光武之遣禹西入關,不責禹以得關中,而在使己得一意山東。山東既平,關中不足定矣? 禹開國元勳,自是蕭何一流人,不當於戰

---

① 《後漢書》卷十五《李王鄧來列傳》,頁 589。
② 《後漢書》卷十五《李王鄧來列傳》,頁 591。

守勝敗中求之。

以夷攻夷，漢以後邊臣長策，有急輒恃之。馬訓代張紆爲護羌校尉，以紆失信，激畔諸羌。先是小月支每與羌戰，常以少制衆。漢時收其用，訓禁護，故令不得戰。大開恩信，悉内群胡妻子。諸胡即解去，且言曰：“漢家常欲鬬我曹。”①觀此，則以夷攻夷伎倆已被諸胡看破，何可再用而常恃也。故訓又以誠得之。遂撫養其中少年勇者數百人，以爲義從，賞賂諸羌，使相召誘。其後任尚等夜爲羌所攻，義從諸胡並力破之，此乃真以夷攻夷着落得力處也。[1]

用鄧禹西入關，得一意山東；用寇恂守河内，得一意洛陽拒朱鮪，皆緊着也。漢用恂與恂之自處，步步暗合蕭何。非有意效之，勢使然也。

評點：

[1] 眉批：以夷攻夷，總題目耳，其中或誘，或間，或激，或挑，變法甚多，非可執一而論。善用者，看破一着又是一着，愈出愈奇，故自有得力處也。

馮岑賈列傳（馮異）

鄧禹與赤眉戰，不聽異言，以致於敗。異與禹俱敗，禹實爲之，罪不在異也。既敗而卒以勝，異實爲之，功不在禹也。即此一事，禹不如異遠矣。禹所以爲中興元勳者，在明於取天下大勢與知人，不在戰之勝敗也。上之勞異也，曰：“始雖垂翅回谿，終能奮翼黽池，可謂失之東隅，收之桑榆。”②數語功罪井井然，褒賞中有駕馭，將將之妙如此。

---

① 《後漢書》卷十六《鄧寇列傳》，頁 610。
② 《後漢書》卷十七《馮岑賈列傳》，頁 646。

吳蓋陳臧列傳(吳漢)

更始遣謝躬攻王郎,既不能下。及光武至,躬裨將不相承稟,光武深忌而外慰安之,殺機深矣。然其意在並躬衆而有之,卒以譎殺躬,始終負之。吳漢手殺躬,其衆果悉降。漢不足責,光武何如主哉?乃知秦以後,殺一不辜而得天下,有不爲者,難矣。[1]

開國帝王手取天下,其智勇不必自己出,往往於扼要處間出數語,使臣下以其從違爲成敗,萬不失一,非惟謀慮出臣下之上。其所以駕馭驅策之道,隱然在此。如吳漢擊蜀,攻廣都拔之,帝戒以“但據廣都,待其來攻,勿與爭鋒”①。漢不從,自將進逼成都,使劉尚屯於江南,相去二十餘里。帝聞大驚,謂漢既輕敵深入,又與尚別營,緩急不復相及。卒如其言。董憲將賁休舉蘭陵城降,憲自郯圍休。帝勑曰:“可直往擣郯,則蘭陵自解。”②延不從,先赴救休。憲出兵合圍,延等懼,因往攻郯。帝讓之曰:“間欲先赴郯者,以不意故耳。今賊計已立,圍豈可解乎!”延等至郯,果不能克憲。遂拔蘭陵,殺休③。馮愔殺宗歆,又擊鄧禹,禹遣使以聞帝。帝問使人愔所親信爲誰,曰:“護軍黃防。”帝因報禹曰:“縛馮愔者,必黃防也。”④後月餘,防果執愔。嘗觀高帝刻印銷印等事,若胸中憒憒悶悶然,絕無分曉。其線索機關轉動,似皆聽於臣下。而光武操縱出己,鋒不覺盡露,似爲勝之。嗚呼,此高帝之所以爲大度也。[2]

愚嘗謂自古佐命功臣,明於取天下者常多,而明於治天下者常少。故治定功成,往往別出一等學問道術之人。[3]吳漢病篤,帝問

---

① 《後漢書》卷十八《吳蓋陳臧列傳》,頁681。
② 《後漢書》卷十八《吳蓋陳臧列傳》,頁687—688。
③ 《後漢書》卷十八《吳蓋陳臧列傳》,頁688。
④ 《後漢書》卷十六《鄧寇列傳》,頁604。

所欲言,對曰:"臣愚無所知識,惟願陛下慎無赦而已。"①此一語深長,功臣説不出。治天下之道不出此,得之。

十九年,妖巫維汜弟子單臣、傅鎮等,復妖言相聚,入原武城,劫吏人,自稱將軍。於是遣宮將北軍及黎陽營數千人圍之。賊穀食多,數攻不下,士死傷。帝召公卿諸王問方略,皆曰:"宜重其購賞。"時顯宗爲東海王,獨對曰:"妖巫相劫,勢無久立,其中必有悔欲亡者。但外圍急,不得走耳。宜小挺緩,令得逃亡。逃亡,則一亭長足以禽矣。"帝然之,即勑宮徹圍緩賊,賊衆分散,遂斬臣、鎮等②。此用鬆之妙,不獨兵事爲然。然須洞其情形,使操縱在我,乃可行之,未易僥倖也。

評點:

[1]眉批:以智力取天下,安敢望此?

[2]眉批:高祖不及光武處,正是高祖過于光武處,看得絶妙。

[3]眉批:草創英雄,好動不好静。治天下如保赤子,撫寒惜饑,自不耐煩。況虎争龍戰,精神不無勞悴。故道術君子得以優養之,不而,潤色其成功。此勢也,亦理也。

耿弇列傳

光武聞邯鄲兵到,將欲南歸。弇曰:"今兵從南來,不可南行。漁陽太守彭寵,公之邑人;上谷太守,即弇父也。發此兩郡,控弦萬騎,邯鄲不足(定)[慮]也。"此即用王常上江兵破莽之意。官屬皆不肯,光武指弇曰:"是我北道主人也。"③臣主相知,庸人不與。帝

---

① 《後漢書》卷十八《吴蓋陳臧列傳》,頁684。
② 《後漢書》卷十八《吴蓋陳臧列傳》,頁694—695。
③ 《後漢書》卷十九《耿弇列傳》,頁704。

破王郎,要着在此。至北收幽州兵以擊銅馬、赤眉,收上谷兵破張步,定山東。弇一生作用,俱取諸人而自不犯手如此。

光武破王郎後,始貳於更始。其勢亦不得不然,真主僭偽分界在此。是時,更始立光武爲蕭王,令罷兵,弇入造床下,請間,力陳其不可。光武之貳於更始,未必非弇決之。銚期戰將,見亦及此。天下大計,智謀所見自相同也。

四年,詔弇進攻漁陽。弇以父據上谷,本與彭寵同功,又兄弟無在京師者,自疑,不敢獨進,上書求詣洛陽。詔報曰:“將軍出身舉宗爲國,所向陷敵,功効尤著,何嫌何疑,而欲求徵? 且與王常共屯涿郡,勉思方略。”況聞弇求徵,亦不自安,遣舒弟國入侍,帝善之①。帝止弇求徵,所以釋功臣之疑也,及況遣國入侍,帝果善之。則帝之本心畢露,而弇自全之道,不得不出於求徵,可知矣。[1]

評點:

[1] 眉批:弇求徵而止之,況遣弟而善之,正君臣心二體帖處,不爲過也。

銚王祭列傳(祭遵)

遵家富給而遵恭儉,惡衣食②。伏湛當王莽時,謂妻子曰:“今民皆饑,奈何獨飽?”乃共食麤糲③,不苟爲儉者也。魯肅家富於財,不治家事,散財結客④,不苟爲奢者也。有志人居亂世,知財非我所得有。儉奢之間,皆有深心,有妙用。遵與湛之儉,正所以爲蕭之奢,未可爲守財人道也。

---

① 《後漢書》卷十九《耿弇列傳》,頁 707—708。
② 《後漢書》卷二十《銚王祭列傳》,頁 738。
③ 《後漢書》卷二十六《伏侯宋蔡馮趙牟韋列傳》,頁 893—894。
④ 《三國志》卷五十四《魯肅傳》,頁 1267。

竇融列傳

居亂世非惟自立爲難，即依人亦自不易。[1]去就關識，棄取關才。竇融自以累世在河西，知其土俗，圖出河西，撫結雄傑，懷輯羌虜，正爲東歸光武之地。看有心人一段規爲，着着算定，進不能成大事，退而有以自處。進不能成大事，退而有以自處，即是英雄。宋錢俶輩，正祖此一派行藏。

黥布歸漢而楚事已去，不在布與楚戰之勝負也。竇融歸漢而囂事已去，不在融與囂戰之勝負也。漢收此二人，便得二人之用，不必實用二人。[2]此皆取天下大關目。

伐貳師，爲李廣利封侯也。伐匈奴，爲竇憲贖死也。此何等事，而爲權倖功罪地邪？蓋肅宗切責憲，至比之孤雛腐鼠①，正以外戚無用厭薄之也。憲求伐匈奴，立功萬里，隱然自處衛、霍，欲出脫此四字。

評點：

[1] 眉批：脚跟眼睛，毫有不妥，奇禍立至矣。

[2] 眉批：得用人之妙。

馬援列傳

人生知己在骨肉中，最是樂事，亦是難事。援少有大志，其兄況曰："汝大才，當晚成，良工不示人以朴。"朱勃矩步能言，援見之自失。況知其意，乃自酌酒慰援曰："朱勃小器速成，智盡此耳，卒

---

① 《後漢書》卷二十三《竇融列傳》，頁812。

當從汝受學,勿畏也。”援有此兄,真是門内知己。“良工不示人以朴”一語深厚,真好名真作事人根本如此。況卒,援行服期年,不離墓,亦不是尋常兄弟情分,真有感知之意。世祖即位,援兄員先詣洛陽,其識真主又在援之前。援嘗又語人曰:“吾從弟少遊常哀吾慷慨多大志。”①此哀字不必注明,而有别情别解,深中伏波之病,何援兄弟間遭遇之幸也。

馬伏波,高爽人,胸中無俗物,而事事着實。口中無俗字,而言言着實。少辭兄欲就邊田牧,後亡命北地,因留牧畜。轉遊隴漢間,因處田牧業,有牛馬羊數千頭,穀數萬斛。將家屬歸洛陽,上書求屯田上林苑中。此非游士所能也。擊諸羌後,還客民,反舊邑,置吏治城,開導水田,勸以耕牧,平嶠南所過郡縣,治城穿渠。此非邊臣所能也。布置經營,細心遠慮,一生只一“實”字,可爲空談利濟者愧。

公孫述警蹕而見援,援曉之曰:“天下雌雄未定,公孫不吐哺走迎國士,反修飾邊幅,如偶人形。”②寫出千古細人俗人如見。一“曉”字所以處援者地步甚高,此史家識力到處。

援爲隗囂奉書洛陽,世祖迎笑謂援曰:“卿遨遊二帝間,今見卿,使人大慚。”此語不可解,而發付甚妙。援曰:“臣今遠來,陛下何知非刺客姦人,而簡易若是?”帝復笑曰:“卿非刺客,顧説客耳。”游戲中大有折服。蓋來者意興正熱,吾冷之;筋節甚緊,吾鬆之。妙處全在用誕。“迎笑”“復笑”,二“笑”字已奪人氣。[1]此周公瑾所以屈蔣幹也。援謂帝闊達多大節,略與高帝同,而又云不如高祖。看英雄如相馬,然得其神而遺其形,若存若亡,若滅若没,其妙全在於此。高帝“無可無不可”五字,不必甚確,而卒不可易。具

① 《後漢書》卷二十四《馬援列傳》,頁838。

② 《後漢書》卷二十四《馬援列傳》,頁829。

眼曠觀之言，一解便失之。援謂光武經學博覽，政事文辯，前世無比，則高帝所不能。其不如高帝，似即在此處，此好吏事、動如節度之根也。高帝便省此一段，所以"無可無不可"。至謂帝又不喜飲酒，此語何關優劣，卻看得深，大要疎與密之分也，其意俱在言外。嚚不懌曰："如卿言，反覆（甚）〔勝〕邪？"①則癡人説夢矣。

明年正月，斬徵側、徵貳，傳首洛陽，封援爲新息侯，食邑三千户。援乃擊牛釃酒，勞饗軍士。從容謂官屬曰："吾從弟少游常哀吾慷慨多大志。曰：'士生一世，但取衣食裁足，乘下澤車，御款段馬，爲郡掾吏，守墳墓，鄉里稱善人，斯可矣。致求盈餘，但自苦耳。'當吾在浪泊、西里間，虜未滅之時，下潦上霧，毒氣薰蒸，仰視飛鳶跕跕墮水中，卧念少游平生時語，何可得也？今賴士大夫之力，被蒙大恩，猥先諸君紆佩金紫，且喜且慚！"吏士皆伏稱萬歲。②援似悔其所爲不用少游之言，而一種沾沾自喜之意，見於言外。性之所近，知之而不能易。其據鞍瞿鑠，自矢馬革裹尸、藥葬炎方，只緣胸中多卻"老當益壯"四字耳。[2]

馬伏波自以梁松父執，松拜床下不答。松恨之，遂爲所中，致有薏苡之謗，使後人用爲永鑒。屈體後生，古道蕩然，可慨也。愚謂待貴介年少之人，亦自有法。晉宣王以常林鄉邑耆德，每爲之拜。人或止林，林曰："司馬公自欲敦長幼之節，爲後生法。貴非吾所畏，拜非吾所制也。"③語婉而直，只"司馬公自欲敦長幼之節，爲後生法"二語，先使拜我者處一絶妙之地，自當悦服，不復有挾長之嫌矣。如此，雖受其拜可乎。

---

① 《後漢書》卷二十四《馬援列傳》，頁830。
② 《後漢書》卷二十四《馬援列傳》，頁838。
③ 《三國志》卷二十三《魏書·和常楊杜趙裴傳》，頁660。

世祖保全功臣，無所不至。然觀諸臣所以自處者，亦自與韓、彭、黥布之屬不同。蓋其待臣下温文柔密，如家人朋友。而其性識精警，一段防範猜檢之意，往往露於款洽之中，而流於意言之外，爲群下所覺。一時功臣，豫爲斂退自全之計者甚多，不必甚明哲者能之。^[3]觀伏波誡子，雖老人學問閲世之言，亦一片戒心。處盛滿之時，事雄察之主，不覺畢示於此。他如李通之避權勢，謝病不視事；鄧禹之遠名勢，子孫各守一藝；寇恂之守河内，自求從軍。馮異之謙退不伐，賈復之論功不言，耿弇之上書求詣洛陽，竇融之懼不自安，上書求代。雖君臣間稍遜高祖之豁達，然所全亦多矣。^[4]

評點：

［1］眉批：光武籠絡精神，班史寫生妙手，拈出不爽毫髮，真千秋水鏡也。

［2］眉批：即言言着實處。

［3］眉批：光武未必不防範，畢竟誠坦居多；群下未必不疑畏，畢竟明哲居多。誠坦故易保全。

［4］眉批：豁達乃籠絡英雄之術，非君臣相忘也，豁達而殺之，固不如防範而保全之爲愈也。

卓魯魏劉列傳（卓茂、魯恭）

爲長者貴於近情，不爲已甚。厚而已甚，亦能愧人，愧人則反近於刻。以厚始，以刻終，此不近情之過也。^[1]卓茂稱爲長者，嘗出行，有人認其馬，茂問曰："子亡馬幾何時？"問得有養有識，其人對曰："月餘日矣。"茂有馬數年，心知其謬。嘿①解與之，挽車去。

---

① 通"默"。

此鬆一步法，非即以馬與之也，解紛應急之道，不得不暫出於此。顧曰"若非公馬，幸至丞相府歸我"①。有此一語才近情。他日馬主別得亡者，乃詣府送馬。非惟處己不苟，亦不遺人以不安。劉寬解車中牛與亡牛者②，亦是此意。大要爲長者，僞不得，只是一真。真則平，平則近情。真與僞，有心無心之辨也。

　　人嘗有言部亭長受其米肉遺者，茂辟左右問之。一辟左右，便有許多細心，許多厚道，許多妙用在內。問之曰："亭長爲從汝求乎？爲汝有事囑之而受乎？將平居自以恩意遺之乎？"問得盡情復近情。人曰："往遺之耳。"此一語，言者已內詘矣。乃曉譬之曰："此乃人道所以相親。凡人之生，有禮義以相交接，汝獨不欲修之，寧能高飛遠走，不在人間邪？亭長素善吏，歲時遺之，禮也。"責備中寓一段調停和解，忽尋出一"禮"字替卻"遺"字，何等圓妙。人曰："苟如是，律何故禁之？"茂笑曰："律設大法，禮順人情。"③二語道術世故中通透之言，了此，天下無難處之事矣。然須以至誠出之，不然，不幾爲老奸藏閃地乎？[2]宋太祖時，民有訟關南兵馬都監李漢超強取己女爲妾及貸民錢不償者。帝召民問曰："汝女可適何人？"曰："農家。"又問："漢超未至關南時，契丹何如？"曰："歲苦侵暴。""今復爾邪？"曰："無也。"帝曰："漢超貴臣，汝女爲之妾，不猶愈爲農婦邪。且使漢超不在關南，汝家尚能保其財物邪？"責遣之。密使諭漢超曰："亟還其女并所貸，不足於用，何不以告朕邪？"④一段機權作用本此，而茂專用"情""禮"二字，帝就中以法寓焉。

　　建初七年，郡國螟傷稼。犬牙緣界，不入中牟。河南尹袁安聞

①《後漢書》卷二十五《卓魯魏劉列傳》，頁 869。
②《後漢書》卷二十五《卓魯魏劉列傳》，頁 886。
③《後漢書》卷二十五《卓魯魏劉列傳》，頁 869—870。
④《宋史》卷二百七十三《李漢超傳》，頁 9333。

之,疑其不實,使仁恕掾肥親往廉之。恭隨行阡陌,俱坐桑下,有雉
過止其傍,傍有童。與恭訣曰:"所以來者,欲察君之政迹耳。今蟲
不犯境,此一異也;化及鳥獸,此二異也;豎子有仁心,此三異也。
久留,徒擾賢者耳。"①還府,具以狀白安。螟不入界,感乎天也。
童不殺雛,感乎人也。觀於人而知天,肥親豈是俗吏,袁安之使親,
亦可謂高識矣。上下間如此,此吏治之所以盛也。

評點:

[1] 眉批:名根化盡,方知此言之妙。

[2] 眉批:論事有本領。

---

① 《後漢書》卷二十五《卓魯魏劉列傳》,頁874—875。

史懷卷十四

後漢書二

伏侯宋蔡馮趙牟韋列傳(宋弘)

帝嘗問弘通博之士,弘乃薦沛國桓譚,才學洽聞,幾能及揚雄、劉向父子。於是召譚,拜議郎給事中。帝每讌輒令鼓琴,好其繁聲。弘聞之不悦,悔於薦舉。伺譚内出,正朝服坐府上,遣吏召之。譚至,不與席而讓之曰:"吾所以薦子者,欲令輔國家以道德也,而今數進鄭聲以亂《雅》《頌》,非忠正者也。能自改邪? 將令相舉以法乎?"譚頓首辭謝,良久乃遣之。後大會群臣,帝使譚鼓琴。譚見弘,失其常度。帝怪而問之,弘乃離席免冠,謝曰:"臣所以薦桓譚者,望能以忠正導主,而令朝廷耽悦鄭聲,臣之罪也。"帝改容,謝,使反服①。觀宋弘讓桓譚,可見薦賢爲國,干係甚重甚遠,不是一薦之後便可了事。必其久終身自愛,使國家得一士之用而後已,不獨師友間直道古心而已。若嵇紹在齊王冏坐,左右進琴,紹推不受②,便可省舉主一番後慮矣。蔡邕文行,中常侍以其善鼓琴徵之,恥辱儒者,[1]藝之累人如此。然處亂世用之而善,以此自晦,未可知也。

---

① 《後漢書》卷二十六《伏侯宋蔡馮趙牟韋列傳》,頁904。
② 《世説新語·方正第五》,頁167。

評點：

［1］眉批：儒者之辱，亦未盡此。

宣張二王杜郭吳承鄭趙列傳
（王丹、杜林、鄭均）

居亂世身自儉約，散財結客，亦自爲身家計耳。然周人之貧，不若使人自致富，擇賢者而與之，不若兼衆人而養之。[1]王丹每歲農時，輒載酒肴於田間，候勤者而勞之，其惰者恥不至。丹皆兼功自勵，邑聚相率以致殷富。其輕黠游蕩廢業爲患者，輒曉其父兄，使黜責之。陶士行於人有奉饋者，必問其所由。若力作所致，雖微必喜，非理得之，怒而還饋①。用世人一段深心妙用，不必居位有權。一家一鄉一國，隨處可施，不露其迹如此。

丹助葬止於懷縑一疋，至鄧禹西征，輸麥數千斛助軍。有心人步步着實，不苟爲奢儉，覺輕財好名者浮甚。

王丹是古今第一篤友人，只是慎始不妄交耳。陳遵願交丹，丹拒而不許。侯霸遣子願交於丹，丹曰：“君房②有是言，丹未之許也。”③丹子有同門生喪親，白丹欲往奔慰，結侶將行，丹怒而撻之，令寄縑以祠焉。曰：“交道之難，未易言也。”真是看透世故之言。名譽意氣，毫不足以動其胸中。[2]少年浮人，當用此定之。其後薦士，而所舉者陷罪，丹坐免。客慙懼自絕，丹終無所言。尋復官，乃呼客謂曰：“子之自絕，何量丹之薄也。”④不爲設食以罰之。非真有交情人能如此邪？

① 《晉書》卷六十六《陶侃傳》，頁 1774。
② 侯霸字君房。
③ 《後漢書》卷二十七《宣張二王杜郭吳承鄭趙列傳》，頁 931。
④ 《後漢書》卷二十七《宣張二王杜郭吳承鄭趙列傳》，頁 932。

　　好學是人生一福。有書可讀,多良師友,時日多閑,衣食無累,又是好學人一福。[3]杜林好學,家既多書,又外氏張竦父子喜文采,林從受學,此好學人一大福也。邴原有言,一則羨其不孤,二則羨其得學,非真好學人不能知痛癢至此。

　　鄭均諫其兄受賂,不聽,即脱身爲傭,得錢帛以予兄。廉者不以其身之廉責於上也。蓋寬饒爲吏,身無餘貲,所得俸禄,盡以予吏民爲耳目者①,廉者不以其身之廉責於下也。[4]

評點:

　　[1]眉批:此王道也,等閑拈出。

　　[2]眉批:如此慎交,猶不能免,況矜名譽意氣乎? 交,真難言也。

　　[3]眉批:人莫不學,知好者少;人即好學,知福者少。人能知好學之福,則功名富貴又何足云。

　　[4]眉批:較金錢愧心之意,更深而婉。

桓馮列傳(馮衍)

　　馮敬通以義事更始,爲光武所忌,終身奇窮,是文人中最有品者。至顯宗時,忌者猶以文過其實短之。“朦朧”一語,使文士禁錮清朝。此古今妬才大題目,大陷穽。然觀敬通文詞蹇産,亦寡亨通之氣。[1]郭丹曾爲更始保平氏不下,死爲發喪,鮑永哭更始墓,上苟諫冢。二子所爲過於衍,而皆不害爲通顯。可見窮達有命,衍之不遇,不關義事更始晚歸光武之故。士宜以命自安,勿枉作無義人也。

評點:

　　[1]眉批:敬通既罷,爲文詞苦而語怨,江文通引入《恨賦》,良有以窺其心矣。

---

　　①　參《漢書・蓋寬饒傳》及本書卷十二。

申屠鮑郅列傳（郅惲）

郅惲以天文曆數知漢必再受命，至上書王莽，令還位劉氏，意迂事險，幾枉入虎口。士生斯時，明於天命識真主，不過欲以身爲佐命。及爲漢將，陳俊禮請授以軍政，所向有功。惲恥以軍政取位，辭歸鄉里，寧浮沉於縣掾功曹之中，始終以教授自處。有李通、鄧禹之高識，而不與共功名，超於佐命封賞之外，則其始之上書勸莽，終之佐漢，但以實其漢再受命之言，[1]而"功臣"二字固所夷，然不以入其心者也。鴻冥龍變，若惲者庶幾近之矣。

評點：

[1]眉批：明天文曆數，知天命矣，作事猶帶俗情，必非真知天命者也。惲惟真知天命，故其舉動奇，而進退高。

郭杜孔張廉王蘇羊賈陸列傳
（孔奮、廉范、蘇章）

孔奮爲吏儉約，養母極求珍膳。躬率妻子同甘茹菜，古廉吏不忍以親買名如此。[1]

廉范父死，萬里負喪。父吏張穆持資追范，范不受。及身爲隴西太守鄧融功曹，融下獄，范求作獄卒調護生死。可謂躬自厚而薄責於人者矣。忠臣良吏，當於此中求之。

蘇純性强切，持毀譽，爲士友所憚，至相謂曰："見蘇桓公，患其教責，久不見又思之。"①强切人能使人思，甚難，只是誠恕感人耳。

---

① 《後漢書》卷三十一《郭杜孔張廉王蘇羊賈陸列傳》，頁1106。

　　“今夕蘇孺文與故人飲者，私恩也；明日冀州刺史案事者，公法也。”①將“情”“法”兩字判斷得極分明，口齒歷歷然。晉苟晞爲撫軍，養從母甚厚。從弟求爲將，不許，固請，許之。後犯法，仗節斬之。既而素服流涕曰：“殺卿者，兗州刺史，哭弟者，苟道將。”②語意出於蘇章，皆執法人先置身於無怨之地者也。

　　不韋以父爲李暠所殺，夜則鑿地，晝則逃伏，經月達其寢所，極奇極苦。此古今第一刺客也。卒不能得暠，而殺其妾與小兒，不枉此一片心力乎！然暠破膽，至布棘於室，以板籍地，一夕九遷，至此生不如死矣。使人生不如死，勝於死之又掘其父墓，標首於市，暠憤（恙）［恚］感傷，嘔血死③。若使暠死於不韋手刃，事亦不奇矣。[2]郭林宗論之曰：“宮府幽絶，埃塵所不能過，霧露所不能沾。”④二語寫千古俠客手段精神，勃勃欲動。隋王頒以父僧辯爲陳武帝所殺，泣上取陳之策，從韓擒虎入金陵，陳破，發塚焚骨⑤。與不韋所處時地不同，血誠則一。然觀頒事，又惜不韋大志而小用之也。

評點：

　　［1］眉批：如此之廉，方不爲矯。

　　［2］眉批：論得痛快，少申報仇者之氣。

朱馮虞鄭周列傳(朱浮)

　　彭寵之反，朱浮躁刻實激之。又非有制寵之能，恃帝自將討

①　《後漢書》卷三十一《蘇章傳》，頁 1107。
②　《晉書》卷六十一《苟晞傳》，頁 1666。
③　《後漢書》卷三十一《蘇章傳》附《蘇不韋傳》，頁 1108。
④　《後漢書》卷三十一《蘇章傳》附《蘇不韋傳》，頁 1108。
⑤　《隋書》卷七十二《孝義傳·王頒傳》，頁 1666。

之,以快其私。帝不自討寵,浮神亂而計失矣。殺妻遁走,僅以身免,浮之能已可見矣。人臣自快其私憤,以賊遺君父,賊勢勝則遁,敗則喜焉。不忠莫大乎是。漢失刑矣,侯霸奏浮敗亂幽州,構成寵罪,徒勞軍師,不能死節。"罪當伏誅",深得大體。

梁統列傳(冀)

梁冀非竇憲比也。雖天資凶狡,非有雋才高志。迹其志願,一奢逸公子耳。其欲易盈而其性不難馭,庸主驕后,强坐以輔弼之名,横加以吕、霍之任,廢立在手,生死在心,弒主蠹國,誅鋤善類,賊殺無辜,非冀之能,而漢使之不得不如此也。理窮事極,假手宦官以伏其辜。觀冀父子與宦官相始終,而漢隨以亡,真殷鑒也。

張曹鄭列傳(鄭玄)

古人著書,篇籍之富,其中固不必盡妙,亦不必盡不妙。要其所爲必傳之道,則利於少而不利於多。多者,鐫印難,一也;購求難,二也;賫操難,三也;收藏保持難,四也。始以誦講之苦,遂晦其義,終以流布之艱,至絶其迹。使妙者與不妙者同歸於盡,多之爲患也。[1]觀鄭玄書百萬言,今存者有幾? 其效可見矣。

評點:
[1] 眉批:雖著書妙法,實好學苦心。

鄭范陳賈張列傳
(陳元、賈逵、張霸子楷、楷子玄)

陳元與范升駁論,欲立《左氏春秋》。詣闕上疏,至云"辭不合

經，事不師古，退就重誅，雖死之日，猶生之年也。"①古人有此實際
本領，方與人爭。[1]然賈逵條奏，謂劉歆欲立《左氏》，不先暴論大
義，而輕移太常，恃其義長，詆挫諸儒，諸儒內懷不服，相與排之。
從是攻擊《左氏》，遂爲重讎②。此語妙甚，可悟論事處事之法：元
之言激，不若逵之言婉；激則廢，婉則成，故理貴直而氣貴平也。逵
母常有疾，帝欲加賜，以校書例多，特以錢二十萬，使潁陽侯馬防與
之。謂防曰："賈逵母病，此子無人事於外，屢空，則從孤竹之子於
首陽矣。"③右文之主，體恤文士至此，不惟使人感恩，亦能使人自
愛。孔文舉在北海時，下教高密令曰："志士鄧子然告困，焉得愛釜
庾以傷烈士之心？與豆三斛，後乏復言。"與廉者使其可受，只在貽
之以安。閔貢不以一片豬肝累安邑，士固未易與也④。

　　師道尊而善人多，不在多其邊幅，高其城府。馬融驕貴，鄭玄
在門下三年不得見，使高業弟子傳授於玄。最是一種惡習，可厭。
學以變化氣質，"驕貴"二字，豈可以爲人師乎？張楷門徒百人，夙
儒造門，車馬填街，徒從無用止。楷疾其如此，輒徙避之。非惟自
崇簡靜，亦深見少年浮慕奔趨，承響望塵，學問不得力全在此處。
不如此無以止其流也。

　　玄字處虛，沈深有才略。以時亂不仕，司空張溫數以禮辟不能
致。中平二年，溫以車騎將軍出征涼州賊邊章等，將行，玄自田廬
被褐帶索，要說溫曰："天下寇賊雲起，豈不以黃門常侍無道故乎？
聞中貴人公卿以下當出祖道於平樂觀，明公總天下威重，握六師之
要，若於中坐酒酣，鳴金鼓，整行陣，召軍正執有（非）[罪]者誅之。
引兵還屯都亭，以次剪除中官，解天下之倒懸，報海內之怨毒，然後

①　《後漢書》卷三十六《鄭范陳賈張列傳》，頁1232。
②　《後漢書》卷三十六《鄭范陳賈張列傳》，頁1237。
③　《後漢書》卷三十六《鄭范陳賈張列傳》，頁1239。
④　《後漢書》卷五十三《周黃徐姜申屠列傳》，頁1740。

顯用隱逸忠正之士,則邊章之徒宛轉股掌之上矣。"溫聞大震,不能
對,良久謂玄曰:"處虛,非不悅子之言,顧吾不能行,如何!"玄乃歎
曰:"事行則爲福,不行則爲賊。今與公長辭矣。"即仰藥欲飲之。
溫前執其手曰:"子忠於我,我不能用,是吾罪也,子何爲當然!且
出口入耳之言,誰今知之!"玄遂去,隱居魯陽山中。及董卓秉政,
聞之,辟以爲掾,舉侍御史,不就。卓臨之以兵,不得已強起,至輪
氏,道病終①。被褐帶索要説張溫,此熱心救世人也。若無此一
段,止於時亂不仕禮辟不應而已,與處士盜虛聲者何異?[2]握六
師,誅有罪,使宦豎早伏其辜,語雖驚人,實爲省事,是絶妙機緣,漢
之存亡關目在此。使其説得行,何至召董卓以誅宦官,又召諸侯以
誅董卓?展轉紛紜,爲亡漢之根乎。此事惟曹孟德才膽能行
之,[3]非一切庸人所能聽也。

評點:

[1] 眉批:今之善爭者,轉是没本領人。

[2] 眉批:語云"涓涓不塞,將爲江河"②。孔子不誅少正卯,《春秋》又
不知添多少惡跡,可見禍患早去之極易,往往被庸人醖釀至不可解也。于玄
言可勝歎息。

[3] 眉批:思及老瞞,深惡庸腐也。

桓榮丁鴻列傳(丁鴻)

丁鴻讓父爵於弟盛,一爲友人鮑駿所責,即感悟垂涕歎息,乃
還就國。有此一着,益見前讓國之非僞。古人服義如此,世上好
事,豈一讓國可盡?

---

① 《後漢書》卷三十六《鄭范陳賈張列傳》,頁1244。
② 出《六韜·文韜·守土》:"涓涓不塞,將爲江河。熒熒不救,炎炎奈何?"

居上不受下之貢獻，自以廉靜不擾，道在是矣。丁鴻上封事，言大將軍威振州郡，吏人遣使貢獻，大將軍雖不受而物不還主，部署之吏，無所畏憚。縱行非法，説不受之害至於如此，情事方爲痛切。乃知爲上者不能使下勿餽，雖不受猶第二義也。名歸於己而害仍在民，君子豈可遽以此謝責邪。

張法滕馮度楊列傳（度尚、楊璇）

桂陽夙賊渠帥卜陽、潘鴻等畏尚威烈，徙入山谷。尚窮追數百里，遂入南海，破其三屯，多獲珍寶。而陽、鴻等黨猶盛，尚欲擊之，而士卒驕富，莫有鬭志。尚計緩之則不戰，逼之則逃亡，乃宣言卜陽、潘鴻作賊十年，習於攻守，今兵寡少，未易可進，當須諸郡所發悉至，爾乃並力攻之。申令軍中，恣聽射獵。兵士喜悦，大小皆相與從禽。尚乃密使所親客潛焚其營，珍積皆盡。獵者來還，莫不泣涕。尚人人慰勞，深自責咎，因曰："卜陽等財寶足富數世，諸卿但不並力耳。所亡失少少，何足介意!"衆聞咸憤踊，尚勅令秣馬蓐食，明旦，徑赴賊屯。陽、鴻等自以深固，不復設備，吏士乘鋭，遂大破平之①。奪其所不可舍，而啗之以所未得，籠絡顛倒，用衆之法，甚奇甚快。[1]使敵之懼者化而驕，我之驕者化而鋭，其轉移之妙，全在先有以緩之。緩之爲言近於懈，而乃以爲奮。此兵之所以不可測也。

邊將勝則冒功，敗則嫁禍，千古通弊。度尚爲荆州刺史，見胡蘭餘黨南走蒼梧，懼爲己負，乃僞上言蒼梧賊入荆州界，於是徵交趾刺史張磐下獄。辭狀未正，會赦見原，磐不肯出獄。方更牢持械節，乞傳尚詣廷尉面對曲直。若尚不徵者，磐（理）[埋]骨牢檻，終

---

① 《後漢書》卷三十八《張法滕馮度楊列傳》，頁1285。

不虛出,望塵受枉。尚竟以辭窮受罪①。以尚將略,猶以駕罪於人,自取罪辱如此,況庸庸者乎。千古邊臣皆然,尚不幸偶犯對耳。若非磐强直,草草以一赦結局,功罪賞罰,朦朧者多矣。又可見赦者庸人之幸,而豪傑之不幸,不足以示德而祇足壞法。此耿弇所以慎言赦也。是時蒼梧、桂陽猾賊相聚,攻郡縣,賊衆多而璇力弱,吏人憂恐。璇乃特制馬車數十乘,以排囊盛石灰於車上,繫布索於馬尾,又爲兵車,專毂弓弩。克共會戰,乃令馬車居前,順風鼓灰,賊不得視。因以火燒布,布燃馬驚,奔突賊陣,因使後車弓弩亂發,征鼓鳴震。群盜波駭破散,追逐傷斬無數,梟其渠帥,郡境以清②。兵家用奇,前無所因,以敵爲師,當機而巧生焉。事過則已,但可一試而不可屢行,如田單火牛是也。楊璇制馬車,用火牛之意而加減甚妙。[2]且今車戰制虜,此法安可不講?

評點:

[1] 眉批:用兵之妙,思過半矣。

[2] 眉批:"當機而巧生",寫盡用奇之妙,若一試再試,何奇之有?

劉趙淳于江劉周趙列傳

(薛包、劉平、趙孝、淳于恭)

讓而使人不可受,居己於廉而貽人以不安。所謂以財物使人愧,非君子之道也,[1]況骨肉之間乎。薛包與弟子分財,奴婢取其老者,曰:"與我共事久,若不能使也。"田廬取其荒頓者,曰:"吾少時所理,意所戀也。"器物取其朽敗者,曰:"我素所服食,身口所安

---

① 《後漢書》卷三十八《張法滕馮度楊列傳》,頁1287。

② 《後漢書》卷三十八《張法滕馮度楊列傳》,頁1288。

也。"①仁之至，義之盡。所難不在於讓，在於讓而善爲辭，只是不近名耳。

劉平逃難，舍其子而抱持其弟遺腹之女。此其事在鄧伯道前，平不聞絶後而伯道無兒。命數偶然，未必由於舍其子也。但其事頗不近情，苟心安理得，不係於兒之有無也。

趙孝兄弟遇賊爭死，卒獲俱免，自是篤行之報。然孝既爲之，王琳又爲之，魏譚又爲之，淳于恭又爲之，歷記數人，小有異同，機局不甚相遠。恐爭死反爲求免之法，後有黠賊，不肯照例也。[2]

淳于恭見偷刈禾者，恐其愧，因伏草中，盜去乃起②。因悟君子爲小人中傷，事見情窮，爲君子者，反宜回護而周旋之。小人心腸面目，種種異人，固不易愧。一使之愧而無所容，則其毒益深而焰益烈。[3]既不逆其所傷，而又使之勿愧，非不情也。居亂世全身之道，不得不出於此。不如是，又何以見爲君子之難哉？

評點：

[1] 眉批：能讓者幾人？況讓而使人愧？猶未盡道乎？嗟乎，此古人爲不可及也。

[2] 眉批：黠賊或猶肯照例，但恐爭死求免之法今不傳耳。

[3] 眉批：古今慘禍，多由此起。

班彪列傳

班彪作《王命論》，非獨擁戴漢室，正以警儆偪者止殺。哀時化得一人，便是一人，省得一事，便是一事，救得一分，便是一分。全副菩薩心腸，所謂以文字爲功行者也。[1]

---

① 《後漢書》卷三十九《劉趙淳于江劉周趙列傳》，頁1295。
② 《後漢書》卷三十九《劉趙淳于江劉周趙列傳》，頁1301。

班固以父彪所續前史未詳，乃潛精研思以就其業。此孝子之心也。司馬遷《史記》亦受命於父。古人著作本領如此，一片精神，始終元化，與六經對，豈專恃文字而已哉。

司馬遷自作《史記》，恣所欲言。而固奉詔爲《漢書》，不無避忌。遷文豪逸而固謹細，固其所也。

人有上書告固私改國史者，詔收固下獄。固弟超，恐固爲郡所覈考，不能白明，乃馳詣闕上書。得召見，具言固所著述意。超以武奮身，而其兄之文章，賴以表章保存，其後妹昭又上書歸超於絶域，續成固書。班氏非獨家世文武，其孝友亦有本矣！

評點：

[1] 眉批：方不負"文人"二字。

第五鍾離宋寒列傳（第五倫、倫曾孫種）

第五倫見光武詔書，每歎息曰："此聖主也。"一見決矣①。其言似涉率易，不知倫當王莽末，人多爭附盜賊，倫獨依險固，築營壁。賊至，厲衆拒之。一段定見定力，正待此聖主出耳。一見而決，自非難事。光武見倫即異之，特召入，與語至夕，真君臣相契聲氣精神，未可以俗格中求之也。

倫雖峭直，然常疾俗吏苛刻。上疏言郡國所舉，類多辦職俗吏。俗吏上加"辦職"二字，妙有深意。人主所以用俗吏，與爲俗吏用者，全在於此。一經點破，把柄已失，便不墮其雲霧中矣。[1] 非峭直人，未免惜其辦職，爲之護短，不肯盡情説透也。

或問倫曰："公有私乎？"對曰："吾兄子嘗病，一夜十往，退而安

---

① 《後漢書》卷四十一《第五鍾離宋寒列傳》，頁 1396。

寢；吾子有疾，雖不省視而竟夕安眠。豈可謂無私乎？"①聖賢慎獨真學問，不愧屋漏之言，和盤托出，只在一"私"字。[2]彼自謂無私者，即自欺人也。

種一生精神，只在知人。知衛羽，知孫斌，知閭子直，知甄子然，知臧旻。爲種收中常侍單超兄子匡者，羽也；自請往説降泰山賊叔孫無忌者，羽也；脱種於難者，斌也；藏匿種者子，直也，子然也；上書訟種者，旻也。之數子者，遂與種身名相始終，若步步相隨，種於此數子，亦若着着布定。種人臣耳，得一人即收一人之用，當時能用種，豈不並此數人得之？[3]種赦出後，他無所見，卒於家。旻言所謂"持忠入地"，蓋誠有之，可惜也。

評點：

[1]眉批：從"辦職"二字内看出法外之仁，五倫深情，伯敬冷眼，俱不可及。

[2]眉批：劉平、伯道之用情，視此能無悔乎？

[3]眉批：説到憐才，便淒然于面。

朱樂何列傳

觀劉平、趙孝及朱暉兩等遇賊事，有以篤誠相感而免者，有以氣岸相伏而免者。所操者皆非必免之道也，而卒皆以免，可見從來盜賊所殺，非惡人則庸人也。[1]虎欲囓人，不避豪賢，古之爲賊者，不必盡然。

初，暉同縣張堪素有名稱，嘗於太學見暉，甚重之，接以友道。乃把暉臂曰："欲以妻子託朱生。"暉以堪先達，舉手未敢對，自後不復相見。堪卒，暉聞其妻子貧困，乃自往候視，厚賑贍之。暉少子

---

① 《後漢書》卷四十一《第五鍾離宋寒列傳》，頁 1402。

頡怪而問曰："大人不與堪爲友,平生未曾相聞,子孫竊怪之。"暉曰："堪嘗有知己之言,吾以信於心也。"暉又與同郡陳揖交善,揖早卒,有遺腹子友,暉常哀之。及司徒桓虞爲南陽太守,召暉子駢爲吏,暉辭駢而薦友。虞歎息,遂召之。其義烈若此。暉處張堪、陳揖二事,乃其孫作《崇厚論》之本也。暉父岑,與光武同學故舊,帝即位,求問岑,時已卒,乃召暉拜爲郎。天子篤友如此,宜人之感而慕義也。[2]

予嘗謂鑿壁映雪,此古人興到觸物不能自止之事,非以此爲常也。今人讀書,或偶有所忽起,或偶有所未竟,間亦有此。[3]觀朱公叔所謂"或時思至,不自知亡失衣冠,顛隊阬岸。"意與此略同,負至性者知之,未可爲泛泛讀書作文人道也。

評點:

［1］眉批:雖非正論,却自痛快。

［2］眉批:敦本而論,則移風易俗,不能不望之聖天子。

［3］眉批:讀死人書,豈知有此妙境?

袁張韓周列傳(袁安、袁閎、周興)

元和二年,武威太守孟雲上書:"北虜既已和親,宜還其生口,以慰安之。"詔百官議朝堂。公卿皆言不可開許,安獨以爲還之便,司徒桓虞改議從安。此大臣卓識,真心爲國者也,豈知後世老姦,一遇會議,先持一調停之意,自爲身名地哉。[1]當時賢者如鄭弘、第五倫、韋彪皆恨之。會議之不公不明,不獨小人之罪也。安至不能自堅,上印綬謝。肅宗詔報曰:"寢默抑心,非朝廷之福。君何尤而深謝?"帝竟從安議①。自非宰相天子主持於上。國家大事,專

---

① 《後漢書》卷四十五《袁張韓周列傳》,頁 1518—1519。

恃一會議,有大姦者私見業已先定,借會議成之,積威脅衆,能使人不敢不阿其意,豈不殆哉。

延熹末,黨事將起,閎遂散髮絕世,欲投迹深林。以母老不宜遠遁,乃築土室,四周於庭,不爲戶,自牖納飲食而已。且於室中東向拜母。母思閎,時往就視,母去便自掩閉,兄弟妻子莫得見也。及母歿,不爲制服設位,時莫能名,或以爲狂生。潛身十八年,黃巾賊起,攻沒郡縣,百姓驚散,閎誦經不移。賊相約語不入其閭,鄉人就閎避難,皆得全免。年五十七,卒於土室①。處亂世自全之道如此,亦苦矣。只是看得身極重耳。全身正以安親,又當觀其母子間始末本領。苟全性命於亂世,豈庸人事哉。黃巾賊來誦經不移,而至築土室以絕世,世情之凶於賊鋒,所由來矣。[2]漢末焦先寒貧輩,諸晦行匿迹,降志辱身,事有絕不近情者,皇甫士安至推之羲皇以前。要其本指,歸於全身,實兗亂末世迫之使然,其初非有意爲高士也。然閎能使賊不入其閭,鄉人就閎避難,皆得全免,則深心妙用,寓救世於保身之中,又聖賢英雄事也。

尚書陳忠薦周興文辭可作尚書郎,自言臣等既愚闇,而諸郎又多俗吏,鮮有雅才,每爲詔文,宣示內外,轉相求請,或以不能而專己自由,辭多鄙固。數語若從他人發之,何其可笑,而忠不難自家寫出,毫無抵諱,便是斷斷無技②、休休有容③之風。且古大臣於國家詔令文章,不肯固陋示朴,美不必自己出。如此推之他事,何莫不然? 若以大臣而錮一文士,恐形己短,不顧國體,則亦愚而隘矣。

①　《後漢書》卷四十五《袁張韓周列傳》,頁1526。
②　斷斷,專誠守一。《書·秦誓》:"如有一介臣,斷斷猗,無他伎。"孔穎達疏引王肅曰:"斷斷,守善之貌。無他技能,徒守善而已。"蔡沈注《書經》:"斷斷,誠一之貌。"
③　《書·秦誓》:"其心休休焉,其如有容。"

評點：

［1］眉批：會議從來吁咈一堂，所賴者聖君賢相能主張其事耳。

［2］眉批：言言有淚。

郭陳列傳（陳寵、寵子忠）

陳寵當王莽簒位，父子解官歸鄉里，閉門不出入，猶用漢家祖臘，此忠臣孝子也。人問其故，答曰："我先人豈知王氏臘乎？"立言甚妙，可爲邦無道危行言孫之法。

古今言路，有通之中已伏一塞之機者，未必皆小臣激聒之過，或亦大臣處之無術也。安帝初，詔舉有道，百僚各上封事，忠以詔書既開諫爭，慮言事者必多激切，或致不能容，乃上疏豫通帝意。老成長慮，濟以微權。大臣不可不知。

班梁列傳（班超）

班超儒家子，兼涉書傳，而以武自奮，別立家門，使史家特爲立傳，不附父兄之後，真有志人也。觀超始末出處，其於家國人己之間，處之皆有其道。史稱超不脩細節，然內孝謹，則其原委固自不同，非一切以膽智立功邊（郵）［陲］而已。

超之投筆，人皆知之，不知超不難于投筆，而難于傭書，[1]無論超才略絕世，不屑爲此。今有父兄作近臣，而其子弟爲官寫書受直以養母者乎？其志節已過人矣。超居家常執勤苦，不恥勞辱，固豪傑人有心用世，以此爲鍊性之資也。

超與從事郭恂同使鄯善，見其王禮意疏薄，知必有北虜使來，狐疑未知所從。悉會其吏士三十六人，謀攻虜使，衆欲與從事議之，超曰："從事文俗吏，謀泄，死無所名。"獨與其吏士夜斬虜使，明日乃還告恂。恂大驚,既而色動。超知其意,舉手曰:"掾雖不行,班超何心獨擅之乎?"恂乃悦①。若今人舉事之初,引人入以豫分其責,成事之後,推人出以自專其功。淺深廣狹,度量相越甚矣。

超自請往服西域,別遣李邑護送烏孫使者。邑恐懼不敢前,因上書言西域功不可成,又盛毀超擁愛妻,抱愛子,安樂外國,無内顧心。帝知超忠,乃切責邑曰:"縱超擁愛妻,抱愛子,思歸之士千餘人,何能盡與超同心?"②快哉言乎! 雖超自訟,不能如此痛切。[2]從古小人當利害之際,別有身家隱慮,敗人之功以自便其私者何限? 非明主洞見至隱,臣子一身功過不足惜,國家大事去矣。令邑詣超受節度,超即遣邑將烏孫侍子還京師,徐幹謂超曰:"邑前親毀君,何不緣詔書留之。"超曰:"是何言之陋也。以邑毀超,故今遣之。内省不疚,何恤人言!"③真心爲國之人,其言動發於至誠,絶似趙充國。然超始聞邑言,遂去其妻,超於此不無戒心矣。以事遣邑還,遂其私圖,處成功、弭讒毀之計,似亦無出於此。超之權術,蓋從學問中來也。

超被徵,以戊己校尉任尚代之。超謂尚曰:"塞外吏士,本非孝子順孫,皆以罪過徙補邊屯。而蠻夷難養易敗,水清無大魚,察政不得下和。宜蕩佚簡易,寬小過,總大綱而已。"④數語乃尚所謂"平平"者也,不知"平平"二字,正超授尚以善後之策。此大將之言也。此段學問,便非介子、甘陳一往喜功之人可到。[3]學道讀書,乃有此語,然亦西域三十年磨鍊出來,故一生成功結局,其本全取諸此。

---

①　《後漢書》卷四十七《班梁列傳》,頁 1572—1573。
②　《後漢書》卷四十七《班梁列傳》,頁 1578—1579。
③　《後漢書》卷四十七《班梁列傳》,頁 1579。
④　《後漢書》卷四十七《班梁列傳》,頁 1586。

評點：

〔1〕眉批：投筆乃英雄本色，故易；備書乃英雄屈體，故難。

〔2〕眉批：明主在上，忠臣之福也。

〔3〕眉批：看得明白，不被功業一概忽略也。

史懷卷十五

後漢書三

楊李翟應霍爰徐列傳
（楊終、翟酺、霍諝、爰延）

楊終以諫徙邊，與班固議論不合。其後以終言徵群儒，集白虎觀論考同異，會終坐事繫獄，固薦終經學，出之於獄，引與共事①。不獨虛心憐才，古人於國家盛典，不敢示後人以朴。[1]以一念不苟，成其不妒，移此心於他事，作宰相可也。

時尚書有缺，詔將大夫六百石以上試對政事、天文、道術，以高第者補之。酺自惟能高，而忌故太史令孫懿，恐其先用，乃往候懿。既坐，言無所及，唯涕泣流連。懿怪而問之，酺曰："圖書有漢賊孫登，將以才智爲中官所害。觀君表相，似當應之。酺受恩接，悽愴君之禍耳！"懿憂懼，移病不試。由是酺對第一，拜尚書②。君子居末世，待朋友不可不恕。"交情"二字，止可責人於平時，若榮利得失必不兩立之際，賣友自便亦理勢之常，無足怪者。翟酺起家經術，後以諫顯，與孫懿篤好，祇以一念躁進，詭激不情，醜態百出。君子處此，直以理勢之常視之，非惟待物不刻，省得許多怨尤，亦自

---

① 《後漢書》卷四十八《楊李翟應霍爰徐列傳》，頁 1599。
② 《後漢書》卷四十八《楊李翟應霍爰徐列傳》，頁 1602。

家真受用也。不然，讀書學道，於此不得力，與庸俗人何異哉？[2]

從古疆場撫賞互市之法，無事則以之餌虜，使不爲患，有事則用其力。究其指歸，不過曰"以夷狄攻夷狄耳"。漢討羌胡，欲開募（卑鮮）[鮮卑]，冀獲其用，應劭以爲虜得賞既多，不肯去。復欲以物買鐵，邊將不聽，便取縑帛聚欲燒之。邊將恐怖，畏其反叛，辭謝撫順，無敢拒違①。蓋使其權在虜而不在我。千古款虜利病，盡此數語。此唐天寶以後用化門回紇爲中國害者也。又云："臣愚以爲可募隴西羌胡守善不叛者，簡其精勇，多其牢賞。太守李參沈靜有謀，必能奬厲得其死力。當思漸消之略，不可倉卒望也。"②其處分布置，不離"以夷攻夷"之中，別尋妙用，而情形精熟，機局圓警，不徒草草套用此四字而已。

霍諝奏記梁商，訟其舅宋光之冤，出之於獄，此義人也③。時年十五，爲此更難。不知諝所以能爲此者，正以其年十五耳。十五以後，可戀可避者甚多，能爲此舉者，或難其人矣。故世上勇於義者，非涉世太深之人所能爲也。[3]

爰延爲鄉嗇夫，仁化大行，人但聞嗇夫，不知郡縣④。此亦非佳事。君子生亂世，誠不宜有此。范滂、岑晊爲鄉功曹，郡謠曰："汝南太守范孟博，南陽宗資主畫諾。南陽太守岑公孝，弘農成瑨但坐嘯。"⑤知有功曹而不知有太守，漢黨錮之禍遂成，於此可不畏哉？君子不欲多上人，況以屬吏而掩上官乎。[4]

評點：

[1] 眉批：到底是虛心憐才。

① 《後漢書》卷四十八《楊李翟應霍爰徐列傳》，頁 1610。
② 《後漢書》卷四十八《楊李翟應霍爰徐列傳》，頁 1610。
③ 《後漢書》卷四十八《楊李翟應霍爰徐列傳》，頁 1615—1617。
④ 《後漢書》卷四十八《楊李翟應霍爰徐列傳》，頁 1618。
⑤ 語出《後漢書》卷六十七《黨錮列傳》，頁 2186。

［2］眉批：有道之言。

［3］眉批：義根，心者也，而至以年論世情，良可悲已。

［4］眉批：衰世之論。

王充王符仲長統列傳（王充、仲長統）

王充家貧無書，常遊洛陽市肆，閱所賣書，一見輒能誦憶。此非獨警敏勝也，亦以勤慎得之。凡物有諸己者，知其不去，常玩而輕焉。借諸人者，恐其難繼，常敬而重焉。得之艱則守之固，自是人情。^[1]蘇子瞻謂三代竹簡漆書而人皆勸學，秦、漢以後，紙字日趨於多，學者益以怠玩，難易輕重之分也①。

充以爲俗儒守文，多失其真，守則不失。失字根守字來，看得甚深甚妙。

處亂世散財結客，須以識爲主。并州刺史高幹招致四方游士，統謂幹曰：“君有雄志而無雄才，好士而不能擇人。”二語看斷千古浮人。幹卒與袁紹同敗，只是好士無着落耳。

《樂志論》所言，勝富貴之福萬倍矣，亦知其必不可得而寄託之辭也。正不必深求之，有此，何人不樂隱？若必待此而後隱，世又豈復有能隱者哉？^[2]統論説古今及時俗行事，恒發憤歎息，因著論名曰《昌言》，此讀書人深心用世者也。獻帝遜位之歲，統卒，是生亂世極妙結局。

評點：

［1］眉批：不盡載于書者，諒亦難而非易，亦竟不聞講求，又將奈何？

［2］眉批：待此而隱，固非真隱，然有此而不肯隱者，亦未必無人。

---

① 參《蘇軾文集》卷十一《記》之《李氏山房藏書記》，頁359。

李陳龐陳橋列傳（李恂、龐參）

士大夫居官，厚自奉給，見有官之樂，則彌不堪無官之苦，故進而難於退，退而復求進，其原皆出於此。李恂爲兗州刺史，常席羊皮，服布被。領西域副校尉，賈胡遺恂奴婢、宛馬、金銀、香罽之屬，一無所受。後以事免官，步歸鄉里，結艸爲廬，獨與諸生織席自給①。恂用世人，作如此結局最難。蓋由恂素廉儉，不知有居官受享，故免官後能受此清苦。乃知居官廉儉，正爲後來退步地也。

參爲漢陽太守，郡人任棠者，有奇節，隱居教授。參到，先候之。棠不與言，但以薤一大本，水一盂，置户屏前，自抱孫兒伏於户下。主簿白以爲倨。參思其微意，良久曰：“棠是欲曉太守也。水者，欲吾清也。拔大本薤者，欲吾擊强宗也。抱兒當户，欲吾開門恤孤也。”於是歎息而還②。任棠，隱者也，以部民見問於太守，又以郡人言郡事，自有難於頌言者，以形影相喻，法應如此，可悟身世語默之道。龐參思而得之言外，其捷悟又從虛心得來。

觀漢世龐參守邊治民事，可見一時良將多從循吏中出，未有民不安富而能從事邊境者。寓將於吏，即隱然寓兵於民。後世將與吏截然畔爲二途，宜其兩失之矣。

崔駰列傳（瑗、寔）

章帝好崔駰文章，謂侍中竇憲曰：“卿寧知崔駰乎？試請見之。”③

---

① 《後漢書》卷五十一《李陳龐陳橋列傳》，頁1683—1684。
② 《後漢書》卷五十一《李陳龐陳橋列傳》，頁1689。
③ 《後漢書》卷五十二《崔駰列傳》，頁1718。

駰由此候憲，憲屣履迎門，笑謂駰曰：“吾受詔交公。”遂揖爲上客。天子薦一士於臣下，臣下奉詔而交一士，事皆甚奇。後帝幸憲第，聞駰在憲所，欲召見之。憲以爲天子不宜與白衣會。帝悟曰：“吾能令駰朝夕在傍，何必在此！”此時憲遂欲私駰而有之，爲帝看破，使元成有此識解。杜欽、谷永何至爲王氏有也？然駰見知於憲，大是不幸。帝欲官之而崩，駰卒以直諫憲，被疎而出。雖不見用于公朝，終不爲私室所有，善矣。不然，將與班固同敗。帝謂憲“愛班固而忽崔駰，此葉公之好龍也”①，固與竇氏之禍而駰得脱，然二子優劣，定於帝之一言矣。

安帝以中常侍江京陳達等煽惑，廢太子爲濟陰王。閻太后稱制，閻顯入參政事。瑗欲與長史陳禪求見顯，白太后收京等，廢少帝，引立濟陰王，禪猶豫未敢從。孫程立濟陰王，是爲順帝，顯兄弟悉伏誅，瑗坐被斥。使從瑗之計，何至使廢立之事，復出宦豎之手？得挾社稷之功，爲亡漢之根哉？瑗此種膽識，豈文士可到？門生蘇祇欲上書言狀，禪請爲證，瑗聞而遽止之，遂辭歸，不復應州郡命②。處亂世闇主，借此爲脱身之地，尤上上妙着也。

崔寔覩漢末紀綱廢弛，作《政論》以救之。其説欲參以霸政，主於明賞罰、著法術。以元帝爲漢室基禍之主，其論甚確；而謂宣帝優於孝文，此語尤人所不敢言。蓋欲以宣帝之綜核，明元帝優柔之失也。[1]宣帝有言，“漢家自有制度，本用王霸雜治之，奈何純任德政乎！”“亂我家者，太子也！”③寔之説本此。

評點：

[1] 眉批：此救漢末廢弛之論也，然以粱肉比德教，藥石比刑罰，則輕

---

① 《後漢書》卷五十二《崔駰列傳》，頁 1718—1719。
② 《後漢書》卷五十二《崔駰列傳》，頁 1722—1723。
③ 《漢書》卷九《元帝紀》，頁 277。

重自在。

周黃徐姜申屠列傳

太原閔仲叔者，世稱節士。建武中，應司徒侯霸之辟。霸不及政事，徒勞苦而已。仲叔恨曰："始蒙嘉命，且喜且懼；今見明公，喜懼皆去。以仲叔爲不足問邪？不當辟也？辟而不問，是失人也。"遂辭出，投劾而去①。士大夫相遇不談職務，一味寒温，此宦途熟套也。侯霸以大臣辟一士，相見止於勞苦，不及政事，賢者如此，況庸人乎。"喜懼皆去"一語，説得索然，亦復凜然，人己進退之間，較然明白，不如此何以爲高士也。[1]

黃憲起牛醫兒，年十四耳。一時名賢，如荀淑、戴良、陳蕃、周舉、郭林宗，師之友之②。憲何以使人至此？本傳不載一事，實錯舉一時稱服之言以見其人，亦幾於無能名矣。一言以蔽之曰：遠。

先是京師游士汝南范滂等非訐朝政，自公卿以下，皆折節下之。太學生爭慕其風，以爲文學將興，處士復用。蟠獨歎曰："昔戰國之世，處士橫議，列國之王，至爲擁篲先驅，卒有阬儒燒書之禍，今之謂矣。"乃絶迹於梁、碭之間，因樹爲屋，自同傭人③。阬儒焚書，從處士橫議，看出感應至理，曠甚，確甚。處亂世不可不知。"因樹爲屋，自同傭人"，蓋感漢末諸儒名福太盛，幽明所忌，黨禍將興，而以其身爲之讖也。

從古姦雄意狠手辣，亦必有一種痛癢，爲人所制。搔其痛癢，雖其殺機方盛，能逆折而使順受之。愛名收衆，此曹操一輩人痛癢

① 《後漢書》卷五十三《周黃徐姜申屠列傳》，頁 1740。
② 《後漢書》卷五十三《周黃徐姜申屠列傳》，頁 1744。
③ 《後漢書》卷五十三《周黃徐姜申屠列傳》，頁 1752。

處也。^[2]操欲殺楊彪，孔融不及朝服往救之。操拒以國家之意，融曰："假使成王殺召公，周公可得言不知邪？"①先將一周公處置曹公，其地步固已高矣。又云："明公輔相漢朝，若橫殺無辜，四海觀聽，誰不解體。"②當時名流，不盡被殺，正緣老瞞胸中先有此段顧忌，故得乘此中之。故説姦雄易，説庸人難。姦雄有痛癢，而庸人無痛癢故也。

評點：

[1]眉批：觀其且喜且懼，胸中經濟可想。古之高士，豈獨一潔身能盡哉？

[2]眉批：伏龍馴虎，亦必有道，拈出"痛癢"二字，快甚。

章帝八王(列)傳③（清河王慶）

慶故皇太子也，以母宋貴人讒死，廢爲清河王。立皇子肇爲太子，是爲安帝。慶處廢立之間，藏身有道，是大學問，大受享人，安帝始終友愛，自千古盛德事。慶子祐卒爲天子，天人之際，微矣哉。

張王种陳列傳（張綱）

漢安元年，遣八使狗行風俗。綱以梁冀用事，獨埋其輪於都亭。此千古雄快吏史也。及廣陵賊張嬰寇揚、徐間，冀諷尚書以綱爲廣陵太守，此即狄山毁張湯，湯出山乘郭者也。綱獨請單車之職，

---

① 按，《後漢書》作"邵公"，《後漢書》卷五十四《楊震列傳》，頁1788；《資治通鑑》卷六十二《漢紀五十四》"獻帝建安二年"條，頁2043。

② 《後漢書》卷五十四《楊震列傳》，頁1788。

③ 陶珽、許豸評二十卷合刻本作"章帝八王列傳"，誤。《後漢書》作"章帝八王傳"。

既到,徑造賊壘慰降之①。埋輪人偏能服賊,尤是快事。若狄山爲虜所殺,固落權姦窠中,即若顏杲卿死賊,亦足令正人短氣。然如此行徑,後世權奸不以媚賊陷之邪。[1]真所謂一解不如一解。

評點:

[1]眉批:能殺賊固快,即死賊亦無傷,但不可氣餒耳,氣一餒則書生之虎頭蛇尾矣。

虞(傳)[傅]蓋臧列傳(虞詡)

虞詡受命討羌,停車不進,而宣言上書請兵,須到當發②。借此爲名以怠寇,而從中取事,其妙用全不靠此。[1]賊分鈔兵散,乃倍道而進。兵少利速,緩則爲賊所覘。其日增兩竈,正作此伎倆,暗暗與請兵照應,若大軍到者,妙甚,妙甚!陳元龍爲賊所圍,使人請救,乃密治軍營,聚薪城外,束炬舉火,火然其聚,若大軍到,城上稱慶,賊望火驚散,正從此悟出。彼擁重兵而日望援兵之至,真木偶人也。

詡爲常侍張防所誣,自繫廷尉,宦者孫程、張賢力救。而賈朗縉紳中人,乃黨防而證詡。[2]帝卒明其誣,朗與防或死或黜,即日赦詡,朗枉作小人。誠是快事。然使人主從此輕天下士不如宦豎,死且黜,不足盡辜也。

評點:

[1]眉批:“怠賊”二字,便是妙用。

[2]眉批:宦豎中亦自有人,安可一概抹殺。

---

① 《後漢書》卷五十六《張王种陳列傳》,頁1817—1818。
② 《後漢書》卷五十八《虞傅蓋臧列傳》,頁1868。

馬融列傳

馬融，經師，非人師也。[1]其一生學問精神，全在溫飽受用。遭亂饑困，乃悔而歎息①。此一悔與李斯倉鼠之歎何異？便爲絳帳豪侈之根，失身外戚，亦生於此。此士所以貴堅忍也。鄭康成正師其經耳，非師其人也。

評點：

[1] 眉批：字字《春秋》，可見經術與人品不相假借。

蔡邕列傳

邕爲劉郃、陽球所搆，髡鉗徙朔方。球又賂其部主使加毒害，所賂者反以其情戒邕，故得免焉②。邕以此時死，豈不（一是）[是一]忠孝學問完人？卒受董卓迫脅，負黨邪而死。士生亂世，求一完名見殺有不可得者，真不幸也。[1]然邕於卓屢有匡正，恨言不盡用。知卓必敗，欲遁逃而不能。卓死而歎，形於色，安知非自訝其言之中，而悔其不能先去邪。王子師漫然殺之，誠爲鹵莽。然使邕此時不死，又不將爲李傕、郭汜輩徵命所污乎？此則死又賢於生矣。

中郎識焦尾琴，慧心人所能也；螳螂向蟬一段，幽明感應之言③，非慧心人所能也；[2]"以樂召我而有殺心"一語，千古殺機，深微之人，聞之悚然自止。

---

① 《後漢書》卷六十上《馬融列傳》，頁1953。
② 《後漢書》卷六十下《蔡邕列傳》，頁2002。
③ 《後漢書》卷六十下《蔡邕列傳》，頁2004—2005。

評點：

〔1〕眉批：悲其先，幸其後，雖委曲憐才意，而漫無所主之衷不覺寫出，直道在筆端矣。

〔2〕眉批：慧心又當別論。

荀韓鍾陳列傳（陳寔）

黨事連陳寔，寔曰：“吾不就獄，衆無所恃。”二語自處甚有地步，危其身以爲人者也。黨事解，張讓葬父，名士無往者，讓恥之。寔乃獨弔焉。後復誅黨人，讓感寔，故多所全宥①，辱其身以爲人者也。二事豪傑手段，聖賢心腸，菩薩行徑，缺一不能。中人後生，勿輕議之。

吳延史盧趙列傳（吳祐）

吳祐字季英，陳留長垣人也。父恢，爲南海太守。祐年十三，隨從到官。恢欲殺青簡以寫經書，祐諫曰：“今大人踰越五嶺，遠在海濱，其俗誠陋，然舊多珍怪，上爲國家所疑，下爲權戚所望。此書若成，則載之兼兩。昔馬援以薏苡興謗，王陽以衣囊徼名。嫌疑之間，誠先賢所慎也。”恢乃止②。十三歲兒能爲此言，周慎堅忍至此。昔人云：“在官寫書，風流罪過。”“趣”之一字，難施於官。生來便是作官之具，不可學而能也。杜根亦年十三入太學，貴戚慕名，致書爭問，根皆不發封，藏書於壁。及逮捕貴戚，發書於壁，封識如故③。一段身世之慮，又從處亂世、履憂患磨鍊出來。

---

① 《後漢書》卷六十二《荀韓鍾陳列傳》，頁 2066。
② 《後漢書》卷六十四《吳延史盧趙列傳》，頁 2099。
③ 《後漢書》卷五十七《杜欒劉李劉謝列傳》，頁 1839。

皇甫張段列傳（皇甫規、段熲）

皇甫威明佳士，而恥不與黨人一節，自是蛇足①。豪傑在自處耳，豈以黨人爲重邪？漢末自有此一種好名習氣。彼聲名未著，及盛名之下，無其實者引附標榜，固不足怪。亦有才品卓然，儘足自信，舍己而借人者，真惑之甚也。范滂之母別其子曰："子今得與李、杜齊名，死亦何恨！"②婦人好名亦如此。當此時而有范冉、鄙賈偉節、郭林宗之爲人者，見雖自僻，不可無此一人立衰俗之中。

段熲爲護羌校尉，上書言羌事，寫羌人情形，兵糧數目，地勢合散，詳確似趙營平③，可爲論邊事之法。其後一一如其言，彼不先留退避之路也。今邊臣奏報含糊，惟胸中無成規，亦自留退步耳。

郭 符 許 列 傳

郭林宗是有心人，未嘗一念忘救世。而極自愛其身，潛用其心目於衆人之中，獎訓士類，惟恐失一士，使國家不得一士之用。而危行言孫，置身事外，真大占便宜人也。然林宗號知人，而符融又先知之，使交於李膺。郭始見李膺，膺大奇之，融居間也。處衰世忌於盛名。李、郭齊名，而李以敗，郭以全，郭能遜而李露其氣。嵇、阮齊名，而嵇以悔，阮以吉，阮能慎而嵇露其才。名不能累人，顧養與識何如耳。林宗寓宿茅容，旦日容殺鷄爲饌，林宗謂爲己設，既而以共其母，而以草蔬與客同飯。林宗迎拜之曰："卿賢乎

---

① 《後漢書》卷六十五《皇甫張段列傳》，頁 2036。
② 《後漢書》卷六十七《黨錮列傳》，頁 2207。
③ 即趙充國，《漢書》卷六十九。

哉!"因勸令就學。容之高,高在一"真"字。范敏荷甑墮地,去而不顧。林宗見而問其意,敏曰:"甑已破矣,顧之何益?"①林宗異之,因勸令遊學。敏之高高在一"定"字。二子當時未有名也。史叔賓有盛名,林宗見而告人曰:"牆高基下,雖得必失。"②可見當時以名重林宗,林宗取人,卻不在名,此所以爲人倫之鑑,[1]一"基"字,正是漢末好名者對症之藥。容之"真",敏之"定",正林宗所謂"牆之基"也。

林宗折角,時流競傚。安石蒲葵,虛價頓增③。漢末、東晉自有此一等好名惡習,後生處師友不得力,全在於此。君子畏大人,事其大夫之賢者,當法其好處,豈可逐影吠聲,因人喪己,爲依附借名之地乎?[2]許子將不候陳寔,陳蕃曰:"太丘道廣,廣則難周;仲舉性峻,峻則少通。"④卓哉四語,有識有骨,審彼己,洞始終,君子身世之要物也。李膺風性高簡,每見符融,輒絕他賓客。融幅巾奮袠,膺拱手歡息。仇覽不與符融談,融獨奇之。可見當時龍門浮慕望塵承響之人,正元禮輩所輕。當膺與融談之時,此輩方作門外漢耳,士亦何苦自取輕於前輩也。

評點:

[1]眉批:東漢君子,或真或僞,總不出一"名"字。

[2]眉批:吠聲逐影之小人,固無論;然故高聲影令小人吠逐者,是誰作俑乎? 恐真正君子,不長此惡風。

竇 武 列 傳

漢患外戚梁氏,用宦官除之;患宦官,用董卓除之;患董卓,用

---

① 《後漢書》卷六十八《郭符許列傳》,頁2229。

② 《後漢書》卷六十八《郭符許列傳》,頁2230。

③ 《世說新語·輕詆》"庾道季詑謝公"條,頁451—452。

④ 《後漢書》卷六十八《郭符許列傳》,頁2234。

諸侯除之；而漢隨以亡。病漸重則醫漸難，醫漸難而醫之用藥有所
不暇擇，一患除而除患者留爲患，因病求藥而藥復爲病，更數病而
以身從之。善爲國者，勿使成極重之勢而已。

鄭孔荀列傳（孔融、荀彧）

孔文舉本名士，體氣高妙，如琪花瑤草，雖不結實，自是風塵外
物。[1]而好談經濟，喜功名，竟無所成，只是一疎耳。"疎"之一字，
是名士本色，而經世人殊用不着。然又恥不能經世，勉作經濟事，
尤是名士大病。未可以文舉高妙，遂不責實，而槩以經世許之。司
馬彪曰："文舉在北海，自以溢才命世，又自許大志，不肯碌碌如平
居郡守事。然所任用，好奇取異，皆輕剽之才，但能碎綱張羅，其自
理甚疎。"①此言字字中文舉病，只須一"疎"字耳。然其膽量意氣，
在禍福之外，實其所長。若陳元龍具湖海氣，其經濟實用則又可
觀②。養鷹養虎之喻，弄一勇夫於掌股之上，光景在目，使吕奉先
嗔喜不得③。妙舌妙手也。

甚矣，荀彧之意侈而勞也！奉迎天子以從人望、令諸侯，是曹
氏取天下妙題，實自彧首發之。董卓兵起，曹公亦恐其倚王室之
重，則老瞞胸中亦覰定久矣。當時許攸曾以說袁紹，紹不用，而使
曹氏占此先着。袁、曹相拒官渡，孫策欲襲許迎天子，而策死。紹
讓此先着以資操，策欲爭之而不逮，有天焉。可見智謀之士，手眼
明捷略同。彧首發此謀，爲曹氏佐命之冠，心不可負，功不可掩。
察其始終，一念隱衷，若苦欲諱之者，何也？蓋彧有用世之才、之

---

① 參《三國志·魏書·崔琰傳》裴松之注引司馬彪《九州春秋》，頁371。
② 《三國志·魏書·吕布臧洪傳》，頁229—230。
③ 參《三國志·魏書·吕布臧洪傳》，頁225。

志,舍操無可事者,而又不欲公然爲曹氏私人,得罪萬世。[2]勸操擁戴天子,故奉操征伐,皆一以天子之命,或儼然身爲漢臣,此或之隱情。爲操,實以自爲也。操久亦或窺見之。及九錫之舉,或猶愚操以大義曰:"曹公本興義兵,以匡振漢朝。"①不知操取天下之局,取予先後,大半自或定之。形就勢合,操已不得復爲漢臣,而或欲不爲曹氏功臣,其可得乎?[3]或以大義愚操,欲自全其名。操即以愚或而取其實。或已死,而操猶以愚天下後世曰:"天命在我,吾當爲周文王。"②有爲曹之實,而又欲不失漢臣之名。甚矣,或之意侈而勞也!

評點:

〔1〕眉批:任體氣高妙,總是一班無用之人,此東漢之所以爲東漢也。

〔2〕眉批:或之苦心無奈處,正或之良心不死處。

〔3〕眉批:操真奸雄。

酷吏列傳(董宣)

董宣,强項人,以爲難在處湖陽公主一事。不知宣先相北海時,誅大姓公孫丹,使門下書佐水丘岑盡收其親黨誅之。青州以其多濫,奏宣考岑,宣坐徵詣廷尉。在獄,晨夜諷誦,無憂色。及當出刑,官屬具饌,厲色不食③。光武馳使驛騎特原赦宣,宣又以死請活岑而後已。然則湖陽公主一事,光武有以養其氣也。風節如此,置之酷吏似太貶。然在獄晨夜諷誦,自處能忍,便是宣酷處。

---

① 《後漢書》卷七十《鄭孔荀列傳》,頁2290。

② 語出《後漢書》志第十七《五行志》,頁3347。

③ 《後漢書》卷七十七《酷吏列傳》,頁2489。

儒林列傳（劉昆、戴憑、孔僖）

劉昆吏迹，似不宜入儒林。然"偶然耳"三字，説得甚大，非大學問人説不出。

光武令群臣説經義，有不通，輒奪其席以益通者，憑遂重五十席。事雖欠厚，然激勸之下，使人精神倍生。憑以爭蔣遵一事，直諫悟主。學問有用，重五十席不爲過也。孔僖爲鄰舍生，告其誹謗先帝，上書肅宗。雖以自訟，卻氣强理直，且因以規諫。尤是有心之人，有用之文。

文苑列傳（王逸）

王文考作《魯靈光殿賦》。先是，蔡邕亦造此賦未成，及見文考所爲，遂輟翰而已。最是高才能虛心服人，又能讓人。彼胸中不專倚此一賦，與一時文士分名也。趙壹已受知司徒袁逢，往見河南尹羊陟，不得見。壹以公卿中非陟無以託名者，乃日往到門。陟卧未起，因舉聲哭，門下皆驚奔入。陟乃起，與語，大奇之。過候太守皇甫規，不即見，壹遂遁去。門吏懼以白之，規追書謝壹，遂還書憤絕。夫名之未立，雖高卧而上堂强通，名之既成，雖追謝而還書峻拒。[1]或以附驥託身，或以冥鴻貢高。行徑不同，其爲文士名根則一也。士之遊大人以成名，伎倆雖多，其擒縱之術，不出此兩路而已。

評點：

[1] 眉批：數名字得其受病之原。

獨行列傳（范式、李善、陸續）

范巨卿處張元伯及陳平之子，朋友間可謂至性奇行矣。然有一毫爲名之念，便有心好奇。有心好奇，便有敗決之時。[1]須以至誠出之。人以爲奇，自覺尋常，乃可。

李善，李元蒼頭也。元家相繼亡歿，孤續始生數旬，貲財千萬，諸婢欲謀殺續，分其財産。善深傷李氏而力不能制，乃潛負續逃山中，備嘗艱勤。續雖在孩抱，奉之不異長君。有事輒長跪請白，然後行之。續年十歲，善與歸本縣，修理舊業①。鍾離意表善行狀，光武拜善及續，並爲太子舍人，遷日南太守。之官，過李元塚，未至一里，乃脫朝服持鉏名草。及拜墓哭泣甚悲，身自炊爨，執鼎俎以修祭祀。垂泣曰：“君夫人，善在此。”盡哀數日乃去。[2]一蒼頭欲自出脫，離賤爲良，甚爲不易。李善以篤義致身郡守，顯名千古，亦可謂善自謀身者矣。有志之士，何憚而不爲此也。然聖賢之心，豪傑之才，缺一不可。事續如長君，拜墓曰“善在此”。慎獨學問，此善託孤之根也。

陸續母截肉必方，斷葱以寸爲度。此子此母，孔子之所謂有恒也。

評點：
[1]眉批：東漢之士風可鄙者，皆有心好奇也。
[2]眉批：此等行誼，真可愧後世爲臣懷二心者。

方術列傳（華陀）

世間極小技術，皆有至理，況醫爲人之司命乎？然華佗輩下手

---

① 《後漢書》卷八十一《獨行列傳》，頁 2679。

處,皆絕不近理,若用人命爲戲而試其奇者。然絕不相干而用之恰好,所謂不可以理求而至理存焉者。醫者,意也,難言之矣。若郭玉對和帝一段,所云隨氣用巧,神存心手之間。又云療貴者有四難:自用意而不任臣,一也;將身不謹,二也;骨節不强,不能使藥,三也;好逸惡勞,四也[1]。則涉世窮理之言,又可見醫之精神與病者通。

逸　民　列　傳

孟光以醜女擇對,奇矣,曰"欲得賢如梁鴻者嫁之",此語故是伯鸞知己。

列女列傳（王霸妻）

王霸感令狐子伯之子,而慚其子之蓬髮歷齒。正使有此慚,真情不諱,亦不害其爲高。及聞妻言而起笑,則此語蓋試其妻。[1]恐其妻婦人愛子,或有此念而先發之,用觀其意,以堅其偕隱之志耳。賢者固不可測也。

班大家經史腹笥,而文詞拖沓,不及婕妤遠甚。女中大儒,老成典刑,未可以文之工拙論也。

蔡琰《悲憤詩》:"託命於新人,竭心自勖厲。流離成都賤,常恐復捐廢。"四語可爲才色女人失身不能死之戒。流涕請董祀之死,正體貼此四語之意。

評點:

[1]眉批:倘妻阻之,奈何?

---

① 《後漢書》卷八十二下《方術列傳》,頁2735。

史懷卷十六

三國志一（魏附注）

武 帝 紀

　　魏武命世姦雄，爲名士所輕侮，如宗承、許邵輩，公無如之何。而橋玄先識之，至以妻、子相託。不若諸子許與之中微帶譏玩，宜其終身之不忘也。玄曰："天下將亂，安之者其惟君乎？"①又曰："君未有名，可交許子將。"②當時名士有權如此。操往問子將，子將不答③。"不答"妙甚。公固問之，"固問"尤妙。各自寫名士英雄本色。而老瞞得意痛癢，全在於"亂世姦雄"一語。若但説"治世能臣"，決不聞而大笑矣。然"亂世姦雄"，人所不肯明認，亦人所不敢先居。故魏武靈帝時上書言時政，吏迹精勤，有志作救世事，爲治世能臣。是後政教日亂，知不可匡正，遂不復獻言。袁紹、何進召董卓，乃變易姓名間行東歸。"亂世姦雄"，其志決於此矣。嗚呼，驅能臣而姦雄，豈非世使之哉！

　　"寧我負人，勿人負我。"語雖帶感愴，然老瞞一生受用，在此八

---

① 《三國志》卷一《魏書·武帝紀》，頁2。

② 《世語》曰："玄謂太祖曰：'君未有名，可交許子將。'"令見《三國志》卷一《魏書·武帝紀》，頁3。

③ 參孫盛《異同雜語》，見《三國志·魏書·武帝紀》，頁3。

字,遂爲千古惡人口實。(注)①

曹公《蒿里行》曰"軍合力不齊,躊躇而雁行",正指諸侯攻董卓持疑不進也;又云"勢利使人爭,嗣還自相戕",則指劉岱、喬瑁、袁紹、公孫瓚相殺事也。大抵群雄舉事,在初起手時,局面已定,落曹公眼中久矣。其論袁紹云:"志大而智小,色厲而膽薄,忌克而少威,兵多而分畫不明。"[1]看得深,説得透,勝負之數,又豈待兩軍相當哉?

下令讓還三縣,娓娓千數言,字字不情卻妙在詳至懇款,若出至誠,使聽者心雖不以爲然而無以奪之,另是一副心顏。自首至題墓道曰"征西將軍曹侯之墓",只承認"治世能臣"四字,而"亂世姦雄"若不辯自明者,姦在於此。[2](注)

司馬建公曾舉公爲尉,及爲王,召謂建公曰:"孤今日可復作尉否?"建公曰:"昔日舉大王時,適可作尉耳。"②語婉氣直,對姦雄一味遜詞發付不得,須以氣勝之。(注)

《曹瞞傳》曰:"太祖爲人佻易,無威重,好音樂,倡優在側,常以日達夕,被服輕綃,身自佩小鞶囊,以盛手巾細物,時或冠帢帽以見賓客;及歡悦大笑,至以頭没杯案中,殽膳皆沾污巾幘,其輕易如此。"③觀其性情舉動,只是不測耳,安知不以此爲持法峻刻、垂涕刑人之地哉?子桓兄弟佻易,自其家風,抑所謂常自殺兒者乎?然華學王在形迹之外,去之所以更遠。(注)

公爲大將軍,袁紹恥班在公下,已自不濟,公固辭讓紹④。是

---

① 按:自卷十六起,多處段末有"注"字,其後所引皆出於《三國志》裴松之注文。此"注"字小字錯行,或在引文之前段末,或在引文本段之首,或兩處皆有。

② 以上自"司馬建公曾舉公爲尉",參《三國志·魏書·武帝紀》"二十一年春二月"條注[三],頁49。

③ 以上自《曹瞞傳》曰",參《三國志·魏書·武帝紀》"庚子,王崩于洛陽"條注[二],頁54—55。

④ 《三國志·魏書·武帝紀》,頁14。

歲,用棗祗、韓浩等議,始興屯田。初舉事時便爲標本久遠計,帝王舉動,與草賊不同。其後紹子尚數引虜入塞爲害,鑿渠自呼沱入派水,爲易名平虜渠;又從洹河口鑿入潞河,至今漕溉,爲萬世利,恐孫、劉君臣未遑及此也。[3] 杜恕謂當時抗論,以孫吳爲首,州郡牧守咸共忽恤民之術、修將帥之事,三國人伎倆不過如此。强本節用之道,不講久矣。

安定太守(母)[卅]丘興將之官,公戒之曰:"羌、胡欲與中國通,自當遣人來,慎勿遣人往。善人難得,必將教羌、胡妄有所請求,因欲以自利;不從便爲失異俗意,從之則無益事。"興至,遣校尉范陵至羌中,陵果教羌,使自請爲屬國都尉。公曰:"吾預知當爾,非聖人也,但更事多耳。"① 此論中國遣使通夷之弊不獨博望輩,一往貪功冒險之人,并班超、陳湯、傅介子之流,俱在其中。漢武以大宛絕遠,非人情所樂往,薄罪厚賞以來之,卒之不賞而自來。不賞而自來,則來者之情可知,而國之利害較然矣。魏武此論,從樂往者一輩人看出。[4]

評點:

〔1〕眉批:操之論紹,不減子將之論操,大抵英雄自有眼力。

〔2〕眉批:刺耳之論,寫奸雄面貌如在。

〔3〕眉批:秦築長城,隋開淮河,與此漕溉,俱萬世之利,而不爲君子所取,何也? 其私心爲己,不爲民故耳!

〔4〕眉批:須知樂往人亦不易得。

明 帝 紀

明帝識量機略遠出文帝之上,觀其於軍國事宜,往往識其大

---

① 《三國志·魏書·武帝紀》,頁42—43。

者,臣下多出其後。諸葛屯渭南,勅司馬懿堅守勿戰者,帝也。伐公孫淵,益軍四萬人,策懿之必克淵者,帝也。其將將手段,特用之於懿,尤自有意。使帝不死,司馬氏豈不終爲魏之能臣乎哉?[1]又新城之役,懿方與亮相拒渭南,帝曰:"權走,亮亦破膽矣。"①卒如其言。則孫、劉呼應情形,帝觀之審矣。若文帝,一文人公子耳。

(注)伯郎姓孟名他,扶風人。靈帝時中常侍張讓專朝政,讓監奴典護(讓)家事。他仕不遂,乃盡以家財賂監奴,與共結親,積年家業爲之破盡。衆奴皆慚,問他所欲,他曰:"欲得卿曹拜耳。"奴被恩久,皆許諾。時賓客求見讓者,門下車常數百乘,或累日不得通。他最後到,衆奴伺其至,皆迎車而拜,徑將他車獨入。衆人悉驚,謂他與讓善,爭以珍物遺。他得之,盡以賂讓,讓大喜。他又以蒲桃酒一斛遺讓,即拜涼州刺史②。[2]他小小營謀,其作用棄取甚奇。在諸奴,在得其慚而用之;在張讓,在得其喜而用之,皆迫之以不得不應之勢。但觀其所棄,而所取不必言矣。大用之,一英雄也。

郝昭遺令戒子曰:"吾爲將,知將不可爲也。"此理甚明。曰:"吾數發冢,取其木以爲攻戰,其知厚葬無益於死者也。"③因爲將,看出薄葬之理,是大悟性人。且爲將而發冢取木,即此一事,將豈可爲乎?(注)

評點:

[1]眉批:任是奸雄,不敢生心明主。

[2]眉批:小人智巧,讀之不覺噴飯。

---

① 《三國志·魏書·明帝紀》,頁104。
② 《三國志·魏書·明帝紀》"太和元年正月"條注[一],頁92—93。
③ 《三國志·魏書·明帝紀》"蜀大將諸葛亮寇边"條注[四],頁96。

三少帝紀（齊王芳、高貴鄉公髦）

火中有鼠，毛可爲布，以水沃鼠，鼠死，此非甚奇，自是生克至理。布有塵，以火浣之，物反其所始也。（注）

景王議廢芳，群臣失色。景王流涕，又曰："諸君所以望師者重，師安得避之?"①非獨違心，其厚顏硬口，亦自過人，無此不成亂賊。永寧宫一奏，鍛鍊羅織，似彈文，又似獄辭，"君臣"二字抹殺久矣。[1]司馬孚即廢帝後悲不自勝者也，用他爲奏，首賊臣作用。（注）

髦立後，景王私曰："何如主也?"鍾會曰："才同陳思，武類太祖。"②二語足以禍髦矣。景王曰："若如君言，社稷之福也。"殺機已動，而髦忽與群臣論夏后、少康中興，是何主意? 紛紛論《易》說《禮》無虛日，不知成濟之刀立其後也。

評點：
[1]眉批：奸雄面目，大都相似。

后妃傳（卞后）

文帝爲太子，左右賀，請賞賜。后曰："王自以丕年大，故用爲嗣，我但當以免無教導之過爲幸耳，亦何爲當重賜遺乎!"太祖聞之曰："怒不變容，喜不失節，故是最爲難。"③[1]后事太祖雄猜之主，終其身應有一往苦心妙用，而深厚不露其迹。觀此，則翼翼畏慎一

---

① 《三國志・魏書・三少帝紀》"（嘉平）六年春二月庚戌"條注[二]，頁129。
② 《三國志・魏書・三少帝紀》"高貴鄉公諱髦，字彦士"條注[一]，頁132。
③ 《三國志・魏書・后妃傳》，頁156。

念,亦自可窺,不獨處之有體而已。

太祖嘗得名璫數具,命后自選其一,后取其中者曰:"取其上者爲貪,取其下者爲僞,故取其中者。"①"取其下者爲僞"一語,非學問世故淹透人説不出。事雄主僞不得,僞之敗決甚於貪。又曰:"吾事武帝四五十年,行儉日久,不能自變爲(貪)[奢]。"②[2]開國母后之言,後人體貼,受用不盡,然是實歷至理。(注)

評點:

[1] 眉批:奸雄雖險毒,然到賢明人手中,一段正氣足奪其邪,私心不覺愧服,辣手自拿不出。

[2] 眉批:此等語,不獨雄主服,雖聖賢主亦服之矣。

二公孫陶四張傳(公孫淵)

公孫淵上魏數書③,桀黠辨慧,遜倨多端,亦小有才者。然負吳以自媚於魏,如此心術行徑,魏之疑且惡之,始於此矣。[1]且世有上書求免,盛自誇詡之理乎? 柔佞小人,驍悍豎子,自取滅亡而已。

評點:

[1] 眉批:小有才,適足杀身,此之驗也。

諸夏侯曹傳(夏侯惇、曹洪、爽)

諸將皆受魏官號,惇獨漢官。太祖曰:"區區之魏,而臣足以屈

---

① 《三國志·魏書·后妃傳》"武宣卞皇后"條注[二],頁157。
② 《三國志·魏書·后妃傳》"二十四年,拜爲王后"條注[一],頁157。
③ 《三國志·魏書·二公孫陶四張傳》"十二年,太祖征三郡烏丸"條注[五]引王沈《魏書》,頁258—260。

君乎？"①此語意殊不善，惇固請，乃拜爲前將軍。或之臣於漢也，孰能聽之？（注）

曹洪以家富不肯假貸文帝於少時，幾至殺身②，可爲嗇者之戒。然帝以此罪洪，豈是帝王之器？[1]

曹爽庸人，與司馬懿共事權，已是羊虎同牢矣。丁謐、何、鄧諸人③，復欲使爽據其上，甚矣，貪躁小人之能滅人族也。爽所交所用盡此輩，安得不敗？宣王稱疾避爽而密爲之備，詳其始末，爽之所以應懿者愈庸愈疎，而懿之所以疾爽者愈毒愈冷。爽固喪心，懿亦過計。讀之未半，覺懿不殺爽亦可。使魏武當此，或放手未可知也。[2]

評點：

[1] 眉批：窮不假貸貴，而報仇者何限？

[2] 眉批：魏武放手，亦未必不過，甚言爽之不足殺也。

荀賈傳(賈詡)

李、郭入長安，賈詡實爲禍始。蓋欲自脫於李、郭之手，而寄其身於張繡，因挾繡歸曹公，而因以自託其身耳。豈爲李、郭活命之計哉？

袁張涼國田王邴管傳(王褒、邴原)

(注)褒門人爲本縣所役，求褒爲屬。褒曰："卿學不足以庇身，

---

① 《三國志·魏書·諸夏侯曹傳》"太祖自徐州還"條注[二]引王沈《魏書》，頁268。

② 《三國志·魏書·諸夏侯曹傳》"始，洪家富而性吝嗇"條注[一]引《魏略》，頁278。

③ 丁謐、何晏、鄧颺，三人俱爲曹爽親信。

吾德薄不足以蔭卿，屬之何益？且吾不捉筆已四十年。"[1]乃步擔乾飯，兒負鹽豉，門徒從者千餘人。安丘令以爲見己，整衣出迎之於門。襃乃下道，至土牛，磬折而立。云："門生爲縣所役，故來送別。"執手涕泣而去。令即放遣諸生，一縣以爲恥①。大有權術，是古今第一善關說者。然無此，則上一段講論爲薄情人矣。其異於人處，只是一厚。"學不足以庇身，德不足以蔭卿"，厚德之言，發出反身學問。（注）

觀邴原匡劉政，全其身又全其妻子，蓋義俠膽智居亂世者。人但知其隱君子而已。政之投原也，曰："窮鳥入懷。"原曰："安知斯懷之可入耶？"②此語縕藉而沾沾自喜，業解衣以待之矣。

浮慕是後學一大病，漢末尤甚。原志士，自不爲名所怵。還書孫崧，解不致書鄭玄之意，是何等識力。人各有志，志高者通，是原一生本領；而孤者易傷，貧者易感，又原立志之根也。

評點：

[１] 眉批：此等關說，近日大老先生已成爛套矣。

崔毛徐何邢鮑司馬傳（崔琰）

曹操殺崔琰，最是千古可惜人，而世多不談及。陳壽以孔融附琰傳末，琰地位、身分儘高矣。

漢末名士，惟華歆最劣，[1]除卻弑后一事不論，詳其本末，一頑老子耳。孫策狥豫章，豈有爲人守土而幅巾迎敵者？而猶以年

---

① 《三國志·魏書·袁張涼國田王邴管傳》"袁譚在青州"條注[三]引王隱《晉書》，頁348。

② 《三國志·魏書·袁張涼國田王邴管傳》"邴原字根矩"條注[一]引《魏氏春秋》，頁350。

德安受孫郎子弟之禮，豈不愧死？孫郎借歆收衆，歆爲所用而不知，或知之而甘爲之用，若爲不知也。

評點：

［1］眉批：允評。

程郭董劉蔣劉傳（程昱、董昭）

　　袁紹在黎陽，昱有七百兵守鄄城，太祖告昱欲益兵二千，昱不肯，曰："紹所向無前，見昱兵少，必輕易不來攻。若益昱兵，過則不可不攻，攻之必克，徒兩損其威。"①處寡弱之地，有取輕於敵而獲全者。曹公攻馬超，聞超益兵并來輒喜，謂可免再舉之勞，正可與此反看。吳蜀合而後三分之形成，使兩家知此，終不爲魏晉所乘矣。[1]劉備奔吳，論者以爲孫權必殺備，昱料之曰："曹公取荊州，威震江南，權雖有謀，不能獨當，必資備以禦我。難解勢分，備資以成，又不可得殺。"②此魯肅以荊州資備之意也。孫吳不得不合之勢，昱一眼看定久矣。後關羽圍曹仁於樊，孫權遣使辭以"遣兵西上，欲掩取羽。江陵、公安累重，且請密之。"此呂蒙襲荊州時也。董昭言："宜應權以密，而内露之。可使兩賊相對銜持，勿令權得志。"③合兩説觀之，孫吳强弱存亡，終始在"離合"二字，而魯肅、呂蒙之計得失較然矣。

　　（注）太祖徵曄及蔣濟、胡質等五人，皆揚州名士。每舍亭傳，未曾不講，所以見重。内論國邑先賢、禦賊固守、行軍進退之宜，外料敵之變化、彼我虛實、戰爭之術，夙夜不解。而曄獨臥車中，終不

① 《三國志·魏書·程郭董劉蔣劉傳》，頁428。
② 《三國志·魏書·程郭董劉蔣劉傳》，頁428—429。
③ 《三國志·魏書·程郭董劉蔣劉傳》，頁440。

一言。濟怪而問之，曄答曰："對明主非精神不接，精神可學而得乎?"及見太祖，太祖果問揚州先賢，賊之形勢，四人爭對，待次而言，再見如此，太祖每和悅，而曄終不一言。四人笑之。後一見，太祖止無所復問，曄乃設遠言以動太祖，太祖適知便止，若是者三。其旨趣以爲遠言宜徵精神，獨見以盡其機，不宜於猥坐説也，太祖已探見其心矣①。五人真是鈍漢，如今諸生臨場溫習舊本者。"精神可學而能乎"一語，韓非《説難》中不曾拈出。而曹公見曄，臣主聰明犯對，另有一番光景，覺精神炯炯在心目之間。[2]曄後事明帝，議伐蜀，入與帝言，因曰可伐，出與朝臣言，因曰不可伐②。非獨謀國，全身之道，自應如此。而卒不免，可見百智不如一誠。[3]

評點:

［1］眉批: 即合縱之意。

［2］眉批: 學問深而後精神出，豈易言哉?

［3］眉批: 誠則自能生智。

劉司馬梁張温賈傳

李孚爲諸生，(當)[嘗]種薤，欲以成計。有從索之者亦不與一莖，亦不自食，故時人謂能行意③。"能行意"三字，從此看出甚深，有管子治國、商君行法之意。[1]若楊沛蓄乾椹、收豆④，閱其有餘

---

① 《三國志·魏書·程郭董劉蔣劉傳》，"太祖至壽春"條注［一］引晉傅玄所撰《傅子》，頁444—445。

② 《三國志·魏書·程郭董劉蔣劉傳》，"曄在朝，略不交接時人"條注［一］引晉傅玄撰《傅子》，頁449。

③ 《三國志·魏書·劉司馬梁張温賈傳》，"會病篤，謂左右曰"條注［三］引《魏略》，頁485。

④ 《三國志·魏書·賈逵傳》裴松之注引《魏略》。

以補不足。經濟部署，爲陶士行①之師。（注）

評點：

［1］眉批：有才則自見。

任蘇杜鄭倉傳（蘇則、杜畿）

(䴾)［䴗］演之叛，蘇則請因釁擊之②，善惡必離。若待大軍曠日持久，善人無歸，必合於惡。善惡既合，勢難卒離。"善惡離合"四字，看透古今生亂止亂之由。高幹反，衞固范先與幹通謀，杜畿曰："河東三萬户，非皆欲爲亂也。今兵迫之急，爲善者無主，必懼而聽於固。固等勢專，必以死戰。"③此即"善惡離合"之意。

二李臧文吕許典二龐閻傳

(注)當漢桓帝時，常侍左悺、唐衡等權倖人主。延熹中，衡弟爲京兆虎牙都尉，秩比二千石，而統屬郡。衡弟初之官，不修敬於京兆尹，入門不持版，郡功曹趙息呵廊下曰："虎牙儀如屬城，何得放臂入府門？"促收其主簿。衡弟顧促取版，既入見尹，尹欲修主人，勑外爲市買。息又啓云："左悺子弟來爲虎牙，非德選，不足爲特酤買，宜隨中舍菜食而已。"及其到官，遣吏奉牋謝尹，息又勑門下，言"無常見此無陰兒輩子弟邪，用其箋記爲通乎？"晚乃通之，又不得即令報。衡弟皆知之，甚恚，欲滅諸趙④。上官待僚屬，君子

---

① 即陶侃。
② 《三國志・魏書・任蘇杜鄭倉傳》之《蘇則傳》，頁491。
③ 《三國志・魏書・任蘇杜鄭倉傳》之《杜畿傳》，頁494—495。
④ 《三國志・魏書・二李臧文吕許典二龐閻傳》之《閻温傳》注［一］，頁551。

處小人,亦各有道。趙息争持版甚正,至市買、通箋二事,則太甚矣。[1]士大夫有心折辱異途,激成事變,所傷甚多。

評點:

[1]眉批:繩奸何及,太急!

任城陳蕭王傳

任城王彰召至,謂臨菑侯曰:"先王召我者,欲立汝也。"植曰:"不可。不見袁氏兄弟乎!"①觀此語,植無奪嫡之志明矣。(注)

(注)《世語》曰:"修年二十五,以名公子有才能,爲太祖所器。與丁儀兄弟,皆欲以植爲嗣。太子患之,以車載廢簏,内朝歌長吳質與謀。修以白太祖,未及推驗。太子懼,告質。質曰:'何患?明日復以簏受絹車内以惑之,修必復重白,重白必推而無驗,則彼受罪矣。'世子從之,修果白,而無人,太祖由是疑焉。"②修爲陳思連綴,欲脱不得,誠是交游中宿世怨業,而修自疎駮。君老不事世子,此修之所以死也,[1]必不得已如邴原之正、吳質之譎乃可。觀修所爲,豈是吳質對手?

評點:

[1]眉批:無大才而欲爲人圖大事,不獨自誤,更足誤人。

武文世王公傳(倉舒、中山王衮)

倉舒亡,太祖哀甚。文帝寬喻太祖,太祖曰:"此我之不幸,而

---

①　《三國志·魏書·任城陳蕭王傳》之《曹彰傳》"太祖東還,以彰行越騎將軍"條注[一]引《魏略》,頁557。

②　《三國志·魏書·任城陳蕭王傳》之《曹植傳》"陳思王植字自建"條注[三]引《世語》,頁560—561。

汝曹之幸也。"①骨肉間開釁結怨之言。文帝嘗言："家兄孝廉，自其分也。若使倉舒在，我亦不得有天下。"②此語殊有深恨於其父。

中山王衮恭謹退讓，極能韜晦，而文章一道，必欲與子建爭。甚矣，名根之難化也。

王衛二劉[傅]傳（王粲）

王粲策袁曹成敗，陳琳諫止，何進召四方猛勇，皆明於天下大計，未可以文士掩之也。

（注）植初得淳，甚喜，延入坐，不先與談。時天暑熱，植因呼常從取水自澡，訖，傅粉。遂科頭拍袒，胡舞五椎鍛，跳丸擊劍，誦俳優小説數千言訖。謂淳曰："邯鄲生何如耶?"於是乃更着衣幘，整儀容，與淳評説混元造化之端，品物區別之意，然後論羲皇以來賢聖名臣烈士優劣之差，次頌古今文章賦誄及當官政事宜所先後，又論用武行兵倚伏之勢。乃命廚宰，酒炙交至，坐席默然，無與伉者。及暮，淳歸，對其所知，歎植之材，謂之"天人"③。嘗謂鄴下諸文士，無文舉、正平④之流堪與曹氏兄弟對者。觀子建一段沾沾自喜之意，想其收攬諸士，表其所長，令之延譽，皆一念名根爲之，非必其能友勝己也。

何鄧求交於傅嘏，嘏不納。居亂世自全之道，原自如此，不獨擇交而已。擇交千古難事，勢利不必言，即盛名之下，亦當斟酌，非深心卓識不知。

---

① 《三國志·魏書·武文世王公傳》之《曹沖傳》，頁580。
② 《三國志·魏書·武文世王公傳》之《曹沖傳》"鄧哀王沖字倉舒"條注[三]引《魏略》，頁581。
③ 《三國志·魏書·王衛二劉傅傳》"自穎川邯鄲淳、繁欽、陳留路粹……"條注[一]引《魏略》，頁603。
④ 孔融、禰衡。

太守陳登請爲功曹,使矯詣許,謂曰:"許下論議,待吾不足;足下相爲觀察,還以見誨。"矯還曰:"聞遠近之論,頗謂明府驕而自矜。"登曰:"夫閨門雍穆,有德有行,吾敬陳元方兄弟;淵清玉潔,有禮有法,吾敬華子魚;清修疾惡,有識有義,吾敬趙元達;博聞強記,奇逸卓犖,吾敬孔文舉;雄姿傑出,有王霸之略,吾敬劉玄德:所敬如此,何驕之有! 餘子瑣瑣,亦焉足録哉?"登雅意如此,而深敬友矯①。敬人者敬得有眼,則所不能敬者自多,[1]乃今世之所謂驕者也,涉世人又自有一番周旋。

評點:

[１]眉批:逢人便敬,豈知敬者哉?

徐胡二王傳(徐邈)

車駕幸許昌,問邈曰:"頗復中聖人不?"邈對曰:"昔子反斃於(陽穀)[穀陽]②,御叔罰於飲酒③。臣嗜同二子,不能自懲,時復中之。然宿瘤以醜見傳④,而臣以醉見識。"帝大笑,顧左右曰:"名不虛立。"遷撫軍大將軍軍師。明帝以涼州絕遠,南接蜀寇,以邈爲涼州刺史,使持節領護羌校尉。至,值諸葛亮出祁山,隴右三郡反,邈輒遣參軍及金城太守等擊南安賊,破之。河右少雨,常苦乏穀,邈上修武威、酒泉鹽池以收虜穀,又廣開水田,募貧民佃之,家家豐足,倉庫盈溢。乃支度州界軍用之餘,以市金帛犬馬,通供中國之費。以漸收斂民間私杖,藏之府庫。然後率以仁義,立學明訓,禁厚

---

① 《三國志‧魏書‧桓二陳徐衛盧傳》之《陳矯傳》,頁 642—643。
② 參《韓非子‧飾邪》。
③ 參《春秋左傳‧襄公二十二年》,"中聖人"或"中聖"指飲酒而醉。
④ 參劉向《列女傳‧齊宿瘤女》,"宿瘤女"即醜女。

葬,斷淫祀,進善黜惡,風化大行,百姓歸心焉。西域流通,荒戎入貢,皆邈勳也。討叛羌(何)[柯]吾有功,封都亭侯,邑三百户,加建威將軍。邈與羌、胡從事,不問小過;若犯大罪,先告部帥,使知,應死者乃斬以狥,是以信服畏威。賞賜皆散與將士,無入家者,妻子衣食不(克)[充]①。邈醉客,經濟精敏,操履清慎如此。甚矣,醉之難言也,魏用人亦在形迹之外。及拜司空,邈歎曰:"三公論道之官,無其人則缺,豈可以老病忝之哉?"固辭不受。古今出處間透徹不苟者,惟徐邈、鄭綮②二人。

王(母)[毋]丘諸葛鄧鍾傳(王淩、鄧艾)

謀反是何等事?司馬太傅是何等人?淩身爲戎首,而猶數通書乞哀,向虎口求活,不應駭且怯至此。刃已在頸,而太傅猶先下敕赦淩,爲書喻之。淩出迎宣王,遣掾王彧謝罪,送印綬節鉞,淩面縛水次,遣主簿承詔解縛③。宣王一生殺人機套着數如此,八十老翁猶然不知,與曹爽何異?而欲稱兵反正圖舉大事耶?

鄧艾陳羌胡與民同處者,宜以漸出之④。此語先見,在晉納五胡之前。

夫人張氏,字昌蒲,太傅妾即會母也。貴妾孫氏,攝嫡專家,妬之。及妊,置藥食中,夫人覺而吐之。或曰:"何不向公言之?"答曰:"彼以心度我,謂我必言,固將先我;事由彼發,顧不快耶!"孫氏果謂成侯曰:"妾欲其生男,故飲以得男之藥。"成侯曰:"得男佳事,

① 《三國志·魏書·徐胡二王傳》,頁739—740。
② 鄭綮,字蘊武,唐代詩人,昭宗時宰相。
③ 《三國志·魏書·王毋丘諸葛鄧鍾傳》之《王淩傳》,頁758。
④ 《三國志·魏書·王毋丘諸葛鄧鍾傳》之《鄧艾傳》,頁776。

闇於食中與人,非人情也。"遂訊侍者,具服,孫氏由是得罪①。"事由彼發"四字,又爲先發制人之説下一妙駁,愈變愈奇,張夫人直是兵機。成侯雖判斷得痛快,一絶妙獄吏耳。(注)

初,文王欲遣會伐蜀,西曹屬邵悌求見曰:"今遣鍾會率十餘萬衆伐蜀,愚謂會單身無重任,不若使餘人行。"文王笑曰:"我寧當復不知此耶? 蜀爲天下作患,使民不得安息,我今伐之如指掌耳,而衆人皆言蜀不可伐。夫人心豫怯則智勇並竭,智勇並竭而强使之,適爲敵禽耳。惟鍾會與人意同,今遣會伐蜀,必可滅蜀。滅蜀之後,就如卿所慮,當何所能一(辨)〔辦〕耶? 凡敗軍之將不可以語勇,亡國之大夫不可與圖存,心膽以破故也。若蜀以破,遺民震恐,不足與圖事;中國將士各自思歸,不可與同也。若作惡,祇自滅族耳。卿不須憂此,慎莫使人聞也。"及會白鄧艾不軌,文王將西,悌復曰:"鍾會所統五六倍於鄧艾,但可勑會取艾,不足自行。"文王曰:"卿忘前時所言邪,而更云可不須行乎? 雖爾,此言不可宣也。我要自當以信義待人,但人不當負我,我豈可先人生心哉! 近日賈護軍問我,言'頗疑鍾會不?'我答言:'如今遣卿行,寧可復疑卿邪?'賈亦無以易我語也。我到長安,則自了矣。"軍至長安,會果已死,咸如所策②。不讀此,不知司馬文王所以能驅策鄧、鍾之故,至此不得不以帝王將將權略推之矣。[1]古帝王於功臣,必逆保其不反而後用一人,則智勇之士能靖者幾何? 用其力而聽之自殺其身,亦勢之無可奈何者也。古帝王於佐命之臣,用之如鷹犬,而殺之如雞豚者,何可勝計? 要在明哲之士,知其身終不能出駕馭之中,則所全者多矣。

(注)時裴徽爲吏部郎,弼未弱冠往造焉。徽一見而異之,問弼曰:"夫無者,誠萬物之所資也,然聖人莫肯致言,而老子申之無已

① 《三國志・魏書・王毌丘諸葛鄧鍾傳》之《鍾會傳》注[一],頁784。
② 《三國志・魏書・王毌丘諸葛鄧鍾傳》之《鍾會傳》,頁793—794。

者何?"弼曰:"聖人體無,無又不可以訓,故不説也。老子是有者也,故恒言其所不足。"①觀此,古今極善推尊孔子,惟輔嗣一人,奉孔子於老子之上久矣。[2] 觀其答何晏茂於神明一段,是步步着實學問,晉人尚清虛,豈是輔嗣爲戎首耶?

評點:

[1] 眉批:不知將將之妙,則天下無將也。

[2] 眉批:雖推尊孔子,却使老子没得説。

方技傳(管輅)

管公明不取何、鄧,策其必敗。鬼幽鬼躁②,涉於輕詆。不知公明有極推重何、鄧處,而一片苦心,惜何、鄧亦不知耳。嘗云:"見何、鄧二尚書,使人神思清發,夜不暇寐,終日行世中,所見皆白日欲寝之人。"③何、鄧名理清言,公明是何等精神,二子在其照映中久矣,但憂其識不足耳。孫登有言:"吾子才高識寡,難乎免於今之世矣。"④公明之於何、鄧,即蘇門之於叔夜⑤,憂之惜之,非詆之也。"老生者見不生,常談者見不談。"⑥二語欲哭,恨不能身(伐)[代]何、鄧之危。[1]山公妻窺嵇、阮,亦云:"君才致不如,正當以識度相

---

① 《三國志・魏書・王毌丘諸葛鄧鍾傳》之《鍾會傳》"會嘗論易無互體、才性同異"條注[一],頁795。

② 鬼幽謂何晏,鬼躁謂鄧颺。見《三國志・魏書・方技傳》之《管輅傳》引《輅別傳》,頁820。

③ 《三國志・魏書・方技傳》之《管輅傳》"正元二年,第辰與輅曰"條注[一]引《輅別傳》,頁827。

④ 《三國志・魏書・王衛二劉傳傳》之《嵇康傳》引《魏氏春秋》,頁606。

⑤ 蘇門,山名,在河南輝縣西北,又名蘇嶺、百門山。晉孫登曾隱居於此,後借指孫登。叔夜,嵇康字。

⑥ 《三國志・魏書・方技傳》之《管輅傳》,頁820。

友耳。"①"才識"二字,正與蘇門暗合。叔夜不免,阮公令終,其善敗亦分於此。

輅嘗謂:"忠孝信義,人之根本,不可不厚;廉介細直,士之浮飾,不可爲務也。"②古今細人多僞,細可也,僞不可爲也。公明此論,正欲破僞人耳。

輅年十五,與琅琊太守單子春談,自云"年少膽未堅剛,若欲相觀,懼失精神"③。此"精神"二字,正劉曄所謂"對雄主非以精神不接"是也,"先飲三升清酒,便自大膽服人",在此。子春曰:"吾自欲與卿旗鼓相當"。想見前輩之妙。(注)

(注)輅又曰:"夫風以時動,爻以象應,時者神之驅使,象者時之形表,一時其道,不足爲難。"王弘直亦大學問,有道術,皆不能精。問輅:"風之推變,乃可爾乎?"輅言:"此但風之毛髮,何足爲異?若夫列宿不守,衆神亂行,八風橫起,怒氣電飛,山崩石飛,樹木摧傾,揚塵萬里,仰不見天,鳥獸藏竄,兆民駭驚。於是使梓慎之徒,登高臺,望風氣,分災異,刻期日,然後知神思遐幽,靈風可懼。"《莊子》"天籟"而後,又有此奇變詭激之文,亦以洩其胸中不平耳。讀"列宿不守,衆神亂行,神思遐幽,靈風可懼"數語,想見飲清酒三升後,與單子春旗鼓相當精神。

持酒以禮,持才以愚,此公明檢押作人本領。蓋其人負絕才絕情而聞道者也,[2]以術數掩,史入方技,晦哉!然安知不以方技自晦也。

評點:

[1]眉批:解得妙,不然,公明一輕薄人也。

[2]眉批:公明月旦,定此一語。

---

①　《世説新語·賢媛第十九》,頁369。

②　《三國志·魏書·方技傳》裴松之注引《輅別傳》,頁812。

③　《三國志·魏書·方技傳》裴松之注引《輅別傳》,頁812。

史懷卷十七

三國志二（蜀附注）

劉　璋　傳

三國時，天下大勢在曹，士之欲自效者，必先歸曹。張松以益州賣於曹公，曹公深心而失一松，因失一益州。蓋天留之以待先主也，松之送益州於先主也，固其第二義矣。

先　主　傳

操從容謂玄德曰："天下英雄，惟使君與操耳。"先主方食，失匕箸①，人以爲詐。非也。玄德此時方欲晦約，龍潛蠖屈，而使曹公有此語，已先被他看破，安得不驚而失措乎？[1] 至於以閉門種菜，欲瞞過曹公，此卻甚疎。操已先知備作此舉止，豈不更生疑怪？操非不欲殺備，恐失人望耳。

曹公征烏丸，玄德勸劉表襲許，表不能用，後悔之。備曰："天下分裂，日尋干戈，事會之來，豈有終極乎？若能應之於後者，則此未足爲恨也。"② 舉大事者忌失時，玄德此語，殊有深恨，非寬喻表

---

① 《三國志·蜀書·先主傳》，頁 875。
② 《三國志·蜀書·先主傳》"十二年"條，頁 877 注［一］引《漢晉春秋》。

也,正與悲髀肉生同意。蜀始終規模大計,不出取荊州與益州二着。諸葛亮勸先主攻劉琮,荊州可有。蜀此時有荊州,可免後來與吳借與爭之釁,曹公不得有之。用其資爲赤壁之役,省力甚多。是時,魯肅亦勸孫權取之,而爲曹公所先。先主於益州,未嘗須臾忘之。何其不忍於琮而獨忍於璋也?

孫權遣使欲共取蜀,備方欲自圖蜀,堅拒不聽。權猶遣周瑜率水軍住夏口,可謂狠矣。備不聽軍過,權知備意,乃召瑜還①。觀權如此着數,玄德如此應之,各自高手,鼎足之形成矣。然當是時,玄德雖欲取蜀,而惡無其名。迨劉璋殺張松,絶先主,是璋授備以取益州之名也。

"勿以惡小而爲之,勿以善小而不爲。"②此聖賢語,英雄口中一時吐出,與之暗合,是天資高處。[2]

評點:

[1]眉批:真驚詐! 驚同一意,而淺深自異,辨得精細。

[2]眉批:先主雖梟雄,而愛民篤友,終以仁義爲名。至今使人恨曹瞞而思先主者,未必不得力于此二語。謂其偶然吐出,恐亦不然。

諸 葛 亮 傳

先主之時,其勢止可鼎足,此所謂時務也。先主訪世事於司馬德操,德操曰:"識時務者在乎俊傑。"③則取荊州、益州,結好於吳,已在"時務"二字中矣,德操已先孔明言之。孔明出隆中數語,不過

---

①《三國志·蜀書·先主傳》"先主表琦爲荊州刺史"條,頁880注[三]引《獻帝春秋》。

②《三國志·蜀書·先主傳》"三年春二月"條,頁891注[一]引《諸葛亮集》載《先主遺詔勑後主》。

③《三國志·蜀書·諸葛亮傳》"時先主屯新野"條,頁913注[一]引《襄陽記》。

一相證耳。當時俊傑,寧過先主? 想其胸中自先有此一段部署,是以如魚水之投也。

後世疆場才武之臣,於夷狄盜賊,有彈指定之,而意外事後如養癰然,釀禍至不可救藥者。孔明於孟獲七擒七縱,非好勞示巧也,極言"事定留外人之害"。千古禦夷,不出此數語。而歸重在不留兵,不運糧①,以夷守夷,只是善後事宜,打算得極明耳,後世用武者不可不知也。(注)

孔明治國,賞罰之信,至通神明。只是用申、韓入妙,今人看申、韓自粗,未得其微處,而遽以法家少之耳。

關張馬黃趙傳(關羽、張飛、趙雲)

爲國以禮,關、張與先主恩若兄弟,而稠人廣衆,侍立終日,君臣之禮森然。規模固已遠大,不是群雄舉動矣。[1]馬超已歸先主而猶呼其字,關羽欲殺之。先主曰:"人窮歸我,殺之何以示於天下?"張飛曰:"如是,當示之以禮。"明日大會,請超入,羽、飛並仗刀立,超顧坐席不見羽、飛,見其直也,乃大驚。明日歎曰:"我今乃知其所以敗。"②有體有識,此大學問大作用人事,豈可於戰將中求之?

(注)益州既定,時議欲以成都中屋舍及城外園地桑田分賜諸將。雲駁之曰:"霍去病以匈奴未滅,無用家爲,今國賊非但匈奴,未可求安也。須天下都定,各返桑梓,歸耕本土,乃其宜耳。益州人民,初罹兵革,田宅皆可歸還,令安居復業,然後可役調,得其歡

---

① 《三國志·蜀書·諸葛亮傳》"三年春,亮率衆南征"條,頁 921 注[二]引《漢晉春秋》。

② 《三國志·蜀書·關張馬黃趙傳》之《馬超傳》"先主遣人迎超"條,頁 947 注[二]引《山陽公載記》。

心。”先主即從之①。觀雲本末，自是大臣局量，不獨名將而已。先主伐吳，雲諫曰：“國賊是曹操，非孫權也，且先滅魏，則吳自服。”②此等處偏看得真，算得定，即武侯猶當下席謝之。[2]

評點：

［1］眉批：真心愛備，故禮自生焉。

［2］眉批：此無他，只看得一“國”字真耳！

龐統法正傳（龐統）

（注）先主與統從容宴語，問曰：“卿爲周公瑾功曹，孤到吳，聞此人密有白事，勸仲謀相留，有之乎？在君爲君，卿其無隱？”統對曰：“有之。”備歎息曰：“孤時危急，當有所求，故不得不往，殆不免周瑜之手！天下智謀之士，所見略同耳。時孔明諫孤莫行，其意獨篤，亦慮此也。孤以仲謀所防在北，當賴孤爲援，故決意不疑。此誠出於險塗，非萬全之計也。”③悔者不爲，爲者不悔。先（生）［主］此言，蓋深悔其身之幾不免於吳也。此悔卻不可無，然前計殊又不錯，[1]事有當悔於後而不得不爲之於前者，此類是也。

評點：

［1］眉批：只是事急耳，稍有別圖，決不出此。此一悔，蓋歎當時危困也。

---

①　《三國志·蜀書·關張馬黃趙傳》之《趙雲傳》“先主自葭萌還攻劉璋”條，頁950注［一］引《雲別傳》。

②　《三國志·蜀書·關張馬黃趙傳》之《趙雲傳》“先主自葭萌還攻劉璋”條，頁950注［一］引《雲別傳》。

③　《三國志·蜀書·龐統法正傳》之《趙雲傳》“先主領荊州，統以從事守耒陽令”條，頁954—955注［一］引《江表傳》。

董劉馬陳董呂傳（劉巴、馬謖、董恢）

張飛就劉巴宿，巴不與語①。畢竟是巴心粗，作漢末名士習氣，主人自處無禮，而坐視客之加禮於我，巴輸飛遠矣。巴在蜀以歸附非素，懼見嫌猜，恭默守靜，而有此舉動，抑豈涉世全身之道乎？

"馬謖言過其實，不可大用。"②[1]冰鐵之語，遂爲觀人用人定論。孔明用謖，雖別自有意，然追念斯言，能無心折？孟獲一役，始終用謖"心戰"一語③，又何其言之實一至此耶？

（注）費禕使吳，孫權嘗大醉問禕曰："楊儀、魏延，牧豎小人也，雖嘗有鳴吠之益於時務，然既已任之，勢不得輕。若一朝無諸葛亮，必爲禍亂矣。諸君憒憒，曾不知防慮於此，豈所謂貽厥孫謀乎？"④權此論聰明特達，雖賣弄其高識，實有段至誠心腸，由中達外。痛（養）［癢］相關處，一時奉使之人，以周旋語了之，可惜也。然孔明之用楊、魏，亦如司馬文王之用鄧、鍾耳。

評點：

［1］眉批：言過其實，非病其言過，蓋病其實不逮耳。

---

① 《三國志·蜀書·董劉馬陳董呂傳》之《劉巴傳》"巴復從交阯至蜀"條，頁982注［三］引《零陵先賢傳》。

② 《三國志·蜀書·董劉馬陳董呂傳》之《馬亮傳》附《馬謖傳》，頁983。

③ 《三國志·蜀書·董劉馬陳董呂傳》之《馬亮傳》附《馬謖傳》，頁983—984注［一］引《襄陽記》。

④ 《三國志·蜀書·董劉馬陳董呂傳》之《董允傳》"允嘗與尚書令費禕、中典軍胡濟等共期游宴"條，頁986注［一］引《襄陽記》。

劉彭廖李劉魏楊傳（廖立）

　　廖立，指切蜀事，歷詆蜀用事之人與失事之狀，皆中痛癢，不爲無識。而語語犯忌，武侯稍抑之，未爲不是。而表劾之語，似屬護短。甚矣，聽言容物之不易也。立被廢後，自處不苟，躬率妻子耕植自守，不失反己思過之義。武侯沒而垂泣，[1]若以虛公誠恕推諸葛於身後者，實是武侯知己。觀武侯處彭羕、廖立、李平，皆未盡善，而立爲甚。

　　評點：

　　[1] 眉批：廖立有此一泣，而武侯不得不感且愧矣，誠之動人也。

霍王向張楊費傳（張裔）

　　張裔爲丞相長史，詣亮諮事，送者數百。裔曰：“人自敬丞相長史，男子張君嗣附之，疲倦欲死。”看透世情之言，說來絕倒。然使眞世情人讀之，反謂丞相長史之不可一日不附也。

杜周杜許孟來尹李譙郤傳（孟光）

　　後進文士秘書郎郤正，數從光諮訪。光問正太子所習讀並其情性好尚，正答曰：“奉親（處）〔虔〕恭，夙夜匪懈，有古世子之風；接待群僚，舉動出於仁恕。”光曰：“如君所道，皆家戶所有耳；吾今所問，欲知其權略智調何如也。”正曰：“世子之道，在於承志竭歡，既不得妄有所施爲，且智調藏於胸懷，權略應時而發，此之有無，焉可豫設也？”光解正慎宜，不爲放談。乃曰：“吾好直言，無所回避，每彈(財)[射]利病,爲世人所譏嫌,疑省君意亦不甚好吾言,然語有次。今天下未定,智意爲先,智意雖有自然,然不可力强致也。此儲君,讀書寧當傚吾等竭力博識,以待訪問,如博士探策講試以求爵位耶! 當務其急者。"正深謂光言爲然①。光此論深心高識,達於時務之言。武侯勸後主讀申、韓書,益人智意,蓋深憂後主之庸,而投此對病之藥也,其意正與光同。嘗觀後世中材之主,守文有餘,而生當衰亂之時,與昏暴者同歸於亡國,只權略智調不足耳。[1]

評點:

[1] 眉批:無權略何以守文?

黃李吕馬王張傳(黃權)

(注)魏明帝問權:"天下鼎立,當以何地爲正?"權對曰:"當以天文爲正。往者熒惑守心而文皇帝崩,吳、蜀二主平安,此其徵也。"②吳、蜀二主至此求死不得。歐陽公以正統予魏,此亦一證據也。

蔣琬費禕姜維傳(蔣琬、費禕)

琬代武侯爲尚書令,既無戚容,亦無喜色,神守舉止,有如平日③。及禕代琬,識悟過人,每省讀書記,目暫視已竟其意旨④,其速數倍於人。朝晡聽事,其間接待賓客,飲食嬉戲,加之博(奕)

---

① 《三國志・蜀書・杜周杜許孟來尹李譙卻傳》之《孟光傳》,頁 1024—1025。

② 《三國志・蜀書・黃李吕馬王張傳》之《黃權傳》,頁 1045 注[二]引晉王隱《蜀記》。

③ 《三國志・蜀書・蔣琬費禕姜維傳》之《蔣琬傳》,頁 1058。

④ 《三國志・蜀書・蔣琬費禕姜維傳》之《費禕傳》,頁 1061 注[三]引《禕別傳》。

[弈]，每盡人之歡，事亦不廢。當是時，琬不慕禕之通敏，禕不法琬之鎮静。允代禕爲尚書令，欲效禕之所爲，失之遠矣①。

鄧張宗楊傳（張翼、宗預）

張翼以討劉胄不克徵還，以爲代人未至，吾方臨戰場，豈可以黜退而廢公家之務乎？於是統攝不懈，代到乃發，只是立心不苟耳。馬忠因其成基，卒殄滅胄，後追論討劉胄功，賜爵關内侯②。後世賞功之典，亦未有如此明允者矣。

吳增巴丘之戎，蜀增白帝之守，意皆爲魏。而吳屑屑致問，何其多事也！宗預對此皆事勢宜然，俱不足以相問，答得斬截而省力。權大笑，嘉其抗直③。而預臨别謂權曰：“吳不可無蜀，蜀不可無吳，君臣憑恃，惟陛下重垂神慮。”④又何其款曲耶？有前之抗直，自不可無後之款曲。然吳蜀始終大計，卒不能出預臨别數語。[1]又，吳（黄龍）[赤烏]七年⑤，步隲、朱然等各上疏言：“蜀欲背盟，與魏交通，多作舟船，繕城郭。”權撥其不然，曰：“人家治國，舟船城郭，何得不治，今此間治兵，寧復欲禦蜀耶？”⑥則權胸中原有成筭，不待預言而已了了矣。

（注）中山諸王每過温縣，必責求供給，温吏民患之。及密至，中山王過縣，欲求芻茭薪蒸，密牋引高祖過沛，賓禮老幼，桑梓之供，一無煩擾，“伏爲明王孝思惟則，勵識先戒，本國望風，式歌且

---

① 《三國志·蜀書·蔣琬費禕姜維傳》之《費禕傳》，頁1061注［三］引《禕别傳》。
② 《三國志·蜀書·鄧張宗楊傳》之《張翼傳》，頁1073。
③ 《三國志·蜀書·鄧張宗楊傳》之《宗預傳》，頁1075—1076。
④ 《三國志·蜀書·鄧張宗楊傳》之《宗預傳》，頁1076注［二］引《吳歷》。
⑤ 按，吳孫權“黄龍”前僅有三年，無七年，此處紀年誤，當爲“赤烏七年”。
⑥ 《三國志·吳書·吳主傳》“（赤烏）七年春正月”條，頁1145。

舞,誅求之碎,所未聞命。"自後諸王過,不敢有煩①。州邑有司對豪貴人,欲斷其誅求之苦,須詞理宛至,足以服其心,[2]一味强項不得。李密於中山諸王,先以高祖處之,人情亦安有不好名而慕義者乎?

評點:

　　[1]眉批:以口舌動明主,必果有一段社稷大計方能使之心服,若泛泛浮辭,烏能傾聽?

　　[2]眉批:"服其心"三字,深得處人之道。

三國志三(吴附注)

孫破虜討逆傳

　　處危疑之地,遇强暴之人,有以婉曲失之,而以抗直得之者。朱儁不受董卓太僕之拜,而阻其遷都,有司曰:"召君受拜而君拒之,不問徙事而君陳之,何也?"儁曰:"副丞相,非臣所堪,遷都非計,臣之所急。辭所不堪,進臣所急,臣之所宜也。"兩路擒縱,不留一隙,卓已窮矣。問何所受之,曰:"相國董卓爲臣説之,臣受之於相國。"②此以一絶大干係先推之於卓也,其妙全在於强直,故詞有必不可婉曲者,此類是也。

　　處士張玄曾帶索勸張温勒兵誅宦官,而温不能用,以至於召

---

　　①　《三國志·蜀書·鄧張宗楊傳》之《楊戲傳》"張表有威儀風觀"條注[一]引《華陽國志》,頁1079。

　　②　《後漢書》卷七十一、《皇甫嵩朱儁列傳》,頁2311—2312。又,《三國志·吳書·孫破虜討逆傳》"中平元年"條注[三]引《續漢書》,頁1094—1095。

卓。孫堅又勸溫誅卓，溫又不能用，以至於召諸侯①。溫之闇而鈍至此！事機一失，自家不足言，貽國家不捄之禍，雖百死何解亡國之罪哉！

袁術於孫氏父子，在破虜則授之兵以討卓，而不予之糧，在討逆又授之父兵；堅攻陸康，許之廬州而復用劉勳代之。所予者不足以爲德，而其所吝者適足以爲怨。庸人舉事，往往如此。不然，袁、孫二氏，豈不爲世好相倚，而爲他姓所乘乎？然術僭尊號，得罪於天下。策雖德術，其勢亦不得不與之絶。張紘一書，忠告懇款。策不可謂無情於術也，術自負策耳。

孫策殺高岱于吉，未免淫刑，且亦有不必殺者，而皆以其能收衆心，英雄同有此忌。至論于吉，謂諸將不復相顧君臣之禮，盡委策下樓拜之。其論甚正而其慮遠，未可以禍福之迹定其是非也。[1]

評點：

[1] 眉批：韓愈儒者，猶能諫斥佛、老，況英雄如策乎？何有于吉？殺之，正其英雄處。

吳　主　傳

(注)曹公出濡須，作油船，夜渡洲上。權以水軍圍取，得三千餘人，其没溺者亦數千人。權數挑戰，公堅守不出。權乃自來，乘輕船，從濡須口入，公軍諸將皆以爲是挑戰者，欲擊之。公曰：“此必孫權，欲見吾軍部伍也。”勅軍中皆精嚴，弓弩不得妄發。權行五六里，迴還作鼓吹。公見舟船器仗軍伍整肅，喟然歎曰：“生子當如孫仲謀，劉景升兒子若豚犬耳！”權爲牋與曹公，說：“春水方生，公

---

① 《三國志·吳書·孫破虜討逆傳》“邊章、韓遂作亂涼州”條，頁1095。

宜速去”,別紙言:“足下不死,孤不得安。”曹公語諸將曰:“孫權不
欺孤。”乃徹軍還濡須①。夜渡看,危險中權銳而暇,曹靜而整,各
自對手。權與曹公牋,其語巽,却有駕馭意。操語諸將,其詞强,却
有畏伏意,皆宜得之言外。

(注)權乘大船來觀軍,公使弓弩亂發,箭著其船,船偏重將覆,
權因回船,復以一面受箭,箭均船平,乃還②。智不必言,回船却又
是膽,無膽不能用智。一面受箭,箭均船平乃還,妙想無因,是造淩
雲臺手也。

結好於蜀,是孫權始終立國主意。[1]其深絕蜀而專事魏,預懷
一先卑後踞之意。卑以假寵,踞以致討。致討以怒衆,衆怒而後用
之。苦心屈意,勞亦甚矣。其事魏之不終,已定於後踞致討之一
念,心未嘗一日忘蜀好。觀其與浩周往反數書,心口遠拒,情見乎
辭矣。(注)③

鄭泉嗜酒,閑居,每曰:“願得美酒滿五百斛船,以四時甘脆置
兩頭,反覆没飲之,憊即住而啖肴膳。酒有升斗減,隨即益之,不亦
快乎!”饕餮中一段無理異想,出人意外,然胸中有故,未可易言。
又能於衆中面諫,使人主憚之,此真酒人本領。徐景山之流也。臨
終謂同類曰:“必葬我陶家之側,庶百歲後化而成土,取我爲酒壺,
實獲我心矣。”舍子孫而謂同類,尤自有意。(注)④[2]

評點:

[1] 眉批:蜀亦如此。

---

① 《三國志·蜀書·吳主傳》“十八年正月”條,頁 1119 注[一]引《吳歷》。
② 《三國志·蜀書·吳主傳》“十八年正月”條,頁 1119 注[一]引《魏略》。
③ 《三國志·蜀書·吳主傳》“初權外託事魏,而誠心不款”條,頁 1127 注[三]引
《魏略》。
④ 《三國志·蜀書·吳主傳》“初權外託事魏,而誠心不款”條,頁 1129 注[四]引
《吳書》。

　　〔2〕眉批：比劉伶更覺有致。

三嗣主傳（孫休、孫皓）

　　李衡以卒家子，由才能爲丹陽太守，以法繩孫休，妻習氏諫不聽。休立，衡欲奔魏，妻勸衡自囚，表列前失①。此藺相如所以教繆賢也，識何減許允婦乎？衡果得免。衡每欲治家，妻輒不聽。衡死，勑兒種木奴千頭，歲上絹一匹，可以足用。衡亡後二十餘日，兒以白母，母曰：“此當是種甘橘也，汝父恒言江陵千樹橘，可比封君，吾答言貴而能貧方好耳，不聽。”②治家之本旨，至此才説明。若衡妻者，亦可謂處亂世工於自全者矣。

　　（注）邵疇字温伯，時爲誕郭③功曹。誕被收，惶遽無以自明。疇進曰：“疇今自在，疇之事，明府何憂？”遂詣吏自列，云不白妖言，事由於己，非府君罪。吏上疇辭，皓怒猶盛。疇慮誕卒不免，遂自殺以證之。臨亡，置辭曰：“疇生長邊陲，不閑教道，得以門資厠身本郡，踰越儕類，位極朝右，不能贊揚盛化，養之以福。今妖訛横興，干國亂紀，疇以噂㗌之語，本非事實，雖家誦人詠，不足有慮。天下重器，而匹夫横議，疾其醜聲，不忍聞見，欲含垢藏疾，不彰之翰筆，鎮躁歸静，使之自息。愚心（勒勒）〔勤勤〕，每執斯旨，故誕屈其所是，默以見從，此之爲愆，實由於疇。謹不敢逃死，歸罪有司，唯乞天鑒，特垂清察。”④疇不惜死，死又爲千古留一處妖言妙法，

---

　　①　《三國志·吳書·三嗣主傳》之《孫休傳》“永安元年冬十月”條注〔一〕引《襄陽記》，頁1156。

　　②　《三國志·吳書·三嗣主傳》之《孫休傳》“永安元年冬十月”條注〔一〕引《襄陽記》，頁1156—1157。

　　③　按，此“郭”字小字刻版。

　　④　《三國志·吳書·三嗣主傳》之《孫皓傳》“（鳳凰）三年”條注〔一〕引《會稽邵氏家傳》，頁1170—1171。

豈苟爲死者哉？[1]"鎮躁歸靜，使之自息"，詞理簡確，然"屈其所是，默以(相)[見]①從"，此八字人所甚難，此乃疇之所以爲知己死也。

（注）又問曰："云歸命侯乃惡人横睛逆視，皆鑿其眼，有諸乎？"仁曰："亦無此事，傳之者謬耳。《曲禮》曰'視天子由袷以下，視諸侯由頤以下，視大夫由衡，視士則(乎)[平]面，得游目五步之内，視上於衡則傲，下於帶則憂，旁則邪。'以禮視瞻，高下不可不慎，況人君乎哉？視人君(根)[相]迸，是乃禮所謂傲慢；傲慢則無禮，無禮則不臣，不臣則犯罪，犯罪則陷不測矣。正使有之，將有何失？"②李仁爲故主周旋，遁辭妄對中，忽發出一部掌(政)[故]，鑿鑿不易，可謂辯而核矣。然國亡後以此應敵之人，則爲捄君之過。若果未亡時，使孫皓得聞此言，其爲長惡不小矣！

評點：

[１]眉批：同一人耳，同一死耳，奈何以才而代不才，殊令人痛惜。

宗　室　傳

嬀覽、戴員殺孫翊，將逼其妻，其妻陽許之以安其意，而潛語翊舊將孫高、傅嬰等③。若非平日暗着心眼，造次中安能識此二人乎？言笑歡悅須臾間取賊奴之首於床幃燈燭之下，以祭翊墓，何其雄快也。予嘗謂女子全節，不專在貞烈而在機警者，此也。[1]

----

① 按，此處《三國志》作"見"。陶珽、許㥤評二十卷合刻本作"相"，誤。前文"默以見從"之"見"，陶珽、許㥤評二十卷合刻本從《三國志》。故改爲"見"，使前後相一。

② 《三國志·吳書·三嗣主傳》之《孫皓傳》"初，皓每宴會群臣"條注[一]，頁1174。

③ 《三國志·吳書·宗室傳》之《孫韶傳》頁1212注[二]。按《三國志·吳書·孫翊傳》注云："《吳歷》載翊妻徐節行，宜與嬀覽等事相次，故列於後《孫韶傳》中。"

評點：

[1] 眉批：二賊貪淫，先有死道，以色愚而殺之，不足奇。但倉卒中不動聲色，非智識兩全，不能也。

張顧諸葛步傳（張昭、顧雍、諸葛瑾）

策臨亡，以弟權託昭曰："若仲謀不任事者，君便自取之。"①與昭烈命武侯同意②。與其使子弟敗之，不若使他人成之。語原無飾。蔡中郎謂吾家書籍，當盡與王粲③，大小不同，其低回可憐之意則一耳。[1]

雍有所密陳，若見納用，則歸之於上；不用，終不宣洩。權常令中書郎詣雍，有所咨訪曰："顧公歡悦，是事合宜也；其不言者，是事未平也，孤當重思之。"④軍國得失可不，自非面見，口未嘗言之。雖是仲謀聽信老成，然事英主亦須有一種感格處，其訶責子談於上前酒失，與金日（殫）[磾]之怒其兒同意。古忠介之臣，自有恭慎保身之道，不專恃批逆而已，非學術聞道人不知。[2]

權欲瑾之勸亮歸吳也。瑾曰："弟之不留，猶瑾之不往。"⑤人言瑾之通於蜀也，權曰："子瑜之不負孤，猶孤之不負子瑜。"⑥數語千古事人、友人定案。

評點：

[1] 眉批：推而上之，堯舜禪位，亦是此意，所差者公私耳。

---

① 《三國志·吳書·張顧諸葛步傳》，頁 1221 注[一]引《吳書》。
② 《三國志·蜀書·諸葛亮傳》，頁 918。
③ 《三國志·魏書·王粲傳》，頁 597。
④ 《三國志·吳書·張顧諸葛步傳》之《顧雍傳》頁 1227 注[一]引《江表傳》。
⑤ 《三國志·吳書·張顧諸葛步傳》之《諸葛瑾傳》頁 1233 注[二]引《江表傳》。
⑥ 《三國志·吳書·張顧諸葛步傳》之《諸葛瑾傳》，頁 1233。

［2］眉批：善諫者必有所本。

周瑜魯肅呂蒙傳

曹公與袁紹拒官渡，孫策欲襲許奉迎天子，如此是無曹也。玄德在吳，周瑜規取蜀，如此是無劉也。見英雄手眼快處，[1]如（奕）〔弈〕家國手，其緊着自各看到。訏定而策與瑜皆死，三分之形，天所定也。

程普以年長，數陵侮瑜，瑜折節容下，雖大有作用，然真心爲國，亦不得如此。普後自服曰：“與公瑾交，若飲醇醪，不覺大醉。”①英雄不必言，想其人何等縕藉有趣。“醇醪”二語，亦自妙於形容，是公瑾知己。其立折蔣幹一段②，醇醪風味，猶可想見。[2]不獨氣能奪之，理能屈之。其情詞自出至誠，對縱橫之士，須用此破之。

孫、劉並力挫曹公於赤壁，驅之北歸，而後能以其間成鼎足之形。然曹公所以能至赤壁者，以得荆州，用劉表水兵東下也。表死之時，魯肅急急勸取荆州，恐爲操所先③，正爲此耳。甘寧戰將，見亦曾及此④，此（奕）〔弈〕家先手也。

謀大事者，當取天下大勢，始終總計之，而後利害可定也。[3]赤壁拒曹，惟周瑜與魯肅所見相同，然非連結劉備不可。當時勢雖三分，而孫、劉之形爲一。孫、劉之交不深，則三分之形不成。結孫、劉以困曹，其本謀自肅發之，諸葛亮亦已見及之，云：“孫權可以

① 《三國志·吳書·周瑜魯肅呂蒙傳》之《周瑜傳》頁 1265 注［一］引《江表傳》。
② 《三國志·吳書·周瑜魯肅呂蒙傳》之《周瑜傳》頁 1265 注［一］引《江表傳》。
③ 《三國志·吳書·周瑜魯肅呂蒙傳》之《魯肅傳》，頁 1269。
④ 《三國志·吳書·程黃韓蔣周陳董甘凌徐潘丁傳》之《甘寧傳》，頁 1292—1293。

爲援，而不可圖矣。"①孫權不宜圖劉，亦劉之不宜圖孫。肅以荆州勸借玄德，正以深孫、劉之交而厚其力，其勢不得不然耳。操聞之，作書至落筆於地②，其計豈所謂失哉？周瑜以劉備人傑，常有圖之之意，不知曹操一日尚在，則備一日未可圖。肅之心亦何嘗一日忘備哉？關羽蹙操於樊、鄧，操至欲遷都以避之，此借荆州之效也。吕蒙取關羽於荆州，陸遜折玄德於白帝，吴之計得，而蜀之勢弧；蜀之勢孤，而曹氏承其弊；曹氏承其弊，而吴之計未爲得也。吕蒙功名之士，[4]有圖關羽、取荆州方略，極言吴之不懼於操，無賴於羽③，破權之所忌，以速成其功。所成者一事之功，而天下大勢未之總計也。孫權，長主也；而孔明，王佐也。微悔其相圖之失，而吴、蜀復通。陸遜之計終亦歸於和蜀，與蒙已自異意。然破壞之氣，不可卒復。延旦夕之命，以待司馬氏之成，折而入於晉，亦勢之所必至也。然則吴、蜀之主及其臣，可以相忘乎？曰非也。鄧芝對吴主之言曰："并魏之後，戰爭方始。"④此諸葛亮與肅之志，而吕蒙輩一時之事。一事之功，未之暇及也。

評點：

［1］眉批：英雄無他，只是眼明手快耳。

［2］眉批：小喬一段，其風味又當何如？

［3］眉批："大勢總計"一語，有垂綸正色而天下自治之意，所謂善勝者不戰，此也。

［4］眉批：觀此，則吕蒙不獨無功，抑且有罪也。嗟乎，功名之士，而可與謀國乎？

① 參《隆中對》。
② 《三國志·吴書·周瑜魯肅吕蒙傳》之《魯肅傳》，頁 1270—1271。
③ 《三國志·吴書·周瑜魯肅吕蒙傳》之《吕蒙傳》，頁 1277—1278。
④ 《三國志·蜀書·鄧張宗楊傳》之《鄧芝傳》，頁 1072。

程黃韓蔣周陳董甘淩徐丁潘傳（甘寧）

蘇飛之知甘寧，其識力自不凡，而乃事黃祖，何也？或祖聽其言，不忍去耳，然其爲寧始終至矣[1]。古人處君與友之間，兩不相妨如此。吳既聽寧，免飛於死[2]，自當理而用之，何但赦而已？

朱治朱然呂範朱桓傳（呂範）

（注）策從容獨與範棊，範曰：“今將軍事業日大，（日）〔士〕衆日盛，範在遠，聞綱紀（獨）〔猶〕有不整者，範願暫領都督，佐將軍部分之。”策曰：“子衡，卿既士大夫，加手下已有大衆，立功於外，豈宜復屈小職，知軍中細碎事乎！”範曰：“不然。今捨本土而託將軍者，非爲妻子也，欲濟世務。猶同舟涉海，一事不牢，即俱受其敗，此亦範計，非但將軍也。”策笑，無以答。範出，便釋褠，著袴褶，執鞭，詣閤下啓事曰“稱領都督”。策乃授傳，委以衆事，由是軍中肅睦，威禁大行[3]。每讀此輒想古人體國忠君，是何等念頭。特達真懇，祇覺後人之淺。“綱紀”二字，題目甚正，本領甚大。

---

①　《三國志·吳書·程黃韓蔣周陳董甘淩徐潘丁傳》之《甘寧傳》頁 1292 注〔三〕引《無書》。

②　《三國志·吳書·程黃韓蔣周陳董甘淩徐潘丁傳》之《甘寧傳》頁 1293 注〔一〕引《無書》。

③　《三國志·吳書·朱治朱然呂範朱桓傳（呂範）》之《呂範傳》頁 1309 注〔一〕引《江表傳》。

虞陸張駱陸吾朱傳(虞翻)

　　虞仲翔用世人，未嘗一日忘天下。孫伯符頗知之，故爲盡力，深有感知自效之意。使竟其用，當爲吳佐命中之冠冕。其次則留心經術，所謂習經於桴鼓之間，講論於戎馬之上者是也。遇吳大帝英主憐才好文，漫然以疏直棄之海島，至兩上書求以易象自顯而不可得，後思其亮直，求之海而存亡尚不知。故云自恨疏節，骨體不媚，犯上獲罪。當長没海隅，生無可與語，死當以青蠅爲弔客，使天下有一人知己者，足以不恨①。雖一肚幽憤，語語實境，所謂一人知己，不能不追感於伯符云。

諸葛滕二孫濮陽傳(諸葛恪)

　　諸葛恪死後，臨淮臧均表乞收葬恪，云：“恪父子三首，懸市積日，觀者數萬，罵聲成風。人情之於品物，樂極則哀生。”又云：“身處臺輔，中間歷年，今之誅夷，無異禽獸，觀訖情反。”②一語不及恪功罪，而“哀生”“情反”四字，使人悚然於天人剥、復之際，亦可謂善爲辭矣。

---

① 《三國志·吳書·虞陸張駱陸吾朱傳》之《虞翻傳》頁 1222 注[二]引《翻别傳》。
② 《三國志·吳書·諸葛滕二孫濮陽傳》之《諸葛恪傳》，頁 1442。

史懷卷十八

晉書一

宣　帝

　　魏武狠,其人却有情;[1]司馬宣王狠,其人特無情。非無情也,自不欲有其情也。[2]魏武有熱處,此老一味冷,其一種陰鷙之性,似純用以取天下,[3]而文章山水閨房之趣,略不以分其心。以爲熱則生情,有情則爲取天下之累,[4]故忍而逆斷之,[5]所以爲狠。[6]

　　曹氏取天下於漢,而司馬氏取天下於曹。懿之不肯屈節曹氏,魏武見辟,辭以風痹①,自然之勢也。然司馬氏必不能越曹氏而徑取天下於漢,其勢又必因乎魏,是以卒事魏。[7]魏武一生經營,半以爲晉,而懿父子經營,全以自爲。取漢天下於曹者,懿也。懿與操並世爲君臣而操不知,何以爲操也?[8]操知懿有豪雄志,嘗見其狼顧相,謂太子丕曰:"懿非人臣也,必預汝家事。"②由此言之,操未嘗不知懿也,知之而無可奈何。天人之間,妙矣哉![9]

　　討公孫淵,過溫,父老故舊讌飲累日,帝歔欷,愴然有感,爲歌曰:"天地開闢,日月重光。遭遇際會,畢送遐方。將埽群穢,還過

---

① 《晉書》卷一《宣帝紀》,頁2。
② 《晉書》卷一《宣帝紀》,頁20。

故鄉。蕭清萬里，總齊八荒。功成歸老，待罪舞陽。"①此時已公然作豐沛舉動，無一字人臣語矣。而又云"歸老待罪"，四字奸甚，[10]老瞞口中説不出。即操自道，亦不過曰"欲孤便爾委捐所典兵衆，歸就武平侯，實不可也。誠恐己離兵，爲人所禍"②。"讓還三縣"一篇長文，抵不得此四字，然魏武之服人在此。[11]

明帝時，王導侍坐。帝問前世所以得天下，導乃陳帝創業之始，及文帝末高貴鄉公事。明帝以面覆(沐)[牀]曰："若如公言，晉祚安得長遠！"[12]蕐報冤對，夫人間一種幽顯之理。妙在從晉家兒孫口中託出，方能使亂賊悚然。[13]

評點：

［1］眉批：以阿瞞爲有情，自是特眼。

［2］夾批：説出。

［3］夾批：語亦狠。

［4］夾批：此語甚深。

［5］眉批：又拈一忍字，搜出狠字之根。

［6］尾批：《詩歸》以此語評宣王《讌飲詩》，而詳約各有其妙。

［7］眉批：説出深人心事。操方盛時，而懿已有彼可取而代之之意，負乘致寇，尤而效之，可畏哉！

［8］夾批：又起一波，文情絶妙。

［9］眉批：操知己能用懿而丕必不能，與高歡策侯景同意。

［10］眉批：羯勒詆孟德、仲達狐媚以取天下③，覺"奸"之一字便是此老一生案斷。

［11］尾批：可見奸雄也要服人，不是一味亂做。

［12］夾批：語却公道。

① 《晉書》卷一《宣帝紀》，頁 10。

② 參曹操《述志令》。

③ 《晉書》卷一百五《石勒載記下》，頁 2749。

［13］尾批：亂賊不過爲子孫謀，而不知反爲後代孝子慈孫之累，燕詒①豈不在孫謀哉？

景　　帝

宣帝之將誅曹爽，深謀秘策，獨與帝潛畫，文帝弗之知也，將發，夕乃告之。既而使人覘之，帝寢如常，而文帝不能安席。[1]晨，會兵司馬門，鎮靜內外，置陣甚整。宣帝曰：“此子竟可也。”初，帝陰養死士三千，散在人間，至是一朝而集，衆莫知所出也②。[2]此天所以鍊惡人而助殺運也。曹爽鼠雀，小試其牛刀之用耳。三千之散在人間，一朝而集，調度紀律，固有過人者，作賊固自有別才也。[3]

帝目有瘤疾，文鴦來攻，驚而目出，痛甚，齧被敗[4]而左右莫知③。忍而譎，不必言。但覺傷胸捫足者，造次中酬對光明。

評點：

［1］夾批：所以初不與之謀，正在此。

［2］夾批：可畏。

［3］眉批：特眼。

［4］夾批：作賊固自苦。

惠　　帝

帝之爲太子也，朝廷咸知不堪政事，武帝亦疑焉。[1]嘗悉召東

---

① 《詩・大雅・文王有聲》：“詒厥孫謀，以燕翼子。”毛傳：“燕，安也。”朱熹集傳：“詒，遺；燕，安……謀及其孫，則子可以無事矣。”“燕詒”謂使子孫後代安吉。

② 《晉書》卷二《景帝紀》，頁 25。

③ 《晉書》卷二《景帝紀》，頁 31。

宮官屬,使以尚書事〔令〕太子決之,帝不能對。賈妃遣左右代
對,^[2]多引古義。^[3]給事張泓曰:"太子不學,陛下所知。今宜以事
斷,不宜引書。"妃從之。泓乃具草,令帝書之。武帝覽而大悅,太
子乃安①。同一宮寮之擁戴其主而爲之謀也,爲楊修之預擬答教,
雖敏如子建而有時乎窮;如張泓之不引古義,雖愚如晉惠而可以不
敗。立想愈妙而應機愈省,省,所以妙也。^[4]

評點:

〔1〕眉批:何疑之有? 爲父如此,所以卒爲人所欺。

〔2〕眉批:妃遣代對,妃從之,南風强敏如此,便是後世武曌之對手,那
得不兆異日之禍?

〔3〕夾批:癡人。

〔4〕眉批:自是至理,從前無人拈示。

明　帝

敦素以帝神武明略,朝野之所欽信,欲誣以不孝而廢焉。大會
百官而問溫嶠曰:"皇太子以何德操?"聲色俱厲,必欲使有言。嶠
對曰:"鈎深致遠,蓋非淺局所量。以禮觀之,可稱爲孝矣。"^[1]衆
皆以爲信然,敦請遂止②。從來誣聰明有才人,多用此等題目,^[2]
使其終身不能自振。朦朧闇昧中,名士没入^[3]而不知其故者何
限。太真逆折之,自是省力,然妙在占先。敦自以先手輪太真,亦
天奪其鑑也。

帝微行湖陰,察敦營壘③。雖以黠捷得免,一候騎事耳,豈是

---

① 《晉書》卷四《惠帝紀》,頁 107—108。

② 《晉書》卷六《明帝紀》,頁 159。

③ 《晉書》卷六《明帝紀》,頁 161。

天子舉動？當時君臣名義蕩然，帝亦自忘其爲天子矣。[4]

評點：

［1］眉批：尤妙在"以禮觀之"四字，大有地步，是非一人之私説矣。

［2］夾批：此等題目，實是難做。

［3］夾批：二字可憐。

［4］尾批：敦且呼帝爲"鮮卑奴"①，帝那得不爲候騎事？

后妃（胡貴嬪）

　　胡貴嬪名芳，父奮，別有傳②。泰始九年，帝多簡良家子女以充内職，[1]自擇其美者以絳紗繫臂。[2]而芳既入選，下殿號泣。左右止之曰："陛下聞聲。"芳曰："死且不畏，何畏陛下！"帝遣洛陽令司馬肇，策拜芳爲貴嬪。帝每有顧問，不飾言詞，率爾而答，進退方雅。時帝多内寢，平吳之後復納孫皓宮人數千，自此掖庭殆將萬人。[3]而立寵者甚衆，帝莫知所適，常乘羊車恣其所之，至便宴寢。宮人乃取竹葉插户，以鹽汁灑地，而引帝車。[4]然芳輒蒙愛幸，殆有專房之寵焉，侍御服飾，亞于皇后。帝嘗與之樗（蒲）［蒲］，爭矢，遂傷上指。帝怒曰："此固將種也！"芳對曰："北伐公孫，西距諸葛，[5]非將種而何？"帝甚有慚色。芳生武安公主③。貴嬪可謂健婦，妙在嬌癡之中微帶膽骨[6]，然其斌媚却在此。[7]蓋其意思落落然在寵辱之外，其天趣自然溢出，不然，彼竹葉户中豈乏才色之人？要其意思索然，自難以羈雄主耳。士之遇於世者，又豈皆軟媚無骨之人也？[8]唐太宗有言"我見魏徵，更覺斌媚"，[9]即此意。

---

　① 《晉書》卷六《明帝紀》，頁161。

　② 《晉書》卷五十七《胡奮列傳》。

　③ 《晉書》卷三十一《后妃傳》，頁962。

評點：

[１]　眉批：但爲隋煬帝、陳後主作備。

[２]　夾批：亦韻。

[３]　夾批：此豈開國遠猷？

[４]　眉批：伯敬先生嘗稱煬帝、後主除却不可作帝王，若作浪子，便是本色，不謂開基之主作此行徑。

[５]　夾批：太逼人。

[６]　眉批：數語有生氣，能令胡貴嬪從紙面躍出。

[７]　夾批：會看。

[８]　夾批：天然做证。

[９]　夾批：會説。

何　　曾

　　初，曾侍武帝宴，退而告遵等曰：[１]“國家應天受禪，創業垂統。吾每宴見，未嘗聞經國遠圖，[２]惟説平生常事，非貽厥孫謀之兆也。及身而已，後嗣其殆乎？ 此子孫之憂也。汝等猶可獲没。”指諸孫曰：“此等必遇亂亡也。”①及綏死，嵩哭之曰：“我祖其大聖乎！”②案曾始末，一鄉愿老奸耳。[３]然看晉之前後甚明，往往于所不經意處得之，則其胸中原非憒憒者。胸中原不憒憒而始末如此，所以爲鄉愿，爲老奸也。[４]或曰：“居亂世以晦自全耳，國亦何利于有此臣哉！”[５]

評點：

[１]　眉批：曾遵聲相嫌，晉人却不諱父名，羲之而子曰獻之，何以後代

---

①　按，《晉書》卷三十三《何曾傳》末句：“永嘉之末，何氏滅亡無遺焉。”頁 1000。

②　《晉書》卷三十三《何曾傳》，頁 1000。按，何曾“二子：遵、劭”。何遵“四子：嵩、綏、機、羨”。

耶。然予觀西漢諸帝諱皆以之字成文,不知何義,惟唐世則諱過嚴矣,此昌黎所以著辨也。

〔2〕夾批:語自有本領。

〔3〕夾批:説得倒。

〔4〕夾批:説到此,彼纔心服。

〔5〕尾批:固知安樂老胸中殊自了了,乃對耶律德光曰:"無德無才,癡頑老子。"①王金陵②、李温陵③皆爲所愚,只爲其以晦自全耳。

羊 祜 杜 凱

祜晉室元勳,自無爲曹爽庸人所有之理,其不受爽辟,宜也。"委質事人,復何容易",一生脚根,定於八字。[1]爽敗而祜曰:"此非愚慮所及。"④深厚自是大福德人語。[2]祜居榮寵之中,獨自謙晦;處鍾會、荀勖之間,得免於難,未必不緣此。而晉武帝偏知之,陰屬以平吴之事。知人哉,雄主也!祜表讓三司,就中不無深心妙用。然語語無飾,出於至誠。有德之言,足以動人。其一念推賢爲國之心,能使淺狹人愧服。吾所謂惟大臣乃能爲大將,意蓋如此。而減戍墾田,其取吴着數,冷眼看定,快手隨之。至爲步闡一役,身定貶黜,以明主法,不少假借,與諸葛武侯街亭之罰何異?而慨然吞吴之志,偏不讓人。[3]智愈深而勇愈沉,君臣間紀綱心計如此,欲不亡吴得乎?此後一段謀爲,純以懷柔爲主,其布德示信,不至舉吴之人心盡入於我不已。步闡一事,又何足煩其指麾?然祜以德往,而陸抗以德應,似窺祜之微者,兩人雖善交,亦勁對也。布筭

---

① 參《新五代史·馮道傳》。

② 王安石,晚年罷相退居江寧,人又稱"王金陵""王江寧""金陵丞相"。

③ 李贄。

④ 《晉書》卷三十四《羊祜傳》,頁1013。

已定而委之杜預、張華，曰："取吳不必臣自行。"①自處何其高且遠也?[4]晉武惟平吳一事，差有開國帝王謀斷。而羊祜、杜預從容將相之間，一洗鄧、鍾入蜀戾氣。觀祜伐吳一疏，始終以戢兵和衆爲主，無復功臣伎倆，其原委故自不同也。[5]

祜嘗以畋漁廢政，即安石賭墅意也，善藏其用在此。徐胤雖不識其意，然執戟一諫，自不可少。祜欲出而借胤言以自止，甚爲有體。[6]

祜樂山水，每風景，必造峴山，置酒言詠，終日不倦。[7]嘗慨然歎息，顧謂從事中郎鄒湛等曰："自有宇宙，便有此山。繇來賢達勝士，登此遠望，如我與卿者多矣！皆湮滅無聞，使人悲傷。如百歲後有知，魂魄猶應登此也。"[8]湛曰："公德冠四海，道嗣前哲，令聞令望必與此山俱傳。至若湛輩，乃當如公言耳。"②杜元凱有言"高岸爲谷，深谷爲陵"。乃刻石爲二碑，一沉萬山之下，一立峴山之上。曰："焉知此後不爲陵谷乎?"③其無聊異想，悽然可憐。[9]預一生立功立言主意盡於此矣。羊公峴山一歎，哀樂異人。[10]其名根之重，即沉碑襄水之意。而以達識高韻出之，深渾不露。然元凱名心，又動於墮淚一碑。[11]

祜侍坐，面陳伐吳之計，帝以其病不宜常入，遣中書令張華問其籌策。非謂其病也，即劉曄秘伐蜀之意。華深贊成其計，祜謂華曰："成吾志者子也。"當其時無論帝能用祜，即遣張華，已自得人矣。[12]

預嘗言："德不可企及，[13]立功立言可庶幾也。"竟用平吳、左氏注二事實之。古人自審不苟如此，"立德"一語，預其陰以推羊公乎?[14]

---

① 《晉書》卷三十四《羊祜傳》，頁 1021。
② 《晉書》卷三十四《羊祜傳》，頁 1020。
③ 《晉書》卷三十四《杜預傳》，頁 1031。

石鑒何物,以宿憾奏免預職。及隴右之役,鑒欲使預出擊。幸預之敗以快其私,[15]而不顧國事之安危,可謂不忠之極矣。預奏以不可,而鑒以軍興,法中之,幾致殺預。其後隴右之事卒如預策。鑒軍還,論功不實,曲直較然,鑒不勝誅矣。晉法不行,[16]使預糾之,言論諠譁,並坐免官,何愛於鑒而爲此?雖於預盛德不無少傷,然皆朝廷用法不明所致也。

晉武有滅吳之志,而禔契之,可謂君臣同心。前有羊祜,後有張華,而師期遲速當機之際,[17]猶爲群議所亂,苦心苦語,幸而得之。甚矣,謀斷之難言也。羊公所謂"事不如意,十常八九",意蓋如此。預立藉田、建安邊論、作人排新器、興常平倉、定穀價、較鹽運諸事①,在伐吳之前;立泮宮、置屯營、興水利漕溉諸事②,在平吳之後。[18]古之伐國用兵者,皆先用此一段經濟實用,蓋忠臣謀國,總計國家標本之全,不但一戰勝也,此非爲將者所知,然爲將者不可不知。

評點:

[1]眉批:説得羊公大聰明,乃知盛德人不是一味渾渾。

[2]夾批:善相人。

[3]夾批:看得深。

[4]眉批:説得他何等次第,何等身分。

[5]眉批:後來王濬、王渾猶争功不已,羊公其先見耶?

[6]尾批:深人機用,淺人戇直,不數語寫盡。

[7]眉批:盛德人何嘗不韻?

[8]夾批:深情語。

[9]眉批:名根癥想。

[10]眉批:此中有一羊公全身。

---

① 《晉書》卷三十四《羊祜杜預列傳》,頁1027。

② 《晉書》卷三十四《羊祜杜預列傳》,頁1031。

[11] 尾批：末二語所謂宛轉關生，無所不入文情冷妙。

[12] 眉批：茂先強人意。

[13] 夾批：自審在此。

[14] 尾批：元凱自處，正在"德不可及"一語。今時人一無所立，只爲視天下無不可及耳。

[15] 夾批：是何心行。

[16] 眉批：一大具獄，只"晉法不行"四字斷盡，誰謂文人不可謀國哉？

[17] 眉批：此處見得元凱。

[18] 眉批：此古所謂儒將，春秋諸大夫多有之，後世莫及也。

衛瓘張華（衛瓘、瓘孫玠）

　　惠帝之爲太子也，朝臣咸謂純質，不能親政事。瓘每欲陳啓廢之，而未敢發。後會宴陵雲臺，瓘託醉，因跪帝牀前曰："臣欲有所啓。"帝曰："公所言何耶？"瓘欲言而止者三，因以手撫牀曰："此座可惜！"帝意乃悟，因謬曰："公真大醉耶。"瓘於此不復有言。賈后繇是怨瓘①。瓘以廢立一事，結怨賈氏，竟致誅夷。然其苦心血誠，晉九廟亦鑒之。杜元凱以爲殺鄧艾之愆，考其事實，亦有不盡然者。案蜀平後，艾承制專擅，[1]鍾會亦懷異志。[2]瓘與會密奏艾反狀，會遣瓘收艾，欲令艾殺瓘，因加艾罪，[3]瓘知欲危己，然不可得而距②。稱詔收艾，[4]其餘一無所問。艾諸將欲圖劫艾，瓘僞作表將明艾事，[5]諸將信之而止。俄而會至，囚諸將，遂發兵反，於是士卒思歸，人情變動。會留瓘謀議，瓘如厠，給胡烈語三軍，言會反。[6]在外三軍已潛欲攻會，瓘既不出，未敢先發，會使瓘慰勞三軍，瓘得出，會悔，追之。瓘辭眩疾詐仆地，會由是無所憚。及暮門

---

① 《晉書》卷三十六《衛瓘張華列傳》，頁1058—1059。
② 《晉書》卷三十六《衛瓘張華列傳》，頁1056。

閉,瓘作檄宣告三軍,共攻會,殺之。艾將士復追破艾檻車出艾,瓘自以與會俱陷艾,又欲專誅會之功,乃遣護軍田(續)[續]襲艾,殺之。[7]初,艾入江油以法欲斬(續)[續],[8]及瓘遣(續)[續]曰:"此可以報江油之辱矣。"①[9]詳其始末。三人機穿鱗甲,互相銜持,纏綿糾結,而莫能先出。[10]嘗聞蛇食蟾蜍,蟾蜍食蜈蚣,蜈蚣食蛇,三毒同時共處一器之中,先發者免,非欲相食也,[11]自免之道,在於相食。瓘於會、艾,有不得不殺之勢,其情形不幸類此,但又罪不至死。[12]瓘與會密奏艾反狀,一失也;會死後,瓘欲專誅會之功,二失也;遣田(續)[續]而快其得報江油之辱,三失也。在他人不足責,瓘爲此,正杜元凱所謂"以小人而乘君子之器"者也。[13]瓘之死,其罪豈在撫牀數語哉?[14]

人有不及,可以情恕,非意相干,可以理遣,此玠之養也;知王敦之非忠臣,此玠之識也,玠之得爲名士,以此。[15]若如本傳前後所稱,玠一美少年作態者耳。又云:"杜乂膚清,叔(賓)[寶]神清。"②"膚清"二字,是極俗人面目可憎者。若如此,乂之去玠,又豈止其間可容數人乎?[16]晉人品藻,取致口角而不確如此。[17]

評點:

[1] 夾批:艾禍原在此。

[2] 夾批:會不勝誅。

[3] 夾批:此瓘之失着,失在不知會反,輕與陷艾。

[4] 夾批:詐。

[5] 夾批:詐。

[6] 夾批:詐。

[7] 眉批:又詐又險。

---

① 《晉書》卷三十六《衛瓘張華列傳》,頁 1056—1057。

② 《晉書》卷三十六《衛瓘張華列傳》,頁 1068。

［8］眉批：以法斬（續）［績］，非私憾矣。而乃使（續）［績］甘心於艾，天道神明，其可欺耶？

［9］夾批：瓘此處大錯。瓘初不知會反，輕聽會陷艾，會以反誅，應立雪艾，何乃欲專誅會功，而卒殺艾耶？

［10］夾批：一段奇絶文字。

［11］夾批：韓之諸公子。

［12］夾批：艾有平蜀功，會既死反，艾而雪之，誰曰不可乎？

［13］眉批：屢詐不自休，真小人也。

［14］尾批：先生固有以斷斯獄矣。

［15］眉批：看出名士本領。

［16］眉批：嘗讀《世説·容止》所載，竊怪臨川何得以貌取人，是使潘安仁必賢于張孟載矣，讀此庶幾不昧此語。

［17］尾批：可作晉史斷。唐太宗修晉史而尚其清言，所以爲後人所譏。

宣五王（平原王幹）

幹外近不惠，觀其體用，似有道術者，調補必以才能，爵禄若不在己，此豈憒憒人所能至？處齊王冏，恭倨哀樂，皆有節次、有關係。文、景之有幹，猶宣王之有孚，雖作用昭晦不同，皆未可於族類中求之。孚年九十，幹年八十，皆以壽終。持正之人，何必不自全於亂世哉！[1]

評點：

［1］眉批：孚當大將軍廢齊王時，悲不自勝，古今亂賊中偏有此等族屬，可見人心不死。

王沉荀顗荀勖（荀勖）

荀勖爲覆邦小人，無他罪狀，止有擁立賈后、保護惠帝而已，然有此一節,亦不必有他罪狀也。考其平生,如赴曹爽之死、遺愛於安邑、薦衛瓘山濤、料鍾會之反、議遣王公之國及省郡縣吏、止令史掌文法諸事,皆有名臣之風。不知其氣誼文章、議論經濟,皆欲先自立脚根,而後爲所欲爲。[1]從古小人脚根既定,爲惡於安身立命之後,開國承家,其孰能堪之? 要其心勞計工,正不出鄙夫患失一念。[2]觀賈充出,則曰"賈公遭放,吾等失勢"。去中書省,則曰"奪我鳳(凰)[皇]池,諸君賀我耶!"[3]其勢利炎涼之根,不覺和盤託出,平生才與惡,畢用於此矣。

評點:

[1] 眉批:供盡小人。

[2] 眉批:斷盡小人。

[3] 夾批:觀人於微,禪所謂親口出親供也。

賈　充

充與諸葛誕論及禪代事,誕厲聲曰:"卿非賈豫州子乎? 世受魏恩,豈可欲以社稷輸人?"[1]高貴鄉公之死,陳玄伯請於晉文王斬充以謝天下,[2]曰:"但見其上,不見其下。"①司馬孚枕哭高貴鄉公,臨終遺令曰:"有魏(真)[貞]士河內溫縣司馬孚,字叔達,不伊不周,不夷不惠,立身行道,終始若一。"②淪没晦闇中,天生此正人。留此正論,爲賊奴公案,不能有二,不可無一也。

充妻郭槐以乳母形影之嫌,連殺充二兒。天假手妬婦,斬賊奴之後,自是快事。[3]充死無後,槐輒以外孫韓謐奉充後,一"輒"字寫出妬婦精神。

---

① 《世説新語・方正第五》,頁 159—160。

② 《晉書》卷三十七《宗室列傳》,頁 1085。

評點：

［１］眉批：數語膽落公間矣，將死而憂其謚，果何濟哉？

［２］夾批：快論千古。

［３］眉批：白是快語。

魏舒李熹劉寔高光（魏舒、劉寔）

郡上計掾察孝廉，宗黨以舒無學業，勸令不就，可以爲高耳。[1]舒曰："若試而不中，其負在我，安可虛竊不就之高以爲己榮乎？"[2]於是自課，百日習一經，因而對策升第，除澠池長，遷浚儀令，入爲尚書郎。時欲沙汰郎官，非其才者罷之。舒曰："吾即其人也。"襆被而出。同寮素無清論者咸有媿色。[3]就孝廉之選，可愧世之僞退者；甘郎官之退，可愧世之冒進者。然總出一念，只是極真極不苟耳。[4]

舒爲鍾毓長史，毓與參佐射，舒常爲畫籌而已，此非獨妙於自晦，亦高於自處。舒少不爲人所重，以"遲鈍質朴"而一生得業，受用作用，終始不出此四字。史稱舒每欲容才長物，舒之本志，於此窺其一端。後毓見舒善射，歎曰："吾之不足盡卿，有如此射矣！"①[5]二語亦非淺人所能道。自是古大臣極善觀人用人處，士之真知己，固有出於不知之中者，如舒之於毓是也。

鍾、鄧伐蜀，劉寔料其必破蜀而皆不還。晉文王放意遣二子伐蜀，而不聽邵悌之沮，寔意正與暗合。人臣當國家偏安之時，君父窘辱而身自豪侈。如羊、石諸人，暴殄天物，僭越法制，非惟失事上之禮，亦昧保身之道。劉寔身居臺輔，每從儉素，[6]（常）［嘗］詣石崇家，如厠，見有絳紗帳，裀褥甚麗，兩婢持香囊。寔便退，笑謂崇

---

① 《晉書》卷四十一《魏舒李熹劉寔高光列傳》，頁 1186。

曰:"誤入卿内。"①此正點化崇耳,[7]用意甚微,出語甚妙。崇於此驚悔,巽謝不暇,乃答曰:"是厠耳。"甚矣,崇之鈍而闇也,不死何俟!

評點:

〔1〕夾批:門面人語,從來如此。

〔2〕眉批:自處何其高。

〔3〕眉批:僞退妙。

〔4〕尾批:陽元少名遲鈍而卒成宅相,伯敬先生嘗曰:"此便是從來名士深衷妙用。"

〔5〕眉批:先生舊評云此語殊深,却救得一半。

〔6〕眉批:儉素人每有深心遠識。

〔7〕眉批:語有機鋒,富貴人固不可與深語。

王渾王濬唐彬(渾子濟)

王武子以其父渾與王濬争伐吴之功,故每排濬,時議譏焉。然齊王攸之國,濬諫而武子亦諫,至稽顙泣請,忤旨,左(選)〔遷〕。古人於國家大計,不以私嫌生異同如此。[1]

初,詔書使濬下建平,受杜預節度,至秣陵,受王渾節度。[2]預至江陵,謂諸將帥曰:"若濬得下建平,則順流長驅,威名已著,不宜令受制於我。[3]若不能克,則無緣得施節度。"濬至西陵,預與之書曰:"足下既摧其西藩,便當徑取秣陵,[4]討累世之逋寇,釋吴人於塗炭。自江入淮,逾於泗、汴,泝河而上,振旅還都,亦曠世一事也。"[5]濬大悦,表呈預書②。以一人而受兩人節度,庸人不能甘,

---

① 《晉書》卷四十一《魏舒李喜劉實高光列傳》,頁 1197。

② 《晉書》卷四十二《王渾王濬唐彬列傳》,頁 1210。

況濬乎！觀杜元凱於此先幾處分，妙有伸縮，而形迹不露。[6] 蓋爭競於事後，所損已多；調停於事前，所全甚大。預至江陵與諸將語，料渾之情形既透，至西陵所與濬書，進止機宜，實不出此，不獨謙避而已。明辭事權，而暗授方略，[7] 自處地步甚高，濬蓋受預節度而不知矣。學問人當機妙用，夫豈渾之所及？觀濬得預書大悅，則其不平於渾可知。然渾亦終不能節度濬，而幾釀鍾、鄧之禍，乃知君臣朋友之間，處之不盡其道者，皆不學之過也。[8] 若唐李愬入蔡州破吳元濟，櫜鞬而迎裴度，度遜避，愬曰："使蔡人知朝廷之尊。"①度卒受其禮。若二子者，一將一相，皆學問中體國人，區區形迹體貌不足言也。[9]

濬兩上書自理，一辨其不受節制之故，一辨其取吳寶物，理皆甚明，詞皆甚順，而氣皆不平。雖不能有以奪之，然終非人主所心善者，此賞之所以不酬其功也。渾、濬爭功，帝嘗遣劉頌校其爭，頌以渾爲上功，濬爲中功。[10] 帝以頌失平，左遷其官。由此觀之，帝未嘗不直濬，濬自不善處耳。[11] 晉責之以不受節度，是陳湯矯制之說，猶爲有體。至責之以取吳寶物，與漢之以貪罪湯何異？正使有之，不足以掩其功，[12] 況濬本無此乎？濬後一書尤工，蓋所以加之者其詞愈枉，則所以自辨者其詞愈直。將將之難如此。[13]

評點：

［1］尾批：此縱是從國家起見，然武子幹父之蠱，亦正在此。

［2］夾批：軍難遙度，決斷爲先，奈何使大將多受人牽掣。渾、濬爭功，帝啓之也。

［3］夾批：妙。

---

① 《資治通鑑》卷二百四十《唐紀五十六》"憲宗元和十二年"條載：庚辰，裴度遣馬總先入蔡州慰撫。辛巳，度建彰義軍節，將降卒萬餘人入城，李愬具櫜鞬出迎，拜於路左。度將避之，愬曰："蔡人頑悖，不識上下之分，數十年矣。願公因而示之，使知朝廷之尊。"度乃受之。頁7865。

　　[4]夾批：此便是節度處。

　　[5]眉批：元凱妙於處勢，使渾如此，安有異日紛紛？

　　[6]眉批：寫元凱身份高甚。

　　[7]夾批：只此二句寫盡。

　　[8]眉批：學字有本領。

　　[9]尾批：處己處人之道盡此矣，統歸學問，尤見主腦。

　　[10]夾批：何物劉頌，乃定功次？

　　[11]眉批：以此責濬，濬當心折矣。功名之際，難於自處如是。一時君臣情形，千古如見。

　　[12]夾批：更見得到。

　　[13]尾批：氣皆不平，終非人主所心善，中濬病根。所謂角巾私第，口不言伐吳之功①，真忠爲濬畫者也。

山濤王戎樂廣

　　山巨源仕宦富貴中人，而大有權術。[1]浮沉於嵇、阮之中[2]，奄有七賢之名，而又能善荀勖、鍾會輩，使不害己。[3]居世則賢奸共賞，居身則仕隱兼收，受享無窮，而作用不露。[4]間有一二持正匡時爲身名地者，皆相機候隙，不中不發，占盡便宜，蓋第一微巧人也。孫綽嘗鄙濤之爲人，言其仕不仕，隱不隱②，可謂確論。[5]若山季倫，人知其任誕耳，不知其全具一片濟世肝腸，實心實用，覩時不可爲而後晦於高陽之遊，悲憤之感深矣。居漢、沔不肯奏伎，流涕數語，真心畢露③，不失爲晉室忠臣也。[6]

──────────

　　①　《晉書》卷四十二《王濬傳》，頁1215—1216。

　　②　《晉書》卷五十六《孫綽傳》載：綽字興公。博學善屬文，少與高陽許詢俱有高尚之志。居於會稽，遊放山水，十有餘年，乃作《遂初賦》以致其意。嘗鄙山濤，而謂人曰：“山濤吾所不解，吏非吏，隱非隱，若以元禮門爲龍津，則當點額暴鱗矣。”

　　③　山季倫，山簡，山濤子。《晉書》卷四十三《山濤傳》附《山簡傳》，頁1229—1230。

李在道邊多子，知其爲苦①，必能識其甘處而就之。勢利中心目最靈警之人，步步不肯空發者也。[7]

戎田園水碓遍天下，持籌未已，或曰用以自晦耳，此一語最爲貪鄙人藏身之地。[8]士夫居亂世，浮沉混迹，猶不失爲保身之智。若藉口王翦之請田、蕭何之致産，專利聚斂，此取怨招禍之道也，何保身之爲？古人有言"居亂世富而能貧，得免於難"。戎獨不聞之乎？至寄籍七賢以自掩其貪濁，[9]而欲分其名，計已巧矣。富貴已極，而黄壚數語，强作清態②，尤爲可厭。[10]千古勢利中老奸，大率如此。

越之討苟晞也，衍以太尉爲太傅軍司。及越薨，衆共推爲元帥。衍以賊寇鋒起，懼不敢當。辭曰："吾少無宦情，[11]隨牒推移，遂至於此。今日之事，安可以非才處之。"俄而舉軍爲石勒所破，勒呼王公，與之相見，問以晉故。衍爲陳禍敗之由，云計不在己。勒甚悦之，與語移日。衍自説少不豫事，欲求自免，因勸勒稱尊號，[12]勒怒曰："君名重海内，身居重任，少壯登朝，至於白首，何得言不豫世事耶！破壞天下，正是君罪。"[13]使左右扶出。謂其黨孔萇曰："吾行天下多矣，未嘗見如此人！當可活否？"萇曰："彼晉之三公，必不爲我盡力，又何足貴乎！"勒曰："要不可加以鋒刃也。"[14]使人夜排牆填殺之③。衍千古勢利中傭人，小才虚名，足以牢籠一世。勢窮情見，被石勒一老胡照膽看出，和盤托出。快

---

① 《晉書》卷四十三《王戎傳》，頁1231；《世説新語·雅量第六》，頁195—196。
② 《世説新語·傷逝第十七》："王濬沖爲尚書令，著公服，乘軺車，經黄公酒壚下過顧謂後車客：'吾昔與嵇叔夜、阮嗣宗共酣飲於此壚。竹林之遊，亦預其末。自嵇生夭、阮公亡以來，便爲時所羈紲。今日視此雖近，邈若山河。'"其注文引《竹林七賢論》曰："俗傳若此。潁川庾爰之嘗以問其伯文康，文康云：'中朝所不聞，江左忽有此論，蓋好事者爲之耳！'"頁348。
③ 《晉書》卷四十三《山濤王戎樂廣列傳》，頁1238。

甚！快甚！其悦衍處悦得有趣，怒衍處怒得有識，^[15]所云“行天下未嘗見如此人”，又云“破壞天下，正是君罪”，勘衍短長，始終與山濤^①、羊祜^②纖毫不爽，亦異事也。若樂廣清已中立，人莫見其際，而愍懷太子之廢，從官冒禁拜辭，廣爲之解遣，名士本領，當於此求之。即以持正，亦能全身，而衍一則曰計不由已，再則曰少不豫事，可恥復可厭。卒死牆壁，安在其苟免者之必能免也？

評點：

［1］夾批：説盡。

［2］夾批：妙語。

［3］夾批：乃見其權術。

［4］眉批：人知巨源雅量，而不知其權術，此權術之所以妙也。

［5］眉批：顏延年《五君詠》，巨源與濬沖同黜^③，其亦有見於此乎？未必止以顯晦論也。

［6］尾批：高陽酒徒不知有如許熱腸也。

［7］夾批：一字不肯放過濬沖。

［8］眉批：此輩人何處生活。

［9］眉批：二字寫盡醜態。

［10］夾批：醜甚。

［11］夾批：醜甚。

［12］夾批：真可醜死。

［13］眉批：不可以少此一怒，責衍數語，殊自慷慨。

［14］眉批：羯有情分。

［15］眉批：寫出此羯精神。

---

① 《晉書》卷四十三《王衍傳》，頁 1235。
② 《晉書》卷三十四《羊祜傳》，頁 1017。
③ 顏延之《五君詠》，即《阮步兵》《嵇中散》《劉參軍》《阮始平》《向常侍》，未及山濤、王戎二人。

劉毅程衛和嶠武陔任愷崔洪郭奕(和嶠、任愷)

惠帝爲太子不令,廢立之際,臣子所難言,和嶠因侍側,言於帝曰:"皇太子有淳古之風,而末世多僞,恐不了陛下家事。"①[1]詞雖婉而理其正,居然寫出一驄人在前,非一意周旋語。蜀孟光語任正,"天下未定,智意爲先"②。以淳古人當多僞之故,而作天子,又何必荒亂無道而後及於敗也。

任愷惡賈充之爲人,欲出之於外。會秦、雍寇擾,愷謂"非威望大臣有計略者,無以康西土"。帝問誰可任者,愷曰:"賈充其人也。"於是詔鎮長安。可謂妙於去君側之惡矣。[2]然盧杞薦顏真卿使賊庭③,安知非出此故智乎?君子遠小人者,小人即以之傾君子,作法自(弊)[斃],不可不知也。

評點:

[1]夾批:善於辭令,字字迴翔。

[2]眉批:後來王沂公④去丁崖州,用意更巧,然不害其爲去小人也。杞陷魯公何所不至?倘亦偶然同符耶。

---

① 《晉書》卷四十五《和嶠傳》載和氏"預帝家事":"嶠見太子不令,因侍坐曰:'皇太子有淳古之風,而季世多僞,恐不了陛下家事。'帝默然不答。""帝知其言忠,每不酬和。後與嶠語,不及來事。或以告賈妃,妃銜之。""及惠帝即位,拜太子少傅,加散騎常侍、光禄大夫。太子朝西宮,嶠從入。賈后使帝問嶠曰:'卿昔謂我不了家事,今日定云何?'嶠曰:'臣昔事先帝,曾有斯言。言之不效,國之福也。臣敢逃其罪乎!'"

② 《三國志》卷四十二《孟光傳》,頁 1024。

③ 《新唐書》卷一百五十三《顏真卿傳》,頁 4859—4860。

④ 王曾(978—1038),字孝先,青州益都(今山東青州)人,北宋名相,詩人,累官吏部侍郎,兩拜參知政事,以計智逐丁謂(曾被貶崖州司户),後罷知青州。景祐元年(1035)次年再次拜相,封沂國公。謚"文正",有《王文正公筆録》。

傅玄(咸)

人臣居糾彈之地，胸中不必先着正直、忠厚兩念，要不當以喜心出之。[1]傅玄性峻急，不能有所容；每有奏劾，或值日暮，捧白簡，整簪帶，竦踊不寐，坐而待旦①。是何等念頭。其一往其難其慎如不得已之心，可盟幽獨，可通神明，此直臣本領也。[2]士大夫一挂彈文，官爵不足論，人品名節，聽命於此。有如始之以遊戲，終之以驕訕，甚至爲要挾，爲報復，爲塞責，爲沽名，爲規利，爲媚權，此真不可解也。

玄上封事，言鄧艾欲取一時之利，不慮後患，使鮮卑數萬散居人間，後必爲患。深憂微慮，逆睹五胡之禍，人但知有江統而不知有玄也②。[3]

傅咸有言："酒色殺人，此甚於作直。坐酒色死，人不爲悔。逆畏以直致禍，此由心不直，正欲以苟且爲明哲耳！[4]自古以直致禍者，當由矯枉過直，或不忠允，欲以亢屬爲聲，安有悾悾爲忠益，而常見疾乎？"③此達生之言也。認得真忠直，自不肯爲僞明哲，從古持正人胸中須先具達識，識若不定，膽必不堅。[5]

評點：

［１］眉批：作諫官不可不三復此語。

［２］眉批：寫得森然在目，覺宋人積誠以感，反是多説道理。

---

① 《晉書》卷四十七《傅玄傳》，頁 1323。

② 《晉書》卷五十六《江統傳》載："時關隴屢爲氐、羌所擾，孟觀西討，自擒氐帥齊萬年。統深惟四夷亂華，宜杜其萌，乃作《徙戎論》。"頁 1529。

③ 《晉書》卷四十七《傅咸傳》，頁 1326。

　　[３]眉批：同時郭欽亦進徙戎之論①，可謂所見略同。
　　[４]眉批：作直人偏有此一副心腸一種道理。
　　[５]眉批：矯枉過直，只是立名，非真，"真""僞"兩字看透。

向雄段灼閻纘

　　鍾會以反誅，雄爲收葬，文帝將罪之，雄曰："昔先王掩骼埋胔，當時豈先卜其功罪而後葬之哉！今王誅既加，於法已備。雄感義收葬，義亦無闕。法立於上，教弘於下，何必使雄違生背主以立於時！"②[１]辭令絶似左氏，不獨氣强語正，全以圓妙動人。然執理苟直，語亦不患不能圓妙，且臨變而語能圓妙，亦其氣之不屈也。段灼之理鄧艾、閻纘之葬楊駿，同一高誼。纘之葬駿，要駿主簿潘岳等共事，岳畏罪，推纘爲主。三子身名俱泰，而岳竟凶終，人亦何憚而不爲義也。[２]

評點：
　　[１]眉批：掩胔，先王之仁也，子恒好名，雄先興上以名，法立教弘，言約義備。
　　[２]眉批：望塵而拜③，安能義葬楊駿。

---

　　①　《晉書》卷九十七《四夷列傳》載："侍御史西河郭欽上疏曰：'戎狄强獷，歷古爲患。魏初人寡，西北諸郡皆爲戎居。今雖服從，若百年之後有風塵之警，胡騎自平陽、上黨不三日而至孟津，北地、西河、太原、馮翊、安定、上郡盡爲狄庭矣。宜及平吳之威，謀臣猛將之略，出北地、西河、安定，復上郡，實馮翊，於平陽已北諸縣募取死罪，徙三河、三魏見士四萬家以充之。裔不亂華，漸徙平陽、弘農、魏郡、京兆、上党雜胡，峻四夷出入之防，明先王荒服之制，萬世之長策也。'帝不納。"頁2549。
　　②　《晉書》卷四十八《向雄傳》，頁1335。
　　③　《晉書》卷五十五《潘岳傳》載："岳性輕躁，趨世利，與石崇等諂事賈謐，每候其出，與崇輒望塵而拜。"頁1504。

史懷卷十九

晉書二

阮籍嵇康向秀劉伶謝鯤

讀嗣宗叔夜諸人事，未嘗不廢書而歎，悲士生亂世，全身若此之難也。其一往憂畏，恐不能自免之意，即於放誕中見之，何者？[1]嗣宗負濟世之志，而又有其才，無論廣武武牢山之歎，見其英雄本色。所謂閉户視書，累月不出，登山臨水，經日忘歸①，皆是用世人深心、冷眼有此一種行徑。及見魏晉之際名士少全者，乃始遺落世事，以酣飲爲常，或使人謂狂，或使人謂慎，作用不同，皆繇全身一念出之，而烈士壯心，終不可已。[2]故其率意獨行，不繇徑路，車迹所窮，輒痛哭而反，蓋自傷其時之不可爲，而志之不能酬也。如醉卧鄰婦之側，乞身步兵之厨，聊以自遣其窮途之一哭而已。叔夜有用世之才而無其志，然其始亦豈茫然不知保身之哲，而必自試於禍哉？觀其問道於蘇門②，著論於養生，省躬於幽憤，蓋亦欲終其性命之情而恐不可得者，卒以才高識寡，難免於世。然則向子期、劉伯倫何爲皆以天年終也，豈其識皆出叔夜上乎？予謂才如金，識如火，銖兩之微，則洪爐一煆已爲鈍鋼，鈞石之多則車薪迷

---

① 《晉書》卷四十九《阮籍傳》，頁 1359。
② 參本書卷九“日者列傳”條、卷十六“方技傳（管輅）”條。

易，未免鑛雜。惟叔夜之才高，所以益見其識寡。故叔夜之才，用之以叔夜之識不足，而向、劉之識，以之用向、劉之才有餘。[3]然其委蛇屈曲，不知經幾許險途，費幾許苦心，而其結局收功，不過曰"苟全性命於亂世"而已。其難如此，而槩以"達"之一字題之。若致羨於竹林之樂而不得者，真蚩蚩然於太平之中，而未嘗設以其身一息處乎其地者也①。

"達"之一字，其出無意而其來有本。嗣宗諸人，自知甚明，故自處甚高。觀其言曰："禮豈爲我輩設？"又曰："仲容已預之，卿不得復爾。"裴楷所謂"阮方外之士，故不崇禮制；我輩俗中人，故以儀軌自居"，意正相發。繇此言之，"達"豈易言哉？嵇叔夜有言："氣静神虛者，心不存於矜尚；體亮心達者，情不繫於所欲。矜尚不存乎心，故能越名教而任自然；情不繫於所欲，故能審貴賤而通物情。"②此嵇、阮作人之本，非聞道者不能與於此也。"達"豈易言哉？[4]

晉文帝目阮嗣宗爲至慎，常加保護，此可謂極相知者也。王敦謂阮思曠③爲虛譽無實④，出之於外。劉伯倫爲建威將軍，時輩皆以高第，伶獨以無用罷，可謂極不相知者也。然其爲保身則一。"慎"之一字，特達曠觀。英雄眼孔不必言，曰無實，曰無用。明哲之士，生於末亂，乃其所求此名於世而不可必得者也。[5]

阮稱爲至慎，而嵇自謂顯明臧否，阮稱爲識密鑒洞，而嵇自謂好善闇人，此成敗吉凶之所以異也。然則有同乎？曰有，烏乎同？

---

① 《叢書集成初編》本此後不分段，且下段段首多一"然"字。陶珽、許豸評二十卷合刻本於此分段，無"然"字。

② 《晉書》卷四十九，頁 1369。

③ 阮思曠：阮裕，字思曠，河南陳留（今河南開封）人，東晉哲學家，歷官臨海太守、東陽太守、散騎常侍、國子祭酒、金紫光禄大夫、侍中。阮籍族弟。

④ 《晉書》卷四十九《阮裕傳》，頁 1367。

曰無欲,曰不僞。^[6]

士苟欲自遂其高,則其於衣食之計,當先使之稍足於己,乃可無求於世。^[7]今人動作名士面孔向人,見人營治生計,^[8]即目之爲俗。及至窘迫,或有干請乞丐,得與不得,俱喪其守,其可恥又豈止於俗而已乎!阮裕屢辭徵命而宰二郡,人問其故,曰:"吾少無宦情,兼拙於人間,既不能躬耕自活,必有所資,故曲躬二郡。豈以騁能,私計[故耳]。"①王述始仕,稍營資産。或諫其以此損名,曰:"足當自止。"②以是知通人作俗事,自有深意。妙在人之不肯言者而自言之,故爲過人。^[9]大抵士未有不近情而能全節者,但不可爲貪鄙人藉口耳。

謝鯤縱誕有過於嵇、阮輩所爲者。至王敦爲逆,將殺劉隗,鯤極力周旋。敦至石頭曰:"吾不復得爲盛德事矣。"鯤曰:"何爲其然?但使自今以往,日忘日去耳。"^[10]敦至都,復問曰:"近來人情何如?"^[11]鯤對曰:"明公之舉,雖大存社稷,然悠悠之言,實未達高義。周、戴人望,舉而用之,則群情帖然矣。"敦還武昌,鯤喻敦曰:"公大存社稷,建不世之功。然天下之心,實有未達。若能朝天子,使君臣釋然,萬物之心,於是乃服。"敦曰:"君能保無變乎?"鯤曰:"公若入朝,鯤請侍從。"其步步彌縫,節節匡救,苦心妙手,親弄海鷗於掌,而日撩猛虎之鬚,雖其言雖不盡用,而所持者正,所全者多。蓋遺臭萬年,乃英雄窮路盡頭無可奈何之想。^[12]宵人順導之,而正士逆折之,是以自甘從逆。鯤意在先,引敦於善而其逆自消,使社稷陰受其福。其正論不減陳玄伯,妙用不下溫太真。才誠

---

① 按,"故耳"二字據《晉書》補。參《晉書》卷四十九《阮裕傳》,頁 1368—1369。
② 王若虛《滹南遺老集》載:晉王述初以家貧,求試宛陵令,所受贈遺千數百條。王導戒之,答曰:"足自當止。"時人未之達也。其後屢居州郡,清潔絕倫,宅宇舊物不革於昔,始爲當時所歎。予嘗讀而笑之。夫所謂廉士者,唯貧而不改其節,故可貴也;今以不足而貪求,既足而後止,尚可爲廉乎?而史臣著之,以爲美談,亦已陋矣。

相合,膽識交濟,晉之忠臣,亦能臣也。豈七賢養名全身者可及?即勸進一文,阮公亦自有慚色,而騭以"達"掩之,可嘆也! 黃魯直有言:"臨大節而不可奪,乃其不俗人也。"今作達者輒自謂不俗,如此而後爲不俗,則達故未易言也。[13]

評點:

［1］夾批:冷眼。

［2］眉批:寫一段歷落無聊之事,嗣宗真奇。

［3］眉批:説諸賢不失分寸,可作史斷。

［4］眉批:曰有本,曰聞道,使後人不得輕言作達。

［5］眉批:諸賢皆有苦心之處,嗣宗勸進得無不可乎,草玄①何必美新也。

［6］尾批:可見名士不可僞作。

［7］眉批:儒者以治生爲急,亦是此意。

［8］夾批:寫出假人面孔。

［9］眉批:王掾以癡得妙,往往如此。

［10］眉批:幼輿作達,至於追酒狗竇,折齒鄰梭,誕亦甚矣,乃深心正論,刺刺不能置,名士真不可測。

［11］夾批:作賊人亦問人情。

［12］眉批:石心照人。

［13］尾批:士無正骨,强作清態,是乃大俗耳。

郤詵袁甫

士大夫處榮利之際,胸中静躁,關人品之高下者小,關國運之

---

① 參《漢書·揚雄傳下》:"哀帝時,丁、傅、董賢用事,諸附離之者或起家至二千石。時雄方草《太玄》,有以自守,泊如也。"頁3565—3566。後因以"草玄"謂淡于勢利,潛心著述。

存亡者大。從古國亡於黨禍，人人知之。郗詵對策云："動則爭競，爭競則朋黨，朋黨則誣罔，誣罔則臧否失實。"①此亡國之象也。[1]以躁進始，以亡國終，可畏哉！鄙夫以患失而無所不至，只躁進一念耳。然處必爭之地而教之以靜，此颺火止沸之道也。限以勢之所不得不止，則不期靜而自靜；縱以勢之所不得不趨，則不期動而自動。詵之言曰："達在修道，窮在失義，故靜以待之。得在進取，失在後時，故動以要之。"②看"動""靜"二字原委甚透。上之政治，下之風俗，皆分於此。止躁之法，正不出人情得失之外而得之。有世道之責者，不可不知也。

《春秋》書災異，不書事應，然則人事無關於災異乎？曰："非也。"事應之於災異，不可強附而自有妙合，其理有所不可易，而其說有所不可執。[2]袁甫爲淮南大農，人問壽陽已西，何以恒旱？壽陽已東，何以恒水？甫曰：壽陽已東皆是吳人。夫亡國之音哀以思，鼎足强邦，一旦失職，憤歎甚積，積憂成陰，陰積成雨，雨久成水，故其域恒澇；壽陽已西，皆是中國。新平强吳，美寶皆入，志溢心滿，用長歡娛。[3]《公羊》有言，"魯僖甚悅，故至旱"③。從來未有以憂喜分屬水旱者，而一經說破，即成至理，喜怒哀樂，中和位育，實境可從此悟出。[4]然執憂喜以求水旱，得乎？此《春秋》所以不書事應也，然其說自《洪範》來。

評點：

[1] 眉批：《易》曰："吉凶悔吝。"生乎動，動之時義大矣。《書》曰："德惟一，動罔不吉。"古聖賢之慎于動如此。[专]動靜而[立]言。

[2] 眉批：通人之論。

---

① 《晉書》卷五十二《郗詵傳》，頁1441。

② 《晉書》卷五十二《郗詵阮种華譚袁甫列傳》，頁1441。

③ 《晉書》卷五十二《袁甫傳》，頁1455。

　　〔3〕眉批：雋理聆説，繁露中時有此勝，非劉更生①諸人可擬。

　　〔4〕夾批：如此讀書，真是八面受敵，無所不可。

愍懷太子

　　晉世祖以愍懷太子英妙②，不廢惠帝，然惠帝立而愍懷廢，蓋有天意焉？愍懷狂悖，亦非人事。世祖有言："如此晉祚安得長！"[1]其端見於此矣，然恐亦不至如本傳所稱之甚，或賈后與其黨文致其説，而史遂承之以著書也。自漢昌邑以後，[2]每一廢立，必有一篇文字如彈章訪單，然相沿久矣。後太子與其妃告離，遺書言賈后羅織煆煉始末甚悉，史備錄之，蓋借此一書爲太子分訴也。[3]

評點：

　　〔1〕眉批：光爍破天下。

　　〔2〕夾批：可歎。

　　〔3〕尾批：讀史人不可無此眼孔也。

潘　岳

　　賈后搆廢愍懷太子，命潘岳作書草，若禱神之文，極其狂逆，逼太子使醉，而使自書之。文人作惡如此，可恥，亦可恨，族誅之報在此矣。嗜進之患，在文士尤甚，戒之戒之！岳違母教，貪躁不休，仕進一不如志，作《閑居賦》，以寄其熱中之意，反引母爲名，[1]"板

---

　　①　劉向（前77—前6），原名劉更生。

　　②　《晉書》卷五十三《愍懷太子傳》載："幼稟英挺，芬馨誕茂。"頁1463。

興”一語,至今遂爲佳話①。仕進則云“爲母而出”,閑居則云“爲母而隱”,利與名身有之,而用母以市,千古仕宦人通套,實自岳開之。若潘尼②作《安身論》,真有以自處者,蓋親見才士生亂世,以躁進致敗始末甚悉,故言之深切如此,語語是安仁對病之藥。

評點:

［1］眉批:安仁卿,重爲母累,白首同歸,宜其及矣。

周 處

處孤,未弱冠,膂力絶人,好馳騁田獵,不修細行,縱情肆慾,州曲患之。處自知爲人所惡,乃慨然有改勵之志,[1]謂父老曰:“今時和年豐,何苦而不樂邪?”父老歎曰;“三害未除,何樂之有!”處曰:“何謂也?”答曰:“南山白額猛獸,長橋下蛟,並子爲三矣。”[2]處曰:“若此爲患,吾能除之。”[3]父老曰:“子若除之,則一郡之大慶,非徒去害而已。”處乃入山射殺猛獸,因投水搏蛟,蛟或沉或浮,行數十里,而處與之俱,[4]經三日三夜,人謂死,閭里相慶。始知人患己之甚,乃入吳尋二陸,時機不在,見雲,具以情告,曰:“欲自修而年已蹉跎,恐將無及。”[5]雲曰:“古人貴朝聞夕改,若前途尚可,且患志之不立,不患名之不彰。”處遂勵志好學③。曰“自知爲人所惡”,曰“始知人患己之甚”,見智勇人回頭靈捷。處具爲惡之才,人雖苦之而不敢言,其始若不察之以情,知人之惡己,其究若不

---

① 此處鍾惺氏評潘岳曰“佳話”,疑其用反語。因下文云:仕進則云“爲母而出”,閑居則云“爲母而隱”,利與名身有之,而用母以市,千古仕宦人通套,實自岳開之。按,潘岳《閑居賦》提及其母曰:“於是凜秋暑退,熙春寒往,微雨新晴,六合清朗。太夫人乃御版輿,升輕軒,遠覽王畿,近周家園。”

② 潘岳從子,有文名。

③ 《晉書》卷五十八《周處傳》,頁1569。

試之以事,信人之患己,而必待人之我告焉,終無爲善之時矣。[6]
"廣額屠兒,放下屠刀,立地成佛"①,此是絶妙榜樣。[7]

自古邊疆多故,大將在外,人欲害其成功者,其道有二:一曰
牽制,二曰孤立。齊萬年反,使處隸夏侯駿西征。萬年聞之曰:"周
府君才兼文武,若專斷而來,不可當也,受制於人,此成禽耳。"是牽
制之害也。[8]既而梁王肜爲征西大將軍,都督關中諸軍事,中書令
陳準知肜將逞宿憾,乃言於朝曰:"駿及梁王皆是貴戚,非將帥之
才,進不求名,退而畏咎。周處吳人,忠勇果勁,有怨無援,將必喪
身。"②此孤立之害也。以將予敵其事小,以土予敵其事大,然予以
爲疆土可復,而名將不可復生,念之! 念之![9]

評點:

[1] 眉批:評大英雄。

[2] 夾批:直得妙。

[3] 夾批:壯哉!

[4] 夾批:好寫。

[5] 夾批:志士。

[6] 眉批:拈得好公案。

[7] 尾批:孝侯正是現羅刹身作佛事者,大權示現過量人也。

[8] 夾批:賊能料敵如此。

[9] 尾批:以孝侯之忠勇,而不使其獨當一面,致殞身於賊,名將不可
復生,淒涼千古!

---

① 宋代釋普濟《五燈會元》卷十九"東山覺禪師"載:(東山覺禪師)舉:"昔廣額屠
兒,一日至佛所,颺下屠刀,曰:'我是千佛一數。'世尊曰:'如是如是。'今時叢林,將謂廣
額過去是一佛,權現屠兒。如此見廣額,且喜没交涉。又曰:'廣額正是個殺人不眨眼底
漢,颺下屠刀,立地成佛。且喜没交涉。'"頁 1296—1297。
② 《晉書》卷五十八《周處傳》,頁 1570—1571。

趙 王 倫

　　國家大事，如討賊誅亂，必有正人君子，足爲舉事者所恃。正人君子不足恃，使舉事之人不得已而聽於匪人，苟且依違以求一濟，其究未有不同歸於盡者也。[1]賈后謀廢太子，罪在社稷，司馬雅、許超、郎士猗以東宮官屬謀討之，不獨私情，自是《春秋》之義。使張華、裴頠能爲内主，名正言順，而事亦不患不成。廢賈后以復太子，補天浴日，社稷之功也。二子硜硜守文，不可與濟變，使雅等孤窮無聊，以趙王倫貪冒，可假以成事。因孫秀市井小人，交關其間而爲之，無正人君子爲之主張，無論倫曾黨於賈后，慮太子復辟，禍且及己。如此大事，假手於貪冒之人，雖所利在廢賈后以爲功，然不利於復太子以明其罪，此亦事理之易見者也。[2]卒之孫秀爲倫謀，且緩其事，待賈后害太子，然後廢后以爲太子報讎，一段義舉，供小人貪冒之用，而同歸於盡。此烏喙攻病，病去而身死者也①，可不戒哉？[3]

評點：

　　[1]眉批：一段大議，如蘇長公②論事，情理俱達。

　　[2]眉批：可爲三歎。

　　[3]尾批：《易》曰："開國承家，小人勿用"③，此何等事而使小人得志？卒之二子俱不免甚，至金谷草荒，玉樓珠墮，哀哉！

---

　　① 烏喙，《本經》下品。根鮮時則色黑，二月、八月采根。修治：烏喙火炮，去皮臍用。畏、惡同烏頭。烏喙，江東人呼爲堇，晉驪姬贊申生寘於肉者，是也。傳唐武后置堇于寶食，賀氏食之暴死。《戰國策》卷二十九《燕一》：武安君蘇秦爲燕説齊王，"人之饑，所以不食烏喙者，以爲雖偷充腹，而與死同患也。"其注：鮑彪云："(烏喙)《本草》一名云。"按，《本草》："烏頭，味辛，甘温，大熱，有大毒……一名奚毒，一名附子，一名烏喙。"

　　② 即蘇軾。

　　③ 《易·師卦》："上六，大君有命，開國承家，小人勿用。"

周浚（嵩、馥）

　　人知周伯仁申救王導[①]，導卒殺伯仁[②]，不知王敦勢盛，帝漸疎忌導。嵩上書言導之忠，故導等獲全，繇是觀之，周家兄弟，何負於導？導非惟負顗，亦負嵩矣，若謂導不知顗救己，故聽敦殺顗。顗，人望也，必知其救己而後報之，此豈大臣之心哉？[1]總之，顗兄弟忠於國，篤於友，然剛而近闇，不能知人。[2]

　　周馥哀王室之卑，上書遷都，其意甚忠，而東海王越以馥不先白己，誣之以反，公然使裴碩舉兵襲馥。豈有人臣上書天子言事，而又先白於傍一人者乎？[3]自曹操作俑，人臣忠而不利於己者，反以天子之命討之。目之爲反，征伐之柄，爲亂賊驅除異己之資。馥亦公然與碩對壘，天子不知而臣下私自爲勝敗，紀綱至此，如之何不亂且亡也？

評點：

　　［1］眉批：以此責茂弘，當無解於良友之恨。

　　［2］尾批：仲智明於自料，並明於料其兄，伯哀鳳德，仲用火攻，反不如阿奴之碌碌。惜哉！

　　［3］眉批：千古權臣之論。

劉琨祖逖

　　琨與逖雖同有恢復之志，然琨浮而逖實，琨躁而逖静，琨疎而

---

　　① 按，“（周浚）後代王渾爲使持節、都督揚州諸軍事、安東將軍，卒于位。三子：顗、嵩、謨。顗嗣爵，别有傳云”。《晉書》卷六十一《周浚傳》，頁 1659。

　　② 《晉書》卷六十九《周顗傳》載：（王）導執表流涕，悲不自勝，告其諸子曰：“吾雖不殺伯仁，伯仁由我而死。幽冥之中，負此良友！”頁 1853。

逖細。獨其收攬豪傑,撫循人衆,有相似者。琨禮士而不能擇,撫衆而不能馭,則皆不能爲我用,而皆足爲累。[1]方其困於劉喬,父母爲虜,借力王浚,粗足生活,而輒自縱逸;[2]有一令狐盛不能容,而以徐潤之讒殺之;驅其子泥①爲劉聰鄉導,害及父母,琨之心碎而意阻矣;表猗盧爲代郡王,猗盧死,其衆歸於琨;新附之衆,未得其情而輕用之,試於方張之石勒,一敗不可復振;勢窮力屈,結異類之段匹磾,同盟討勒,僥倖萬一。[3]即無段末波之納賄讒搆,其成敗已可逆睹矣!若祖逖,則進未規其成功,退而圖所以自處,琨無是也。觀逖所位置經營,事事有本末,步步有節奏,强敵劇賊,首尾分應,免於衡決,雖不能遽討勒,而恒爲勒所畏。[4]黄河以南,盡爲晉土,不若琨之見輕於劉聰也。總之,逖所苦心而圖者,皆琨所盛氣而出者也。琨似孔文舉,逖似陳元龍,然二子皆不利於王敦。匹磾之殺琨,敦則使之,逖死而後敦得肆其逆。權臣在內,大將在外,安危之計,可不審哉?[5]

評點:

[1]眉批:不能用,便反爲累。

[2]夾批:病根。

[3]眉批:以石勒之梟虜,而舉動若此,越石②其疎於制敵哉!

[4]眉批:爲勒所畏狀,士雅如生。

[5]夾批:經世一篇大文字。

陶　　侃

侃母截髮饌賓,爲其子仕進津逮之地,蓋直以一片苦心感勵其

---

① 令狐泥,令狐盛之子。
② 劉琨字越石。

子,亦是太狠。[1] 人有此母,不患無此子,侃果以范逵薦爲廬江太守張夔督郵。夔妻有疾,侃犯雪迎醫數百里外,以英雄而執臣僕之役,負有用之才,屈身事人以求必用,即師其母截髮之意也。

蘇峻之難,陶士行以不與顧命怏怏,非温太真義旗迴指之言,幾成傍觀鷸蚌之智矣。近世王弇州①以爲非純臣,因謂侃有異志,緣天門折翼之夢而止,不知侃救時能臣,原未嘗以純臣自處。[2] 漢以後代有天下之人,孰非能臣有功於國者?家國喪破,半屬他人,吾取諸他人之手,不以還其主而自有之。猶愈於攘諸其主而奪之者。劉裕而後,皆是物也。[3] 使侃居裕之時,則亦爲裕所爲耳,豈以異志自諱哉?然觀侃始終局量,邊幅終是人臣,非裕比也。[4] 劉琨輩忠過於侃而才不如,居亂世無才,亦何貴於忠哉?[5][6]

評點:

［1］眉批:深心用世人本領,健婦乃勝丈夫。良然。

［2］眉批:此論更刻。

［3］眉批:快其胸膈之言。

［4］夾批:勘破士行生平。

［5］眉批:越石殊可念。

［6］尾批:近日陳仲醇謂"項籍不君不臣,只好做個霸王"②,與此"邊幅終是人臣",皆是論古特識。

---

① 王弇州,即王世貞(1526—1590),字元美,號鳳洲,又號弇(yǎn)州山人。

② 即明代陳繼儒。陳繼儒(1558—1639),文學家、書畫家,字仲醇,號眉公、麋公。陳氏《狂夫之言》卷一論及項羽:余嘗看項羽規模格局,也不是端冕凝旒南面的人,又不是垂紳正笏北面的人。所謂"一將有餘而萬乘不足"。其亦《易》之《乾》卦"上不在天,下不在田"者乎?究竟只好成一霸王耳。按,"一將有餘而萬乘不足"是唐太宗李世民對曹操的評價:上至鄴,自爲文祭魏太祖,曰:"臨危製變,料敵設奇,一將之智有餘,萬乘之才不足。"見《資治通鑒》卷一九七《唐紀十三》"太宗貞觀十九年"條,頁6330。

溫　　嶠

　　溫太真瞞過王敦，全在以譎取錢鳳。始而結歡於鳳，譽其精神滿腹。已得爲丹陽尹，猶懼鳳爲姦謀，因敦餞別，嶠故醉而辱鳳，鳳譖嶠，敦果不聽，嶠得還都，奏敦逆謀，請先爲之備。袁絲所謂"君與鬭，廷辱之"①，使其毀不行者是也。顛倒之法，輕捷圓妙，蓋着着占一先手也！[1]

評點：

　　[1]尾批：太真以玉鏡臺詭其姑之子，亦可謂無所不用其譎者矣，然不免先爲此女覷破，可謂時無英雄。

郭　　璞

　　郭景純生亂世，知王敦作逆，力不能救，而又度不能免。至自晦於文章不可，自晦於仙術不可，無已而託之嗜酒好色。[1]干寶常誠之，璞曰："吾所受有本限，用之恒恐不得盡，卿乃憂酒色之爲患乎！"②此信陵君飲醇酒、近婦女及范文子使祝宗祈死意也，全是一片窮促悲憤所出。穎川陳（述）[迹]有美名，爲敦所重，未幾而没，璞哭之甚哀，呼曰："嗣祖，嗣祖，焉知非福！"未幾而敦作難③。則璞之嗜酒好色，其真情畢見於此矣。士生太平，安得知之？[2]

評點：

　　[1]夾批：可憐。

---

① 《史記》卷一百一《袁盎晁錯列傳》："袁盎者，楚人也，字絲。"頁 2739。
② 《晉書》卷七十二《郭璞葛洪列傳》，頁 1905。
③ 陳述，字嗣祖。《晉書》卷七十二《郭璞傳》，頁 1908。

　　［2］尾批：景純之術妙矣，而無救於緋衣之難，豈所謂定業者乎？世以爲景純尸解，與嵇叔夜相似，不可得而知也。

王　湛

　　晉人崇尚虛名，士一有名於時，便公然以名士自處。孟浪輕物，其中實無所見，往往自取慚悔，此王武子所以見屈於其叔王湛也。只是一浮耳，若深心人自然不敢輕物。鍾毓初亦不識魏舒，見其射，乃曰：“我之不足盡卿，如此射矣！”[1]此語卻甚深，救得一半。若湛之癡，舒之遲鈍，乃其名士深衷妙用，居亂世尤爲善物。[1]簡文帝謂王述才既不長，直以真率敵人。觀其遷散騎常侍，其子坦之以爲故事應讓，述曰：“堪何復讓？”試宛陵令，頗受贈遺，王導以爲言，述答曰：“足當自止。”皆可破千古僞人。[2]“堪何復讓”，“足當自止”二語尤爲名通。彼原不欲讓而自以爲堪，終不知止而自以爲未足者，又當別論也。

評點：

　　［1］眉批：湛以馬見，舒以射見，深心人固無所不可，武子以叔癡爲笑樂，大非盛德事。

　　［2］眉批：世謂王掾掇皮皆真，正與僞人對治。

王舒王彬

　　王舒與王彬皆王敦群從兄弟，彬以哭周伯仁犯敦逆鋒，幾不免。敦敗，其兄含欲投舒，王應勸含投彬曰：“江州當人強盛，能抗

---

　　①　《晉書》卷四十一《魏舒李喜劉實高光列傳》，頁 1186。

異同,既覩衰危,當興憫惻,荊州守文,豈能作意表行事?"①含不從,舒果沈含父子於江,彬具舟待之不至,深以爲恨②。[1] 舒素爲敦所重,當急難之際,報敦父子如此,不如彬遠矣! 嘗考舒子允之寢敦帳中,聞敦與錢鳳逆謀,奔告其父舒,舒即與導俱啓明帝。舒爲荊州,則舒討賊之志已定於敦未敗之先,非賣敦於敗後以自爲功也。身任討賊之寄,自無縱賊之理,不若彬從容事外,操放自繇也。向使具舟在舒而沉江在彬,則亦恩怨之常耳,何以爲□子乎? 君臣朋友之間,視其重者而已。

評點:

[1] 眉批:王含老悖耳。應雖後敦,然實含于敦死不能勸,含束身朝廷,從敦遺策而竟駢首而葬江魚腹中,何嗟及哉?

殷　浩

士生亂世,偶負重名而無其實,其心雖自知無實,然惴惴焉欲守其名[1]而惟恐失之。[2]世姑聽之自守其名,而不復責之以實,則雖無益於世,而可不至於有害。何者? 虛名不能有益,且害於世,卒使世受其害者,則以名用人之過也。殷淵源名理清言,而非用世才;非惟無其才也,亦無其志。[3]縱使不出爲世用,自不失爲江左名士。其墓居十年,屢徵不出,豈不欲出哉? 恐一出不效而喪其名也,其自知也審,而自處也當矣。當時王濛、謝尚及簡文,强以管、葛坐之,因其不出而擬其爲管、葛者益堅,所以致其不得不出之道益急。陳讓自三月至七月始出,出非浩意也。然則浩何以終出也? 浩不出,世始疑浩之無實,而其名遂失。猶之乎失名也,無寧僥倖

① 《晉書》卷七十六《王彬傳》,頁 2006。
② 《晉書》卷七十六《王彬傳》,頁 2005—2006。

一出,而猶庶幾萬一,思所以苟全其名。然浩豈知晉之所以必欲浩出者,以桓溫滅蜀,威名轉振,而思以浩之名抗之哉![4]朝廷法紀不能行於强臣,而又思用一人焉以抗之。嗟乎!溫豈可以虛名抗?而浩又豈溫對哉?浩一受其抗溫之任,乃始强尋一題,苟且塞責,以終其抗溫之局。[5]而其計不得不出於北伐許、洛。王羲之、孔嚴勸與溫和同,不宜內搆嫌隙,此有識者謀國之言,而不知浩之不得不出於此也。師出狼狽,溫公然上疏罪浩,所爲抗溫者安在?浩廢,而浩之名始失,然浩之不得有其名也,不待今日而知之矣。浩之名不足計也,而國被其害,豈非以名用浩者之罪哉![6]善哉乎桓溫之言曰:"淵源有德有言,向使作令僕,足以儀刑百揆。朝廷用違其才耳!"①[7]嗚呼!當時之善於處浩而使之得以虛名終者,未有如溫者也。浩固不欲出,即浩欲出,其志亦不過爲令僕而已。然使浩果終令僕,天下又必有以爲朝廷用違其才者。[8]大抵世於虛名之士,必待其用之無效,國被其害,而後知其不可用。古今持論往往如此,可勝歎哉!

評點:

[1]夾批:妙。

[2]眉批:名人意中事。

[3]眉批:"無其志"三字妙,淵源心折矣。

[4]夾批:是何等擔子。

[5]眉批:是何等題目。

[6]眉批:浩失不在抗溫,失在北伐而不能用一姚襄耳。浩不能容襄,又安能抗溫哉?

[7]夾批:宣武此言亦甚公恕。

[8]夾批:無人看到此。

---

① 《世説新語·賞譽第八》117條,頁264。

謝　安

　　晉室多故，所謂管、葛之名，惟謝安石足以當之。内有桓温，外有符秦，新亭之會[1]，談笑而奪奸兇之氣，淮淝之役，從容以挫强虜之鋒。安於此晦以用熙，巽以濟蹇，非有意從容談笑，時地機權，雖欲不出於從容談笑而不可得也。其苦心妙用，深識定力，全在喜愠不形之中。[1]議者謂其矯情鎮物，彼倒執手板，賭墅失措者何人？何不一效安之矯乎？

　　安登冶城，悠然遐想，有高世之志。王羲之諷其虚談廢務，[2]安曰："秦任商鞅二世而亡，豈清言致患邪？"[3]不知當時强敵寇境，邊書續至，安鎮以和靖，御以長筭，德政既行，文武用命，不存小察，弘以大綱，蓋不惟廢務，此安所以能爲清言之本也。[4]桓温有言："我不爲此，卿輩那得坐談？"[2]安蓋以一身兼之矣？又焉知安經濟實用，不善藏於清言之中耶？

　　秦師百萬壓境，毫釐千里，便有被髮左袵之禍，安以一身係晉室存亡安危。敵至之日，欲其不憂，克敵之後，責以勿喜，此非人臣之情也，特觀其所以用憂喜者何如耳？玄入問計，安夷然無懼色，答曰："已别有旨。"既而寂然，固知玄之才能辦敵，而用此以養其氣，鍊其膽，即以碁喻之。玄平日之能勝安者，是其才之有餘，而今之不能勝者，乃其氣與膽之不足也。[5]使玄能全持其平日之能勝者，以禦敵而破秦，有餘地矣！捷書至，置書了無喜色，既罷，過户限心喜甚，不覺屐齒之折，自是至情。觀安之不能不喜，則知其始

　　①　《晉書》卷七十九《謝安傳》，頁 2073。
　　②　《世説新語・排調》載：桓大司馬乘雪欲獵，先過王、劉諸人許。真長見其裝束單急，問："老賊欲持此何作？"桓曰："我若不爲此，卿輩亦那得坐談？"頁 428。

之不能不憂，故安之過人，不在不憂不喜，妙於用其憂喜耳。

評點：

［1］眉批：八字寫出文靖①大機大用。

［2］夾批：不可少。

［3］夾批：冷然。

［4］眉批：一本字甚深。

［5］眉批：説得透頂透底，禪家所謂就窠打劫手也。

王　羲　之

　　王逸少經世之才，憂國之心，鎮物之量，不減謝安石。而愛身養名，不肯犯手做事，常處局外，冷眼熱腸，時時以議論發之[1]。大要皆中微，而見其大者。其所匡救調護，亦復不少。殷浩與桓温不協，羲之以國家之安在于内外和，[2]與書誡之。浩將北伐，羲之以爲必敗，以書止之，言甚切。至浩敗，復圖再舉，又遺浩書以“江左所營綜如此，加之喪敗，此可熟念”。[3]又云：“自寇亂以來，處内外之任者未有深謀遠慮括囊至計，而疲竭根本，各從所志。”[4]又與會稽王牋陳浩不宜北伐，[5]云：“今雖有可欣之會，内求諸己，而所憂乃重於所欣。”[6]又云：“夫廟籌決勝，必宜審量彼我，萬全而後動。功就之日，便當因其衆而即其實。”東土饑荒，羲之開倉賑貸。然朝役繁重，吴會尤甚，羲之每上疏爭之，事多見從。又遺謝安書，言漕運事云：“爲法不一，牽制者衆。”遺豫州都督謝萬言，教以通識隨處行藏：“每與士之下者同，則盡善矣。”[7]大要借處友之忠告，寓救時之良箴；用旁觀之衡鑑，爲當局之針砭。不尸其功，不露其迹，始終以山水田園自娱，處于仕隱之間。其經濟實用，似爲

---

　　① 謝安“謐曰文靖”。

文雅風流所掩,不知羲之正欲以此自掩也。^[8]

　謝安、王羲之有龍德焉,安其躍而潛者乎? 羲之其潛而躍者乎?^[9]

評點:

[1] 眉批:數語留得一個王右軍精神千古。

[2] 夾批:遠猷辰告①之言。

[3] 夾批:苦心。

[4] 眉批:説盡當時孟浪。

[5] 夾批:惓惓忠愛,情見乎詞。

[6] 眉批:深于用世,學問有本之言。

[7] 眉批:真是通識。

[8] 尾批:千古之眼,論人於千古之上。

[9] 尾批:殷深源②其亢而悔者乎?

朱　　序

　朱序以晉守臣,力盡而陷於(符)[苻]堅。淝水之戰,堅遣序説降謝石,序以情輸晉,卒破堅。^[1]因歎漢李陵降虜,謂欲得當以報漢,此一語遂爲千古叛人護身欺世之套,至序始一雪之。^{[2][3]}

評點:

[1] 眉批:事機之會,天時人事皆有之。

[2] 夾批:一不得當,遂終無以報矣,後人當以李陵爲鑒,不當以朱序爲解。

[3] 尾批:淝水之勝,天之所以存晉也。向使堅不麾兵,融不墮馬,朱序

---

① 出自《詩經·大雅·抑》:"訏謨定命,遠猷辰告",鄭玄箋:"爲天下遠圖庶事,而以歲時告施之。"

② 殷浩字深源。

一呼,安能折百萬斷江之鞭乎?

殷　仲　堪

　　桓玄見仲堪,鄙其精神不儁,謂坐客曰:"庸神而宅偉幹,不成令器。"①心目超然,妙於相人,不必言名理,警捷如此。[1]

　　評點:

　　[1]尾批:殷侯,忠孝人也,仁而少斷②,卒爲玄所圖,世安可以成敗論耶? 靈寶③逆豎,往往以齒牙得利,其妻尤能相人,然能識劉下邳龍行虎步④,而不能識其夫草齊鳥啄。蓋亦猩猩能言,卒以酒敗者耶?

---

　　①　參《晉書》卷八十五《魏詠之傳》:(魏詠之)初爲州主簿,嘗見桓玄。既出,玄鄙其精神不儁,謂坐客曰:"庸神而宅偉幹,不成令器。"竟不調而遣之。頁2218。

　　②　《晉書》卷八十九《羅企生傳》:"殷侯仁而無斷,事必無成。"頁2322。

　　③　桓玄"小名靈寶"。

　　④　《宋書》卷一《武帝本紀上》:"劉裕龍行虎步,視瞻不凡,恐不爲人下,宜早爲其所。"頁5。

史懷卷二十

晉書三

張　軌

　　自尉佗、竇融生亂世之末，上不能爲帝，中不肯爲臣，下不屑爲賊，[1]審機擇便，於高、光、韓、彭、勝、廣之外，自成一局。張軌輩師其智，利王室削弱，力不能較，而偏安一隅。內自雄據而外修臣節，[2]視陰偷息，而王室亦時有利焉，無事受其尊上之文，有事或收其勤王之實。彼豈真有見於君臣之分，而俛首心服哉？託於恭順之名與義，以爲安全自善之計耳。軌傳代數四，不敢稱王，效職貢、奉正朔如一日。李玄盛才，不減張軌，而器量不如，[3]勢强氣盛，改元稱號，置官備儀，奉表中朝，虛名而已。[4]軌傳數世，歷年七十，玄盛及其子而失之。順逆存亡，固天道之常，亦由其違其順，俱不轉於朝廷之紀綱，而聽其託名與義以自爲計也，[5]然其效勝於唐之藩鎮遠矣。謀國者當此時，不得已而因其便以用之，不能輕與之較也。[6]

評點：

　［１］夾批：妙。

　［２］眉批：善學南越王，全在於此。

　［３］眉批：便是不能師其智之本。

　［４］夾批：此處見其器量。

355

〔5〕眉批：斷盡。

〔6〕尾批：《十六國史》①稱西涼自張氏來，號爲多士，能於兵戈擾攘中，留得詩書一綫，亦未易事。

孝友(庾袞)

袞，明穆皇后伯父也。諸父並貴盛，惟袞父獨守貧約，則其父自高，隱士也。袞躬稼給養，以全父之高，[1]所謂養志之孝，惟袞足以當之。父亡，作邕養母，母見其勤，曰："我無所食。"[2]對曰："母食不甘，袞將何居！"母感而安之②。[3]袞負至性，而所值父母皆賢，[4]此則古聖賢之所不可必得者，天之所以厚袞者至矣。兩婺皆富室，感袞之義，[5]皆改飾安貧，[6]可謂刑于寡妻者也，真是孝友人之福。[7]

嘗與諸兄過邑人陳準兄弟，諸兄友之，皆拜其母，袞獨不拜。準弟徽曰："子不拜吾親何？"袞曰："未知所以（顧）〔拜〕也。[8]夫拜人之親者，將自同於人之子也，其義至重，袞敢輕之乎！"[9]遂不拜。準、徽歎曰："古有亮直之士，君近之矣。君若當朝，則社稷之臣歟！[10]君若握兵，臨大節，孰能奪之！方今徵聘，君實宜之。"③登堂拜母，古人交道中非常特起之禮也，泛用之而習行之，則其勢必不能久，即久而愈覺其輕，不能久與久而輕，交之所以僞而不終也。[11]袞不拜陳準之母，正是善交久敬之道。與漢王丹子欲奔友人之喪，丹撻而止之，令寄縑以祠④，同一慎始之意。而準兄弟以此一事，卜其亮直，以社稷臣臨大節而不奪許之，亦是特識。袞雖

---

① 北魏崔鴻曾著《十六國春秋》，唐代修《晉書》所引資料良多。
② 《晉書》卷八十八《孝友傳》之《庾袞傳》，頁2281。
③ 《晉書》卷八十八《孝友傳》之《庾袞傳》，頁2282。
④ 《後漢書》卷二十七《宣張二王杜郭吳承鄭趙列傳》，頁931。

終身不仕,厥後賊掠陽翟,衰率衆保於禹山,修戰守之備,賊挑戰,
晏然不動,[12]賊服其慎而畏其整,[13]是以皆退。就中經營部
署,[14]才似管子而幾以德掩。然亦何可掩也?看孝友人於此作
用實際何如?[15]所謂社稷臣臨大節而不奪,亦可窺其一班矣!昔
袁閎居漢末,[16]土室自蔽,黃巾賊起,鄉人就閎避難,賴以獲
免。[17]一隱士身作干城,儼若一敵國焉,賢者不可測如此!

評點:

[1]夾批:全父之高,便是大孝行。

[2]夾批:賢母。

[3]夾批:安之更妙。

[4]夾批:是何等隆遇。

[5]夾批:真難得。

[6]眉批:安貧難矣,況改飾乎?

[7]尾批:從來孝友人多遇人倫之不幸,安得俯仰皆賢,一身無累乎?
固知元規塵①不足相及矣。

[8]眉批:直得妙。

[9]夾批:他人只爲看得輕。

[10]夾批:亦有眼力。

[11]眉批:二人亦自佳,感歎數語,似非人情。

[12]夾批:深于兵法。

[13]夾批:賊亦有人。

[14]夾批:作用。

[15]眉批:語云忠臣孝子,總是千古鍾情之至,孝友人作事,當非率爾。

[16]夾批:添一案。

[17]眉批:鄉人亦爲知人。

---

① 元規,庾亮字元規。《世說新語‧輕詆》載:"庾公權重,足傾王公。庾在石頭,
王在冶城坐。大風揚塵,王以扇拂塵,曰:'元規塵汙人。'"頁443。

忠義（嵇紹、劉敏元）

　　嵇紹父死於晉，卒爲晉忠臣，其於王裒，真異迹同操。[1] 觀其立朝持論駁陳準之謚議，與張華之復爵，惠帝反正，上疏無忘金鏞。齊王冏輔政，諫止驕奢，蕩陰①之役，竟以死狗。所謂平居無忠直敢言之氣，臨難必無仗節死義之誠，若紹者，可以反觀矣。[2]

　　永嘉之亂，同縣管平年七十，隨敏元西奔，爲賊所劫。敏元已免，愍平年老，還請于賊，以身代，[3] 賊意哀之。有一賊（嗔）[瞋] 目叱敏元曰：“吾不放此公，憂不得汝乎！”[4] 敏元奮劍曰：“吾豈畏死乎？當殺汝而後死。[5] 此公窮老，吾親非骨肉，義非師友，乞以身代。諸大夫慈惠，皆有聽吾之色，[6] 汝何有靦面目而發斯言？”顧諸盜長曰：“當爲諸君先除此人，[7] 以成霸王之業。”[8] 將前斬之，盜長遽止之，而相謂曰：“義士也！”② 乃俱免之③。敏元於此，仁心義膽不必言，乘機審時，不先不後，蓋亦有妙用焉，非莽莽而前者，[9] 何也？此時諸盜長之意已消而心已動，故我之氣强，而此一盜之勢孤，我之詞直，而此盜之理屈，挾衆情以制其一，而借一人以動夫衆，[10] 此所以卒俱免也。其收功全在後一段，可爲應變之法，應變者貴于濟，不貴於死也。[11]

評點：

[1] 眉批：離群野鶴，何必減龍文鳳姿耶？

[2] 尾批：人謂侍中忠臣，予謂中散孝子耳。

[3] 眉批：高在已免而還請于賊。

---

① 《晉書》卷八十九《嵇紹傳》，頁 2300。

② 《晉書》卷八十九《劉敏元傳》，頁 2312。

③ 《晉書》卷八十九《劉敏元傳》，頁 2311—2312。

［4］夾批：無用人偏會賣弄。

［5］夾批：以死折之。

［6］眉批：英雄人亦佞賊，妙用全在乎此。

［7］眉批：以氣奪人。

［8］夾批：亦佞。

［9］夾批：從來無莽英雄。

［10］眉批：借一人以動衆人，倉卒冷眼。

［11］尾批：可見有勇人不可無智，妙在先得衆賊之意而顛倒用之，使人不知端倪。所謂以賊攻賊，先聲後實者爾。

良吏（胡威、鄧攸）

清者，上士所安之以爲常，而中人所勉之以爲異者也。以爲常，則出之爲無心、爲無迹、爲近情，行之爲恕、爲自下、爲可久。威所謂臣父清，畏人知者是也；以爲異，則出之爲有心、爲有迹、爲矯情，行之爲刻、爲驕、爲久而變。威所謂臣清，畏人不知者也。威自知不如父，而論清之情理甚妙。威父質爲荆州刺史，威往省，驅驢單行，每至客舍，取樵自爨。既至，見父，告歸，父賜絹一匹爲裝，威問大人清高，何由得此？質曰：“是吾俸禄之餘，以爲汝糧耳。”[1]辭歸，質帳中吏先威未發，請假還家，佯與爲伴，陰助其裝，威疑而誘之，既得其情，却之，遣信白質，杖之百，除名而後已①。[2]凡此數事，皆威之清，畏人不知不如其父者也，然威亦可謂自知者矣。[3]

勒每東西，置攸車營中。勒夜禁火，犯之者死。攸與胡鄰轂，胡夜失火燒車。吏按問，胡乃誣攸。攸度不可與争，遂對以弟婦散發溫酒爲辭。[4]勒赦之。[5]既而胡人深感，自縛詣勒以明攸，[6]而

---

① 《晉書》卷九十《胡威傳》，頁 2330。

陰遺攸馬驢,諸胡莫不歎息宗敬之。石勒過泗水,攸乃斫壞車,[7]以牛馬負妻子而逃。處橫逆別無苟免之道,非才則誠。[8]攸於此一事,可謂才誠互用,然亦苦矣。若恃其才誠以求頻免,則又極愚之人。攸甫免而乘閒急逃,如魚鳥脫於弋釣,鳴躍遠逝,非惟愛身,亦真能自愛其才與誠者也。[9][10]

評點:

[1] 眉批:好清人自不肯放過其父,然未可謂知其父者也。

[2] 夾批:清人多刻,往往如此。

[3] 尾批:此吏可畏,安知非餌我而爲所欲爲乎?一爲所可啗,卒難自拔,清人耳目,恁地聰明也。

[4] 眉批:晉人嗜石散,多以散發致疾。不謂婦人亦服散,乃可以誑賊獲效也。

[5] 夾批:妙。

[6] 夾批:胡亦有人心。

[7] 夾批:乘機。

[8] 眉批:攸之獲免,蓋諸胡必有以左右之者,夷狄患難,厚德人往往得報。

[9] 夾批:妙。

[10] 尾批:才以運誠,朴誠亦不足濟變,自愛其才,誠一語深識老到之言,使人陡然自省。

儒林(范弘之)

范弘之論殷浩宜加贈謚,[1]不得因桓溫之黜以爲國典,仍多叙溫移鼎之迹,此即杜甫之理房琯①,超然於成敗炎冷之外,不合時宜者也。[2]宇宙間絕不可無此種讜議,卒爲溫故吏王珣所阨,出

---

① 《新唐書》卷二百一《文藝上·杜甫傳》,頁5737。

爲餘杭令。[3]弘之遺書會稽王道子,發明其義,又以書責珣,數其
不忠不孝,弘之竟以餘杭令終,沒齒無怨,可謂不負所學矣。或謂
弘之宜伸浩而不必貶溫,以重桓黨之怒,使其事卒不行,不知浩功
無可稱,而其志與溫忠逆相去遠矣。[4]理浩之冤,正欲以討溫之罪
耳,又豈獨爲浩而已乎?[5]

評點:

〔1〕眉批:識。

〔2〕眉批:桓、宣、武至死猶煩人。

〔3〕夾批:短主簿欲令公喜耶?

〔4〕眉批:當時溫真是功首罪魁。

〔5〕尾批:理浩之書與枋頭之史①,正相發明。浩之成敗不必言,正當
論其乃心王室耳。弘之理浩而叙溫事,正深識兩人之心,不以功過掩耳。宋
張德遠②三用爲將而三敗,何嘗以此貶魏公耶?

文苑(趙至、顧愷之)

趙景真年十四,遊太學,遇嵇康於學寫石經,徘徊視之,而請問
姓名,[1]康異而告之。後乃亡到山陽,求康不得而還。觀其人,蓋
所謂識密鑒洞、精神落落然在流俗之外者,[2]《文苑傳》首載其
事③,見文章之道,非一往至性人,不能深詣而微入也。[3]

愷之矜伐過實,少年因相稱譽,以爲戲弄,[4]又爲吟詠,自謂
得先賢風制。或請其作"洛生詠",答曰:"何至作老婢聲!"義熙初,
爲散騎常侍,與謝瞻連省,夜於月下長詠,瞻每遥贊之。愷之彌自

---

① 枋頭之戰,即桓溫第三次北伐之戰。

② 北宋、南宋時名將張浚,字德遠。

③ 按,《晉書·文苑傳》之《趙至傳》在第四,其前有應貞、成公綏、左思等三人
列傳。

力忘倦,^[5]瞻將眠,令人代己,愷之不覺有異,遂申旦而止。尤信小術,^[6]以爲求之必得。桓玄嘗以一柳葉紿之,曰:"此蟬所翳葉也,取以自蔽,人不見己。"愷之喜,引葉自蔽,^[7]玄就溺焉,^{[8][9]}愷之信^[10]其不見己也,甚珍之。初,愷之在桓溫府,常云:"愷之體中癡、黠各半,^[11]合而論之,正得平耳。"故俗傳愷之有三絕:畫絕、文絕、癡絕①。^[12]善調弄人者,嘗委其身以供人之玩而已,^[13]因以爲玩焉,自非静觀之士,洞達其微,群然隨俗而狎之,未有不反爲其所調弄者也。顧長康一代名士,稍有知者,自識其非可供戲笑之人,而自處呆聾,以求世之我玩。彼少年中無所據,^[14]而隨聲逐隊以相輕侮者,固不足論。謝瞻月下遥贊,令搯脚人代己,長康自力忘倦,至於申旦,瞻蓋爲長康所調弄而不自知也。至於蟬葉自蔽以悮桓玄,自全於猜忍多忌之際,其癡處即其黠處,且癡、黠相半,正學道人生凶亂居身入世之善物。^[15]或爲嗣宗之狂,或爲長康之癡,狂者露而癡者忘,癡尤深於狂焉,浮心盛氣之人烏得而知之。彼謝瞻、桓玄,豈非世之所謂聰察人,而皆爲其所瞞,則長康以"癡"之一字,納二子于蟬葉之中而爲其所蔽者也。^{[16][17]}

評點:

[1] 眉批:會悟之士。

[2] 眉批:寫至人心行,可。

[3] 尾批:始知文章非淺人所能至。

[4] 眉批:退菴先生有云,長康②豈易戲弄? 恐誠是諸少年心粗,誠然。

[5] 夾批:畫。

[6] 眉批:輕薄輕薄。

[7] 夾批:癡。

---

① 《晉書》卷九十二《隱逸傳》之《顧愷之傳》云:"有三絕:才絕,畫絕,癡絕。"

② 顧愷之字長康。

［8］夾批：惡。

［9］眉批：玄之自蔽，乃甚於萊。

［10］夾批：癡。

［11］夾批：妙用。

［12］眉批：其癡不可及。

［13］夾批：特眼。

［14］夾批：中病。

［15］眉批：自處呆聾癡處，即其點處，真如長康寫照，正在阿堵中也。

［16］夾批：妙語寫出高人行徑。

［17］尾批：以顧虎頭爲曼倩①玩世，普化掣顛，正是學道人慧眼。

隱逸（范粲、郭文、孟陋）

齊王芳被廢，遷於金墉城，粲素服拜送，哀慟左右。時景帝輔政，召群官會議，粲又不到，遂稱疾，闔門不出。陽狂不言，寢所乘車，足不履地，年八十四，不言三十六載，終於所寢之車②。[1]此魏之忠臣，與王哀終身不仕志趣略同。[2]一篤於君，一篤於親，似不宜入晉隱逸傳，然如此忠孝人，自足爲隱逸重也。[3]

郭文不妻不肉，與猛獸狎，[4]暫處王導西園，後歸臨安，遂不復語，臨終不聽不食，二十餘日亦不瘦，舉手指揮，豫刻死期。[5]觀其始終行徑，此修禪人戒定慧所得已深、涅槃中絶妙光景也③。[6]似不宜以“隱逸”盡之，文亦始終不露一禪家伎倆，作史者亦未能妙達此理。[7]

簡文帝輔政，命爲參軍，稱疾不起。桓温躬往造焉。或謂温

---

① 顧愷之小字虎頭。東方朔，字曼倩。

② 《晉書》卷九十四《隱逸傳》之《范粲傳》，頁 2431—2432。

③ 《晉書》卷九十四《隱逸傳》之《郭文傳》，頁 2440—2441。

曰：“孟陋高行，學爲儒宗，宜引在府，以和鼎味。”温歎曰：“會稽王尚不能屈，非敢擬議也。”[8]陋聞之曰：“桓公正當以我不往故耳。億兆之人，無官者十居其九，豈皆高士哉！我疾病不堪恭相王之命，非敢爲高也。”[9]士以隱藏拙而反盜虛聲，貧賤驕人，此東漢以來習氣也。[10]“無官者十居其九，豈皆高士”數語爲隱者考實，説得無躲閃處，且少孤①隱士，而自爲此語，故爲妙耳。

評點：

〔1〕眉批：忠義人固有定力，可當一度維摩詰觀也。

〔2〕夾批：特眼。

〔3〕尾批：隱逸何事，而必得忠孝人以重之，此語甚微。

〔4〕眉批：至人行徑乃爾。

〔5〕夾批：至人。

〔6〕眉批：妙達禪理。

〔7〕眉批：不露些子伎倆，方是作家禪客。予再請下一轉語：坐亡立化，則不無戒定慧，恐未夢見在。

〔8〕夾批：宣武恨有節。

〔9〕眉批：高士口齒清遠，不止爲長厚語也。

〔10〕眉批：“習氣”二字，説得高人敗興，然不知世間高隱學道人，偏自有習氣未除也。

王　敦　桓　温

敦加荆州牧，上疏請裁爵賞之濫，杜漸防萌，慎之於始，曰：“自臣以下，宜皆除之。”又曰：“臣一宗誤陛下，傾覆亦將尋至。”[1]又曰：“伏願諒臣至款，及今際會，小解散之。”②似亦有大臣之識。及

---

① 孟陋字少孤。

② 《晉書》卷九十八《王敦傳》，頁 2555—2556。

劉隗用事，頗疎間王氏，導等甚不平之。敦爲導上疏，不勝怨憤，請令導録尚書仗節及都督，所謂裁抑自王氏始者，安在乎？敦表至，導封以還敦，敦復遣奏之，尤是老奸作用。未幾，舉兵内向，以誅劉隗爲名，就中關通，或謂導不能不與焉。然觀敦姑孰舉事病甚，曰："我死之後，解衆放兵，歸身朝廷，保全門户，計之上也。退還武昌，收兵自守，貢獻不廢，亦中計也。"及導予王含書，止勸其當還武昌，盡力藩任，而卒不出於敦所處之上計。[2]導於此非不忠則不智，二者必居一焉。又曰："兄之此舉，謂可得如大將軍昔年之事乎？昔年佞臣亂朝，人懷不寧，如導之徒，心思外濟。"佞臣蓋指隗也，此豈非導合謀誅隗之定案乎？桓温逆節，與敦始終心迹不異，而温之才與功勝之，滅李勢、擊姚襄，敦棨乎其未之有也。[3]温未及作逆而死，温固有幸，使温爲敦所爲，其狼狽決裂，取笑遺醜，當不至如敦之甚也。[4]

評點：

［1］眉批：處仲①此疏，正所謂英雄欺人。

［2］夾批：數語，老吏之勘獄。

［3］眉批：是合傳手筆，□過敦畧，曰可重可見，作賊人聲氣相取如此。

［4］尾批：敦與温皆連姻帝室，一作逆于身，一作逆于子，晉人尚門第而得壻如此，不幾爲骨立之石郎乎？

劉 元 海

漢高祖以公主妻匈奴，结和親，[1]其後遂冒姓劉氏，稱帝②，國號漢，不復以夷自處矣。"劉"之一字，遂爲禍始，亦胡亂華之兆也，

---

① 王敦字處仲。

② 《晉書》卷一百一《劉元海載記》，頁 2645。

謀國者慎其微哉！

夷狄得雜居中國，未有不自有功始者。[2]漢永平中，單于羌渠遣子於扶羅，將兵助漢討平黃巾，遂以其衆留漢，即劉淵祖也。烏頭附子，病急暫獲其效，其毒處腸中不肯去，[3]待時而發，醫見而反走矣。可畏哉，以夷攻夷之說，用之不精，其禍立至，況以夷攻盜乎？武帝欲使劉淵平吳，孔恂、楊珧進諫，以爲假之威權，平吳之後，恐其不復北渡也。[4]後秦涼覆沒，李憙請假之一將軍，號鼓行而西，[5]孔恂曰："元海若能平涼州，斬樹機能，恐涼州方有難耳！"①深識遠慮，皆不欲使之有功於中國也。[6]

胡入中國稱帝王，智勇絶人，固不足怪，至於喜經術、工文章，則異矣；清理名言，與中國名士雅人襟期契集、師友相命，則又異矣！雖其所以成帝王之業者，終藉智勇，而能文好士，或反坐漸失其故習而趨於弱。然其所以一時使人親愛而能自容於中國者，未嘗不由此，此孔恂、楊珧識微之言，所以終不能勝王昶、王渾、李憙之譽也。[7]若其猙獰腥臊之氣尚未去體，人豈不望而遠之乎？[8]

成都王穎敗後，元海曰："穎不用吾言，逆自奔潰，真奴才也。然吾與有言矣，不可不救。"劉宣等固諫，以爲右賢塗地，單于之恥，今司馬氏父子兄弟相殘，此天厭晉也。元海遂爲之轉念②。[9]宣固高識，然元海此段意氣，亦自不可少，其能成大事蓋亦藉此。[10]

評點：

［1］夾批：醜事。

［2］夾批：千古炯戒。

［3］夾批：說得可畏。

［4］夾批：深識。

---

① 《晉書》卷一百一《劉元海載記》，頁2646。
② 《晉書》卷一百一《劉元海載記》，頁2648。

〔5〕夾批：古來淺人偏覘①目前之利。

〔6〕尾批：說夷狄始終利害，得失了然。落落數語，可當一篇制策文字，奴酋犯順，亦以微功得假都督之號，遂蔓不可制，謀國者固在慎始哉！

〔7〕夾批：亂。

〔8〕尾批：鷹化爲鳩，識者猶憎其眼②。劉淵倡亂，典午驟衰，王昶諸人不得不任其責，不可專罪夷甫③清言也。

〔9〕眉批：邵堯夫詩曰"無木可梟元海頭"④，恐其始禍晉也。觀此，則劉宣又容末減耶？

〔10〕尾批：聰不肆虐作逆，安得亡也忽焉？聰罪浮于淵，蓋不可擢髮數也。

石　　勒

勒年十四，王衍見而異之曰："向者胡雛，吾觀其聲視有奇志，恐將爲天下之患。"馳遣收之，會勒已去⑤。此其識鑒，遠出王昶、王渾、樂廣、張華之上。兵敗爲勒所獲，獻諛乞活，卒不免排牆之厄⑥。[1]一代名流，聰明絶世，當此時正少不得一匹夫匹婦之諒，[2]且王範已死，衍將錢端亦死，衍又何以能生也？[3]

評點：

〔1〕眉批：衍死不足惜，然此一語，爲衍自處極當，勸勒稱尊，何如罵勒

---

① "窺"之異體字。

② 《世説新語·方正第五》，頁180。

③ 王衍字。

④ 參宋邵雍(字堯夫)《觀西晉吟》：承平未必便無憂，安若忘危非善謀。題品人材憑雅誚，雌黄時事用風流。有刀難剖公閭腹，無木可梟元海頭。禍在夕陽亭一句，上東門嘯浪悠悠。

⑤ 《晉書》卷一百四《石勒載記上》，頁2707。

⑥ 《晉書》卷一百四《石勒載記上》，頁2713。

速死耶？

　　［２］夾批：妙。

　　［３］尾批：衍即收勒，亦無解于晉亂，神州陸沉，在諸人，不在五胡也，況一勒哉！

慕容廆

　　晉之群胡皆以寇虐中原犯順僭號互相倡和，惟慕容廆以王室爲名，不失外臣之職與名。始於其子（幹）［翰］"勤王"一語①，成於魯昌説之勸進，敷宣帝命，以伐有罪，忠勇恭讓，内治其國，而外能阨石勒，破宇文悉獨官，以助顯朝廷之威。法令文章，雍容可觀，寓書陶侃以遠臣荒服，[1]責中朝文武以復仇雪恥之義。[2]生氣勃勃，始終得爲晉完人，此何遜於張軌？[3]史宜表出之，入晉臣輔中，爲忠順者之勸，不宜槩入"載記"也。[4]

評點：

　　［１］夾批：妙。

　　［２］眉批：士行諸臣，不能不愧斯舉。

　　［３］夾批：似勝一籌。

　　［４］尾批：作史特識。

（符）［苻］堅

　　（符）［苻］堅之敗，不專在伐晉，而在卵翼慕容垂，[1]使得長其羽毛，剚刃堅之腹中而不知，卒之乘瑕蹈釁。亡秦者在慕容而不在晉，蓋亦有天道焉？王猛死，謂堅曰："臣没之後，願不以晉爲圖。

────────

　　① 《晉書》卷一百八《慕容廆載記》，頁2805。

群卑、羌虜,臣之仇也,終爲人患,宜漸除之。"①堅之謀伐晉也,言不便者十九,平陽公融曰:"陛下寵育鮮卑,布諸畿甸,舊人族類,斥徙遐方,[2]今傾國而去,如有風塵之變,如宗廟何!監國以弱卒數萬留守京師,鮮卑、羌、羯,皆國之賊也,臣恐非但徒返而已。"②由此觀之,伐晉雖不敗,鮮卑居中,必有意外舉動,特不如是之易且速耳。而慕容垂獨勸堅伐晉,可見伐晉者鮮卑之利,報仇克復之一大機,而垂之所瞑目屈指,翹首企足,惟恐其行之不決者也。猛與融之所深憂,正在於此。以猛、融之言合之垂言,利害相形,何其明白?而堅卒不信,衰至便驕,禍來神昧,蓋亦有天道焉?六軍俱沒,垂一軍獨全,召責以坐視不援之罪,[3]出其不意而斬之③,事固未晚。[4]雍容猶豫,縱之歸巢,反戈而攻鄴城矣。慕容暐弟泓亡命奔關東,收合徒衆,與之同仇,暐潛使諸弟及宗族起兵於外,堅猶在醉夢之中。至面責暐,受其涕泣陳謝而不能殺,[5]暐已密遣使者告泓曰:"今秦數已終,必不能久立。吾既籠中之人,必無還理。吾罪人也,不足復顧。[6]勉建大業,以興復爲務。聽吾死問,汝便即尊位。"④其於春秋復仇及社稷爲重、君爲輕之義,何其了然也?堅爲慕容沖所逼,暐入見東堂,陳謝如故。一亡國之王,弄雄主於掌股之上如傀儡然!及謀伏兵誅堅,事敗身死,克復舊物,暐陰有力焉,死而不愧,當與死社稷者同論,過劉禪、孫皓、懷愍、徽、欽輩遠矣。噫!孰謂籠繫中乃有一飛沖天、一鳴驚人如此者?[7]然使堅雖敗於晉,而內無鮮卑之患,則亦與魏武赤壁之敗等耳,何遂至不振以至於亡哉![8]

---

① 《晉書》卷一百十四《苻堅載記下》,頁2933。

② 《晉書》卷一百十四《苻堅載記下》,頁2913。

③ 《晉書》卷一百十四《苻堅載記下》,頁2919。

④ 《晉書》卷一百十四《苻堅載記下》,頁2921。

史　懷

評點：

[1] 眉批：蹈晉覆(敬)[轍]。

[2] 夾批：失着在此。

[3] 夾批：便是不爲堅效死處。

[4] 眉批：堅此時草木皆兵，神氣沮喪，焉能深識雄斷如此。

[5] 夾批：婦人之仁。

[6] 夾批：可憐。

[7] 眉批：堅於沖厚矣，一雌一雄，雙飛紫霄，迨其圍城贈遺，猶然綈袍戀戀，沖何其無故人情耶？

[8] 尾批：盛則必衰，古今通理。堅乘亂得國，奄有中原，當其投鞭渡江、鐵騎蹙敵，目中豈復有晉哉？亡命五將，舊臣作逆，死薦棘薪，符登卒敗，哀哉！

姚弋仲（姚萇）

祖約奔石勒，勒禮待之。弋仲疏諫，以爲"約殘賊晉朝，逼殺太后，不忠於主，而陛下寵之，臣恐奸亂之萌，從此始矣"。後竟誅約①。石季龍廢石弘而自立，弋仲稱疾不賀。[1] 所謂"夷狄之有君，不如諸夏之亡也"。弋仲雖發迹石氏，而終歸晉室，有子四十二人。嘗戒其子曰："吾本以晉室大亂，石氏待吾厚，故欲討其賊臣以報其德。今石氏已滅，中原無主，自古以來未有夷狄作天子者。[2] 我死，汝便歸晉，當竭盡臣節，無爲不義之事。"乃遣使請降，歸晉。八年卒，時年七十三②。若弋仲與慕容廆者，可謂始終義虜矣！生固不虛，死亦恰妙。

褐飛、惡地衆至數萬，萇以二千人擊之，氐胡赴之者首尾不絶，

---

① 《晉書》卷一百十六《姚弋仲載記》，頁 2960。
② 《晉書》卷一百十六《姚弋仲載記》，頁 2961。

萇每見一軍至,輒有喜色。群下怪而問之,萇曰:"今同惡相濟,皆來會集,吾得乘勝席卷,一舉而覆其巢穴,東北無復餘也。"①善用兵者不敢敵之衆寡,費力處即是省力處。[3]曹孟德擊馬超,聞超益兵輒喜,亦是此意。然須知己知彼,能制敵之死命,乃可爲此言。[4]

評點:

[1] 眉批:堪與慕容庞同傳。

[2] 夾批:是何心眼。

[3] 眉批:可見兵不貴多。

[4] 尾批:兵以氣盛,萇之興操,氣已雄入九軍矣。

姚　　興

　　西胡梁國兒於平涼作壽冢,每將妻妾入冢讌飲,酒酣升靈牀而歌。人或譏之,國兒不以爲意②。[1]唐司空表聖亦作壽冢,引賓客讌嘯其中③,人稱其達生。誰知已(彼)[被]此老羌占一先着矣!

　　楊佛嵩討赫連勃勃,嵩發數日,興謂群臣曰:"佛嵩驍勇果銳,每臨敵對寇,不可制抑,吾(嘗)[常]①節之,配兵不過五千。今衆旅既多,遇賊必敗。"[2]其下咸不以爲然。佛嵩果爲勃勃所執,絕亢而死②。由此觀之,爲將者,用衆之難,難於用寡百倍。吾嘗謂王翦請師六十萬伐楚,乃老將自賣弄本領,當以此反證之。彼專恃衆以求勝,廣召募,盛徵調者,失之愈遠矣。[3]

---

①　《晉書》卷一百十六《姚萇載記》,頁2969。

②　《晉書》卷一百十八《姚興載記下》,頁2996。

③　《新唐書》卷一百九十四《司空圖傳》,頁5574。

①　《晉書》作"常",從之。

②　《晉書》卷一百十八《姚興載記下》,頁2997。

評點：

［１］眉批：老羌乃能作達。

［２］眉批：後秦王興得竺僧羅什，徧譯諸經，至于躬披梵筴，與四僧左右，如肇論所標，斯已希矣，不謂更能料事如此，似勝梁普通一籌矣。

［３］尾批：興之料嵩，可謂工矣。將將制命，實在於興，何不詔嵩于平日，而視其僨事以自多其智哉？

慕　容　垂

垂乘（符）［苻］堅之敗，聽其子寶及弟德之言，殺堅反國，原屬克復舊物，不爲不義。但殺堅于敗而歸國之時，亦是亂賊舉動，不惟負心，亦難服人。蓋殺堅之事，在暐則可，在垂則不可。暐國亡於堅，親受俘虜之恥，垂以家難奔堅，在燕亡之前，受其恩遇，自無手刃之理。護堅歸國，別作後圖，取鄴於（符）［苻］登之手，而若不親索之於堅，卒之亡秦者垂，而堅之殺，假手姚萇。君臣故舊大義私恩之間，心安言順，覺有回顧體面，節次可觀。[1]

評點：

［１］眉批：此老囊底多智，作事自然不苟。

慕　容　盛

寶既如龍城，盛留在後。寶爲蘭汗所殺，盛馳進赴哀，[1]將軍張真固諫以爲不可。盛曰：“我今投命，告以哀窮。汗性愚近，必顧念婚姻，[2]不忍害我。旬月之間，足展吾志。”[3]遂入赴喪。[4]汗妻乙氏泣涕請盛，汗亦哀之，遣其子穆迎盛，舍之宮內，親敬如舊。汗兄提、弟難勸汗殺盛，汗不從。慕容奇，汗之外孫也，汗亦宥之。[5]奇入見盛，遂相與謀。盛遣奇起兵於外，[6]衆

至數千。[7]汗遣蘭提討奇。[8]提驕狠淫荒,事汗無禮,盛因間之
於汗曰:"奇,小兒也,未能辦此,必内有應之者。[9]提素驕,不可
委以大衆。"汗因發怒,收提誅之,遣其撫軍仇尼慕率衆討奇。汗
兄弟見提之誅,莫不危懼,皆沮兵背汗,[10]襲敗慕軍。汗大懼,
遣其子穆率衆討之。穆謂汗曰:"慕容盛,我之仇也。奇今起逆,
盛必應之,兼内有蕭牆之難,不宜養心腹之疾。"汗將誅盛,引見
察之。[11]盛妻以告,於是僞稱疾篤,不復出入,汗乃止。有李旱、
衛雙、劉志、張豪、張真者,皆盛之舊昵,蘭穆引爲腹心。旱等屢
入見盛,潛結大謀。會穆討蘭難等斬之,大饗將士,汗、穆皆醉。
盛夜因如厠,袒而踰牆,入于東宫,與李旱等誅穆,衆皆踴呼,進
攻汗,斬之①。[12]盛於蘭汗,父仇也。衘膽栖冰,手刃何辭?而盛
以一片苦心,宛轉深謀,投身於汗之腹中,而爲所欲爲。提與難,汗
之兄弟,而慕容奇、李旱、衛雙、劉志、張豪、張真,盛之親昵也,乘機
用間,使汗殺提與難,斷其手足,而以旱等代之。汗子穆勸汗殺盛,
不宜養腹心之疾,不爲無識,而自引李旱等爲腹心,奇起兵於外,旱
等居中呼應,轉接如輾轤然,談笑而取汗父子於囊中,真古今復仇
妙手。[13]

評點:

[1]眉批:急智。

[2]夾批:知人。

[3]眉批:於此中必行其志,真是難事。

[4]夾批:壯甚。

[5]夾批:又添一敵。

[6]夾批:妙策。

[7]眉批:遣奇起兵於外,所以使汗爲備,而離其心於内也,兵法曰"無

---

① 《晉書》卷一百二十四《慕容盛載記》,頁3098—3099。

所不備,無所不分"①。彼分於外,我從中而潰之,汗卒爲盛所仆,則外應之力也。

[8]夾批:噫,汗死矣!

[9]夾批:毒。

[10]夾批:汗死,何口之有?

[11]眉批:事敗于需,將誅而引見之,那得不反爲所圖。

[12]眉批:謀人者工,爲人謀者疎。以盛舊昵,一旦引爲腹心,而復使之屢入見,盛以成其謀。穆勸父誅盛,可爲智矣,而處事何其多疎耶?

[13]尾批:盛之智勇,不在誅汗父子之時,正妙在知汗愚近,馳進赴哀,必展吾志。一種堅忍沉鷙之力,真能於虎穴中作生活者。迨其遣奇外應,搆殺蘭提兄弟,沮兵,汗誠獨夫耳,何必踰牆一呼,汗乃授首哉!三國孫翊,妻徐氏計誅嬀覽,其事略同,皆以堅忍濟事。彼以一婦人足辨復仇事,尤爲奇智②!

---

① 《孫子兵法・虛實篇》:"無所不備,則無所不寡。"
② 《匯評三國志演義》第三十八回"定三分隆中決策　戰長江孫氏报仇"末,鍾伯敬總評:"畫家胸有成竹,弈者目有成局。武侯隆中籌畫,與淮陰登壇數語,俱是心有成算。豪傑從來舉事,決無孟浪如此。徐氏節義兩全,權智雙絶,東吳偉婦人,古今奇男子也。"

附　錄

史　懷　序

　　伯敬先生,史爲腹,詩爲骨。其所品目,皆招幽領要,發人靈慧。一字點睛,千年色(燦)[桀]。(睡)[退]庵先生爲之讚,有"舍於松下,拂彼清颷。以諷以誦,《史懷》《詩歸》"之句。夫詩史何當於像贊,謂其生平(情)[精]采在是也,真景陵知己哉。然《詩歸》,久已行世,藉藉人口,爲詞苑圭璋,騷壇鼓吹。獨《史懷》一書,未有善本。士林想望丰旨,如伐山選勝,未睹全峰,使人惋悵。今有兹刻,則詩史二編,遂如延津雙劍,一時並出,缺一不可。余觀從來讀史諸家,如史腴、漢雋、鄭漁仲、王伯厚輩所鑒閱。多依傍前人,剿拾訓詁。聞鍾盲氏,效鐸舌人,於古人不言之隱,未嘗有所發明。而是編以冷眼別趣行其胸臆,偶拈一字,刺一義,往往於閒冷行墨中,破除習見,擢出微渺。九原可作,應知把臂晤言,相視莫逆。昔孔氏因魯史作《春秋》,遂爲萬世文史祖。班馬因左、國、秦、漢,獨出(情)[精]撰,裁爲良史。而伯敬先生彙其成,至令經生家讀左、國、秦、漢者,必以是編爲南車宗鏡。其有功於史學,寧第輔嗣之於易、桓譚之於玄、向秀之於莊也。書成,手一編,快讀不能置,因爲叙次,附之簡末。

　　(録自《湖北文徵》,原注《鍾氏史懷》。李國木參與陶評本的校勘,或曾爲之作序,但未見各本收録。)

許玉史先生評點《晉史懷》序

　　司馬氏作《史記》，志續《春秋》，孟[仲]堅譏其是非謬於聖人。然進奸雄，羞貧賤，皆繇悲憤窮愁，自有微旨。故傳屈原賈誼，曲寫悲怨；至朱家郭解，尤表揚之。班氏父子，固不知也。余觀上世，即兩賢晤對，亦不及知，若逸少指清[指逸少清]言爲廢事是也。有一時不知，迨人亡世遠，追憶其言，然後知之，如晁錯計藩國，江統論徙戎，又其常矣。夫揚美摘瑕，言不中竅，有志者至死不服也。或品騭往事，即在字句間；洞燭至隱，世隔幽冥亦稱知己，余向見伯敬鍾先生《歷代史懷》，心醉焉。參閱考訂，止自三國，疑其未盡帳秘。乃玉史許先生爲伯敬門下士，出其《晉史懷》，並自爲評辭寄余。窮深測微，無異玄註莊子，繇解老也。余友江道行，曠遠若晉人，廣博史傳，落落不遇，窮居著書。一見快讀，若飲醇無倦，遂梓以續其後。嗟！嗟！劉子玄謂史有三長，在才、學、識。彼抽金匱石室，善序事理，博貫載籍，文贍事詳，俱稱良史，固也，乃其識尤難之。故識淺，雖父子不能知一人，識到，即師友可以論百世。尼父述《春秋》，左氏因經作傳，後遂孤行，杜氏名爲素王臣，今日兩先生殆類是歟？惜晉以後不得再見微言，余與道行日耿耿焉，其有遺恨也夫。

崇禎甲戌通家友弟陸鳴[1]

烓蘿文甫書于聖湖之静齋

（陸鳴烓作許玉史先生評點《〈晉史懷〉序》，明刻許豸評點三卷本）

---

　　① 按：陸鳴，即陸鳴烓。《欽定四庫全書》、《浙江通志》卷一百四十一《選舉》十九載其爲天啓七年丁卯科舉人。

《四庫全書總目》《史懷》十七卷提要

　　《史懷》十七卷,内府藏本,明鍾惺撰。惺有《詩經圖史合考》已著録。是書上自《左傳》《國語》,下及《三國志》,隨事摘録,斷以已見。《明史·文苑傳》稱惺"官南都,僦秦淮木閣讀史,恒至丙夜,有所見即筆之,名曰《史懷》"①。即是編也。其説雖間有創獲而偏駁者多,蓋評史者精核義理之事,非掉弄聰明之事也。

---

① 《明史》卷二百八十八,頁 7399。

跋

　　右陶許評本《史懷》二十卷。前十六卷，自《三國志》止，爲滇南陶穉圭珽刊本。後四卷自《晉書》止，爲閩中許玉史豸續本。觀伯敬先生嘗言，自左國至宋元，流覽汎觀，勒爲成書，名曰《史懷》，知先生原稿不止二十卷。又稱《史懷》一書至三國而止，三國以後，真不堪讀，則前十六卷，先生所删存者也。陶於先生爲同年友，所刊乃先生删本，故其序云：第恨絶筆於季漢，不令天下覩其全，蓋惜之也。許本續入《晉書》，以下闕如，仍非此書之全，然欲求其全，亦可不必，穉圭固已言之矣。原本陶許二君間有小注，頗與先生之書相發明，仍之。惟圈點眉批，略涉明人陋習，兹悉芟去。期與叢書一律，識者諒焉。光緒辛卯十月記。

　　（趙尚輔《〈史懷〉跋》，光緒十七年三餘草堂刊本《湖北叢書》）

鍾　惺　傳

先是，王、李之學盛行，袁氏兄弟獨心非之。宗道在館中，與同館黄輝力排其説。於唐好白樂天，於宋好蘇軾，名其齋曰“白蘇”。至宏道，益矯以清新輕俊，學者多舍王、李而從之，目爲“公安體”。然戲謔嘲笑，間雜俚語，空疎者便之。其後，王、李風漸息，而鍾、譚之説大熾。鍾、譚者，鍾惺、譚元春也。

惺，字伯敬，竟陵人。萬曆三十八年進士。授行人，稍遷工部主事，尋改南京禮部，進郎中。擢福建提學僉事，以父憂歸，卒於家。惺貌寢，羸不勝衣，爲人嚴冷，不喜接俗客，由此得謝人事。官南都，偣秦淮水閣讀史，恒至丙夜，有所見即筆之，名曰《史懷》。晚逃於禪以卒。自宏道矯王、李詩之弊，倡以清真，惺復矯其弊，變而爲幽深孤峭。與同里譚元春評選唐人之詩爲《唐詩歸》，又評選隋以前詩爲《古詩歸》。鍾、譚之名滿天下，謂之竟陵體。然兩人學不甚富，其識解多僻，大爲通人所譏。

元春，字友夏，名輩後於惺，以《詩歸》故，與齊名。至天啓七年始舉鄉試第一，惺已前卒矣。

（《明史》卷二百八十八《文苑四·鍾惺》）

參 考 書 目

（明）湯賓尹《睡庵稿》（明萬曆刻本）。

（明）江用世《史評小品》（明末刻本）。

（明）盧世㴶《尊水園集略》卷四《題辭墓誌銘》（清順治刻十七年刻本）。

（清）趙尚輔輯《湖北叢書》（光緒十七年三餘草堂刊本）。

（明）陳第《世善堂藏書目錄》（清知不足齋叢書本）。

（明）蔡復一《遯庵文集》（明刻本）。

（清）張岱《石匱書》（稿本補配清鈔本）。

（北齊）崔鴻《十六國春秋》（清乾隆四十一年欣託山房刻本）。

《史懷》，鍾惺述，王雲五主編，《叢書集成初編》本排印本，商務印書館 1939 年發行。

《隱秀軒集》，鍾惺著，李先耕、崔重慶標校，上海古籍出版社，2017 年。

《春秋公羊傳注疏》，中華書局影印本《十三經注疏》，中華書局，1979 年。

《春秋穀梁傳注疏》，中華書局影印本《十三經注疏》，中華書局，1979 年。

《戰國策》，范祥雍箋證，范邦瑾協校，上海古籍出版社，2006 年。

《國語集解》，徐元誥撰，王樹民、沈長雲點校，中華書局，2002 年。

《春秋左傳注》，楊伯峻編著，中華書局，2016 年。本書簡稱《左傳注》。

《史記》，中華書局，1959 年。

《漢書》,中華書局,1962 年。

《後漢書》,中華書局,1965 年。

《資治通鑑》,中華書局,2011 年。

《晉書》,中華書局,1974 年。

《宋史》,中華書局,1977 年。

《世説新語校箋》,徐震堮,中華書局,1984 年。

《新唐書》,中華書局,1975 年。

《新五代史》,中華書局,1974 年。

《宋書》,中華書局,1974 年。

《論語譯注》,楊伯峻譯注,中華書局,2009 年。

《孟子譯注》,楊伯峻譯注,中華書局,2005 年。

《蘇軾文集》,孔凡禮點校,中華書局,1986 年。

《五燈會元》,釋普濟撰,蘇淵雷點校,中華書局,1984 年。

《漢紀》,荀悦著,張烈點校,中華書局,2002 年。

《黄庭堅全集》,黄庭堅撰,劉琳、李勇先、王蓉貴點校,四川大學出版社,2001 年。

《梁書》,中華書局,1973 年。

後　記

　　本書得以整理完成，首先感謝我的好友華中科技大學文學院陳于全老師，他得悉我的閱讀興趣轉向明史，言及明代竟陵派名家鍾惺的史學著述亟需整理，並與我就相關話題作多次往復討論。這是本書的緣起。

　　其次是本書的第二作者、甘肅省景泰縣第二中學寇宗權老師，我們自小熟識，性格相投，喜好類近，一直信息互通。他對明代史料以及我所整理的《史懷》也很感興趣，有意參與部分工作，三年來，承担了文字録入、核對校勘等大量工作，完成字數在十四萬左右。

　　另外還要感謝的是我的兩位同事，蘭州大學歷史文化學院李勇進老師，幫助核對了全書所涉部分史料來源，蘭州大學歷史文化學院陳光文老師提供了數種文獻資料，大大推進了工作進度。

　　最後更要感謝上海古籍出版社的編輯老師們，他們辛勤而專業的工作使本書得以順利面世。

寇　甲

二〇二四年春於甘肅蘭州

382

圖書在版編目(CIP)數據

史懷 /（明）鍾惺著 ；寇甲，寇宗權點校. -- 上海 ：
上海古籍出版社，2025. 5. -- ISBN 978-7-5732-1585-7

Ⅰ. K230.7

中國國家版本館 CIP 數據核字第 2025Z7W808 號

史 懷

（明）鍾 惺 著

寇 甲 寇宗權 點校

上海古籍出版社出版發行

（上海市閔行區號景路 159 弄 1-5 號 A 座 5F 郵政編碼 201101）

（1）網址：www.guji.com.cn

（2）E-mail：guji1@guji.com.cn

（3）易文網網址：www.ewen.co

啓東市人民印刷有限公司印刷

開本 890×1240 1/32 印張 12.875 插頁 3 字數 309,000

2025 年 5 月第 1 版 2025 年 5 月第 1 次印刷

ISBN 978-7-5732-1585-7

K·3844 定價：58.00 元

如有質量問題,請與承印公司聯繫